西域歷史語言研究集刊

二〇二〇年第一輯（總第十三輯）

中國人民大學國學院西域歷史語言研究所

烏雲畢力格 主編

社會科學文獻出版社

Historical and Philological Studies of China's Western Regions

(2020 No.1)Vol. 13

Institute of Historical and Philological Studies of China's Western Regions,
School of Chinese Classics,
Renmin University of China

Oyunbilig Borjigidai Editor-in-Chief

Social Sciences Academic Press(China)

目録

目录

Contents

談捨身飼虎本生的起源問題

孟　瑜

捨身飼虎是最著名的佛本生故事之一。1831 年，德國學者施密特（Isaak J. Schmidt）將該本生的一個異本作為閱讀材料收録在 *Grammatik der mongolischen Sprache*（《蒙古語語法》）中。① 從此，該本生正式進入學術視野，學界對其進行了一系列研究。然而，就目前掌握的材料來看，我們仍不清楚該本生的起源。

談一個本生的起源問題，我們往往將其劃歸為三個層面來論述，分別是祖本（urtext）問題、部派歸屬問題和“發源地”問題。

首先，捨身飼虎本生的祖本難求。該本生流傳極廣，異本衆多。按照捨身者在捨身時的身份可將這些文本分為三類：捨身者為修行者、王子和身份不詳。然而，我們衹能在小範圍内判斷文本間的親疏關係，如《前世三轉經》（T 178）、《銀色女經》（T 179）、*Bodhisattvāvadānakalpalatā*（《菩薩因緣如意鬘草》）的第 51 章 *Rukmavatyavadāna*（《金色女因緣》）和 *Divyāvadāna*（《天譬喻經》）的第 32 章 *Rūpāvatyavadāna*（《具色女因緣》）是四個内容和結構都十分相似的平行文本；再如，*Mahajjātakamālā*（《大本生鬘》）的第 43 章 *Brāhmaṇajātakāvadāna*（《婆羅門本生因緣》）改編自 Āryaśūra（圣勇）所著 *Jātakamālā*（《本生鬘》）中的第 1 章 *Vyāghrījātaka*（《母虎本生》），而後者又影響了幾個以斯里蘭卡語和巴利語寫成的文本。但是，我們無法從這三類中析出一篇可作為“祖本”的文本，換句話說，我們很難判斷捨身者最早的身份。②

其次，捨身飼虎本生並沒有清晰的部派歸屬。這是本生類文獻共有的特徵。學者郭良鋆曾就巴利文《本生經義釋》（*Jātakatthavaṇṇanā*）中的故事來源進行論述。

> 《本生經》中的故事，絶大多數都不是佛教僧侶首創的，而是在人民中間久已流傳，甚至古已有之。佛教比丘來自社會各個階層，非常熟悉這些民間故事。當他們布道説法時，便把這些故事揉合進去，以增強他們的宣教效果。當然，也有一小部分本生故事是

---

① 在這個文本中，佛陀救了一位老婦及其兩子，正如他在前世為摩訶薩埵王子時，救了一隻母虎及其兩隻幼崽一樣。從這個内容來看，施密特所收録的是《賢愚經》中《摩訶薩埵以身施虎品》的蒙古文譯本。參見 Schmidt, I. J., *Grammatik der mongolischen Sprache*, St. Peterburg, 1831, pp. 128–176。

② 孟瑜：《捨身飼虎本生的文本和圖像研究——兼論德國佛教藝術史研究方法》，《西域歷史語言研究集刊》第 10 輯，科學出版社，2018，第 229—240 頁。

佛教徒們自己杜撰的，這類故事佛教色彩就濃一些，着重宣揚仁慈和善行，尤其是那種異乎尋常的自我犧牲和難以置信的施捨。……《本生經》中許多故事與佛教本身的關係並不密切，衹是在流行的民間故事的頭尾上按上了佛教套語。本生故事作為說教的工具，既不屬於小乘，也不屬於大乘。每個部派的經典中，都有數目不等的本生故事。[①]

雖然捨身飼虎本生不見於《本生經義釋》或《所行藏經》（*Cariyāpiṭaka*）等幾部巴利文經典，但是它還是基本符合這個論述——該本生既收録在大乘經典，如《金光明經》中，又見諸其他部派歸屬不清晰的典籍，如 *Jātakamālā*、*Divyāvadāna* 等。因此，捨身飼虎本生作為"說教的工具"被許多部派的經典吸收，但是不能反過來證明其原始性質。

最後，捨身飼虎本生的多個異本提及故事的"發生"地點，而這些地點常被人誤解為本生的來源地。關於這一點，筆者將重點論述。

本生（*jātaka*）是佛教文獻中獨特的類型。在《本生經義釋》中，一個完整的本生故事一般包含五個部分：現在事（*paccuppannavatthu*）、過去事（*atītavatthu*）、偈頌（*gāthā*）、偈釋（*veyyākaraṇa*）、聯繫（*samodhāna*）。現在事叙述佛陀此世的故事。佛陀常在遊歷到某地後，藉由當地發生的奇異現象講述前生的因緣。過去事即佛陀前生的故事，這是整個本生的主體，有時會狹義地等同於本生本身。過去事中常常附有偈頌。偈釋即對偈頌逐字逐句的注釋。聯繫即聯繫前生與現在，將過去事中的人物對照現在的人物。現在事和過去事常常會提及一些地點，而這些地點的位置並不固定，因此有的學者認為，正是由於本生的這種獨特的結構，使得"定位"（localization）可以在亞洲各地發生。[②] 這在理論上的確是可能的。

具體到捨身飼虎本生，多個異本中的現在事和過去事均提到故事發生地。除此之外，中國西行求法的僧人也提到與該本生相關的一些地點。更有趣的是，現實中有一些地名也與該本生有關。筆者將在下文中對這些地名進行分類梳理。

一　異本中提到的地點

（一）現在事

1. 乾陀越國毘沙門波羅大城

該地點出現在《菩薩投身飴餓虎起塔因緣經》（T 172）中：

> 如是我聞，一時佛遊乾陀越國毘沙門波羅大城，於城北山巖蔭下，為國王臣民及天龍八部人非人等說法，教化度人無數。教化垂畢時佛微笑口出香光，光有九色遍照

① 郭良鋆:《印度巴利文佛教文學概述》,《南亞研究》1982 年第 3 期，第 37—46 頁。

② Naomi Appleton, "A Place for the Bodhisatta: the Local and the Universal in jātaka Stories," in *Acta Orientalia Vilnensia* 8.1, 2007, pp. 109–122.

諸國，香薰亦爾。時諸大衆覩光聞香皆大歡喜。時光明還遶佛七匝復從口入。（T 172，424b08–424b13）

筆者按：“乾陀越”的梵文形式可構擬為“*gandhavatī/gandhavat”。“毘沙門波羅”的梵文形式可構擬為“*vaiśravaṇapālā”。該地名並非確指，且不見於其他典籍。根據文中內容，“乾陀越國毘沙門波羅大城”是一個虛構的地方，指的是北印度一片模糊的區域。松村淳子（Matsumura Junko）直接將這個地點定位於犍陀羅（Gandhāra），該認定尚需更多佐證。[①]

2. 舍衛國祇樹給孤獨園

該地點出現在《賢愚經》（T 202）第二品《摩訶薩埵以身施虎品》的開頭部分：

如是我聞，一時佛在舍衛國祇樹給孤獨園。（T 202，352b20）

筆者按：“舍衛國（Śrāvastī）祇樹給孤獨園（Jetavanavihāra/Jetavana）”是本生故事常見的地點。在《賢愚經》的這個文本中，佛陀在此地救了老婦及其兩子，而過去事沒有再次提及具體地點。

3. Rājagṛha

該地點出現在 *Bodhisattvāvadānakalpalatā* 的第 95 章 *Vyāghryavadāna*（《母虎因緣》）中：

/ pure purā rājagṛhe bhagavān veṇukānane / (Okano 2009,[②] p.104)

筆者按：Rājagṛha（王舍城）也是本生故事常見的地點。*Vyāghryavadāna* 和上述《摩訶薩埵以身施虎品》是兩個故事情節十分相似的平行文本，但是現在事發生的地點不相同。

4. Pāñcāla / 般遮羅 /Lnga len/Pan tsa lai

該地點出現在 *Suvarṇabhāsottamasūtra*（《金光明經》）的現存梵文本及部分譯本中：

pañcāleṣu… (Nobel 1937,[③] p. 202. 2)

yul lnga len gyi ljongs su… (Nobel 1944,[④] p. 154. 6)

---

① Matsumura, J., “A Unique Vyāghrī-jātaka Version from Gandhāra: *The Foshuo pusa toushen (yi) ehu qita yinyuan jing*［佛說菩薩投身（飴）餓虎起塔因緣經 (T172)］,” in *Journal of the International College for Postgraduate Buddhist Studies* Vol. XVI, 2012, pp. 49–68.

② Okano, K., Avadānakalpalatā 94–97 章と SMRAM 23 章 – Yaśomitra, Vyāghrī, Hastin, Kacchapa の校訂・和訳 – (Avadānakalpalatā Chaps. 94–97 and SMRAM Chap. 23. Texts and translations of Yaśomitra, Vyāghrī, Hastin, Kacchapa), in *South Asian Classical Studies* 4, Kyūshū, 2009, pp. 95–177.

③ Nobel, J., *Suvarṇabhāsottamasūtra. Das Goldglanz-Sūtra: ein Sanskrittext des Mahāyāna-Buddhismus. Nach den Handschriften und mit Hilfe der tibetischen und chinesischen Übertragungen*, Leipzig, 1937.

④ Nobel, J., *Suvarnaprabhāsottamasūtra. Das Goldglanz-Sūtra: ein Sanskrittext des Mahāyāna-Buddhismus. Die tibetische Übersetzung mit einem Wörterbuch* 1, Leiden, 1944.

pan tsa lai ljongs su… (Nobel 1958,[1] p. 296. 16)

至般遮羅聚落（T 665, 450c28）

筆者按：這個地名出現在現存梵文本、義净本（T 665）和所有藏文譯本中，但北凉曇無讖的譯本《金光明經》（T 663）中並未提及。[2]

（二）過去事

1. Dāḷiddiya, Magadha

該地點出現於一部 12 世紀的僧伽羅語作品 *Saddharmālaṅkāraya*（《正法莊嚴論》）中。在這個文本中，佛陀前世出生在摩揭陀附近一個叫作達利地亞（Dāḷiddiya）的婆羅門村莊中。值得注意的是，許多流傳於東南亞的本生故事，其中提及的地點大多位於印度本土，如 Jetavana、Nigrodhārāma（尼拘律園）、Veḷuvana（竹林精舍）等。[3]

2. 優波羅越國 / 蓮華王都 /Utpalāvatī

這個地名來自四個內容和結構都十分相似的平行文本，分别是《前世三轉經》（T 178）、《銀色女經》（T 179）、*Bodhisattvāvadānakalpalatā* 的第 51 章 *Rukmavatyavadāna* 和 *Divyāvadāna* 的第 32 章 *Rūpāvatyavadāna*。

爾時，優波羅越國中，有王名波羅先，於諸國中獨尊。（T 178, 448b11–448b12）

彼王命終，還生彼處蓮華王都，於長者妻而便託生。（T 179, 451a18–451a19）

nagaryāmutpalāvatyāṃ dānaśīladayānvitā/(Straube 2009,[4] p.137)

---

① Nobel, J., *Suvarnaprabhāsottamasūtra. Das Goldglanz-Sūtra: ein Sanskrittext des Mahāyāna-Buddhismus. I-Tsing's chinesische Version und ihre tibetische Übersetzung* (Band 1–2), Leiden, 1958.

② 《金光明經》（*Suvarṇabhāsottamasūtra*）譯本衆多。主要的譯本有三個中文譯本和三個藏文譯本。中文譯本分别是：（1）北凉曇無讖於 420 年前後譯出的《金光明經》，在《大正藏》中該譯本編號為 T 663；（2）隋代僧人寶貴合編前人譯本所著《合部金光明經》，在《大正藏》中該譯本編號為 T 664；（3）唐代義净譯出的《金光明最勝王經》，在《大正藏》中該譯本編號為 T 665。藏文譯本分别是：（1）由 Mūlāśoka（意為"根無憂"）和 Jñānakumāra（意為"智童"）譯出的 *'phags pa gser 'od dam pa mdo sde'i dbang po'i rgyal po shes bya ba theg pa chen po'i mdo*（《聖金光明最勝王大乘經》）；（2）由 Jinamitra（世友）、Śīlendrabodhi（戒自在菩提）和 Ye shes sde（智軍）譯出的 *'phags pa gser 'od dam pa mdo sde'i dbang po'i rgyal po shes bya ba theg pa chen po'i mdo*（《聖微妙金光明極勝王大乘經》）；（3）由 'Gos chos grub（法成）所譯 *'phags pa gser 'od dam pa mchog tu rnam par rgyal pa'i mdo sde'i rgyal po theg pa chen po'i mdo*（《聖金光明最上勝王大乘經》）。

③ Skilling, P., "Jātaka and Paññāsa-jātaka in South-East Asia,"in *Journal of the Pali Text Society* 28, 2006, pp. 113–173.

④ Straube, M., *Studien zur Bodhisattvāvadānakalpalatā. Texte und Quellen der Parallelen zu Haribhaṭṭas Jātakamālā*, Wiesbaden, 2009.

...*uttarāpatheṣṣu janapadeṣūtpalāvatī nāma nagarī rājadhānī*...(Cowell/Neil 1886,[①] pp. 470–471)

筆者按：衹有在 *Rūpāvatyavadāna* 中，Utpalāvatī 被比定為一個真實存在的城市 Puṣkalāvatī（布色羯羅伐底）。但是鑒於該文本出現時間較晚，該比定僅供參考。

3. 賢石

該地點出現在《月光菩薩經》（T 166）中：

於過去世北印度內，有一大城名曰賢石，長十二由旬，廣闊亦爾。（T 166, 406c12–406c13）

筆者按：這篇經文主要講述的是月光王施頭本生。由於該文本沒有其他平行文本，因此我們很難判斷“賢石”的詞源。法顯和玄奘都在遊記中稱，月光王施頭的故事發生在竺刹尸羅或呾叉始羅（Takṣaśilā），[②] 而 Takṣaśilā 又有一個“石室”的別稱。[③] 因此，“賢石”也許指的是“賢者的石室”，同樣是 Takṣaśilā 的別稱。

二　西行求法僧人提到的地點

1. 竺刹尸羅以東

這是法顯在他的遊記中提到的地點：

有國名竺刹尸羅。竺刹尸羅，漢言截頭也。佛為菩薩時，於此處以頭施人，故因以為名。復東行二日至投身餧餓虎處。此二處亦起大塔，皆衆寶挍飾，諸國王臣民競興供養。（《高僧法顯傳》T 2085, 858b06–858b10）

筆者按：法顯所記録的“投身餧餓虎大塔”在竺刹尸羅東行二日的地方，但是並未給出具體信息。

① *Divyāvadāna*, ed. by Cowell, E. B./Neil, R. A., *The Divyāvadāna, A Collection of Early Buddhist Legends*, Cambridge, 1886.

② T 2085, 858b06–858b08: 有國名竺刹尸羅。竺刹尸羅漢言截頭也。佛為菩薩時。於此處以頭施人。T 2087, 884c21–884c23: 斯勝地也，是如來在昔修菩薩行，為大國王，號戰達羅鉢剌婆（唐言月光），志求菩提，斷頭惠施。

③ Deeg, M., *Das Gaoseng-Faxian-Zhuan als religionsgeschichtliche Quelle. Der älteste Bericht eines chinesischen buddhistischen Pilgermönchs über seine Reise nach Indien mit Übersetzung des Textes*, Wiesbaden, 2005, p. 231.

2. 斯里蘭卡

這是法顯在他的遊記中第二次提到捨身飼虎本生：

王於城北迹上起大塔，高四十丈，金銀莊挍衆寶合成。塔邊復起一僧伽藍，名無畏，山有五千僧。……佛齒常以三月中出之。未出前十日，王莊挍大象，使一辯說人着王衣服騎象上擊鼓唱言：菩薩從三阿僧祇劫作行不惜身命，以國城妻子及挑眼與人、割肉貿鴿、截頭布施、投身餓虎、不悋髓腦。如是種種苦行，為衆生故成佛……（T 2085, 864c23–865a25）

筆者按：410—411 年，法顯停留在斯里蘭卡，並親歷王城佛牙供養的盛典。據法顯記載，人們在盛典上會唱誦佛陀前世的種種苦行，其中就提到了捨身飼虎。該紀録表明，在 5 世紀時，捨身飼虎本生已在斯里蘭卡流傳。同時這也是關於該本生在斯里蘭卡流傳的最早記録。有意思的是，在此後的很長一段時間裏，我們都找不到該本生在斯里蘭卡流傳的更多綫索，直到上文提到的 12 世紀的僧伽羅語作品 *Saddharmālaṅkāraya*。

3. 烏場國（*Udyāna）都城東南方向的山

該地名出自杨衒之《洛陽伽藍記》中關於宋雲和惠生西行求法的記載：

十二月初入烏場國。北接葱嶺，南連天竺，土氣和暖，地方數千。民物殷阜，匹臨淄之神州；原田膴膴，等咸陽之上土。鞞羅施兒之所，薩埵投身之地。……去王城東南，山行八日。如來苦行投身餓虎之處。高山籠嵷，危岫入雲。嘉木靈芝，叢生其上。林泉婉麗，花綵曜目。宋雲與惠生割捨行資，於山頂造浮圖一所，刻石隸書，銘魏功德。山有收骨寺，三百餘僧。（T 2092, 1019c20–1020b11）

筆者按：據杨衒之記載，宋雲和惠生於神龜二年（519）十二月到達烏場國。這裏曾是鞞羅（*Viśvantara）施捨子女和薩埵（*Bodhisattva 或 *Mahāsattva）捨身的地方。捨身飼虎的具體地點在烏場國都城向東南方向行走八日的山上。

4. 僧訶補羅（*Siṃhapura）附近 / 呾叉始羅國北

玄奘在《大唐西域記》（T 2087）中提到該本生發生的地點：

從此東南越諸山谷，行七百餘里，至僧訶補羅國。……從此復還呾叉始羅國北界，渡信度河，南東行二百餘里，度大石門，昔摩訶薩埵王子，於此投身飤餓烏擇。其南百四五十步有石窣堵波，摩訶薩埵愍餓獸之無力也，行至此地，乾竹自刺，以血啗之，於是乎獸乃噉焉。其中地土，洎諸草木，微帶絳色，猶血染也。人履其地，若負芒刺，無

云疑信，莫不悲愴。（T 2087, 885b22–885c22）

筆者按：這段記載的真實性值得懷疑。首先是僧訶補羅 (*Siṃhapura) 的確切位置。季羨林先生曾指出，僧訶補羅並不是真實存在的地點，而是僅存在於傳聞中。[①]其次，玄奘所走的路綫令人懷疑。玄奘在之前的記載中說道，他從呾叉始羅國向東南走了 700 多里，已經到達了僧訶補羅，接着他又從僧訶補羅回到呾叉始羅國的北部，衹為了從呾叉始羅國再向東南走 200 里到達捨身飼虎的地方。如此繞遠的路綫很不符合常理。最後，捨身的具體位置也令人懷疑。法國學者費爾（Léon Feer）曾指出，在玄奘的記載中有兩個捨身的地方，一個是大石門，另一個是石窣堵波，兩者之間有一百四五十步的距離。[②]我們很難想象，菩薩在捨身之後，又向南走了一百多步，然後再次捨身。這是很不符合邏輯的。玄奘的弟子慧立似乎也覺察到此處不妥，於是他在編著《大唐大慈恩寺三藏法師傳》（T 2053）時，刪去了“石窣堵波”這個細節。

> 從此東南七百餘里聞有僧訶補羅國。又從呾叉始羅北界渡信度河，東南行二百餘里，經大石門，是昔摩訶薩埵王子於此捨身飤餓烏擇七子處。其地先為王子身血所染，今猶絳赤，草木亦然。（T 2053, 885b22–885c22）

5. 伽濕彌羅（*Kaśmīra）

這個地點出自范成大（1126—1193）所著《吳船録》：

> 至伽濕彌羅國西登大山有薩埵太子投崖飼虎處。（《吳船録》卷 1）

筆者按：乾德二年（964），北宋太祖皇帝派遣繼業等人西行求法。他們於開寶九年（976）返回。繼業將他們的西行經歷零散記録在一部 42 卷的《涅槃經》中，這也許是他在西行路上的便宜之舉。這部書後被保存在牛心寺中。范成大到訪牛心寺，發現了這些記載，並把它們收録在自己所著的《吳船録》中。通過范成大的彙編，繼業等人的西行求法纔廣為人知。但是，繼業對捨身飼虎本生的記載僅此一句。

三　現實中的地名

1. Babar Khāna/Babarkhāna

康寧漢（Alexander Cunningham）在 *Ancient Geography of India*（《印度的古代地理》）

---

① 玄奘、辯机著，季羨林等校注《大唐西域記校注》，中華書局，2000（2012 年再版），第 313—314 頁。

② Feer, L., *Le Bodhisattva et la Famille de Tigres*, Paris, 1899, pp. 34–35.

中提到一個波斯語地名 Babar Khāna/Babarkhāna，意為“老虎之屋”，它位於塔克西拉古城（Takṣaśilā）的北部。並且，在 Babar Khāna 附近有一個紀念“施頭”的塔。由此，康寧漢推測，該塔與捨身飼虎本生有關，因為菩薩將頭施捨給了老虎，所以 Babar Khāna 逐漸取代了 Takṣaśilā，成為城市的新名字。① 事實上，康寧漢的推測混淆了捨身飼虎本生和月光王施頭本生，並且沒有其他文獻佐證該地名與捨身飼虎本生有關。

2. Namo Buddha/sTag mo lus sbyin Stūpa

南無菩提（Namo Buddha）塔，又名捨身母虎（sTag mo lus sbyin）塔，是尼泊爾加德滿都一個重要的聖地，裏面有捨身飼虎本生的雕塑。據羅斯帕特（Alexander von Rospatt）教授推測，該塔最初建立應當與捨身飼虎本生無關，與本生相關聯應當是後來發生的事情。然而我們並不清楚這個地方何時且為何與飼虎本生發生關聯。②

通過上面的梳理，我們可以得到以下結論。

首先，不是所有異本都包含故事發生的地點，而現在事和過去事提到的地點彼此也不統一。前文提到的地點，如王舍城、舍衛國祇樹給孤獨園等，都是佛本生文獻中常出現的套語，對於判定文本的起源作用甚微。當然，有一些獨特的地點確實值得我們注意，比如“乾陀越國毘沙門波羅大城”，松村以此得出了《菩薩投身飴餓虎起塔因緣經》來自犍陀羅的結論。她的觀點雖然需要進一步論證，但是這個地點的特殊性或多或少反映出文本的流傳或編纂情況。再如，僧伽羅語作品 *Saddharmālaṅkāraya* 中提到的地點反而在印度本土，編纂者這樣做未必是表明文本的來源，更像是在表明文本的正統性。正如彼得·斯基林（Peter Skilling）的論述，有些本生雖然已經被定位，但這不一定説明它們的起源，衹是説明它們的歷史。③

其次，捨身飼虎本生並非真實發生的事件，所以現實中自然不可能存在所謂的“發生地”。遊記中用來標識本生“發生地”的措辭基本是統一的，例如朝聖者到達某個地方，而該地方就是佛陀生前捨身的地方，云云。所謂的“發生地”很有可能是當地人為了將自己所在的地方提升為聖地，從而利用佛陀前世故事進行的建構。因此，遊記中的記載事實上反映了當地的信仰，而非故事的起源。那些現實中的地名更能反映這一點，如南無菩提塔。同時，我們還需要注意的是，那些未曾提及的區域不意味該本生在那裏是未知的。

綜上所述，從文本的祖本、部派歸屬、定位，我們都無法準確判斷捨身飼虎本生的起源。然而，近年來，筆者綜觀學界對這個故事的論述，經常會看到它被打上“犍陀羅起源”的標籤。這是一個耐人尋味的現象。何以會有這樣的誤解？筆者推測，這也許受到日本學者桑山正進（Kuwayama Shoshin）等人提出的犍陀羅“聖地理論”的影響。

桑山正進曾充分利用漢語史料對佛鉢在犍陀羅的流傳進行了細緻的描述與分析。他認

① Cunningham, A., *The Anient Geography of India*, London, 1871 (repr. Calcutta 1924), pp. 127–128.

② 這個結論來自與羅斯帕特教授於 2015 年 6 月 21 日的對話。

③ Skilling, P., “Jātaka and Paññāsa-jātaka in South-East Asia,”in *Journal of the Pali Text Society* 28, 2006, pp.161–162.

為，從中國朝聖者的遊記來看，犍陀羅及其周邊地區充斥着大量諸如釋迦牟尼的頭髮、牙齒、眼和骨头之類的物體。儘管它們是在犍陀羅被“製造（made）”出來的，但他們已經成功地擺脱了“虛假”的烙印。① 這個表述並不清晰，關鍵在於“製造”一詞是否暗指捨身類本生起源於犍陀羅。事實上，桑山先生並未確定過某一個本生故事的源頭。

在他之後，篠原亨一（Shinohara Koichi）在 *The Story of the Buddha's Begging Bowl: Imagining a Biography and Sacred Places*（《佛鉢的故事：想象傳記和聖地》）一文中，充分利用桑山的研究，並提煉出一個觀點，即印度以外的地方若想要創建佛教聖地，需要采取三種策略，其中之一就是利用前世佛或者佛陀前世的故事。② 篠原的理論仍是在描述犍陀羅地區構建佛教聖地的方式，他與桑山一樣均利用了大量的漢文材料，尤其是中國僧人的遊記，他的論述還是相當謹慎的，無意將犍陀羅總結為所有捨身類本生的起源地。

因為材料使用的局限性，桑山等人忽視了犍陀羅以外的地方也在用同樣的方式構建聖地。關於這一點，我們從捨身飼虎本生中梳理出的地名就可以看出，如伽濕彌羅、南無菩提塔等。但是這樣的定位究竟在多大程度上可以作為本生起源的力證，尚需更多的佐證。因此，在大多數的情况下，我們對本生的起源還是應該秉持謹慎的態度。

On the Problem of the Origin of the Tigress Story

Meng Yu

The tigress (*vyāghrī* Sanskrit) story is one of the classic Buddhist Jātaka stories. The origin of the story has been researched by scholars since this story has entered the academic world in 1831. In this thesis, we thoroughly analyze urtext, school affiliation and the localization of the story, and find that the origin of this story is not conclusive based on the relevant materials that are currently revealed. At the end of the thesis, we briefly discuss Kuwayama Shoshin and Shinohara Koichi's articles, and argue that those who believe this story originates in Gandhāra may be influenced by Kuwayama and Shinohara's theory.

---

① Kuwayama, S.,"The Buddha's Bowl in Gandhāra and Relevant Problems,"in *South Asian Archaeology*, 1987, p. 963.

② Granoff, P., Koichi, Shinohara, eds., *Pilgrims, Patrons and Place: Localizing Sanctity on Asian Religions*, Vancouver, 2003, p. 91.

閑壤與閑田：唐蕃間的中立緩衝區初探*

楊長玉

19 世紀 70 年代，美國學者摩爾根在描述印第安人的部落特徵時認為，部落與部落之間有一塊區域是中立地帶，不屬於任何一方。① 恩格斯後來延伸了這一討論，認為這種中立地帶在歐洲大陸同樣存在。② 周振鶴先生在闡述歷史政治地理學中的圈層狀地理結構時，將這種原始部落間的中立地帶稱為“中立緩衝圈”。③

在 8 世紀，唐與鄰近政權之間也存在過類似於上述“中立緩衝圈”的區域。唐中宗神龍二年（706）唐蕃盟誓中的“閑壤”、德宗建中四年（783）清水盟文中的“閑田”，皆是其例。為理解方便，本文將此類區域稱為“中立緩衝區”。

一　中立緩衝區的相關概念

“中立緩衝區”這一詞語雖不見於中國典籍，但具有這一內涵的概念，在中國古代文獻中出現較早。其中最典型的案例就是“間田”、“隙地”與“棄地”。

先秦兩漢時期，關於虞、芮質成的說法較為流行，見於多種文獻記載。④ 此處引《詩·大雅·緜》“虞芮質厥成，文王蹶厥生”毛亨《傳》以見其事：

> 質，成也。成，平也。蹶，動也。虞芮之君相與爭田，久而不平，乃相謂曰：西伯仁人也，盍往質焉。乃相與朝周，入其竟，則耕者讓畔，行者讓路；入其邑，男女異路，斑白不提挈；入其朝，士讓為大夫，大夫讓為卿。二國之君感而相謂曰：“我等小人，不可以履君子之庭。”乃相讓，以其所爭田為閒田而退。天下聞之而歸者四十餘國。⑤

---

* 復旦大學歷史地理研究中心任小波老師校正了本文使用的藏文資料，並提出寶貴的修改意見，在此謹致謝忱。

① 路易斯·亨利·摩爾根：《古代社會》，楊東蒓等譯，商務印書館，2009，第 125—126 頁。

② 恩格斯：《家庭、私有制和國家的起源》，中共中央馬克思、恩格斯、列寧、斯大林著作編譯局譯，人民出版社，2013，第 93 頁。

③ 周振鶴：《中國歷史政治地理十六講》，中華書局，2013，第 49 頁。

④ 陳偉：《關於宋、鄭之間“隙地”的性質》，原載《九州》第三輯，商務印書館，2003；後收入氏著《燕說集》，商務印書館，2011，第 116—124 頁。

⑤ 毛公傳，鄭玄箋，孔穎達等正義《毛詩正義》卷 16，阮元校刻《十三經注疏》，中華書局，2009，第 1101 頁。

在這個故事中，位於虞、芮二國之間的區域，經過爭奪、協商，最終作為“間田”，成為二國間的中立地帶。引文中的“間田”，《史記·周本紀》相應文字下《正義》引《括地志》作“閒原”；[①]《漢書·王莽傳》顏師古注作“閑田”；[②]陸德明《經典釋文》注“間田”云“音閑”。[③]據此知“間田”亦可讀作“閑田”。

與此類似，在春秋時期，還有一個著名事件，即子產與宋人立約，定宋、鄭二國之間的“隙地”為中立地帶，《左傳》載：

（哀公十二年）宋、鄭之間有隙地焉（杜《注》：隙地，閒田），曰彌作、頃丘、玉暢、嵒、戈、錫。子產與宋人為成，曰：“勿有是。”（杜《注》：俱棄之）及宋平、元之族自蕭奔鄭，鄭人為之城嵒、戈、錫。

十三年春，宋向魋救其師。鄭子賸使徇曰：“得桓魋者有賞。”魋也逃歸。遂取宋師於嵒，獲成讙、郜延。以六邑為虛（杜《注》：空虛之，各不有）。[④]

陳偉先生認為，杜預對“隙地”的注解確有依憑，其持論根據之一就是上引虞芮質成之事，因為在這個故事中，“雙方放棄對所爭之地的權利，將其作為間田，這與宋、鄭之間對隙地的兩次處置是相同的”，並且，“虞、芮以及宋、鄭所爭，均位於兩國之間，並都曾引發爭端，恐怕具有重要的戰略地位或者經濟意義”；持論根據之二則是《禮記·王制》有關“間田”的記載，[⑤]因為其中有關間田不具體歸屬某個諸侯的表述，與上述虞、芮及宋、鄭間的情形一致。因而可以說“間田”屬於“先王之制”。[⑥]由此，隙地、間田作為“中立緩衝區”的內涵可以確立。[⑦]

---

① 《史記》卷4《周本紀》“西伯陰行善，諸侯皆來決平。於是虞、芮之人有獄不能決，乃如周”，中華書局，1982，第117頁。

② 《漢書》卷99《王莽傳上》“蜀郡男子路建等輟訟慙怍而退，雖文王却虞芮何以加”，中華書局，1962，第4068頁。

③ 陸德明：《經典釋文》卷7《毛詩音義下》，上海古籍出版社，2013，第352頁。

④ 杜預注，孔穎達等正義《春秋左傳正義》卷59，阮元校刻《十三經注疏》，第4715—4716頁。

⑤ 《禮記正義》卷15《王制》載：“凡四海之內九州，州方千里。州建百里之國三十，七十里之國六十，五十里之國百有二十，凡二百一十國。名山大澤不以封，其餘以為附庸、間田。八州，州二百一十國。”（上海古籍出版社影印《十三經注疏》本，2008，第458—459頁）

⑥ 陳偉：《關於宋、鄭之間“隙地”的性質》，《燕說集》，第121頁。

⑦ 按，與本文所論“隙地”不同，許倬雲先生在討論“漢代中國體系的網絡”時，曾將漢代交通幹綫近側那些開發程度較低的區域稱為“隙地”。此類區域的特點是：既不像核心區那樣處於漢朝政治秩序控制之下，也不像邊陲地區有地方豪強維持秩序，在這種地方，被摒棄於政治秩序以外的窮民，在衣食有困難時，或政治不良時，不免醞釀巨變，向政治秩序發起挑戰（許倬雲：《漢代中國體系的網絡》，收入許倬雲等著《中國歷史論文集》，臺北：臺灣商務印書館，1986，第1—28頁）。此外，戰國楚竹書中可見到關於“交地”的記載，韓虎泰認為，此“交地”與先秦文獻中的“間田”“隙地”內涵基本一致，為春秋戰國時諸侯國之間的緩衝地帶（韓虎泰：《上博簡〈曹沫之陳〉中的“交地”小考——兼論西周至春秋時期諸侯國的疆界形態》，《中國歷史地

“棄地”是另一個具有“中立緩衝區”內涵的概念，該詞最早出現於《史記·匈奴列傳》。

> 東胡王愈益驕，西侵。與匈奴間中有棄地莫居千餘里，各居其邊為甌脫。東胡使使謂冒頓曰：“匈奴所與我界甌脫外棄地，匈奴非能至也，吾欲有之。”冒頓問羣臣，羣臣或曰：“此棄地，予之亦可，勿予亦可。”於是冒頓大怒曰：“地者，國之本也，奈何予之！”諸言予之者，皆斬之。冒頓上馬，令國中有後者斬，遂東襲擊東胡。東胡初輕冒頓，不為備。及冒頓以兵至，擊，大破滅東胡王，而虜其民人及畜産。①

引文中“棄地”指位於匈奴與東胡之間、不歸屬任何一方的中立地帶，這一點顯而易見。這個區域至少具備如下特點。（1）幅員遼闊，達“千餘里”，兩端各與“甌脫”連接。這與春秋時期的“閑田”相比，不僅在範圍上遠遠超出，且在形態上更加清晰。（2）根據“……莫居千餘里，各居其邊為甌脫”的記載，可判斷該“棄地”的成立，當是此前雙方經由談判、協商決定的，即便未有明文規定，也是約定俗成的，因此，任何一方欲獲取該區域，都是對這個約定的破壞，也對對方境土構成威脅，故東胡王揚言“吾欲有之”，正好給了匈奴出兵的理由。

值得注意的是，同樣出現在引文中的“甌脫”一詞，常被視作“中立地帶”，此處不能不略加辨析。

“甌脫”一詞，在漢代其他語境中不止一次地出現。如《漢書·匈奴傳》所載“生得甌脫王”“發人民屯甌脫”“與甌脫戰”“而匈奴降者言聞甌脫皆殺之”；②同書《李廣蘇建傳》李陵對蘇武云“區脱捕得雲中生口”③；等等。對於“甌脫”的理解，自東漢服虔始，至韋昭、晉灼、顔師古、張守節等，學者各自立論，莫衷一是，不過他們的討論始終沒有脫離“邊境”或“邊境上具有軍事功能的設施”這樣的內涵。④至元代，耶律鑄從對本民族習俗的瞭解出發

理論叢》2018 年第 1 期，第 102—111 頁）。

① 按，中華書局標點本《史記》卷 110《匈奴列傳》“間中”作“閒中”，“棄”作“弃”（第 2889 頁），此據百衲本改。《漢書》卷 94《匈奴傳》所載略同，惟“間中”作“中間”（第 3750 頁）。

② 《漢書》卷 94《匈奴傳》，第 3783、3788、3801 頁。

③ 《漢書》卷 54《李廣蘇建傳》，第 2465 頁。

④ 《史記》卷 110《匈奴列傳》“甌脫”注云：“《集解》韋昭曰：‘界上屯守處。’《索隱》服虔云‘作土室以伺漢人。’又《纂文》曰‘甌脫，土穴也。’又云是地名，故下云‘生得甌脫王。’韋昭云‘界上屯守处也。’甌音一侯反。脫音徒活反。《正義》按：‘境上斥候之室為甌脫也。’”（第 2890 頁）《漢書》卷 54《李廣蘇建傳》“區脫”句注云：“服虔曰：‘區脫，土室，胡兒所作以候漢者也。’李奇曰：‘匈奴邊境羅落守衛官也。’晉灼曰：‘《匈奴傳》東胡與匈奴間有棄地千餘里，各居其邊為區脫。又云漢得區脫王，發人民屯區脫以備漢，此為因邊境以為官。李說是也。’師古曰：‘匈奴邊境為候望之室，服說是也。本非官號，區脫王者，以其所部居區脫之處，因呼之耳。李、晉二說皆失之。區讀與甌同，音一侯反。脫音土活反。’”（第 2465—2466 頁）

對“甌脱”進行解釋，亦未摒棄上述諸人的見解。① 到清末，丁謙首倡“甌脱指棄地而言”，② 將“甌脱”與作為中立地帶的“棄地”混為一談。至20世紀中後期，“甌脱”一詞再次引發學界熱議，有學者將“甌脱”等同於中立地帶。③ 直到近年，這一觀點仍不乏支持者。④

實際上，“甌脱”不能等同於“棄地”，它並非中立地帶，這一點早已有學者明確指出。⑤ 至於“甌脱”究竟何指，學界多有討論，相關解讀大致可分為兩種，一是試圖從民族語文學角度，尋求其在古代突厥語或其他遊牧民族語彙中的對應詞，以探究其確切含義；⑥ 一是從現存漢文文獻出發，結合當時語境及相關地理考證，以闡釋其真實內涵。這方面，林幹先生着力較早，他認為，“甌脱就是匈奴語邊界的意思”，並且，“匈奴與東胡之間有甌脱，與漢朝之間也有甌脱。漢匈之間的甌脱有文獻可考的，除雲中一帶外，在朔方一帶也有。甌脱駐有邊防部隊擔任巡邏和守衛，由甌脱王負責統率”。⑦

根據現有文獻及前賢研究，本文認為，兩漢時期的“甌脱”至少具有以下基本特徵。其一，從地理位置而言，“甌脱”位於相鄰政權各自的邊境地帶，在《史記·匈奴列傳》語境下，不僅匈奴邊境有“甌脱”，東胡邊境亦然。如此，則“甌脱”附屬於某政權，具有明確的歸屬性，與不屬於任何一個政權的中立地帶有本質區別。其二，由於地處邊境，“甌脱”在其所屬的政權疆域中具有重要的戰略地位，往往承擔着守衛、候望等軍事職能，因此必定有相應的人員配備，前文所引“甌脱王”“與甌脱戰”等是其例；同時也有相應的軍事設施，這就是服虔所謂“土室”、顏師古所謂“候望之室”、耶律鑄“邏偵者之營幕”之所指。

自漢至唐，“甌脱”一詞基本內涵不變。在唐代，“甌脱”常出現在官方文書中，用以

---

① 耶律鑄《雙溪醉隱集》卷2《區脱》注云：“國朝以出征遊獵帳幕之無輜重者，皆謂之區脱，凡一軍一竈，亦皆謂之區脱。史傳所載‘區脱’即此。《史記》中間棄地，各居其邊為甌脱，韋昭曰：……因其所解不同，故備録之。以各居其邊，及備漢、捕生口之説，明之是邏偵者之營幕也，審矣。”（《景印文淵閣四庫全書》第1199冊，臺北：臺灣商務印書館，1986，第387頁）

② 丁謙：《〈漢書〉匈奴傳〉地理考證》，《蓬萊軒地理學叢書》第1冊，北京圖書館出版社，2008，第66—69頁。

③ 劉文性：《“甌脱”釋》，《民族研究》1985年第2期，第52—53頁；《“甌脱”再認識——與張雲、何星亮同志商榷》，《西北民族研究》1988年第2期，第276—282頁。

④ 侯丕勛、尚季芳：《“甌脱”及其相關問題再探討》，《西夏研究》2015年第1期，第105—111頁。

⑤ 張雲：《“甌脱”考述》，《民族研究》1987年第3期，第67—70頁；陳宗振：《古突厥語的otar與“甌脱”》，《民族研究》1989年第2期，第55—63頁。

⑥ 白鳥庫吉從語源學角度釋“甌脱”為“土室”，不過他同時又説“或因境上設斥堠之室以窺敵情，故言其地曰甌脱，後遂指中立地帶而言，亦未可知”（白鳥庫吉：《匈奴民族考》，何建民譯，上海中華書局，1939；收入林幹主編《匈奴史論文選集》，中華書局，1983，第200頁）；何星亮認為“甌脱”與“斡耳朵”為ordu的同音異譯（何星亮：《匈奴語“甌脱”再釋》，《民族研究》1988年第1期，第101—108頁）；陳宗振認為“甌脱”為古突厥語otar之對音，該詞仍保存在許多現代的突厥語族語言中，意為“氈房、帳篷、窩棚、住所”，且有“臨時性、暫時性”之含義（陳宗振：《古突厥語的otar與“甌脱”》，《民族研究》1989年第2期，第55—63頁）；陳曉偉認為“甌脱與草原遊牧制度有密切關係，其原義為帳篷一樣的東西”（陳曉偉：《“甌脱”制度新探——論匈奴社會遊牧組織與草原分地制》，《史學月刊》2016年第5期，第5—12頁）。

⑦ 林幹：《匈奴史》，內蒙古人民出版社，2007（1979年初版），第146—149頁。

指代唐與遊牧政權打交道時在地理上最先接觸到的區域範圍。① 不僅如此，“甌脫”甚至被用來表述唐的邊境地帶。比如，廣德元年（763）以後，唐西部疆域内縮，涇隴一帶成為邊地，這個邊疆地帶中最外緣的那部分，就被唐人稱為“甌脫”。②

綜上所述，通過對中國古代與“中立緩衝區”有關概念的考察，可得到如下幾點認識：其一，先秦秦漢時期的“閒田”“隙地”“棄地”，其基本内涵一致，都是指相鄰政權之間不歸屬任何一方的中立地帶，也就是本文所說的中立緩衝區；其二，這類中立緩衝區，一般由相鄰政權經協商、約定而建立，它通常是雙方在勢力不均衡時進行爭奪的對象，對雙方而言皆具有重要的戰略地位或經濟意義；其三，漢唐時期的“甌脫”位於某政權的邊境地帶，是該政權境土的一部分，與不屬任何一方管轄或控制的中立地帶有本質區别。

二 閑壤：河隴之外的中立緩衝區

在唐代，中立緩衝區概念的明確提出和運用，與唐蕃會盟有密切關係。唐蕃之間確立的第一個中立緩衝區，稱為“閑壤”。《册府元龜》載開元六年（718）十一月吐蕃遣使奉表云：

> 又往者平論地界，白水已來中間並合空閑。昨秋間郭將軍率聚兵馬於白水築城，既緣如此，吐蕃遂於界內道亦築一城，其兩國和同，亦須迎送使命，必若不和，其城彼此守捉邊境。③

又，《新唐書・吐蕃傳》載開元年間吐蕃遣使者上書云：

> 往者疆埸自白水皆為閑壤。昨郭將軍屯兵而城之，故甥亦城。假令二國和，以迎送；有如不通，因以守境。④

兩則材料所論為同一事。所謂“空閒（地帶）”或“閑壤”，就是唐蕃之間通過會盟劃定的中立緩衝區。此次會盟發生在中宗神龍初，而關於“閑壤”的具體規定出現在“神龍二年吐蕃誓文”⑤ 中。“閑壤”的範圍，包括自白水（今倒淌河）至河（今瑪曲至貴德間黃河河段）之間

---

① 參見《文苑英華》卷647《露布》所收樊衡《為幽州長史薛楚玉破契丹露布》，中華書局，1986，第3331頁；《唐大詔令集》所收宣宗大中十年二月《議立回鶻可汗詔》，中華書局，2008，第693頁。

②《唐故中書侍郎同中書門下平章事太子賓客贈戶部尚書齊成公（抗）神道碑銘（並序）》云：“建中中，戎王請大和會，以休寧西方。扶風綿亘汧隴，地當甌脫，且有成命，正其經界。”（權德輿：《權德輿詩文集》卷14，郭廣偉點校，上海古籍出版社，2008，第224頁）

③《册府元龜》卷981《外臣部・盟誓》，中華書局，1960，第11527頁。

④《新唐書》卷216《吐蕃傳上》，中華書局，1975，第6082頁。

⑤《册府元龜》卷981《外臣部・盟誓》，第11526頁。

的廣闊地帶，也就是唐代文獻中的“河西九曲”。自神龍二年盟文確立至玄宗先天二年（713）夏，河西九曲作為唐蕃間的中立緩衝區，前後持續八年時間，促成了雙方的相對和平。①

“閑壤”的地域範圍和存續時間，已如上述。與之相關的問題是，在8世紀初期，唐蕃之間為何需要建立一個中立緩衝區？為何成為第一個中立緩衝區的是河西九曲？當其作為中立緩衝區的使命結束後，河西九曲的歸屬問題對雙方局勢有何影響？

（一）神龍二年“閑壤”確立的背景

前文在討論相關概念時曾提及中立緩衝區的建立與維繫一般發生在兩個相鄰政權勢力相對均衡的時期。神龍二年“閑壤”的確立，可視為符合這一原則的經典案例。

考察這一事件的背景，需回溯到武則天執政時期。從垂拱二年（686）至長壽元年（692），唐與吐蕃圍繞安西四鎮展開激烈爭奪，最終唐奪回四鎮，派兵駐守，纔算穩定了在當地的統治。②此後吐蕃在大論噶爾·欽陵贊卓（mGar Khri'bring btsan brod，漢文史籍稱“欽陵”）的統一調度下，將進攻目標轉向河隴一帶，唐也展開軍事反攻，雙方多次發生激戰，這在漢、藏兩方面文獻中都有反映。③總體看來，至少在河隴一帶的戰爭中，這一時期吐蕃占有較大優勢，因此，在697年欽陵遣使請和時，唐廷回應較為積極，派遣郭元振前往蕃境面見贊普，並與欽陵會於野狐河進行談判。談判中欽陵要求唐朝罷去四鎮戍兵，分裂十姓之地，以五俟斤地予吐蕃。這些要求沒有得到唐廷同意，但確實在朝中引發了一場大討論，最終唐廷回覆吐蕃的方式非常巧妙。④這足以顯示出其時吐蕃軍事力量之強，以及唐廷對吐蕃的重視與顧忌。

但是，這一力量對比，由於聖曆元年（698）吐蕃噶爾家族“獲罪”而發生了逆轉。⑤噶爾家族從祿東贊（mGar sTong rtsan yul zung）開始，到其長子贊悉若（mGar brTsan snya ldom pu）、次子欽陵，父子三人先後做了近60年的吐蕃大相，⑥且“（欽陵）諸弟分據方面，贊婆則專在東境，與中國為鄰三十餘年，常為邊患。其兄弟皆有才略，諸蕃憚之”。然而，噶爾家族的權勢最終遭到猜忌，“其贊普器弩悉弄年漸長，乃與其大臣論巖等密圖之”，其結果是，一直致力於向吐蕃北方、東方開拓境土的欽陵及其親信等百餘人被迫自殺；“專在東

---

① 楊長玉：《唐蕃接觸中的河西九曲》，録用待刊。

② 王小甫：《唐初安西四鎮的棄置》，《歷史研究》1991年第4期，第117—128頁；後收入氏著《唐、吐蕃、大食政治關係史》，中國人民大學出版社，2009，第62—85頁。

③ 《敦煌本吐蕃歷史文書·大事紀年》載羊年（695）：“大相欽陵在吐谷渾，於虎山漢墳場與唐元帥王尚書大戰，殺唐人甚多。”（王堯、陳踐譯注《敦煌本吐蕃歷史文書》，民族出版社，1980；後收入《王堯藏學文集》卷1，中國藏學出版社，2012，第198頁）《新唐書》卷4《則天皇后紀》天冊萬歲元年（695）：“七月辛酉，吐蕃寇臨洮，王孝杰為肅邊道行軍大總管以擊之。”（第95頁）

④ 《通典》卷190《邊防六·西戎二·吐蕃》，中華書局，1988，第5174—5175頁。

⑤ 《大事紀年》載狗年（698）：“……其年冬，噶爾家族獲罪。”（《王堯藏學文集》卷1，第199頁）

⑥ 李方桂：《吐蕃大相祿東贊考》，《西藏研究》1985年第2期，第73—79頁。

境”30餘年、常為唐之邊患的贊婆（bTsan ba）與欽陵之子莽布支（mGar Mang po rje stag rtsan，即論弓仁①）率衆降唐。②

這次事件可以說直接促成了唐蕃在河隴一帶軍事狀況的轉變。首先，吐蕃失去了最杰出的軍事指揮者和諸多優秀將領，作戰力受到影響，這從蕃軍久視元年（700）在昌松、長安二年（702）十月在悉州的敗狀中可見一斑。③其次，原在吐蕃統治之下的吐谷渾部衆大規模投唐。唐張說撰《撥川郡王碑》云："撥川王論弓仁者……聖曆二年，以所統吐渾七千帳歸於我。是歲，吐蕃大下，公勒兵境上，縱諜招之。其吐渾以論家世恩，又曰仁人東矣，從之者七千。朝嘉大勳，授左玉鈐衛將軍，封酒泉郡開國公，食邑二千戶。"④此次吐谷渾部衆歸朝事件，也得到吐魯番出土文書的印證。⑤這既造成吐谷渾境內的分裂和不安，使吐蕃在吐谷渾的統治面臨危機，⑥也使吐蕃失去了大量能征善戰的將士，軍事實力受到削弱。

從唐廷角度來看，一方面，接收贊婆與論弓仁這樣優秀的將領以及大量吐谷渾部衆，無疑增強了唐軍的實力。贊婆入唐，授將封王，"仍令領其部兵於洪源谷討擊"。⑦按，洪源谷在涼州，則贊婆是在對蕃作戰的前綫進行指揮。論弓仁入唐之初，因招降吐谷渾部衆有功而授將軍、封開國公，其後十餘年轉戰於河朔內外，"凡前後大戰數十，小戰數百，筭無遺策，兵有全勝"⑧；而跟隨論弓仁作戰的軍隊，多為隨其歸唐的吐蕃、吐谷渾將士，⑨他們在保衛唐境方面做出過重要貢獻。另一方面，吐蕃內部政局的變動，使其短時間內無力東顧，唐廷因此獲得時間加強河隴一帶的防禦力量，郭元振對涼州的經營就發生在此後數年間。⑩

讓吐蕃更加被動的是接下來發生的事。長安三年前後，"吐蕃南境諸部皆叛"。⑪次年，贊普器弩悉弄（Khri'dus srong btsan，即墀都松贊）在南下征討叛蠻時，卒於軍中，⑫其後，"諸子爭立，國人立棄隸蹜贊為贊普，始七歲。使者來告喪，且求盟"。⑬按，當時棄隸蹜贊（Khri lde gtsug btsan，即墀德祖贊）冲幼，實際掌握政權的是其祖母墀瑪類（Khri ma lod），

---

① 陳國燦：《唐代的論氏家族及其源流》，《中國史研究》1987年第2期，第121—122頁。

② 《舊唐書》卷196《吐蕃傳上》，中華書局，1975，第5225—5226頁。

③ 《資治通鑑》卷207"久視元年""長安二年"，中華書局，2011，第6665、6677頁。

④ 張說：《撥川郡王碑（奉敕撰）》，《四部叢刊》影印嘉靖丁酉伍氏龍池草堂刊本《張說之文集》卷17。

⑤ 陳國燦：《武周瓜沙地區吐谷渾的歸朝案研究》，1983年成稿，收入氏著《敦煌學史事新證》，甘肅教育出版社，2002，第167—197頁。

⑥ 旗手瞳「吐蕃による吐浴渾支配とガル氏」『史学雑誌』123編第1號、2014、38—63頁。

⑦ 《舊唐書》卷196《吐蕃傳上》，第5226頁。

⑧ 張說：《撥川郡王碑（奉敕撰）》。

⑨ 沈琛：《入唐吐蕃論氏家族新探——以〈論惟貞墓誌〉為中心》，《文史》2017年第3期，第87頁。

⑩ 《資治通鑑》卷207"長安元年十一月"，第6674頁。

⑪ 《資治通鑑》卷207"長安三年"，第6685頁。

⑫ 有關贊普墀都松的卒年與地點，詳見《王堯藏學文集》卷1，第200頁；朱麗雙《8世紀前後吐蕃勢力入西洱河地區問題研究》，《中國藏學》2003年第3期，第49—56頁。

⑬ 《新唐書》卷216《吐蕃傳上》，第6081頁。

根據《冊府元龜》的記載，吐蕃使者入唐告喪，已是神龍元年七月，[①] 那麽，“求盟”最早也當在此時，疑與墀瑪類“為其孫請婚”[②] 同時提出。

換言之，吐蕃“求盟”的神龍元年，正是其內外交困之時，迫切需要息戰求和。唐廷對這一點也十分清楚，景龍二年（708）郭元振上疏：“往者吐蕃所爭，唯論十姓、四鎮，國家不能捨與，所以不得通和。今吐蕃不相侵擾者，不是顧國家和信不來，直是其國中諸豪及泥婆羅門等屬國自有攜貳。故贊普躬往南征，身殞寇庭，國中大亂，嫡庶競立，將相爭權，自相屠滅。兼以人畜疲癘，財力困窮，人事天時，俱未稱愜，所以屈志，且共漢和，非是本心能忘情於十姓、四鎮也。”[③] 這一觀察，是對吐蕃遣使請盟背景的最好注解。

問題是，唐廷在明顯占有優勢的情況下，為何許盟？這與唐朝當時的內外形勢有關。神龍元年正是武則天退位、中宗執政之年。從內部政治環境而言，朝中仍有諸武勢力存在，皇權與相權之爭也頗為激烈，政局尚未十分穩定；[④] 從外部環境來看，默啜主政下的後突厥汗國正處於強盛時期，在北方對唐朝構成嚴重威脅，《新唐書·突厥傳》載：“中宗始即位，入攻鳴沙，於是靈武軍大總管沙吒忠義與戰，不勝，死者幾萬人，虜遂入原、會，多取牧馬。帝詔絶昏，購斬默啜者王以國、官諸衛大將軍。”[⑤] 突厥一旦突破朔方防綫，即可長驅直下威脅京畿，故唐廷不得不以主要精力對付這一危局。以此觀之，對於神龍初期的唐朝來說，有同吐蕃息戰、穩住西邊的訴求。

在上述情形下，唐廷同意了吐蕃的會盟之請，雙方在神龍元年至二年之間完成具體問題的協商，並舉行正式會盟儀式，劃定疆界，作為中立緩衝區的“閑壤”就在這一過程中得以確立。不僅如此，唐廷還應允了吐蕃的請婚，許嫁金城公主。《冊府元龜》載開元六年十一月吐蕃贊普遣使奉表，對此有所追述：“孝和帝在日，其國界並是逐便斷當訖，彼此亦已盟誓，漢宰相等官入誓者，僕射豆盧欽望、魏元忠，中書令李嶠，侍中紀處訥、蕭至忠，侍郎李迥秀，尚書宗楚客、韋安石、楊矩等一十人，吐蕃宰相等亦同盟誓訖，遂迎公主入蕃，彼此安穩。”[⑥] 由引文中開列的與盟宰相名單可知，唐蕃之間的首次會盟受到唐廷的特別重視；所謂“其國界並是逐便斷當訖”，表明疆界基本上依據當時雙方境土現狀而劃定。問題是，被劃定為“閑壤”的河西九曲，在此之前處於何種狀態？

（二）河西九曲為何成為“閑壤”

根據鈴木隆一的研究，河西九曲就是663年亡國之前的吐谷渾的中樞地帶，漢文史料中

① 《冊府元龜》卷974《外臣部·褒異一》，第11443頁。

② 《舊唐書》卷196《吐蕃傳上》，第5226頁。

③ 《舊唐書》卷97《郭元振傳》，第3045—3046頁。

④ 唐華全：《試論唐中宗時期的諸武勢力》，《中國史研究》1996年第3期，第99—109頁。

⑤ 《新唐書》卷215《突厥傳上》，第6047頁。

⑥ 《冊府元龜》卷981《外臣部·盟誓》，第11526—11527頁。

也稱“赤水地”。[①]其範圍大致相當於本文“閑壤”所涵括的地域。

實際上，遠在河西九曲被劃定為“閑壤”的數十年前，吐蕃已欲得其地。麟德二年（665），唐蕃之間曾有過一次關於“赤水地”的談判。《冊府元龜》載麟德二年正月“吐蕃遣使來朝，請與吐谷渾復修和好，並請赤水地以為牧野。帝不許之”。[②]解讀這條材料，要點有二：其一，吐蕃提出與吐谷渾重歸於好，實際上就是要與唐廷支持的那部分吐谷渾勢力重建正常的鄰邦關係；其二，吐谷渾境內的“赤水地”劃歸吐蕃所有。這等於將原吐谷渾最重要的那部分境土變成吐蕃的直轄地，吐蕃不僅可以因此擁有“牧野”，還可以擁有一個連接吐蕃本土和唐之河隴地區的通道；除此之外的青海地區仍由吐谷渾政權統轄，附屬於唐。對於吐蕃的這一提議，唐高宗“不許之”。這表明，儘管吐谷渾在龍朔三年（663）已為吐蕃擊破，但尚未完全受控於吐蕃，唐廷在青海地區依然有相當的影響力，這使得吐蕃在實施其對青海地區的統治時，不能不考慮唐廷的態度；同時也表明，唐廷深知吐蕃獲取“赤水地”將會對自己產生極為不利的影響。

咸亨元年（670），唐以“援送吐谷渾還故地”[③]為名發動的遠征失敗後，吐蕃始完全取得對吐谷渾的控制權。直到天寶後期，唐廷不再有機會涉足吐谷渾故地，但青海地區的重要性並未被遺忘。武則天萬歲通天二年（697），唐遣郭元振至野狐河與欽陵談判，俟後對於如何回應欽陵提出的罷四鎮戍兵、分裂十姓之地的要求，朝廷內部有過一場討論。郭元振說：“如欽陵云‘四鎮諸部與蕃界接，懼漢侵竊，故有是請’，此則吐蕃所要者。然青海、吐蕃密近蘭、鄯，北為漢患，實在茲輩，斯亦國家之所要者。今宜報陵云，國家非恡四鎮，本置此以扼蕃國之尾，分蕃國之力，使不得并兵東侵；今若頓委之於蕃，恐蕃力強，易為東擾；必實無東侵意，則宜還漢吐渾諸部及青海故地，即俟斤部落當以與蕃。如此足塞陵口而和事未全絕也。”[④]雖然這番論述是郭元振為應對欽陵之要求所擬的外交辭令，但從中不難窺知，對於唐蕃雙方而言，青海吐谷渾之地具有重要的戰略意義，任何一方都不會輕易捨棄。除非歷史的發展出現一個契機，使得雙方都不再有足够的力量絶對控制這一區域。而這個契機，正好出現在7、8世紀之交的那五六年間。

吐蕃征服吐谷渾後，保留了吐谷渾原有的政權形勢，使之成為吐蕃的“邦國”或曰“屬國”，吐蕃有權在其境內徵收貢賦、調遣軍隊；[⑤]吐谷渾的可汗，同時是吐蕃的“小王”，在諸多臣屬於吐蕃的“小王”中居於首席地位。[⑥]學界一般認為，這種統治形式一直持續到吐蕃統

① 鈴木隆一「吐谷渾と吐蕃の河西九曲」『史観』第108冊、1983、47—59頁；中譯文見《吐谷渾與吐蕃之河西九曲》，鍾美珠譯，《民族譯叢》1985年第3期，第47—51頁。

② 《冊府元龜》卷999《外臣部·請求》，第11721頁。

③ 《資治通鑑》卷201“咸亨元年四月”，第6479頁。

④ 《通典》卷190《邊防六·西戎二·吐蕃》，第5175—5177頁。

⑤ 周偉洲：《吐谷渾史》，廣西師範大學出版社，2006，第179—185頁。

⑥ 烏瑞：《吐谷渾王國編年史》，沈衛榮譯，中國敦煌吐魯番學會主編《國外敦煌吐蕃文書研究選譯》，甘肅人民出版社，1992，第199頁。

治的末期。

但是，神龍二年河西九曲被劃定為“閑壤”，促使我們需要更細緻地考察這一問題。事實上，至少從噶爾家族“獲罪”的698年開始，由於數千帳的吐谷渾部落投降唐朝，吐蕃在吐谷渾的統治陷入了危機。而接下來的五六年間，吐蕃內憂外患，即使想重建在吐谷渾的穩定統治，恐怕也力有不逮。根據《敦煌本吐蕃歷史文書・大事紀年》（以下簡稱《大事紀年》）和漢文史料的記載，699—705年，蕃軍屢次發動對河隴一帶的入侵，多有敗績；吐蕃不僅與唐廷有使者往還，與突厥也頗有聯繫；但是，沒有史料顯示同時期吐蕃對吐谷渾的經營情況。[①] 由此透露出的信息是，這一時期吐蕃似不能實現其對吐谷渾的有效統治。

正是在吐蕃無力統治吐谷渾，又急於同唐廷息戰議和的情況下，吐谷渾的中樞地帶河西九曲，纔最終作為雙方的中立緩衝區“閑壤”，被寫進神龍二年盟約中。

（三）“閑壤”之約的遵守與破壞

河西九曲成為唐蕃間的“閑壤”，究竟意味着什麽？按照中立緩衝區建立的一般原則，相鄰政權的任何一方都不得在中立緩衝區内進行軍事或政治活動。因此，從神龍二年盟約生效時起，唐蕃雙方皆不能在河西九曲駐軍，不得構築軍事攻防設施，不能從事徵收貢賦等活動。換言之，吐蕃對吐谷渾的統治受到相當程度的限制。而事實證明，在神龍二年至開元二年（714）的數年間，這一約定確實得到雙方的遵守。

有關這一時期吐谷渾的狀況，我們幸運地擁有一份重要資料，那就是斯坦因敦煌卷子IOL Tib J 1368（= Vol.69 fol.84）號。這是一個藏文寫本殘卷，匈牙利藏學家烏瑞將其定名為《吐谷渾王國編年史》（*The Annals of the'A-ža Principality*）。經研究，此卷子現存部分記載的内容，正是自馬年（706/707）至虎年（714/715）的吐谷渾王國的歷史。[②]

《吐谷渾王國編年史》殘卷所反映的歷史時段，正好就是河西九曲作為唐蕃之間“閑壤”而存在的時期，這不能不説是一個有趣的巧合。從殘卷内容來看，706—713年，吐谷渾政權在母后赤邦（Khri bangs）和莫賀咄可汗（Ma ga tho gon kha gan）主持下，以相對獨立的姿態在運轉，包括選擇冬夏行宫、舉行宴會與祭典、圍獵、進行戶口清查、任免高級官吏、對各千戶（stong sde）課以新稅、為可汗迎娶王妃、會見入藏的金城公主及其扈從等。[③] 值得注

① 《王堯藏學文集》卷1，第199頁；《資治通鑑》卷207“久視元年七月”，第6665頁。另參王小甫《唐、吐蕃、大食政治關係史》，第122頁。

② Uray, G., “The Annals of the ’A-ža Principality: The Problems of Chronology and Genre of the Stein Document, Tun-huang, Vol. 69, Fol. 84,” in *Proceeding of the Csoma de Kőrös Memorial Symposium*, eds. Louis Ligeti, 1978, pp. 541–578. 中譯本見《吐谷渾王國編年史》，沈衛榮譯，中國敦煌吐魯番學會主編《國外敦煌吐蕃文書研究選譯》，第170—212頁。

③ 按，此殘卷内容的英文譯本見 Thomas, F. W., *Tibetan Literary Texts and Documents concerning Chinese Turkestan*, Part Ⅱ, London, 1951, pp.8–16；日文譯本見山口瑞鳳『吐蕃王国成立史研究』下、岩波書店、1983、576—589頁；中文譯本見周偉洲、楊銘《關於敦煌藏文寫本〈吐谷渾（阿柴）紀年〉殘卷的研究》，《中亞學刊》第3輯，中華書局，1990，第95—108頁。

意的是，殘卷中不時出現吐蕃貴族，比如，706 年向莫賀咄可汗致禮的屬盧・窮桑達貢（Cog ro Cung bzang'dam kong），709 年到達吐谷渾並參加議會的韋・通熱納雲（dBa's sTong re gnad nyung），710 年作為金城公主迎婚使的尚・贊咄熱（Zhang bTsan to re），以及 713 年將女兒嫁與莫賀咄可汗為妃的屬盧・東熱孔孫（Cog ro sTong re khong zung）。旗手瞳認為，殘卷中出現的尚氏、韋氏、屬盧氏，都是代替噶爾氏在吐蕃新的中央政權中掌握實權的家族姓氏，他們到訪吐谷渾的目的是修復蕃渾間的信任關係，重建在吐谷渾的統治。[①] 考慮到 8 世紀吐蕃對吐谷渾的整體戰略部署，這一觀點值得重視。不過僅從殘卷內容來看，這一時期到達吐谷渾的吐蕃大臣沒有在吐谷渾開展軍事活動或者進行徵收貢賦這樣直接的政治經濟活動。

從漢文史料的記載來看，706—714 年唐蕃處於相對和平的狀態，至少在青海、河隴一帶並無戰事；在西域和劍南，雙方發生過一些軍事衝突，[②] 但尚未影響到盟約的有效性。

這一狀況的改變，是在吐蕃以"金城公主湯沐邑"的名義取得河西九曲之後。該事件在漢文正史記載中時間大多不確，據《冊府元龜》所保存的資料和藏文史料《大事紀年》中的一則重要記録，即 713 年夏"唐廷允賜夏冬牧場"，可以判斷這就是吐蕃獲取河西九曲的時間。[③] 這一事件的標誌性意義在於，自高宗朝開始吐蕃孜孜以求的將河西九曲變為其直轄境土的願望終於實現，而唐廷的這一決策，無疑是放棄了吐谷渾故地中最具戰略意義的部分。經由神龍盟約確立為"閑壤"的河西九曲，至此結束了它作為唐蕃間中立緩衝區的使命。

吐蕃在得到"唐廷允賜夏冬牧場"的允諾後，隨即將勢力伸向青海地區。《大事紀年》載虎年（714）：'bon da rgyal dang zhang btsan to re lhas byin gyis/ sil gu cin gyi'o khol du'a zha'i mkhos bgyis/（坌達延與尚・贊咄熱拉金於"西古井"之"倭高爾"地方徵吐谷渾之大料集）。[④] 其中 'a zha'i mkhos bgyis 繼 696 年以後再一次出現在《大事紀年》中，[⑤] 王堯先生譯為"徵吐谷渾之大料集"，Thomas 譯為"對吐谷渾徵稅"，[⑥] 此外尚有不同譯法。[⑦] 據此可知，714 年，吐蕃在吐谷渾恢復了中斷十餘年的一項政策。與此相應，《吐谷渾王國編年史》殘卷也顯示，虎年（714/715），吐蕃大臣韋・達札恭禄（dBa's sTag sgra khong lod）與屬盧・東熱孔孫接到了某項命令，且有"外甥吐谷渾臣民受到劫掠""又赴援吐谷渾國，途中……"的

---

① 旗手瞳「吐蕃による吐谷渾支配とガル氏」『史学雑誌』123 編第 1 號、52 頁。

② 比如張玄表在西域與吐蕃的摩擦、李知古出兵姚州事件等，詳見《冊府元龜》卷 979《外臣部・和親二》"開元十八年十月"，第 11502 頁。

③ 楊長玉：《唐蕃接觸中的河西九曲》，録用待刊。

④ 《王堯藏學文集》卷 1，第 23—24、119、202 頁。

⑤ 《大事紀年》載猴年（696）：blon ce khrī'brīng gyis /'a zha yul gyī sil gu cīn gyi vo kol du'a zha'ī mkhos bgyīs /（大論欽陵於吐谷渾"西古井"之"倭高爾"徵吐谷渾之大料集）。見於《王堯藏學文集》卷 1，第 19、113、198 頁。

⑥ Thomas, F. W., *Tibetan Literary Texts and Documents concerning Chinese Turkestan*, Part Ⅱ, London, 1951. p.5.

⑦ 黄布凡、馬德：《敦煌藏文吐蕃史文獻譯注》，甘肅教育出版社，2000，第 48 頁；Dotson, B., *The Old Tibetan Annals: An Annotated Translation of Tibet's First History*, Wien: Österreichische Akademie der Wissenschaften, 2009. p. 108.

記載，[①]具體事件雖不可考，但無疑，此時已經有吐蕃大臣在吐谷渾境内接受命令處理某些事務，並且有吐蕃軍隊以“赴援”之名進入吐谷渾境内。這是自 698 年以後，首次見到吐蕃人在吐谷渾境内進行直接的政治軍事活動。

漢文資料也顯示，吐蕃在得到唐廷有關河西九曲的允諾後，隨即打破神龍盟約中關於唐蕃雙方“以河為境”的約定，在黄河上架設橋樑，進入河西九曲修築軍事城堡；[②]與此同時，河西九曲作為“夏冬牧場”也得到充分利用，《舊唐書·吐蕃傳》載：“吐蕃既得九曲，其地肥良，堪頓兵畜牧，又與唐境接近，自是復叛，始率兵入寇。”[③]這表明：第一，河西九曲在經濟與軍事兩方面皆給吐蕃提供了絶佳條件，這無疑增強了吐蕃日後在與唐交涉中的優勢；第二，吐蕃在得到河西九曲後，其境土直接與唐境相接，日後蕃軍多次長驅直入進攻河隴地區，正肇始於此。

三 “閑田”：涇隴以西的中立緩衝區

唐蕃之間的另一個中立緩衝區，同樣産生於雙方會盟定界之時，史稱“閑田”。《舊唐書·吐蕃傳》載德宗建中四年唐蕃清水會盟盟文云：

> 今國家所守界：涇州西至彈箏峽西口，隴州西至清水縣，鳳州西至同谷縣，暨劍南西山大渡河東為漢界。蕃國守鎮在蘭、渭、原、會，西至臨洮，東至成州，抵劍南西界磨些諸蠻、大渡水西南為蕃界。其兵馬鎮守之處，州縣見有居人，彼此兩邊見屬，漢、諸蠻以今所分見住處，依前為定。其黄河以北，從故新泉軍直北至大磧，直南至賀蘭山駱駝嶺為界。中間悉為閑田。盟文有所不載者，蕃有兵馬處蕃守，漢有兵馬處漢守，並依見守，不得侵越。其先未有兵馬處，不得新置，並築城堡耕種。[④]

按，“中間悉為閑田”之“中間”，指唐方邊界與蕃方邊界之間，有以下幾個標誌性界點：（1）原州與彈箏峽西口之間；（2）渭州至秦州清水縣之間；（3）成州至同谷縣之間；（4）賀蘭山以西，至凉、甘二州之間。這些位於中間的區域，南北連綴起來，就是盟文所說的“閑田”。[⑤]其中第四個區域多為沙漠地帶，暫不論，下文重點討論由前三個區域組成的“閑田”。

此“閑田”的範圍，北起原州，南至同谷，西極渭州，東到清水，地處黄河以南、劍閣之北，横跨隴山山脈，呈南北狹長之勢。與神龍二年的“閑壤”相比，此“閑田”不僅面積

① 周偉洲、楊銘：《關於敦煌藏文寫本〈吐谷渾（阿柴）紀年〉殘卷的研究》，《中亞學刊》第 3 輯，第 97 頁。

② 《新唐書》卷 216《吐蕃傳上》，第 6082 頁。

③ 《舊唐書》卷 196《吐蕃傳上》，第 5228 頁。

④ 《舊唐書》卷 196《吐蕃傳下》，第 5247—5248 頁。按，“閑田”原作“閒田”，此從宋本《冊府元龜》改（王欽若等編《冊府元龜》，中華書局影印宋刻殘本，1988，第 3924 頁）。

⑤ 楊長玉：《建中會盟所定唐蕃疆界考》，録用待刊。

狹小，且逼近（部分已到達）唐關內道的涇州、隴州一帶。為何唐廷會接受如此靠近京畿之地為“閑田”?

（一）“閑田”之約建立的背景

神龍二年的中立緩衝區是在唐蕃實力大致均衡、雙方皆有息戰願望的背景下建立起來的。建中四年清水盟約中的中立緩衝區，則頗有不同。

天寶後期，唐軍已經在青海地區的對蕃作戰中獲勝，包括河西九曲在內的整個黄河九曲地區都在唐方控制之下。[①] 但安史之亂後，吐蕃迅速摧毀唐在青海地區的軍事設施，並趁勢大舉入侵河隴，導致唐的西部境土大面積丢失。到大曆末，河隴地區除沙州仍在堅守外，其他州、縣、軍、城皆已被吐蕃攻占，西域的伊州也已陷蕃，就連關内道的原州、會州，也成為吐蕃自由出入之地。[②] 此後直到建中初，吐蕃軍隊以原、會二州為基地，頻繁越過隴山山脈，北犯靈、朔，南擾京畿，涇、隴、岐等州成為“國之西門”，[③] 唐蕃之間並無緩衝區域可言。那麽，究竟是什麽因素促成了建中四年的會盟定界?

這需要考慮當時明顯占有軍事優勢的吐蕃對於會盟的態度。實際上，盟誓是吐蕃統治集團在處理内政外交時的習慣做法。具體到與唐交往過程中，吐蕃通常在兩種情況下會提出會盟之請：一是通過外交或軍事手段獲取了新的境土，需要通過盟約使其對新占之地的統治合法化；一是唐朝新君即位時，要求舉行新的會盟，以確保前盟的有效性，同時藉機獲取新的利益。自神龍會盟以後，歷經安史之亂，肅、代時期吐蕃請盟的記載不絶於書，但這些會盟或是不能成功舉行，或是即便達成盟約也不能得到有效執行，且這個過程一直伴隨着蕃軍對關内道沿邊諸州的入侵。這種情形一直延續至德宗即位之初。

德宗即位後，唐廷的對外政策發生了重大變化。由於身為雍王時曾遭受“陜州之恥”，[④] 德宗“心恨回紇”，[⑤] 這促使他在執政後制定了聯合吐蕃以抗擊回紇的政策。大曆十四年（779）八月，即位僅三個月的德宗“命太常少卿韋倫持節使吐蕃，統蕃俘五百人歸之”，[⑥] 這一主動示好，為雙方和平談判創造了契機。吐蕃對於唐廷此舉極為歡迎，據入蕃使韋倫於建中元年四月帶回的消息，“吐蕃始聞歸其人，不之信，及蕃俘入境，部落皆畏威懷惠”，贊普自云憾事

---

① 《資治通鑑》卷 216“天寶十二載五月”載:“隴右節度使哥舒翰擊吐蕃，拔洪濟、大漠門等城，悉收九曲部落。”（第 7037 頁）

② 《新唐書》卷 216《吐蕃傳上》載，吐蕃由長安撤退後，“退圍鳳翔，節度使孫志直拒守，鎮西節度使馬璘以千騎戰却之，吐蕃屯原、會、成、渭間，自如也”。（第 6088 頁）

③ 《舊唐書》卷 132《李抱玉傳》載:“時吐蕃每歲犯境，上以岐陽國之西門，寄在抱玉，恩寵無比。”（第 3646 頁）《資治通鑑》卷 224 載大曆八年元載論西境形勢時云:“今國家西境盡潘原，而吐蕃戍摧沙堡，原州居其中間，當隴山之口。”（第 7343 頁）

④ 《資治通鑑》卷 222“寶應元年十月”，第 7251—7252 頁。

⑤ 《資治通鑑》卷 233“貞元三年九月許以咸安公主妻可汗”條《考異》，第 7627 頁。

⑥ 《舊唐書》卷 196《吐蕃傳下》，第 5245 頁。

有三："不知大國之喪，而弔不及哀，一也；不知山陵之期，而賻不成禮，二也；不知皇帝舅聖明繼立，已發衆軍三道連衡，今靈武之師，聞命輒廻矣，而山南之師，已入扶、文，蜀師已趨灌口，追且不及，是三恨也。"[①] 儘管前一年冬唐廷派出的禁軍與范陽兵已在劍南與吐蕃、南詔的聯合軍隊交手，且成功却敵，但德宗和盟決心已定，唐軍在劍南俘獲的番兵，也"悉命歸之"。[②] 在這種雙方努力營造的友好氛圍下，建中四年唐蕃順利舉行會盟。

應該注意的是，儘管建中四年會盟成功舉行，且達成盟約以劃定雙方分界，但其時雙方勢力並不均衡。從現實力量對比來看，這一時期吐蕃仍處於對外擴張的強盛期，軍事方面優勢明顯；而唐方歷經戰亂，內有藩鎮割據，外有強敵壓境，經濟、軍事兩方面皆顯薄弱。因此，在盟約中有關邊界劃分的問題上，唐廷能够爭取到的利益十分有限。

仔細分析建中盟約有關唐蕃分界的規定可以發現，此次劃定的唐蕃邊界，較肅、代時期唐朝實際能够控制的境土向西稍有推進[③]，比如秦州清水縣、成州同谷縣，原本都曾被吐蕃攻占，但在盟文中劃歸於唐，這樣一來，隴山山脈南段就包含在唐境以內，形成岐、隴以西的一道屏障。從這個意義上來說，"閑田"儘管面積狹小，但無疑是唐廷在不得不"外其故地"的情況下，[④] 為守護現有境土而爭取到的一小段"安全距離"。

（二）"閑田"之約的執行情況

建中盟約中的"閑田"是在唐蕃雙方勢力並不均衡的情況下建立的，立約基礎既薄，存續時間必然有限。並且，"閑田"是在唐境被侵奪蠶食的背景下人為劃分出來的，它原本不是一個完整的自然地理單元，隴山山脈橫亘其間，東西兩側則是一些分散的地塊；它也不是一個完整的行政地理單元，而是原屬於唐朝內地歸在各節度使之下的州、縣、軍、城。這樣的特點，決定了"閑田"作為緩衝區域的脆弱性，也決定了該區域在唐蕃關係走向上所能發揮的作用將十分有限。

根據建中盟約，唐廷承認吐蕃對新占領地區的統治，但那些一直為唐堅守的地區：沙州、西州、安西四鎮和北庭，仍在唐朝統治之下。而西域，正是自唐高宗早期以來，吐蕃就極力想要控制的區域。景龍二年，郭元振上疏論及吐蕃請盟的原因時曾云："人事天時，俱未稱愜，所以屈志且共漢和，非是本心能忘情於十姓、四鎮也。"他接着分析道："如國力殷足之後，則必爭小事，方便絶和，縱其醜徒，來相吞擾，此必然之計也。"[⑤] 可謂一語中的。

就在建中會盟的同一年，涇原士卒兵變，攻陷長安，德宗倉皇前往奉天，並遣使向吐

① 《冊府元龜》卷 980《外臣部 · 通好》，第 11513 頁。

② 《資治通鑑》卷 226"建中元年四月"，第 7398 頁。

③ 王忠：《〈新唐書 · 吐蕃傳〉箋證》，科學出版社，1958，第 101—102 頁。

④ 《舊唐書》卷 196《吐蕃傳下》，第 5247 頁。

⑤ 《舊唐書》卷 97《郭元振傳》，第 3046 頁。

蕃求援。為借兵平叛，德宗與吐蕃定約："許成功以伊西、北庭之地予之。"[①] 這是"奉天盟書"的核心內容。[②] 兵變被平息後，吐蕃持盟約前來請地，唐廷不予。此後雙方就這一問題進行磋商，使者往復，書函頻傳，[③] 而最終未能達成一致。貞元二年（786）八月，吐蕃軍隊攻掠涇、隴、邠、寧諸州，"掠人畜，芟禾稼，西鄙騷然，州縣各城守"。[④] 至此，清水盟約被徹底破壞，作為中立緩衝區的"閑田"也不復存在。

實際上，即使在"閑田"名義上存在的建中四年正月至貞元二年八月這段時間內，它也未能阻止蕃軍的行動。陸贄撰《賜吐蕃宰相尚結贊書》云："昨者邊軍狀奏，彼國兵馬踰越封疆；朕以畫界立盟，先有定分，贊普素敦仁義，卿又特禀純誠，背約侵漁，必無此理。……興兵動衆，必合有名，蕃軍此行，未測其故？……秋冷，卿比平安好，將士並存問之。"[⑤] 這表明，在興元元年（784）七月吐蕃"求地"未果不久——從"秋冷"一語來看，可能就是當年或次年秋——吐蕃軍隊就已經跨過"閑田"，越過盟約中的邊界而侵入關內道。可以說，從建中盟約訂立初期開始，"閑田"作為中立緩衝區，就有名而無實。

結　語

所謂"中立緩衝區"，是指相鄰政權之間經協商、約定而建立的不屬於任何一方的中立地帶，它通常是雙方在勢力不均衡時進行爭奪的對象，具有重要的戰略地位或經濟意義。用劃定中立緩衝區的辦法解決境土爭端，在先秦秦漢時期就已見諸載籍，虞芮間的"間田"，宋鄭間的"隙地"，匈奴與東胡間的"棄地"皆是其例。但是，通常被視為中立地帶的"甌脫"，在漢唐時期的語境下，是指某政權的邊境地帶，它承擔一定的軍事防禦功能，有相應的軍事設施和人員配置，與中立緩衝區有本質區別。

目前所知，唐與吐蕃之間曾兩次劃定中立緩衝區，即神龍二年盟約中的"閑壤"與建中四年清水盟文中的"閑田"。"閑壤"之約建立在唐蕃雙方勢力相對均衡且都有息戰求和之需求的背景下，在立約後的706—714年，得到雙方遵守，促成了一段時間的相對和平，這一點也為敦煌藏文寫本《吐谷渾王國編年史》殘卷的內容所證實。被劃定為"閑壤"的河西九曲，對唐蕃雙方而言皆具有重要的戰略意義，一旦其作為中立緩衝區的作用消失，唐蕃間的和平局面就會面臨危機，因此，"閑壤"可以說是一個名副其實的中立緩衝區。與之相對，"閑田"之約則是建立在吐蕃在軍事上明顯占優勢的背景下，被劃定為"閑田"的區域，原是分散在唐境內不同節度使轄下的州、縣、軍、城，本不具備作為中立緩衝區的自然和人文

---

① 《資治通鑑》卷231"興元元年七月"，第7562頁。

② 《陸贄集》卷10《賜吐蕃將書》，王素點校，中華書局，2006，第305頁。

③ 《陸贄集》卷10《賜吐蕃將書》及與尚結贊三書，第303—313頁。

④ 《資治通鑑》卷232"貞元二年八月"，第7591頁。

⑤ 《陸贄集》卷10，第308—310頁。

條件，因此也未能真正發揮作用，可謂有名而無實。

唐蕃之間劃定中立緩衝區的兩個案例提示我們，在討論中古時期政權之間的分界時，應該注意這些界綫的具體形態，以及這些界綫形成背後各種勢力間的博弈與妥協。在現實層面，任何一個政權，其統治範圍都有邊界，政權與政權之間必定存在界綫。隨着對中立緩衝區這類問題的深入探討，我們或可更多地揭開中古時期政權之間分界形態的神秘面紗。

Vacant Ground and Vacant Field: A Preliminary Exploration into the Neutral Buffer between Tibet Kingdom and Tang Dynasty

Yang Changyu

The “neutral buffer” here refers to a neutral zone which is established by the negotiation and agreement of neighboring regimes and doesn’t belong to any party. With the solution of delineating the neutral buffer zone in order to solve the disputes over the territory, it has been recorded already in the Qin and Han Dynasty. Around the 8th century, Tang Dynasty and Tibet Kingdom delineated the neutral buffer zone twice, namely the “vacant ground” (Xianrang) in the Shen Long Covenant (Sino–Tibetan Treaty of 706) and the “vacant field” (Xiantian) in the Qingshui Covenant (Sino–Tibetan Treaty of 783). The “vacant ground” agreement was signed under the background of the relatively balanced forces between the Tang Dynasty and Tibet Kingdom. Between 706 and 714 after the signature, the covenant was obeyed by the two parties. This fact is confirmed in *The Annals of the’A-ža Principality* written in Dunhuang Tibetan. As the “vacant ground”, the Hexi Jiuqu area (southeast of Qinghai Province) has an important strategic position for both Tang and Tibet Kingdom, and is a veritable neutral buffer. In contrast, the “vacant field” agreement is based on the background that Tibet Kingdom is clearly dominant militarily, and refers to the areas of “vacant field”. They were originally provinces, towns, military zones, cities distributed under the jurisdiction of governors of different grades in the Tang Dynasty. These areas did not have the natural and human conditions as a neutral buffer zone, and therefore they did not really play their role. An deep observation of the issue of neutral buffers helps us to understand the specific forms of borders division between different regimes in the Middle Ages.

葛啜墓誌魯尼文誌文第1行再釋讀 *

白玉冬

古代突厥魯尼文碑銘研究，由於其與語文學、語言學、歷史學、敦煌學等交織在一起，百年來在國際上處於顯學地位。國內的相關研究，由於衆所周知的原因，長期滯後。近年來，伴隨着綜合國力的顯著增強和“一帶一路”倡議的實施，包括古代突厥魯尼文碑銘在內，國家對“冷門”“絶學”等哲學社會科學領域研究項目的支持力度明顯加大。一時間，人文社科領域呈現百花齊放的局面。

談起古代突厥魯尼文碑銘研究，不得不説，時至今日仍有數個原字的讀音無法確定，衆多詞語、語句的轉寫和釋義尚未得到合理統一的詮釋。此種狀況，迫使我們的研究重點必須回歸到文本上來，必須從基本的語文學角度出發重新認證已有的成果。否則，欣欣向榮帶來的衹是表面現象。故撰此稿，不足之處，敬祈指正。

西安大唐西市博物館藏漢文古代突厥魯尼文雙語“故回鶻葛啜王子墓誌”，自2013年被中央電視臺介紹以來，深受唐史學界與古突厥學界矚目。據筆者所知，關於這方墓誌的研究成果，此前已有11篇專文。① 其中，森安孝夫綜合之前各家讀法，並引用同時期漢文回鶻人墓誌，對相關歷史背景進行了詳細考察，給出了他想象中的回鶻汗國可汗家族世系表。最新

* 本文係國家社科基金重大項目“北朝至隋唐民族碑誌整理與研究——以胡語和境外漢語碑誌為對象”（18ZDA177）、中央高校基本科研業務費專項資助項目“胡語與境外漢語碑刻與唐代西北地區歷史”（2019jbkytd001）階段性成果。

① 成吉思:《〈葛啜墓誌〉突厥文銘文的釋讀》,《唐研究》第19卷，北京大學出版社，2013，第443—446頁；Alyilmaz, Cengiz, “Karı Çor Tigin Yazıtı,” *International Journal of Turkish Literature Culture Education*, Vol.2, No.2, 2013, pp. 1-61；白玉冬:《回鶻王子葛啜墓誌魯尼文誌文再釋讀》,《蒙古史研究》第11輯，科學出版社，2013，第45—52頁；Ölmez Mehmet, “Xi'an Yazıtı,” *Orhon-Uygur hanlığı dönemi Moğolistan'daki eski Türk yazıtları*. 2nd version, 2013, pp. 322-325; Ölmez Mehmet, “Uygur Prensinin Yazıtı,” *Atlas*, aralık (December), 2014, No. 261, p. 128；芮跋辭、吳國聖:《西安新發現唐代葛啜王子古突厥魯尼文墓誌之解讀研究》,《唐研究》第19卷，第425—442頁；張鐵山:《〈故回鶻葛啜王子墓誌〉之突厥如尼文考釋》,《西域研究》2013年第4期，第74—80頁；V. Rybatzki & Wu Kuosheng, “An Old Turkic Epitaph in Runic Script from Xi'an (China): The Epitaph of Qarï čor tegin,” *Zeitschrift der Deutschen Morgenländischen Gesellschaft*. Vol.164, No.1, 2014, pp. 115-128；林俊雄「2013年西安発見迴鶻王子墓誌」『創価大學人文論集』第26輯、2014、1—11頁；Aydın Erhan & Ariz Erkin, “Xi'an yazıtı üzerinde yeni okuma ve anlamlandırmalar,” *Türk Dünyası Sosyal Bilimler Dergisi*, Vol. 71, 2014, pp. 65-80；森安孝夫:《漠北回鶻汗國葛啜王子墓誌新研究》，白玉冬譯，《唐研究》第21卷，北京大學出版社，2015，第499—526頁；包文勝:《回鶻葛啜王子身世考——重讀〈故回鶻葛啜王子墓誌〉》,《敦煌研究》2019年第2期，第106—112頁。

的研究則是包文勝刊載於《敦煌研究》2019 年第 2 期的《回鶻葛啜王子身世考——重讀〈故回鶻葛啜王子墓誌〉》。可惜的是，雖然在包文勝之前國內外學術界已經有多達 10 篇文章，但包文在轉寫上出現了 4 處明顯的筆誤，尤其是把古突厥語第三人稱詞綴 sï/si 均寫作 šï/ši（詳見本文脚注），實在令人惋惜。筆者相信，作為內蒙古大學北方民族史研究的佼佼者，包文勝教授的研究不至於出現如此低級的錯誤。同時，不得不承認，正是此類失誤的出現，要求我們中國學者的相關研究必須提高到一個新的高度。總之，經過中外學者們的多方努力探查，關於回鶻王子葛啜墓誌魯尼文誌文的釋讀幾無大的問題，唯有誌文第 1 行 B W / m ŋ 的釋讀分歧巨大。玆從最為翔實的森安孝夫研究成果中轉引碑文的換寫（transliteration）和轉寫（transcription），再做討論。換寫中，僅見到殘餘筆劃的第 1 行第 3 字暫時按不明文字 “/” 處理，“ · ” 和 “ : ” 表示碑文所刻停頓符號。轉寫中，“//” 相當於換寫的不明部分。譯文中，有別於森安譯文之處是依據筆者的理解，“/” 相當於上述不明文字部分，( ) 內為補充說明。

01 B W / m ŋ	bu ///
02 t i s r · b z g k	tesär[①] bäzgäk
03 Y G L Q R · Q a N	yaγlaqar qan
04 a T i · č B š ·	atï čavïš
05 t i g n · W G L i	tegin oγlï
06 Q a N · T W T uQ	qan totoq
07 a T i š i:	atïsï[②]
08 b ü g ü : b i l	bögü bil-
09 g a : t ŋ r i ·	gä tängri
10 Q a N : i n i s i	qan inisi[③]
11 Q R i č W R	qarï čor
12 t i g n · š i N i	tegin sïnï[④]
13 Y W G i : T B G č ·	yoγï tavγač
14 Q N · Y W G L D i ·	qan yoγladï
15 L G z i N · Y i L ·	laγzïn yïl
16 L T nč · a Y Q a ·	altïnč ayqa
17 y i t i : Y ŋ i Q a	yeti yangïqa

（譯文）01–02 若說此 ///，是令人生畏的 03–05 藥羅葛汗子孫，車毗尸特勤之子，06–07

① 包文勝轉寫作 tisir。按，古突厥語假定條件詞綴衹有 sar(sa)/sär(sä)，無 sir。包文當誤。

② 包文勝轉寫作 atïšï。按，古突厥語第三人稱詞綴衹有 sï(ï)/si(i)，無 šï。包文當誤。

③ 包文勝轉寫作 iniši。按，古突厥語第三人稱詞綴衹有 sï(ï)/si(i)，無 ši。包文當誤。

④ 包文勝轉寫作 šini。按，此處是 sïn（墳墓）後續第三人稱詞綴 -ï 構成的 sïnï（那墳墓）。包文當誤。

汗之都督的孫子，[08-10]牟羽毗伽天汗之弟，[11-12]葛啜王子的墳墓（之碑銘）。[13-14]唐朝皇帝置辦了他的喪禮。[15-17]於猪年（乙亥年，即795年）六月初七。 印記

上文中，開頭第1行5個文字中正中間的文字，因衹殘留下半部分，最令研究者們感到棘手。以往學者關於第1行的釋讀，概括起來有以下幾種。

1 bu *ki*miŋ tiser “要說這是誰的”①

2 boγïmïng “你的輩分”②

3 bu *i*miŋ “This is your sign”③

4 bo [är] miŋtisi bitigi “此為男儿（士兵）銘旌之文”④

5 bu *pi*meŋ tesär “（若說）此碑銘”⑤

上述五種釋讀案，包文勝對其中的第3種和第4種未做討論，衹對第1種、第2種和第5種釋讀進行了分析。他認為第1種bu *ki*miŋ應為正確，並與之後的tisir（筆者按：包文勝此轉寫有誤，應為tisär）連讀，解釋作“要說這是誰的”。⑥作為理由，他提出以下兩條意見：第一，“因為‘碑銘’不是埋在地下，而是立於地表上。在此，突厥魯尼文中不可能把一個‘墓誌’直接稱之為peming（碑銘）”；第二，“釋讀boγïmïng（你的輩分）……就是把詞綴 -ïng解釋為第二人稱詞綴是有問題的。寫墓誌文字，刻寫者應該以第三人稱叙述，不可能以第二人稱書寫”。

首先，突厥回鶻的喪葬文化中是否存在墓誌，現階段我們還不得而知。雖然有唐朝羈縻統治時期的漢文墓誌等存在，但漢文墓誌銘正說明此情況是深受漢文化影響之結果。⑦稍後的突厥汗國與回鶻汗國的大型碑文屬於紀功碑或墓碑，葉尼塞碑銘大多屬於墓碑，二者均立於墓表，並非埋葬於墓內。可以說，漢文化體系下的墓誌不存在於突厥回鶻人概念中。如此，在突厥回鶻人看來，雖然埋葬在地下，但漢人的墓誌大概與他们眼中的墓碑功用相同，亦可

---

① 成吉思：《〈葛啜墓誌〉突厥文銘文的釋讀》，第443—444頁；Alyilmaz, Cengiz, “Karı Çor Tigin Yazıtı,” pp. 20、22、26–28；張鐵山：《〈故回鶻葛啜王子墓誌〉之突厥如尼文考釋》，第75、77頁；Ölmez Mehmet, “Uygur Prensinin Yazıtı,” p. 128；林俊雄「2013年西安発見迴鶻王子墓誌」6頁。

② 白玉冬：《回鶻王子葛啜墓誌魯尼文誌文再釋讀》，第47—48頁。

③ V. Rybatzki & Wu Kuosheng, “An Old Turkic Epitaph in Runic Script from Xi’an (China): The Epitaph of Qarï čor tegin,” p. 118.

④ Aydın Erhan & Ariz Erkin, “Xi’an yazıtı üzerinde yeni okuma ve anlamlandırmalar,”pp. 68–70.

⑤ 森安孝夫：《漠北回鶻汗國葛啜王子墓誌新研究》，第511—512頁。

⑥ 包文勝：《回鶻葛啜王子身世考——重讀〈故回鶻葛啜王子墓誌〉》，第107頁。

⑦ 東潮「突厥·ウイグルの墓制」『17回北アジア調査研究報告会』石川県立歴史博物館、2017、1—4頁；東潮：《蒙古國境内的兩座突厥墓——烏蘭克熱姆墓和僕固乙突墓》，筱原典生譯，《北方民族考古》第3輯，科學出版社，2016，第33—34頁。

以歸在“碑銘”的名下。墓誌不可能稱為碑銘，此說法用於突厥回鶻恐怕難免牽強之嫌。

其次，筆者讀作 boγïmïng（你的輩分），是因為在成吉思提供的清晰的圖版上（圖版 1），此字不僅下半段的竪條一目瞭然，而且右上方有相當於上述竪條約三分之一長度的縱向綫條。不過，後來筆者在大唐西市博物館觀察實物，發現上述右上方的縱向綫條極其勉強。筆者此處姑且收回 boγïmïng（你的輩分）的讀法，是依據實物得來的，並非依據包文勝所言“墓誌文字，刻寫者應該以第三人稱叙述，不可能以第二人稱書寫”。原因在於，包括突厥回鶻的大型碑文和葉尼塞碑銘在內，碑文中以第二人稱叙述的比比皆是，頻繁出現第一人稱、第二人稱、第三人稱混用的寫法。[①]

按，bu *k*imiŋ 這一讀法，最初出自成吉思。他翻譯作“此（墓是）誰的？/（躺在）此（墓裏）的（是）誰?”並詳細討論把第 3 個字讀作 k 的理由。[②] 森安孝夫在對前面介紹的第 1—4 種釋讀案逐一提出質疑後，主張讀作 bu *p*imeŋ（此碑銘）。他的釋讀主要立足於以下兩點：第一，高昌回鶻王國時期的《大慈恩寺三藏法師傳》與蒙元時期的《肅州文殊寺碑（喃答失太子 Nom Taš Taysï 碑文）》第 5、25 行中出現 pi taš（碑石），即第 3 字可以復原作 p > pi（碑）;第二，碑的中古音 *pjię[③] 或 *pɪě[④] 與古突厥語音 pi，銘的中古音 *mieng[⑤]、*mɛjŋ[⑥] 或 *meŋ[⑦] 與其復原的古突厥語音 meng 相合。筆者以為，森安孝夫關於 p > pi（碑）的意見無疑能够成立，但其關於 m ŋ > meng（銘）的見解尚需要其他例子來加以補充完善。

E68（El–Baji）葉尼塞碑銘，1902 年由 F.JA. Kon 發現於今圖瓦境內的大葉尼塞河支流 Barik 河附近的 El–Baji 地方，現藏於米努辛斯克博物館。碑石為紅褐色砂岩，高約 210 釐米，寬約 40 釐米，厚約 10 釐米，頂端缺損。[⑧] 關於該碑文，最早的研究成果是刊載於《亞非人民》的納斯洛夫（Д. М. Насилов）《關於米努辛斯克博物館的一些紀念碑文》一文。[⑨] 之後，瓦西里耶夫（Д. Д. Васильев）給出了換寫、摹寫和圖版，[⑩] 科爾姆辛（И. В. Кормушин）給

① 如 E68 葉尼塞碑銘。參見白玉冬《E68（El-Baji）葉尼塞碑銘譯注》，《歐亞學刊》新 9 輯，商務印書館，2019，第 204—207 頁。另見後文。

② Alyılmaz, Cengiz, “Karı Çor Tigin Yazıtı,” pp. 20、27–28.

③ B. Karlgren, *Grammata Serica Recensa*, Stockholm, 1957 (Repr.: 1961), 874d.

④ 藤堂明保、加納喜光『學研新漢和大字典』學習研究社、2005、1255 頁。另見 E. G. Pulleyblank, *Lexicon of Reconstructed Pronunciation in Early Middle Chinese, Late Middle Chinese, and Early Mandarin*,Vancouver, 1991, p. 31。

⑤ B. Karlgren, *Grammata Serica Recensa*, 826d.

⑥ E. G. Pulleyblank, *Lexicon of Reconstructed Pronunciation in Early Middle Chinese, Late Middle Chinese, and Early Mandarin*, p. 216.

⑦ 藤堂明保、加納喜光『學研新漢和大字典』1846 頁。

⑧ 關於碑銘的介紹，主要參見哈薩克斯坦“文化遺產”官方網站 TYPIK БITIK（http://bitig.org）和 Д.Д. Васильев, *Корпус тюркских рунических памятников бассейна Енисея*, Ленинград, 1983, p. 35。

⑨ Д. М. Насилов, О некоторичных памятниках Минусинского музея, *Народы Азии и Африки*, 1963, No. 6, pp. 124-129.

⑩ Д. Д. Васильев, *Корпус тюркских рунических памятников бассейна Енисея*, pp. 35–36, 72, 113–114.

出了其中 6 行的摹寫、轉寫、俄譯文和詞注，[1] 克兹拉索夫（И. Л. Кызыласов）在《俄羅斯考古學》刊出了摹寫和轉寫，[2] 枡本哲着重對漢字銘文進行了解讀，[3] 埃爾汗·愛丁（Erhan Aydin）等給出了摹寫、轉寫、圖版和土耳其語譯文。[4] 筆者則根據瓦西里耶夫給出的圖版，對該碑文重新進行了釋讀。[5] 現從筆者釋讀中轉引相關部分，進行考述。

依筆者釋讀，E68 碑銘中出現 az elig（Az 族國王）字樣。Az 族之名，亦出現於後突厥汗國闕特勤碑和毗伽可汗碑中。故，E68 碑銘年代可推算為 8—9 世紀。筆者認為，其鐫刻有印記的面應為正面，即第 1 面，之後是兩個側面，最後是背面。筆者依次標作 A 面、B 面、C 面、D 面。其中，D 面横向部分（圖版 2）第 1—3 行首先以第二人稱語氣進行客觀叙述。下面是該部分的録文、換寫、轉寫和譯文。

1. 𐰸𐰕𐰭:𐰋𐰭𐰚𐰇:𐰢𐰃𐰤:𐰀𐱅𐰲𐰋𐰼𐰓𐰃

uq z ŋ̇: b ŋ k ü: m i n: e t č b r d i

qïzïng: bängkü: min: ätič berdi

2. //𐰞𐰶𐰺: 𐰋𐰠𐰏𐰜𐰇𐰲: 𐰾𐰤 ////

// L ïQ R: b l g ük ü č: s n ////

// al? qïr?: bilig küč: sän ////

3. 𐰖𐰞𐰭𐰆𐰽:𐰆(𐰍) [𐰞𐰾𐰤]

Y L ŋ̇ W S: W (G) [L s n]

yalngus: oγul sän

（譯文）[1] 你的女兒，她給（你建造）了永恒的碑銘和墓穴。[2] //// 智慧和力量，你 //// [3] 你是獨生子。

關於上文第 1 行的𐰀𐱅𐰲 > e t č >ätič，據《突厥語大詞典》(*Dīwān Luγāt at-Turk*) 例句，可以知道是孩子們玩堅果遊戲時的洞，即扔東西的目標。[6] 據此而言，ätič 可以理解作洞穴，筆者以為此處代指墓葬。至於𐰀𐱅𐰲 > e t č > ätič 前面的𐰢𐰃𐰤 > m i n> min（銘），前人均未能給出確切的解釋。參考𐰀𐱅𐰲 > e t č > ätič（墓穴）而言，此詞或與墓葬等有關。n 與 ŋ 均屬鼻音，

---

[1] И. В. Кормушин, *Тюркские енисейские эпитафии: тексты и исследования*, Москва, 1997, pp. 204–205; И. В. Кормушин, *Тюркские енисей- ские эпитафии грамматика, текстология*, Москва, 2008, pp. 152–154.

[2] И. Л. Кызыласов, "Материалы к ранней истории тюрков Ⅲ," *Русская археология*, 1998, No. 2, pp. 70–74.

[3] 枡本哲「エニセイ川上流発見のルーン文字石碑に刻まれた漢字について」尼崎博正編『史迹と美術』第 71 巻第 2 號、史迹美術同攷會、2001、46—60 頁（尤見第 49—53 頁）。

[4] Erhan Aydin & Risbek Alimov & Fikret Yıldırım, *Yenisey-Kırgızistan Yazıtları ve Irk Bitig*, Ankara, 2013, pp. 151–155.

[5] 白玉冬：《E68（El-Baji）葉尼塞碑銘譯注》，第 200—212 頁。

[6] Maḥmūd el-Kāšġarī, *Compendium of the Turkic Dialects*, Edited and Translated with Introduction and Indices by Robert Dankoff, in Collaboration with James Kelly, Cambridge: Harvard University Printing Office, 3 vols, 1982–1985, Vol. 1, p. 99; G. Clauson, *An Etymological Dictionary of Pre-Thirteenth Century Turkish*, Oxford University, 1972, p. 43.

其中前者為前鼻音，發音時舌頭靠前抵硬腭，後者為後鼻音，發音時舌頭靠後抵軟腭。n 與 ŋ 在當代多種語言中存在混淆現象（如中國西北方言、日語等）。而且，如漢語“清明”，蒙古語音譯為 čilmen，ŋ 轉音為 n 並非個案。故，關於此處的𐰢𐰄𐰤 > m i n> min，筆者視作漢字“銘”的音譯。𐰢𐰄𐰤: 𐰀 𐱅 𐰲 > m i n: e t č > min: ätič（銘文和墓穴）正與𐰋𐰭𐰚𐰇 >b ŋ k ü>bängkü（永恒，bänggü 的 g 的清音化形式）和𐰋 𐰼 𐰓 𐰄 > b r d i >berdi（“給予”的第三人稱過去式）前後詞義相合。即，E68 碑銘第 1 行換寫是 uq z ŋ̇: b ŋ k ü: m i n: e t č b r d i，轉寫是 qïzïng: bängkü: min: ätič berdi，意思是“你的女兒，她給（你建造）了永恒的碑銘和墓穴”。

綜上，鑒於上述 E68 碑銘中，min 可以視作漢字“銘”的音譯，且尾音 ŋ 與 n 相互之間存在轉音現象，筆者以為葛啜墓誌第 1 行的不明文字（現階段筆者贊成讀作 p）之後的 m ŋ，可以轉寫作 meng，視作漢語音“銘”的音譯。即，葛啜墓誌魯尼文誌文第 1 行，森安孝夫釋讀案 bu *pi*meŋ（此碑銘）為正確。唯需要補充的是，建造於唐朝政治中心長安的葛啜墓誌，其魯尼文誌文更容易受到漢語影響。故，“碑銘”直接音譯作 pimeŋ，其中 meŋ 更接近於漢語原音。

Reinterpretation of the First Line of Qarï Čor’s Runic Epitaph

Bai Yudong

There are different opinions on the interpretation of the first line of the Uighur prince Qarï Čor’s runic epitaph in academia. According to the inscription of E68（El–Baji）Yenisei Inscriptions “min” can be regarded as the transliteration of Chinese “銘”. The “m ŋ > meng” in the first line of Qarï Čor’s runic epitaph should be regarded as the transliteration of Chinese “銘”, and the whole sentence should be interpreted as “bu *pi*meŋ”（This inscription）.

黑水城出土“菩提心及應常做法事”系列文本對勘及版本源流分析

謝皓玥

發菩提心，簡單來說，即發心成佛。釋迦牟尼在菩提樹下證悟成佛無疑是佛教的開端。無論是大乘還是小乘，均承認佛陀本人一定經歷了發心成佛的階段，纔從菩提薩埵到最終證悟。大小乘的主要區別在於，小乘主張衆生自救，人人都能經過修行從生死輪回中解脱，從而進入涅槃，但不能成佛，人所能證得的最高果位是阿羅漢；大乘則主張不僅要自度，還要兼度他人，衹要發菩提心，人人皆可成佛。發菩提心、願入佛道之人便被稱作菩提薩埵，這也是大乘佛教教義的基本理論構成。

“菩提心”這一概念的發展，受到衆多內外因素的影響。佛陀之死，恐怕是最重要的內部因素，佛教徒們迫切需要“佛”的存在，構成了這一概念形成的基本條件，之後衆多教義起到了强化、擴充的作用。最初，發菩提心可能衹是决心成佛的初始步驟，但逐漸的，這一概念容納了菩提薩埵所有的理論和修行，變為成佛的必要條件。

藏傳佛教將“發菩提心”分為兩大傳統，即瑜伽行派傳統（Cittamātra，sems tsam pa'i lugs）和中觀派傳統（Madhyamaka，dbu ma'i lugs）。這兩大傳統對於印藏大乘教義的理論和修行均有重要意義。這樣的分類在印度早已存在，並非藏地佛教的獨創。不過那時是否已采用瑜伽行派傳統和中觀派傳統這樣的稱謂我們不得而知，但兩派在各自的經典和流傳關鍵人物上確實已經有了明顯的分別。一派核心文本為《入菩薩行論》（*Bodhicaryāivatāra*），關鍵人物是龍樹（Nāgārjuna）；另一派核心文本為《菩薩地》（*Bodhisattvabhilmi*），關鍵人物是無著（Asaṅga）。學界通常將這兩派稱作文殊 – 龍樹派（Mañjuśri–Nāgārjuna）和彌勒 – 無著派（Maitreya–Asaṅga）。文殊 – 龍樹派的傳承為文殊—龍樹、聖天（Āryādeva）—寂天（Śāntideva）—本雅失里（Puṇyaśrī）—薩迦（Sa–skya–pa）。彌勒 – 無著派的傳承為彌勒—無著、世親（Vasubandhu）—月官（Candragomin）—阿底峽（Atiśa）—噶當（bKa'–gdams–pas）、達波噶舉（Dwags–po bKa'–brgyud–pas）。

值得注意的是，在黑水城出土的文獻中，恰好有一系列以“發菩提心”為主題的文本。此文本版本衆多，且刊本、寫本均有，亦存有不少注釋本，屬於西夏歷史的不同階段，呈現出漢傳、藏傳兩種特點和來源。黑水城雖衹是邊境城鎮，但該地所出佛教文獻可在相當程度上反映西夏佛教的概況，故而，可見“發菩提心”在當時西夏的流行程度。

現存黑水城出土文本中，“發菩提心”文本均為西夏文資料。為了梳理方便，筆者把這些文本分為核心文本、“菩提心及常做法事”系列文本、注疏本、其他相關文本四大類。“菩提心及常做法事”系列文本為本文討論的重點。

印度僧人節怛哩[①]（Jetāri，约 950—1000）所著《菩提心及應常做法事》（[illegible]）系列文本共八個。據考證，可將節怛哩所著《菩提心及應常做法事》視為依於《入菩薩行論》的儀軌本子。“菩提心及常做法事”的衆多寫本並非抄於同一時期，也非抄自一種刻本。

本文將以 0801 號文本為底本，詳細比較八個文本異同之處，以期梳理其流傳脈絡。八個文本如下：0801 號文本[illegible]（《菩提心及應常做法事》）[②]；0802 號文本[illegible]（《發菩提心及應常做法事一卷》）[③]；4585 號文本[illegible]（《發菩提心及應常做法事》）[④]；4756 號文本[illegible]（《發菩提心及應常做法事》）[⑤]；5128 號文本[illegible]（《應常做法事》）[⑥]；6346 號文本[illegible]（《發菩提心及應常做法事》）[⑦]；6510 號文本[illegible]（《菩提心及應常做法事》）[⑧]；6966 號文本[illegible]（《發菩提心及應常做法事》）[⑨]。

---

① 西夏文原文為[illegible]（西天大巧健菩提勇識 Jetāri）。

② 0801 號文本為對勘底本，冊裝寫本，共二十五拍，圖片順序正確。每拍兩面，每面六列（不算小字），每列字數不定，十五字、十六字均有。第二、五、九、十二、十七、二十一、二十三、二十四拍為無關文本。

③ 0802 號文本為冊裝寫本，共五拍，圖片順序正確。第一拍為無關內容，第二、三拍內容對應 0801 號文本的 1A:1–4B:3，之後內容遺失。該本 4A:1–2 為文本之結尾及標題：[illegible]。可譯為入菩提行後應學，應知最集中，發菩提心及應常做法事，終。4A:3–4 為：[illegible]。可譯為應喜常做菩提心，我今所作法事，得一切福善，故我成有情菩提。其後直至第五拍為無關文本。

④ 4585 號文本為卷裝寫本，共四拍。對應 0802 號文本 10A：1 至結尾。其中第一拍順序顛倒，正確順序應先是 1:8–23，之後是 1:1–7。1:1 的前四字缺，從第五字開始對應 0801 號文本 11A:4（5）。正確圖片順序應為 1—3—2—4。

⑤ 4756 號文本為卷裝寫本，共四拍，圖片順序正確。1:1–2 為無關文本。結尾處多出一列，應為雕刻信息。?[illegible]???[illegible]?，?[illegible]??。

⑥ 5128 號文本為卷裝寫本，共六拍，正確圖片順序應為 3—2—1—6—5—4。1:1 衹有兩字存留，對應 0801 號文本 7B:2(8–9)；1:2 開始對應 0801 號文本 7B:3（8）。

⑦ 6346 號文本為卷裝寫本，共四拍，正確圖片順序應為 1—4—3—2。

⑧ 6510 號文本為冊裝刻本，共十四拍，圖片順序正確。文本完整，一拍兩面，每面七列，每列十五字。每拍書脊處有[illegible]，譯為應常做，其餘文本均未見此種情況。

⑨ 6966 號文本為卷裝寫本，共八拍。正確圖片順序應為 7—8—1—6—3—2—5—4，文本內部次序亦混亂，現梳理如下：

1:1–1:8 對應 0801 號文本 7A:2(6)–7B:3；1:9 至全 2 拍對應 0801 號文本 3A:1–7B:1；3:1–3:20 對應 0801 號文本 8B:2–11A:2(11)；3:21–25 對應 0801 號文本 7B:4–8A:2；4:1–5 對應 0801 號文本 8A:3–8B:1；5 至 8 拍對應 0801 號文本 11A:5(9)–22A。文本最後兩列出現了雕刻時間和雕刻者信息：[illegible]（錯字，應為[illegible]）[illegible]，[illegible]?[illegible]?[illegible]?[illegible]，譯為天慶丁巳四年月日雕刻，??? 。

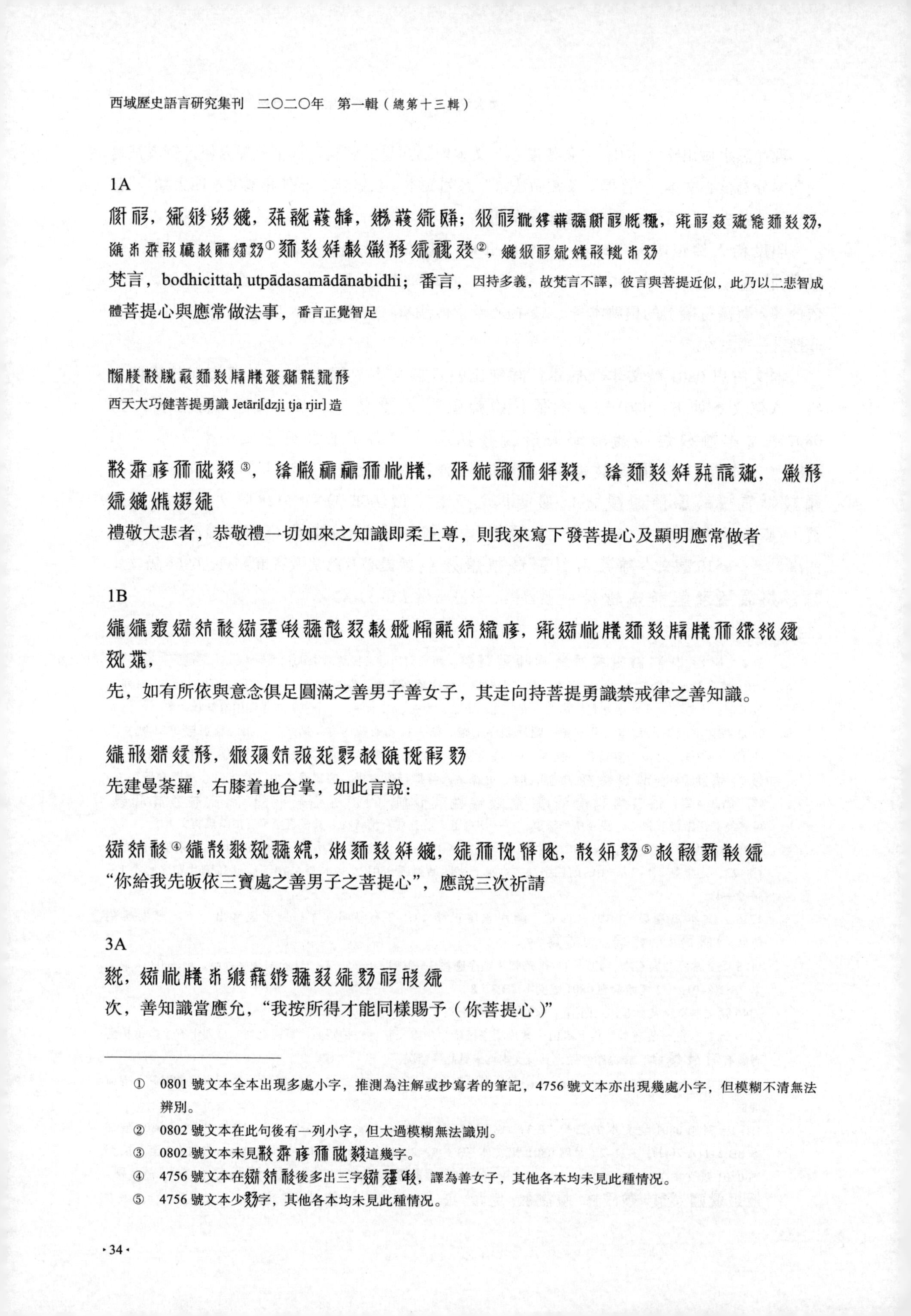

1A

[illegible][1][illegible][2]，[illegible]

梵言，bodhicittaḥ utpādasamādānabidhi；番言，因持多義，故梵言不譯，彼言與菩提近似，此乃以二悲智成體菩提心與應常做法事，番言正覺智足

[illegible]

西天大巧健菩提勇識 Jetāri[dzji̱ tja rjir] 造

[illegible][3]，[illegible]

禮敬大悲者，恭敬禮一切如來之知識即柔上尊，則我來寫下發菩提心及顯明應常做者

1B

[illegible]

先，如有所依與意念俱足圓滿之善男子善女子，其走向持菩提勇識禁戒律之善知識。

[illegible]

先建曼荼羅，右膝着地合掌，如此言說：

[illegible][4][illegible][5][illegible]

“你給我先皈依三寶處之善男子之菩提心”，應說三次祈請

3A

[illegible]

次，善知識當應允，“我按所得才能同樣賜予（你菩提心）”

---

① 0801 號文本全本出現多處小字，推測為注解或抄寫者的筆記，4756 號文本亦出現幾處小字，但模糊不清無法辨別。

② 0802 號文本在此句後有一列小字，但太過模糊無法識別。

③ 0802 號文本未見[illegible]這幾字。

④ 4756 號文本在[illegible]後多出三字[illegible]，譯為善女子，其他各本均未見此種情況。

⑤ 4756 號文本少[illegible]字，其他各本均未見此種情況。

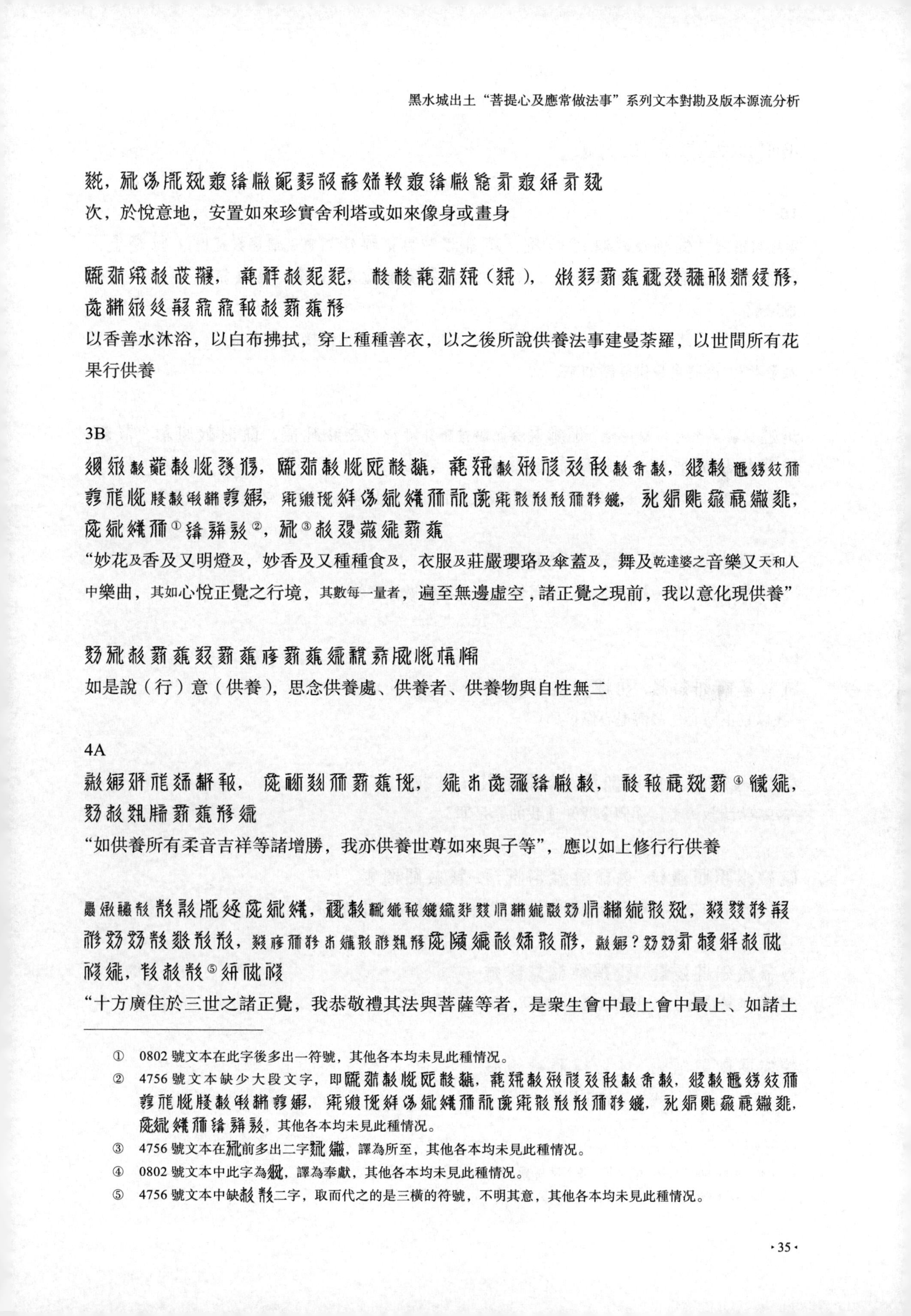

[illegible]
次，於悅意地，安置如來珍寶舍利塔或如來像身或畫身

[illegible]
以香善水沐浴，以白布拂拭，穿上種種善衣，以之後所說供養法事建曼荼羅，以世間所有花果行供養

3B
[illegible][1] [illegible][2]，[illegible][3] [illegible]
“妙花及香及又明燈及，妙香及又種種食及，衣服及莊嚴瓔珞及傘蓋及，舞及乾達婆之音樂又天和人中樂曲，其如心悅正覺之行境，其數每一量者，遍至無邊虛空，諸正覺之現前，我以意化現供養”

[illegible]
如是說（行）意（供養），思念供養處、供養者、供養物與自性無二

4A
[illegible][4] [illegible]
“如供養所有柔音吉祥等諸增勝，我亦供養世尊如來與子等”，應以如上修行行供養

[illegible][5] [illegible]
“十方廣住於三世之諸正覺，我恭敬禮其法與菩薩等者，是衆生會中最上會中最上、如諸土

---

① 0802 號文本在此字後多出一符號，其他各本均未見此種情況。

② 4756 號文本缺少大段文字，即[illegible]，其他各本均未見此種情況。

③ 4756 號文本在[illegible]前多出二字[illegible]，譯為所至，其他各本均未見此種情況。

④ 0802 號文本中此字為[illegible]，譯為奉獻，其他各本均未見此種情況。

⑤ 4756 號文本中缺[illegible]二字，取而代之的是三橫的符號，不明其意，其他各本均未見此種情況。

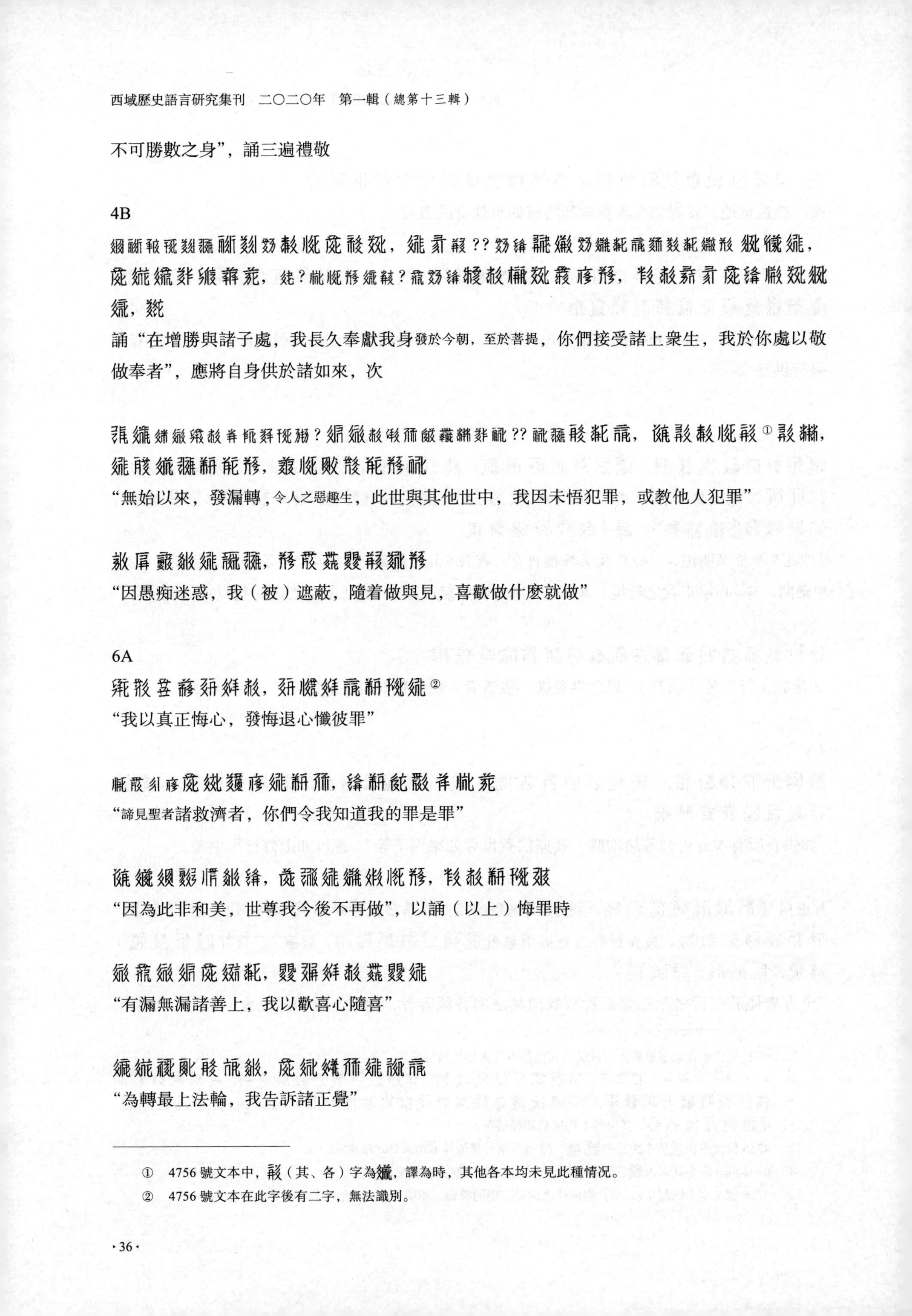

不可勝數之身”，誦三遍禮敬

4B

[illegible]

誦“在增勝與諸子處，我長久奉獻我身發於今朝，至於菩提，你們接受諸上衆生，我於你處以敬做奉者”，應將自身供於諸如來，次

[illegible]①[illegible]

“無始以來，發漏轉，令人之惡趣生，此世與其他世中，我因未悟犯罪，或教他人犯罪”

[illegible]

“因愚痴迷惑，我（被）遮蔽，隨着做與見，喜歡做什麽就做”

6A

[illegible]②

“我以真正悔心，發悔退心懺彼罪”

[illegible]

“諦見聖者諸救濟者，你們令我知道我的罪是罪”

[illegible]

“因為此非和美，世尊我今後不再做”，以誦（以上）悔罪時

[illegible]

“有漏無漏諸善上，我以歡喜心隨喜”

[illegible]

“為轉最上法輪，我告訴諸正覺”

---

① 4756 號文本中，[illegible]（其、各）字為[illegible]，譯為時，其他各本均未見此種情況。

② 4756 號文本在此字後有二字，無法識別。

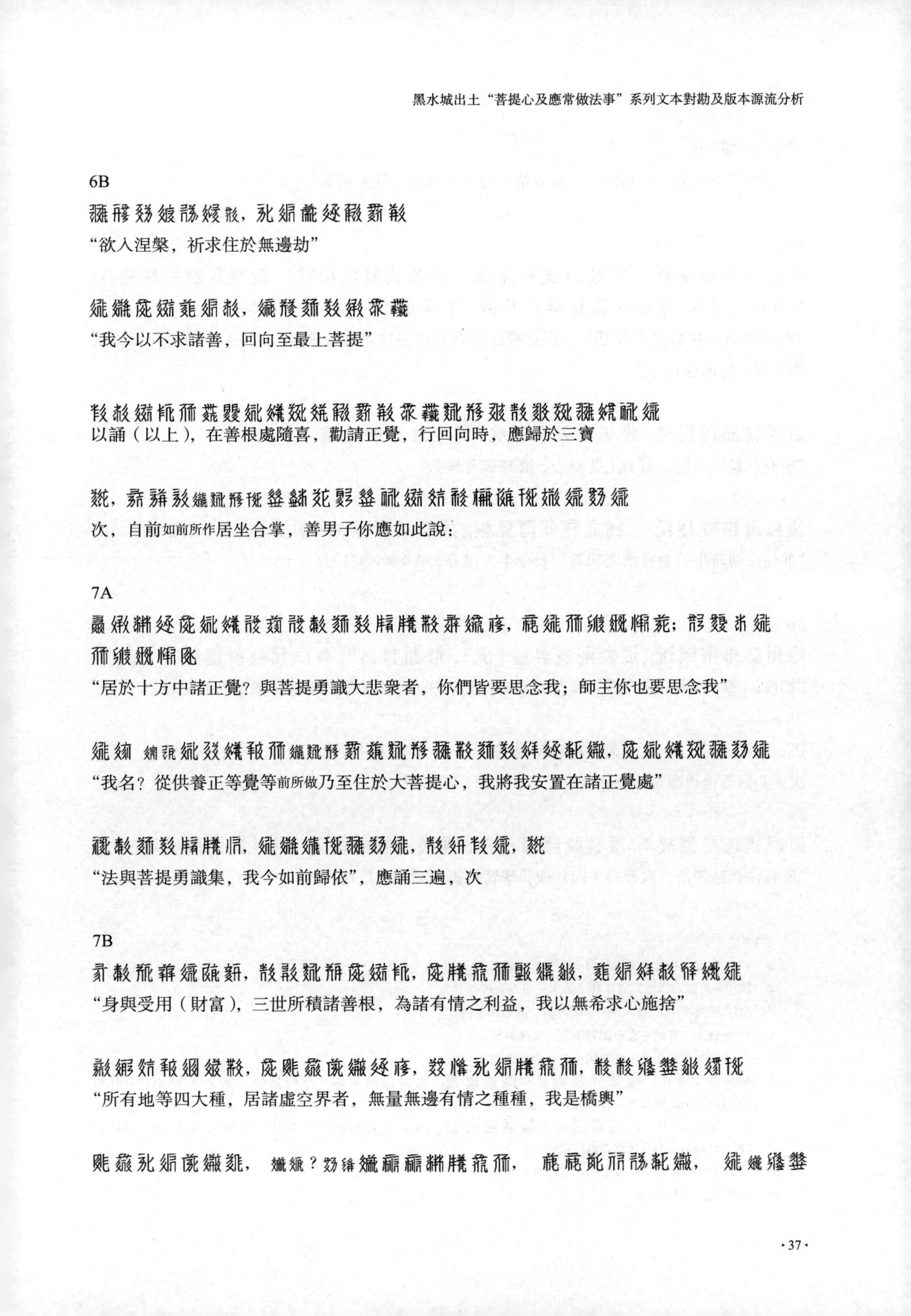

6B

[illegible]

“欲入涅槃，祈求住於無邊劫”

[illegible]

“我今以不求諸善，回向至最上菩提”

[illegible]

以誦（以上），在善根處隨喜，勸請正覺，行回向時，應歸於三寶

[illegible]

次，自前如前所作居坐合掌，善男子你應如此說：

7A

[illegible]

“居於十方中諸正覺？與菩提勇識大悲衆者，你們皆要思念我；師主你也要思念我”

[illegible]

“我名？從供養正等覺等前所做乃至住於大菩提心，我將我安置在諸正覺處”

[illegible]

“法與菩提勇識集，我今如前歸依”，應誦三遍，次

7B

[illegible]

“身與受用（財富），三世所積諸善根，為諸有情之利益，我以無希求心施捨”

[illegible]

“所有地等四大種，居諸虛空界者，無量無邊有情之種種，我是橋輿”

[illegible]

[illegible]①[illegible]

“遍滿無邊虛空界，一切時中一切有情，乃至入圓寂，我是橋輿”

8A

[illegible]，[illegible]，[illegible]，[illegible]②[illegible]，[illegible]③[illegible]④

“世尊面前，我發究竟菩提心，我召喚彼所有有情去往正覺安樂處，我成佛”，以誦（以上），願菩提心應前往自性方向

[illegible]，[illegible]，[illegible]

“所有往昔諸善逝，發最上菩提心，護持彼菩提心”

[illegible]⑤，[illegible]，[illegible]⑥[illegible]

“如住一切時中，為有情之利益，我今生菩提心，我希求成佛”

8B

[illegible]，[illegible]⑦[illegible]⑧，[illegible]

“如彼，一切時中，我今護持彼者（菩提心）”，以誦三次應取（瞭解）願及入菩提心

[illegible]，[illegible]，[illegible]

次，如對菩提勇識禁戒有堅定喜愛者，則應令取禁戒

[illegible]⑨，[illegible]，[illegible]，[illegible]

“所有往昔諸善逝，取菩提勇識禁戒，學習菩提勇識，如依次住於彼”

---

① 4756號文本在此字後有數個小字，無法識別。

② 該小字可能為誤寫，寫作[illegible]（希求）更為合理。

③ 5128號文本中，[illegible]（方向）字為[illegible]，譯為與、同。

④ 4756號文本在此字後有兩列小字，無法識別。

⑤ 4756號文本在此字後有四個小字，無法識別。

⑥ 6966號文本中，[illegible]寫作[illegible]。因為二句相鄰，分別是0801號文本8A:6(11–14)和8B:1(11–14)，應為抄寫者錯行誤抄。

⑦ 6966號文本中，[illegible]写作[illegible]。因為二句相鄰，分別是0801號文本8A:6(11–14)和8B:1(11–14)，應為抄寫者錯行誤抄。

⑧ 4756號文本在此字後有五個小字，無法識別。

⑨ 4756號文本為[illegible]。

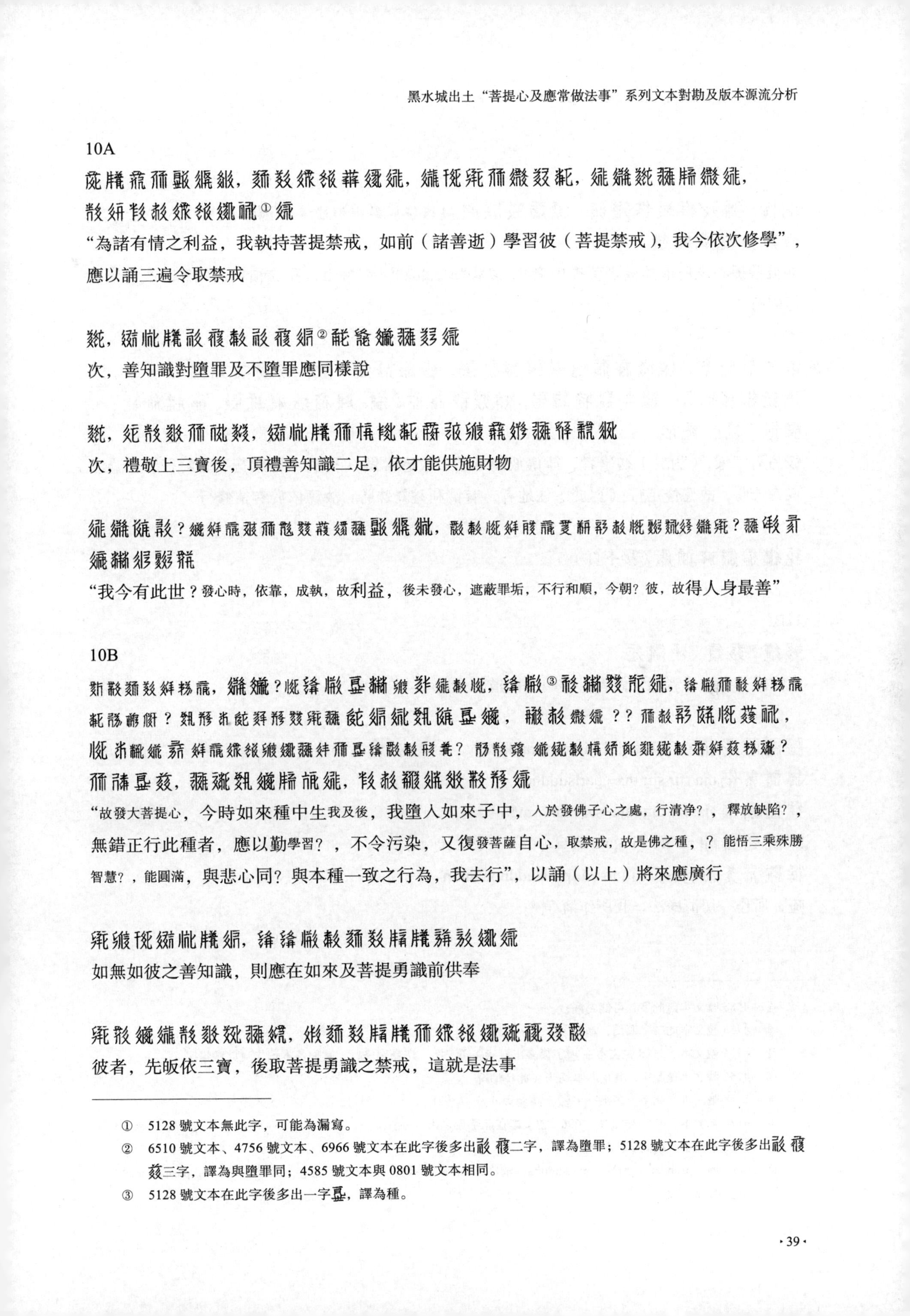

10A

[illegible]

[illegible]①[illegible]

“為諸有情之利益，我執持菩提禁戒，如前（諸善逝）學習彼（菩提禁戒），我今依次修學”，應以誦三遍令取禁戒

[illegible]②[illegible]

次，善知識對墮罪及不墮罪應同樣說

[illegible]

次，禮敬上三寶後，頂禮善知識二足，依才能供施財物

[illegible]

“我今有此世？發心時，依靠，成執，故利益，後未發心，遮蔽罪垢，不行和順，今朝？彼，故得人身最善”

10B

[illegible]③[illegible]

“故發大菩提心，今時如來種中生我及後，我墮入如來子中，人於發佛子心之處，行清净？，釋放缺陷？，無錯正行此種者，應以勤學習？，不令污染，又復發菩薩自心，取禁戒，故是佛之種，？能悟三乘殊勝智慧？，能圓滿，與悲心同？與本種一致之行為，我去行”，以誦（以上）將來應廣行

[illegible]

如無如彼之善知識，則應在如來及菩提勇識前供奉

[illegible]

彼者，先皈依三寶，後取菩提勇識之禁戒，這就是法事

---

① 5128 號文本無此字，可能為漏寫。

② 6510 號文本、4756 號文本、6966 號文本在此字後多出[illegible]二字，譯為墮罪；5128 號文本在此字後多出[illegible]三字，譯為與墮罪同；4585 號文本與 0801 號文本相同。

③ 5128 號文本在此字後多出一字[illegible]，譯為種。

11A

[illegible]①[illegible]②[illegible]，[illegible]

如彼菩提心及所取禁戒之菩提勇識者，是取先前五福及第六殊勝智慧，我二積集前圓滿，故應依同行修行

[illegible]，[illegible]，[illegible]③[illegible]；[illegible]，[illegible]，[illegible]；[illegible]④[illegible]，[illegible]，[illegible]⑤[illegible]

彼另有三種，（對於）初學者，律儀戒為殊勝，故應常做；（對於）喜願行、勝解行者，善法戒為殊勝，故應修定行；（對於）住地者，有情利益為殊勝，故應依於有情修行

[illegible]（接下頁）

11B

[illegible]⑥[illegible]⑦[illegible]

應宣說其中初學者應常做者，黎明（內道）今起

[illegible]・a pjɨ rar kji tji =oṃpraḥkṛta

[illegible] pja rjir śjṳ tha= pariśuddha

[illegible] sja bar djạ mja=sarvadharmāḥ

[illegible] pjɨ rar kji tji =praḥkṛta

[illegible] pja rjir śjṳ to xã=pariśuddhoñahaṃ

唵，所作一切清净法，我所作清净⑧

---

① 4585 號文本無此字，可能為漏抄。

② 4756 號文本此二字顛倒，為[illegible]。

③ 4756 號文本、5128 號文本在[illegible]字後多出[illegible]三字，譯為應修行，其他各本均未見此種情況。

④ 4756 號文本無此字，其他各本均未見此種情況。

⑤ 5128 號文本在此字後多出一字[illegible]，譯為與。

⑥ 5128 號文本、4756 號文本、6966 號文本在此字後多出一字[illegible]。

⑦ 5128 號文本中少此字。

⑧ oṃ：唵；praḥkṛta：所作；pariśuddha：清净；sarva：一切；dharmāḥ：法；praḥkṛta：所作；pariśuddhoñ：清净；ahaṃ：我。

〇〇〇〇〇〇〇〇〇〇〇〇〇〇〇〇〇
以誦此咒，以加持及分別之水洗面等，令（其）净

〇①〇〇〇〇〇〇〇〇〇〇？〇〇〇，〇〇〇〇〇〇〇〇〇〇②〇〇〇〇〇〇〇（接下頁）

13A

〇〇〇〇〇〇〇〇〇？〇〇〇〇〇〇〇〇〇〇〇？？〇〇〇？？〇〇〇〇〇〇〇〇〇〇〇〇〇〇〇〇〇〇〇〇〇〇〇〇

？ 在心悦地者，是聖地？精氣本源內，（安置）如來及菩提勇識像身或舍利塔，其後佛之定？故得？，令在如佛處聰慧時，成就佛心？，以意觀想虛空中居者，令入於時？？於十方一切正覺、菩提勇識

？〇〇〇〇〇？〇〇？〇〇〇〇〇？〇〇〇？〇〇〇〇〇〇〇

〇〇〇〇 · a · a mja ljij= oṃamale

〇〇〇 bji mja ljij= vimale

〇〇〇〇 nji rjɨr mja ljij= nirmale

〇③〇〇〇〇〇 sja ba · wa śjụ thjij swa xa=svabhāvaśuddhaḥsvāhā

唵，無垢，離詬，清净無垢，自性清净圓滿④

〇〇〇〇〇〇〇〇⑤〇，〇〇〇〇〇，〇〇⑥〇〇〇〇〇⑦〇〇〇
誦（以上），以香善水擦洗像身，以白衣拂拭，應以此咒供奉所有莊嚴

13B

〇〇⑧ · a · a =oṃā，〇〇〇 ba dzjɨ rjar= vajra

〇〇⑨〇〇 · wa sjɨ tjɨ rjijr = vaste，〇 xo=hūṃ

〇〇⑩ · a · a =oṃā，〇〇〇 ba dzjɨ rjar= vajra

① 4756 號文本中為另一字，但不知何字，其他各本均未見此種情況。
② 6346 號文本、5128 號文本均為〇，發音為 [śja]，與〇相同，此處二本對舍利的寫法相同，均為〇〇。
③ 4756 號文本中此字為〇，發音為 [swa]，其他各本均未見此種情況。
④ oṃ：唵；amale：無垢；vimale：離詬；nirmale：清净無垢；svabhāva：自性；śuddhaḥ：清净；svāhā：圓滿。
⑤ 5128 號文本為另一字，疑似〇。
⑥ 此字為錯字，應為〇，〇〇譯為所有。5128 號文本、6510 號文本、4585 號文本、6346 號文本、6966 號文本、4756 號文本均寫錯。
⑦ 5128 號文本此字後多出一字〇，譯為誦。
⑧ 6346 號文本、5128 號文本無此字。
⑨ 4756 號文本、6346 號文本、5128 號文本中此字為〇，發音相同，為 [sjɨ]。
⑩ 6346 號文本、5128 號文本無此字。

[illegible]・ja・iã kja̱ rjijr=ālaṃkare，[illegible] xo=hūṃ

唵，啊，金剛體相，吽。唵，啊，金剛莊嚴，吽①

[illegible]，[illegible]（・a ba dzjɨ rjar bu mji xo)，[illegible]??[illegible]；[illegible]（・a ba dzjɨ rjar・wu tja kja̱ xo)，[illegible]，[illegible]②；[illegible]③(・a ba dzjɨ rjar rjijr khjij xo)，[illegible]

次，居像身前，於加持之地誦 oṃāvajrabhūmihūṃ（唵，啊，金剛地，吽）④；誦 oṃāvajrauda-kahūṃ（唵，啊，金剛净水，吽）⑤，以加持牛糞與水塗抹壇城；誦 oṃāvajrarekhehūṃ（唵，啊，金剛圖畫，吽）⑥，從壇城中離開並净手

14A

[illegible]，[illegible]⑦[illegible]

[illegible]，[illegible]，[illegible]（・a/ xã/ mja dja̱r mjij rjar・wjij swa xa)，[illegible]

次，從中間開始，應以此咒分列此中之花，oṃ/ hoṃ/ mahāmeravesvāhā（唵，唅，大須彌山，莎訶）⑧

[illegible]

[illegible]，[illegible]，[illegible]

---

① oṃ：唵；ā：啊；vajra：金剛；vaste：體相；hūṃ：吽；ālaṃkare：莊嚴。

② 從[illegible]至[illegible]，各本有許多差異。現羅列如下，不同處加粗標明（下同）：

0801 [illegible]

6346 [illegible]

6510 [illegible]

4585 [illegible]

4756 [illegible]

6966 [illegible]

5128 [illegible]

由此可看出，0801 號文本與 4585 號文本完全一致；4756 號文本相比 0801、4585、6510、6966 號文本少一字[illegible][xo]；6346、6510、4756、6966、5128 號文本均是[illegible][nji̱]，0801 號文本與 4585 號文本為[illegible][ŋwe]；6346 號文本與各本差異最大；5128 號文本不是[illegible][tja]，而是[illegible][tja]，但二字讀音相同；6346、5128、6966 號文本均多出[illegible][me̱]，譯為賢，不知何意。

③ 4756 號文本此處咒語不同，不是[illegible][・a ba dzjɨ rjar rjijr khjij xo]，而是[illegible]?[illegible][・a ? rjijr khjij xo]。

④ bhūmi：地。

⑤ udaka：净水。

⑥ rekhe：圖畫。

⑦ 6346 號文本少[illegible]二字，譯為中遍；4756 號文本少[illegible]，譯為中。

⑧ hoṃ: 唅，字藍色，代表空；mahāmerave: 大須彌山。

・a・ia̤/ pu rjɨr bja bji djij xa・ja/ swa xa =oṃyaṃ/ pūrvavidehāya/ svāhā

[illegible]，?[illegible]，[illegible]

・a rã /? bo dji pja̤・ja/ swa xa =oṃraṃ/ jaṃbuḥdvīpāya/ svāhā

[illegible]，[illegible]，[illegible]，[illegible]

・a・iã /・u tja rjar/ ku rjar・wjij/ swa xa =oṃlaṃ/ uttarakurave/ svāhā

於東、南、北、西上，

oṃyaṃ/ pūrvavidehāya/ svāhā（唵，映，東勝神洲，莎訶）①

oṃraṃ/ jaṃbudvīpāya/ svāhā（唵，囕，南瞻部洲，莎訶）②

oṃlaṃ/ uttarakurave/ svāhā（唵，藍，北俱蘆洲，莎訶）③

14B

[illegible]④[illegible]，[illegible]⑤

・a pã・ja・wa rjar go tja tja̤ rjir・jij/ swa xa =oṃvaṃ/ avaragodānīye/ svāhā

oṃvaṃ/ avaragodānīye/ svāhā（唵，梆，西牛賀洲，莎訶）⑥

[illegible]

[illegible]，[illegible]⑦[illegible]，[illegible]

---

① yaṃ：映，字綠色，代表風；pūrvavidehāya：東勝神洲。

② raṃ：囕，字紅色，代表火；jaṃbudvīpāya：南瞻部洲。

③ laṃ：藍，字黃色，代表地；uttarakurave：北俱蘆洲。

④ 6510 號文本為[illegible]，可能為誤抄。

⑤ 此段咒語各本差異較大，現比較如下：

0801/6966/6510 [illegible]，[illegible]，[illegible]，[illegible]，?[illegible]，[illegible]，[illegible]，[illegible]，[illegible]，[illegible]，[illegible]，[illegible]

6346 [illegible]，[illegible](?)[illegible]，[illegible]，[illegible]，?[illegible]，[illegible]，[illegible]，[illegible]，[illegible]，[illegible]，[illegible]，[illegible]

4585 [illegible]，[illegible]，[illegible]，[illegible]，?[illegible]，[illegible]，[illegible]，[illegible]

4756 [illegible]，[illegible]?[illegible]，[illegible]，[illegible]，[illegible]

5128 [illegible]，[illegible]，[illegible]，[illegible]，[illegible]，[illegible]，[illegible]，?[illegible]，[illegible]，[illegible]，[illegible]，[illegible]

4756 號文本大段咒語與其他文本不同。0801、6966、6510 號文本完全一致。6346 號文本大同小異，衹有兩處細微差別，即 0801 號文本為[illegible] [djij]，6346 號文本為[illegible]（？）[tswər ?]；0801 號文本為[illegible] [rjir]，6346 號文本為[illegible] [rjar]。4585 號文本少二字[illegible]和一句咒語[illegible]，[illegible]，[illegible]，[illegible]，推測為漏抄。5128 號文本與 0801 號文本有四處不同，即 0801 號文本為[illegible] [bja]，5128 號文本為[illegible] [phja]；0801 號文本為?[illegible] [?bo dji pja]，5128 號文本為[illegible] [lu kiej pja]；0801 號文本為[illegible] [・u tja]，5128 號文本為[illegible] [ŋə・wu tja]；0801 號文本為[illegible] [go]，5128 號文本為[illegible] [・wu]。

⑥ vaṃ: 梆，字白色，代表水；avaragodānīye: 西牛賀洲。

⑦ 5128 號文本將[illegible] [pja̤ dji pja̤] 寫作[illegible] [pja kiej pja]。

·a·ia̠/·u pją dji pją·ja / swa xa = oṃyaṃ/ upadvīpāya/ svāhā

[illegible]，[illegible]①[illegible]，[illegible]

·a rã /·u pją dji pją·ja / swa xa =oṃraṃ/ upadvīpāya/ svāhā

[illegible]，[illegible]②[illegible]，[illegible]

·a·iã /·u pją dji pją·ja / swa xa = oṃlaṃ/ upadvīpāya/ svāhā

[illegible]，[illegible]③[illegible]，[illegible]

·a pã/·u pją dji pją·ja / swa xa = oṃbaṃ/ upadvīpāya/ svāhā

於火（東南）、離真（西南）、主有（东北）、風（西北）方上

oṃyaṃ/ upadvīpāya/ svāhā（唵，央，東勝神洲旁二小洲，莎訶）④

oṃraṃ/ upadvīpāya/ svāhā（唵，囕，南瞻部洲旁二小洲，莎訶）

oṃlaṃ/ upadvīpāya/ svāhā（唵，蓝，北俱蘆洲旁二小洲，莎訶）

oṃvaṃ/ upadvīpāya/ svāhā（唵，梆，西牛賀洲旁二小洲，莎訶）

15A

[illegible]⑤[illegible]⑥[illegible]

[illegible]⑦[illegible]，[illegible]

·a·ia̠/kja̠ tsja rjar nja·ja/ swa xa = oṃya/ gajaratnāya/ svāhā

[illegible]，[illegible]⑧[illegible]⑨[illegible]，[illegible]

·a rã /lu rur xa rjar nja·ja/ swa xa =oṃra/ puruṣaratnāya/ svāhā

[illegible]，[illegible]，[illegible]

·a·iã / tjɨ rjir rjar nja·ja/ swa xa =oṃla/ strīratnāya/ svāhā

[illegible]，[illegible]⑩[illegible]，[illegible]⑪

---

① 5128 號文本將[illegible] [pją dji pją] 寫作[illegible] [pja kiej pja]。

② 5128 號文本將[illegible] [pją dji pją] 寫作[illegible] [pja kiej pja]。

③ 5128 號文本將[illegible] [pją dji pją] 寫作[illegible] [pja kiej pja]。

④ upadvīpāya：二小洲。

⑤ 6346、5128 號文本在此字前多一字[illegible] [zją]。

⑥ 4756 號文本中，[illegible]二字顛倒，譯為北南，推測為誤寫。

⑦ 5128 號文本中不是[illegible] [kja̠]，而是[illegible] [ŋə kja̠]。

⑧ 5128 號文本中不是[illegible] [rur]，而是[illegible] [rjɨr]。

⑨ 4585 號文本中少此字。

⑩ 5128 號文本中不是[illegible] [·ja]，而是[illegible]？[ŋə ?]。

⑪ 6966 號文本少二字[illegible]，應為漏抄。4756 號文本將咒語：[illegible]，[illegible]；[illegible]，[illegible]，[illegible]；[illegible]，[illegible]，[illegible]；[illegible]，[illegible]，[illegible]簡化為：[illegible]，[illegible]，[illegible]，[illegible]。但如果是簡化了重復部分，[illegible]，[illegible]，[illegible]應簡化為[illegible]，却簡化成了[illegible]；[illegible]，[illegible]，[illegible]應簡化為[illegible]，却簡化成了[illegible]，不知為何。

・a pã/・ja śjwar rjar nja・ja/ swa xa =oṃba/ aśvaratnāya/ svāhā

於東、南、北、西上

oṃya/ gajaratnāya/ svāhā（唵，呀，象寶，莎訶）①

oṃra/ puruṣaratnāya/ svāhā（唵，囉，士夫寶，莎訶）②

oṃla/ strīratnāya/ svāhā（唵，啦，婦女寶，莎訶）③

oṃva/ aśvaratnāya/ svāhā（唵，哇，馬寶，莎訶）④

[illegible]

於火（東南）、離真（西南）、主有（東北）、風（西北）方上

15B

[illegible]，[illegible]⑤[illegible]，[illegible]

・a・ia̱/ khja djɨ gja rjar nja・ja/ swa xa =oṃā/ khaḍgaratnāya/ svāhā

[illegible]，[illegible]，[illegible]

・a rã /mja nji rjar nja・ja/ swa xa =oṃrā/ maṇiratṇa/ svāhā

[illegible]，[illegible]⑥，[illegible]，[illegible]⑦

・a・iã / sja war nji dja/ bo/ swa xa =oṃlā/ mahāniḥdhanāya/ svāhā

[illegible]，[illegible]，[illegible]

・a pã/ tsja kjɨ rjar rjar nja・ja / swa xa =oṃvā/ cakraradnāya/ svāhā

[illegible]，[illegible]，[illegible]⑧

---

① ya：呀；gaja：象；ratnāya：寶。

② ra：囉；puruṣa：士夫。

③ la：啦；strī：婦女。

④ va：哇；aśva：馬。

⑤ 4585 號文本中少此字。

⑥ 6346、5128 號文本在此字後多出[illegible][nji]。

⑦ 5128 號文本將[illegible]，[illegible]，[illegible]與[illegible]，[illegible]，[illegible]，[illegible]顛倒。

⑧ 4756 號文本依舊采取了簡寫的方式，將整段咒語[illegible]，[illegible]，[illegible]；[illegible]，[illegible]，[illegible]；[illegible]，[illegible]，[illegible]，[illegible]；[illegible]，[illegible]，[illegible]；[illegible]，[illegible]，[illegible]簡寫為[illegible]；[illegible]；[illegible]；[illegible]；[illegible]，[illegible]，[illegible]。但同時亦有不同之處，相比 0801 號文本多出[illegible][nji]與[illegible][・ja]二字（已加粗標出）。

最後一句咒語[illegible]，[illegible]，[illegible]各文本有些微不同，現羅列如下：

0801 [illegible]

6510 [illegible]

6346 [illegible]

4585 [illegible]

6966 [illegible]

· a xã̃ / · ja do mji rjar · wjij / swa xa =oṃha/ adhomerave/ svāhā

[illegible]，[illegible] ①

oṃā/ khaḍgaratnāya/ svāhā（唵，啊，牛寶，莎訶）②

oṃrā/ maṇiratṇa/ svāhā（唵，啰，珍珠寶，莎訶）③

oṃlā/mahāniḥdhanāratnāya/svāhā（唵，啦，寶藏，莎訶）④

oṃvā/ cakraratnāya/ svāhā（唵，哇，月寶，莎訶）⑤

oṃha/ adhomerave/ svāhā（唵，啊，須彌山底部，莎訶）⑥

以誦（以上）應再次於中間放置供奉

16A

[illegible]（· a ba dzjɨ rjar pu sjɨ pjij xo），[illegible]（· a ba dzjɨ rjar tju pjij xo），[illegible]（· a ba dzjɨ rjar dji pjij xo），[illegible]（· a ba dzjɨ rjar gja̱ dji̱ xo），[illegible] ⑦（· a ba dzjɨ rjar nji · wjij tjij xo），[illegible]，[illegible]

應以誦 oṃvajrapuṣpehūṃ/ oṃvajradhūpehūṃ/ oṃvajradīpehūṃ/ oṃvajraganadhehūṃ/ oṃvajranividyahūṃ（唵，金剛花，吽 ⑧；唵，金剛熏香，吽 ⑨；唵，金剛燈，吽 ⑩；唵，金剛香，吽 ⑪；唵，金刚食，

4756 [illegible]

5128 [illegible]

0801 號文本和 4585 號文本相同，均為[illegible][mji rjar]；6510 號文本與 6346 號文本有一字相同，另一字不同，分別為[illegible][mji · ja] 和[illegible][mji · ja]，雖用字不同，但讀音相同；6510 號文本與 6966 號文本相同，均為[illegible][mji · ja]；4756 號文本為[illegible][mji rjar]，並多出一字[illegible][· ja]；5128 號文本一處為[illegible][· a]，其餘各本均為[illegible][· ja]，另一處為[illegible][mjij · ja]。總結看來，如單比較讀音，則 0801、4585、4756 號文本相同（忽略多出一字的情況下），6510、6346、6966 號文本相同。

① 關於[illegible]一句，6346 號文本有一字不同，不是[illegible]（置），而是[illegible]，譯為詞綴，兩字字形相近，應為錯抄。4756 號文本少[illegible]幾字，譯為又置於中間供奉，次。

② khaḍga：牛。

③ maṇi：珍珠。

④ mahāniḥdhanāratnāya：寶藏。

⑤ cakra：月亮。

⑥ adhomerave：須彌山底部。

⑦ 4756 號文本中此段咒語完全不同，其他各本中均未見。

0801 [illegible]，[illegible]，[illegible]，[illegible]，[illegible]

4756 [illegible]，[illegible]?[illegible][· a sju rjɨr · jar · jij swa xa rar, · a ? · jijr rjar · jij swa xa zjɨ̱] 咒語後，該文本多出一句：[illegible]，譯為五，應祈求供奉。

⑧ puṣpe：花。

⑨ dhūpe：熏香。

⑩ dīpe：燈。

⑪ ganadhe：香。

吽[1]）供奉所有花、熏香、燈、香、食，次

[illegible]
“恭敬禮敬無可比擬之增勝、一切諸正覺及有名望之圓滿正覺、一切身”

16B

[illegible]
“恭敬禮敬圓滿正覺生處、得最上菩提處、轉柔善正法輪處、入無漏圓寂處、如來居處、所行及後安立處、如獅子睡臥處”

[illegible][4]，[illegible][5][illegible][6][illegible][7]，[illegible]
“我恭敬禮敬上中下方、諸方及一切方向，有舍利及無舍利之諸供養”

18A

[illegible][8][illegible][9][illegible]
以誦（以上）三次禮敬時居坐，為了依靠之力等應誦《三聚經》，應觀想正覺

---

① nividya：食。

② 6346、5128 號文本不是[illegible]（善），而是[illegible]，譯為安穩。

③ 6346 號文本將[illegible]二字顛倒為[illegible]，無法確定是否有顛倒符號。

④ 4585 號文本為[illegible]，即[illegible]二字顛倒，據上下文，0801 號文本順序正確。值得注意的是，0801 號文本中二字順序本和 4595 號文本一樣，衹是旁邊多了一個顛倒符號進行糾正。可見二本中必有一本抄自另一本，或為 4585 號文本抄自 0801 號文本，抄寫過程中忽略了顛倒符號；或為 0801 號文本抄自 4585 號文本，抄寫過程中發現了錯誤進行糾正。

⑤ 6346 號文本中此字寫作[illegible][lji]，與[illegible]讀音相同，舍利一詞寫作[illegible]。此處 5128 號文本與其他各本相同，均為[illegible]。

⑥ 6346 號文本為[illegible]，發音為 [śja]，與[illegible]相同，舍利寫作[illegible]。此處 5128 號文本與其他各本相同，均為[illegible]。值得注意的是，6346 號文本中舍利的寫法有兩種，一是[illegible]，一是[illegible]；5128 號文本舍利的寫法也有兩種，一種為[illegible]，一種為[illegible]，而其他文本均為[illegible]。

⑦ 4756 號文本缺少大段文字，即：[illegible]。對應 0801 號文本 16A:5(8)–16B:6(7)，同時多出[illegible]二字，譯為所至。

⑧ 4585 號文本將[illegible]顛倒為[illegible]。

⑨ 6346 號文本中少此字，譯為思。

[illegible]，[illegible][1][illegible][2][illegible]

次，以意觀想虛空中自己之本尊與怙主等

[illegible]（·a·a xo）

[illegible][3][illegible]

以誦 oṃāḥhūṃ（唵，啞，吽）對其三次加持，故變為甘露，以意給彼

18B

[illegible][4]（·a·ja kja̱ ror mu khja̱ swa war dja̱ mja nja·ja dji·ja nju pã nja twa），[illegible]（·a·a xo），[illegible][5]（phjar），[illegible]（swa xa）

oṃakāromukhaṃsarvadharmmāṇāṃādyanutapannatvāt/ oṃāḥhūṃ/ phaṭ/ svāhā [6]

唵，阿字，口，一切法，本來無生；唵，啞，吽，怛，莎訶

[illegible]，[illegible]

以誦（以上），令甘露皆滿，思念去往自己之處所

[illegible]，[illegible]，[illegible][7][illegible][8][illegible][9][illegible]，[illegible][10][illegible]（接下頁）

19A

[illegible]

次，誦讀大乘五種經典及與其相一致之任一經典，在苦罪依處和無護處，給予衣服乃至食物等，以三輪清净至彼岸，應發此願

---

① 6966 號文本將[illegible]二字顛倒為[illegible]，應為誤抄。

② 4756 號文本無此字。

③ 5128 號文本將此字寫作[illegible]，譯為食，據上下文，0801 號文本更為合理。

④ 5128 號文本在此字後多出一字[illegible][tja]。

⑤ 4756 號文本在此字後多出一字[illegible][tja]。

⑥ akāro：阿字；mukhaṃ：口；sarva：一切；dharmmāṇāṃ：法；ādyanutapannatvāt：本來無生；phaṭ：怛。

⑦ 該字在 4756、6510、6346、6966、5128 號文本中寫作[illegible]，譯為罪；0801 號文本和 4585 號文本相同，寫作[illegible]，譯為是、成。參照上下文，[illegible]正確。

⑧ 0801、4585 號文本相同，均為[illegible]；6510、6966、4756、6346、5128 號文本相同，少[illegible]字，均為[illegible]。

⑨ 4756、5128、6346 號文本此字均為[illegible]，譯為等；0801、4585、6966、6510 號文本均為[illegible]，譯為至。據上下文，[illegible]更為恰當。

⑩ 6966 號文本無此字，應為漏抄。

[illegible]，[illegible]，[illegible]，[illegible]，[illegible]，[illegible]，[illegible][1]，[illegible]，[illegible]，[illegible]

遍至十方虚空界，諸有情利益故，如所有柔（音）吉（祥）修行，我之行也應相同，虚空界存住幾時，乃至有情住幾時，其時有情之煩惱，我今摧毁吧，以此善一切正覺，摧毁罪惡

19B

[illegible][2][illegible]，[illegible]

老病死之波濤海中，將有情從中救度吧

[illegible]，[illegible]（· a ba dzjɨ rjar mu），[illegible] ?[3] [illegible]，[illegible][4] [illegible][5] [illegible]，[illegible]

次，請誦 oṃbjramuḥ 走進壇城，後？飲食時應按先前所説之法事行食物供養，??

[illegible]（· a），[illegible][6] [illegible] (xa rjir tji)，[illegible] (ma rjir tji)，[illegible] (khji rji)，[illegible]（接下頁）

20A

[illegible][7](ɣię dja pji dã gj̱ɨ rjir twa)，[illegible][8] [illegible][9](ɣię dja nja kha ?)

[illegible]

以誦 oṃ/ harite/ mahāyakṣiṇi/ idambalingṛhṇagraṛhṇakṣī（唵，黄色大夜叉母於此，食物，住宅舍[10]）給羅刹女食物二种

---

① 4756 號文本此二字顛倒。

② 5128 號文本中此字為[illegible]，譯為苦。據上下文 5128 號文本正確，其他各本均錯。

③ 此字查不到，0801、6510、6966、4756 號文本均為此字，6346、4585、5128 號文本為[illegible]，據上下文來看，[illegible]正確。這是唯一一處 4585 號文本與 0801 號文本有實質不同，其餘所謂不同處均可歸為漏抄、顛倒等抄寫失誤。

④ 6346 號文本為[illegible]。

⑤ 6346 號文本無此字。

⑥ 5128 號文本中為另一字，但無法識別。

⑦ 6346 號文本写作[illegible] [nja]，5128 號文本写作[illegible] [nja]，6346 號文本與 5128 號文本字雖不同，但讀音相同。

⑧ 5128 號文本此字識別不清，不知是否相同。

⑨ 此字音韻不詳，6346 號文本無此字。

⑩ harite：黄色；mahāyakṣiṇi：大夜叉母；idam：於此；balin：供食；gṛhṇa：宅舍；kṣī：住。

[illegible][1][illegible]（· a · ja kjɨ rjar gjɨ rjar śji bo ɣã），[illegible]

誦 oṃagrapiṇḍaaśibhyoaṃ（唵，最初團食與食，唵[2]），應施予初食者等食子一握，並適當限制飲食

[illegible]（· a · u tshji sjɨ tha pji dja̱），[illegible][3][illegible]（· ja śji bo），[illegible]（swa xa）（接下頁）

20B

[illegible][4][illegible]

以誦 oṃucchiṣṭapiṇḍa/ aśibhyo/ svāhā（唵，剩餘團食與食，莎訶[5]）給剩餘之食物，如可行，則中午與晚上時應如此行，如不能做，則按照之前所說之法事塗抹、供養、禮敬壇城，誦《三聚經》後，應常做法事，這就是法事

[illegible][6][illegible]

次，三摩地及令有情喜樂之法事者，經典、《入菩薩行》和《學處總集》之戒律等

22A

[illegible]

菩提心及常做法事，今日我行，得一切妙善，故有情成就菩提

[illegible]

發菩提心及應常做法事，終

"菩提心及應常做法事"系列文本源流情況複雜，據筆者的對勘分析，現將結果梳理如下。

0801 本與 4585 本應為同系列文本，在各文本出現差異時，兩文本幾乎保持一致，全篇僅有一處［0801，19B:3(2)］不同，且 4585 本正確。4585 本相比 0801 本有五處字詞或咒語

---

① 6346 號文本與 5128 號文本中，此字為[illegible]［· a］。

② agra：最初；piṇḍa：團食；aśibhyo：與食。

③ 4756 號文本與 5128 號文本相同，此字寫作[illegible]［· ja］，0801、4585、6510、6346、6966 號文本均寫作[illegible]［· ja］，字雖不同，但讀音相同。

④ 6346 號文本與 5128 號文本中，此字為[illegible]，譯為及，據上下文，[illegible]更為合理。

⑤ ucchiṣṭa：剩餘。

⑥ 6346 號文本少此字。

的遺漏。故有兩種情況：一是 4585 本在成型過程中，參考了 0801 本和某未知文本，但有諸多遺漏錯抄，為粗抄本；二是 0801 本參考了 4585 本和某未知文本，並進行諸多校訂，為精校本。

0802 本過短無法分析，文本雖短，却存在四處獨有之處。

6510 本與 0801 本應為同系列文本，在各文本出現差異時，兩文本幾乎保持一致。同時兩文本有三處差別，這三處差別，6510 本分別與 6966 本、4756 本，6966 本、6346 本，6346 本、5128 本、6966 本、4756 本一致。故 6510 本在成型過程中，應該主要參考了 0801 本，同時參考了其他文本。

6966 本與 6510 本應為同系列文本，在各文本出現差異時，兩文本幾乎保持一致，兩處細微差別可歸為誤抄和漏抄，全篇僅有一處不同［6966，5:19(11)］，即 6966 本相比 6510 本多出一字。值得注意的是，5128 本在此處亦多出相同的一字。故有兩種情況：一是 6966 本在成型過程中，參考了 6510 本和某未知文本，但有諸多遺漏錯抄，為粗抄本；二是 6510 本參考了 6966 本和某未知文本，並進行諸多校訂，為精校本。

5128 本獨有之處共計二十處，6346 本獨有之處共計八處，二者之間又有十二處相同、五處不同。6346 本與 6510 本、6966 本有一處相同。兩本來源無法確定，但在各自成型過程中，一定有互相參考的情況。5128 本與 4756 本亦存在相互參考的情況。

4756 本獨有之處共計二十處，與 6510 本、6966 本有兩處相同，與 5128 本、6346 本有兩處相同，與 5128 本有兩處相同，與 5128 本、6346 本、6510 本、6966 本僅有一處相同。4756 本來源無法確定，但與各文本肯定存在互相參考的情況。

除版本源流分析之外，筆者亦根據行文對八個文本進行了勘誤，情況如下。0801 本 18B:5(10)：0801 本與 4585 本錯誤，其餘各本均正確；0801 本 18B:6(11)：4756 本、5128 本、6346 本正確，其餘各本均錯誤；0801 本 19B:1(4)：5128 本正確，其餘各本均錯誤；0801 本 19B:3(2)：6346 本、4585 本、5128 本正確，其餘各本均錯誤；0801 本 20B:2(3)：6346 本、5128 本正確，其餘各本均錯誤。

總體來看，“菩提心及應常做法事”系列文本應有四種版本，一種版本包括 0801 本、6510 本、6966 本；5128 本、4756 本、6346 本則分屬三種不同版本。其中，6510 本尾署[illegible]（“應天丙寅元年十月初一日”），由此可知該刻本的刊行時間為西夏襄宗應天丙寅元年（1206），此時距離西夏滅亡的 1227 年僅有 21 年。6966 本為手抄本，尾署[illegible]①[illegible]（“天慶丁巳四年月日刻畢”），可知此本是依照桓宗天慶四年（1197）刻本所抄寫。刊行年代的確定，讓我們可以判定《菩提心及應常做法事》的年代屬於西夏晚期，這為研究西夏晚期藏傳佛教的流行情況提供了非常有價值的參考材料。②

① 該字為錯字，應為[illegible]。

② 參見孫伯君、胡進杉《西夏文〈菩提心及常作法事〉研究》，《西夏學》2019 年第 1 期，第 244—294 頁。

A Critical Edition and Origins of the Kharakhoto Bodhicttotpādasamādānavidhi Collection

Xie Haoyue

The Kharakhoto Bodhicittotpāda collection contains texts which usually exist in multiple versions (both in print and manuscript), a majority of which are commentaries and expositions. Besides, the texts found in the collection lay out practical procedures in detailed manners. This collection constitutes the core of the Tangut Buddhist agenda. One of the fundamental works here, as far as I am able to observe, is the Tangut translation of Bodhicttotpādasamādānavidhi by Jetāri. I will give an overview of this collection, and trace its origins.

希瓦汗國史籍所見關於畏兀兒人的記載

米熱古麗·黑力力

引　言

畏兀兒人所留下的文化成就一直是史學界重要的研究對象。作為畏兀兒歷史研究中的熱點問題，在不同時代和地區編纂的與“畏兀兒”族名有關的文獻史料極受重視。拉德洛夫在他 1891 年出版的《福樂智慧》手抄本的附録中曾介紹過涉及“畏兀兒”族名的幾種察合臺文和波斯文文獻。[①]1893 年，米勒歐拉尼斯基把拉德洛夫手稿附録中的這一研究成果翻譯成俄文，並在《有關畏兀兒人的若干問題》一文中再次發表。之後，有關這一問題的研究一直不斷深入。

参與蒙古人的征服活動，並散落在中亞、南亞、東亞各地的畏兀兒人在自己的移居地上仍保持了其鮮明的民族特色，且在當地留下了自己的烙印。因此，當時的漢文、阿拉伯文、波斯文、察合臺文和蒙古文歷史文獻中皆有與他們有關的記載。在北京的蒙古宮廷中，畏兀兒翻譯家迦魯納答思和必蘭納識里深受歡迎，並因其貢獻獲得喇嘛教頭銜。13 世紀，伊兒汗國宮廷大臣拉施特所編寫的百科全書式的歷史巨著《史集》中也有關於在窩闊臺汗國、金帳汗國、伊兒汗國以及察合臺汗國中效力的畏兀兒人的記載。隨着吐魯番、哈密的伊斯蘭化，畏兀兒地的人們喪失了他們古老的自 9 世紀以來就已確定的“畏兀兒”這一族稱，但“畏兀兒”一名在離畏兀兒地遥遠的花剌子模地區則延續到 19 世紀末。

一　希瓦汗國史料與希瓦汗國成書的史籍

希瓦汗國統治花剌子模緑洲 400 多年（1512—1920），統治範圍北至鹹海，南達呼羅珊北部，東以克孜勒庫姆沙漠與河中地區的布哈拉汗國相鄰，西至里海東岸。[②]15 世紀末期，花剌子模緑洲是帖木兒後裔、呼羅珊統治者忽辛拜哈拉的屬地。1500 年，术赤後裔昔班尼以撒馬爾罕為都建立了布哈拉汗國。昔班尼汗於 1505 年奪取烏爾根奇城。1510 年，他被波斯薩

---

① Radloff, Wilhelm, Das Kutadku Bilik des Jusuf Chasshadschib aus Bälasagun, Thei I,der textin Transcription, St.Petersburg, 1891.

② 藍琪:《論中亞希瓦汗國》,《史學月刊》2012 年第 12 期，第 86—100 頁。

法維王朝打敗後，這一地區歸薩法維王朝所有。後來在當地民衆反對薩法維王朝的鬥爭中，1511年，與昔班尼汗同族的雅迪加汗之孫伊勒巴爾斯受邀從欽察草原前來稱汗，建立了希瓦汗國。1557年，都斯特穆罕默德汗在希瓦登上了汗位。都斯特穆罕默德汗在位時期同其弟伊失速檀討伐烏爾根奇的哈吉姆汗，但因失敗而被哈吉姆汗反殺。哈吉姆汗繼位後因屢遭烏兹別克汗國君主阿布都拉二世的侵犯，而被迫逃往伊朗。阿布都拉二世卒後，他纔得以歸國恢復其統治。哈吉姆汗之子阿剌伯穆罕默德汗在位時期（1602—1619）打敗了入侵的哈薩克人和卡爾梅克人。1619年，阿剌伯穆罕默德汗定都希瓦不久，他的兒子哈巴失速檀與伊勒巴爾速檀在烏兹別克人的援助下舉兵反叛，並成功奪得汗位，殺死了其父阿剌伯穆罕默德汗。1623年，阿剌伯穆罕默德汗的另一個兒子伊斯法德雅爾（1623—1643年在位）結束了哈巴失速檀和伊勒巴爾速檀的統治。伊斯法德雅爾汗將烏爾根奇和維澤爾城分別賜封給了阿布哈齊和謝里夫穆罕默德。他還嚴懲了與父汗阿剌伯穆罕默德汗之死有關的畏兀兒及乃蠻部人，制定了傾向於支持自己奪權的土庫曼人的政策。他的這一舉措引起國内烏兹別克人的嚴重不滿，導致他們遷居曼格特和哈薩克地區。伊斯法德雅爾汗以與烏兹別克人結盟的罪名將阿布哈齊流放到伊拉克。伊斯法德雅爾汗長達17年的統治結束後，阿布哈齊繼位稱汗。他在位時期鎮壓了反抗其統治的土庫曼人，重用了支持自己的烏兹别克人。阿布哈齊汗將所有烏兹別克人分成四部，稱為四土佩。畏兀兒和乃蠻人組成了其中一個土佩，杜爾曼、玉滋和明格部落都隸屬這一土佩。昆格拉特部和克雅特組成另一個土佩，賈拉伊爾和阿利艾利歸於克雅特。努庫兹和曼格特組成第三個土佩。第四個土佩由康里和克普恰克組成，溫圖爾特烏魯格歸康里和克普恰克。阿布哈齊汗實施了有利於促進汗國發展的政策，同時多次向土庫曼、卡爾梅克和布哈拉汗國用兵。在其統治末期，他放棄汗位，把汗位傳給其子阿奴什後，下野從事著書事业。阿奴什汗在其統治時期（1663—1685），占領了馬什哈德和布哈拉等地，他還使土庫曼人歸附。阿奴什汗以後到希爾加齊汗（1714—1727年在位）統治年間，由於汗國統治者的無能，希瓦汗國陷入了烏兹別克人和土庫曼人無休止的衝突之中。由於汗權的衰微，大臣亦剌克開始掌握國家大權。亦剌克即大臣一職一般由烏兹別克人擔任，這一時期的大臣亦剌克還插手干預汗位的繼承問題。希爾加齊汗時期汗國重振，抵擋住了俄羅斯人的入侵。1740年，伊朗國王納迪爾沙入侵並最終結束了雅迪加汗系的統治。納迪爾沙回師後，布哈拉埃米爾的親屬塔希爾繼位稱汗。由於希瓦汗國有一個必須由成吉思汗的後裔來充任大汗的傳統，便在大汗死亡或被廢黜時，派人到哈薩克人或卡拉卡爾帕克人中去找一個成吉思汗的後裔，然後推舉他為大汗。從塔希爾汗到1804年昆格拉特部出身的艾利吐孜熱汗繼位，希瓦汗國先後出現了21位大汗（他們都選自哈薩克和卡拉卡爾帕克部中成吉思汗的直系後裔）。這一時期的大汗已無實權，受烏兹別克貴族（阿塔雷克和亦剌克）的操控，任其廢立。各大長老和大臣掌管國事。1775年，昆格拉特部穆罕默德阿敏平定土庫曼人的反叛後，鞏固了昆格拉特部在希瓦汗國的統治地位。其子伊瓦兹・穆罕默德時期昆格拉特部在汗國内部的統治地位進一步加強。1804

年，希瓦汗國最後一位大汗阿布哈齊五世被大臣艾利吐孜熱推翻，艾利吐孜熱自己奪位稱汗。兩年後其弟穆罕默德·拉希姆（1806—1825年在位）繼位並重新統一了希瓦汗國。1873年被沙俄征服後，希瓦汗國成為沙俄帝國的附屬國。1920年，“青年希瓦黨”在蘇聯紅軍的幫助下結束了希瓦汗國的統治。

記有與畏兀兒人相關内容的用察合臺文書寫的希瓦汗國史書有以下幾部。

（1）《突厥世系》（Šäjärä-i Türk）。該書由杰出的史學家、希瓦汗國大汗阿布哈齊所著，記述了成吉思汗及其後裔的歷史。對於我們瞭解和研究蒙古史、金帳汗國史、希瓦汗國史具有重要的參考價值。筆者整理《突厥世系》中關於畏兀兒的資料時，參考了俄羅斯學者貝特爾·戴美森由察合臺文整理的版本，漢譯參考了羅賢佑的譯本[①]。

（2）《天堂幸福園》（Firdäwsul-‘lqbal）。這是一部繼承了波斯文史籍編纂傳統的史學著作，為希瓦汗國著名史學家、詩人穆尼斯（Munis）和他的侄子阿噶依（Agahi）兩人所編。該書按年代順序比較詳細地講述了希瓦王朝的創建者伊勒巴爾斯汗至阿拉庫里汗（Allaquliḫan，1825—1842年在位）之間300多年的歷史。其中包括歷代大汗的生平事迹、封建領主之間的鬥爭以及居民遷移的資料。筆者整理《天堂幸福園》中關於畏兀兒的資料時，參考了聖彼得堡圖書館收藏的編號為571a的手抄本。漢譯由筆者翻譯。

（3）《歷史精粹》（Zubdät al-Tävariḫ）。該書是《天堂幸福園》的續編。該書將重點放在對1842—1846年希瓦汗國政治史的叙述上。同時還記述了該地區城市的興衰、農業、商業、居民變遷等多方面的社會經濟情況。筆者整理《歷史精粹》中關於畏兀兒的資料時，參考了希剌拉·納扎羅娃整理出版的版本。漢譯由筆者翻譯。

（4）《花剌子模沙世襲》（Šäjärä-i Ḥaräzmšahi）。該書是由希瓦汗國史學家、詩人巴彦尼（Bayani）於1913年編寫的一部史學著作，主要記述了20世紀初花剌子模地區的政治史。筆者整理《花剌子模沙世襲》中關於畏兀兒的資料時，參考了伊克巴莱·艾迪佐娃整理的版本。漢譯由筆者翻譯。

二　希瓦汗國史籍所見關於畏兀兒人的記載

上述四部史書中保留了關於畏兀兒人較豐富的歷史記載，在此對這四部史書中的相關資料進行轉寫和翻譯。

yadïkar ḥannïŋ eliniŋ köpinčisi abuläk wä amänk oɣlanlarïnïŋ qatïnda qalïp turur, bir kün bäglärin čaqïrïp aytïptur... uyɣur uruɣïdïn bir qarï kiši bar erdi. aŋa öy ičindä orun tägmäy tašqarï olturur erdi. ol yeridin qopdï wä ḥan aldïɣa käldi, taqï qol qorušturup turup ärz qïldï, burunɣï ötkän özbekniŋ ähl täjribäsi aytïp tururlar, töräniŋ döläti bolurïnïŋ nišanäsi ol tururkim nökärgä mehriban

① 阿布爾－哈齊－把阿秃兒汗：《突厥世系》，羅賢佑譯，中華書局，2005。

bolur wä bädölätiniŋ nišanäsi qarïndašγä mehriban bolur, ilbars ḥanγa ol söz yaman kelip turur.①

雅迪加汗的大部分臣民在阿布剌克和阿米奈克二人諸子那裏。伯克們一致回答："我們也是這樣想的。"但有一個在帳中未找到座位而坐在帳外的畏兀兒部老人，一聽就跳了起來，衝進帳去，雙手交叉在胸前對汗說："富有人生經驗的烏兹別克人說：預示一位君主偉大未來的確鑿標誌，是他對其僕從的愛撫施恩；而其不幸的先兆，則是對自己親屬的親近偏愛。"對汗說的這番話是如此直言不諱。

uyγur ḥälqïndïn rïšaw ḥudabärdi tegän nökäri bar erdi, aŋa tapšurdi.②

派一個名叫希沙瓦忽答必爾迪的畏兀兒人。

iš sultan özgä ellärin tirik tüškän kišini at wä ton berip qoyabärdi. uyγur, naymandïn tüškänni oqubät birlän öltürdi. aḥïr yarïš qïldïlar, hajïm ḥan ürgänč qaytdi. iš sultan ḥïyuq barïp uyγur, naymannï qowaladi. anïŋ yärinä durmannï yasadï. bir näččä waqtdïn soŋ taqï atlanïp ürgänč bardï. hajïm ḥan iniläri birlän qaršï čïqïp türk qäl'äsi birlän ürgänčniŋ arasïnda uruštïlar. iš sultan yänä burunqïdäk araba alïp barïp erdi, güran tartïp uruštï. bir häftä uruštïlar. hič qaysïsï γalp kälmädi. iš sultan bir keča atlanïp hajïm ḥanγa bildürmäy ürgänčkä barïp kirdi. šähärdä sartdïn özgä kiši yoq erdi. aqatay ḥan oγlanlarï wäzirgä bardïlar. iš sultan ürgänčdä olturγan özgä elni öz ïḥtiyarïna qoyabärdi. uyγur wä naymannïŋ malïn aldï. oγlan wä ušaqïn wäzirgä qowaladï.③

伊失速檀將敵方俘虜完好無損地放了回去，甚至提供給他們馬匹和衣服，但他下令以酷刑處死所有屬於畏兀兒與乃蠻二部的俘虜。最後，雙方言和，哈吉姆汗返回烏爾根奇，伊失速檀則返回希瓦。伊失速檀回到希瓦後，大肆迫害並驅逐畏兀兒人和乃蠻人，代之以杜爾曼人。伊失速檀又以其所有車輛構成掩體，戰鬥進行了七天後，雙方仍是難分勝負。伊失速檀夜裏悄悄拔營，不驚動哈吉姆汗，徑直衝向祇有薩爾特人防守的烏爾根奇，破城而入。阿合臺諸子聞訊後，就到維澤爾去了。伊失速檀給予烏爾根奇居民以充分的自由——除了畏兀兒人和乃蠻人之外。畏兀兒人與乃蠻人的財産統統被沒收充公。

polad sultannïŋ atalïqï uyγur indi bay tegän. polad sultannïŋ aγïzï, tili wä ïḥḥtïyarï tora qïlïp yürügän ol äwindä köp aš wä äsbab wä köp peškäšlär yïγïn ïqïlïp timur sultan aγasï poladnï körüp

① Aboul-Ghazi Behadour Khan. Baron Desmaisons. Historie Des Mogols Et Des Tatares. St.Petersbourg : traduite et annotee par Le, 1871,p.200.

② Aboul-Ghazi Behadour Khan. Baron Desmaisons. Historie Des Mogols Et Des Tatares. St.Petersbourg : traduite et annotee par Le, 1871,p.215.

③ Aboul-Ghazi Behadour Khan. Baron Desmaisons. Historie Des Mogols Et Des Tatares. St.Petersbourg : traduite et annotee par Le, 1871,p.235.

qaytqanda sultannïŋ aldïna čïqïp bir tar kočada yükünüp äwinä čaqïrïp tedi, sultan at üstindä hič jawap bärmäy turup tedi, indi bay ämäk qïlγan bir qarï quluŋ män, bu waqïtγačä kiši äwinä tüšmägäniŋni bilurmän, meni özgä ḥälqdïn artuq sïlar tegän ümüdim bar, yïraqdaγï wä yowuqdaγï aytqay tedi, timur sultan hič kiši äwinä tüšmäs erdi, indi baynïŋ äwinä tüšüp aši̇ni yedi tegäylär.①

有一個名叫印地拜依的畏兀兒部人，是布剌德速檀的阿達里黑，或者可以這樣說，此人是布剌德速檀的嘴巴、舌頭和頭腦。他先讓人在家裏備下一頓豐盛的佳肴和許多禮物，然後趁帖木兒速檀從布剌德速檀處出來的時候，在一條小街上攔住他，邀請他去自己家。見帖木兒速檀騎在馬上默不答話，印地拜依便接着說："我清楚地知道，直到現在，您從未駕臨過任何人的家，但我斗膽希望您能另眼看待一個為您忠心服務的老僕，對他特別賞光。"從未到別人家吃過飯的帖木兒速檀說："讓所有人——不論是遠是近，都要以應印地拜依邀請去其家赴宴為榮"。

bu waqiyattin iki yil ötkändin soŋ uyγur ḥälqïndïn yigirmi kiši aqsaqalï panoš(saš?) mïrza tegän barčäsi ürgänčtin sämärqänd barïp, häsänqulïḥan äwladïdïn salih sultan tegänni sunïŋ arqasï birlän ürgänčtä olturγan özbek ičinä alïp käldilär. anï išitip äräp muhämmädḥan ḥewäqdin bardi, ḥälq ḥanγa käldi, qazaqqa barmadïlar. bir iki yüz (qara yaman) barïp erdi. ol häm qačti, kätti. salih sultanni tutup kältürüp öltürdi. yigirmi uyγurnïŋ heč qaysïsïn öltürmädi. män qarači ḥälqim birlän yaman bolman, härkim yamanlïq qïlsa anï ḥudaγa saldim. tuna kün sofi mïrza ḥïsraw sultanni kältürdi, ärsä anï häm män öltürgänim yoq. inisi baba mïrza padïšahïm seniŋ düšmäniŋ yär yüzindä bolmasun tep, öziniŋ tuγqan inisi baba mïrza öltürdi. hala häm bolsa uyγur ḥälqi öltürürmän tesä özläri bilur. män öz qolum birlän tutup öltürmän tedi. uyγur ḥälqi häm öltüräbilmädi.②

這件事過去兩年之後，一個名叫薩失米爾咱的人率領二十名畏兀兒人從烏爾根奇趕往撒馬爾罕。他通過水路將哈桑忽里汗的後裔薩萊速檀從撒馬爾罕帶到了烏爾根奇烏兹别克人那裏。得知這個消息後，阿剌伯穆罕默德汗就從希瓦啟程。所有民衆都來同他會合；沒有人會聚到哈薩克人那裏，甚至連一二百名先前站在他這邊的下層民衆最後也拋棄了哈薩克人。汗逮捕並處死了薩萊速檀，但對那些將他帶來的畏兀兒人，絲毫未加傷害。汗說："我不願嚴懲那些密謀反對我的臣民，我將他們交由真主去審判。最終並不是我處死了將闊思哈沃速檀帶來的蘇菲米爾咱，處死他的是其弟弟巴巴米爾咱，他在殺死其哥哥時說：衹要是我的君主的敵人，連一個也不應該活在大地上。同樣，現在倘若畏兀兒人說想要將他們處死，那是他們的事，對於我來說，將永遠不會逮捕他們，更不會處死他們。"從畏兀兒人方面來說，他們

---

① Aboul-Ghazi Behadour Khan. Baron Desmaisons. Historie Des Mogols Et Des Tatares. St.Petersbourg : traduite et annotee par Le, 1871,p.252.

② Aboul-Ghazi Behadour Khan. Baron Desmaisons. Historie Des Mogols Et Des Tatares. St.Petersbourg : traduite et annotee par Le, 1871,p.276.

也不能决定將其處死。

šol waqïtta uyγur qurban hajï tegän ḥannïŋ andïn uluγ begi yoq erdi, anï yibärdi. oγlanlarïm meni kelip körsun tep, hajï säbahiy pešin waqtïnda qaytïp käldi. män häm atamni köräyin tep išikkä barïp dim, hajï häm išikkä käldi, ḥan qatïna birgä kirdük. ḥan körgän išitkäniŋni ayt hajï, tedilär. nä eytayïn ḥanïm, barγanïma pušayman boldum. yuqarïsï daruγan ata quyïsï baqïrγan ataγäčä olturγan özbek oγlanlarïnïŋ qatïγa yïγïlïp turur. it bašli wä sïγïr ayaqlïdïn özgäniŋ barčäsi bar. meniŋ bir aγïz ataŋïz čarlata yibärdi tep aytïp erdim. miŋ yärdin qïčqïrdï, här qaysïsï bir nimärsä aytïp ḥanïm iš yaman boldï, özüŋ bilursän meniŋ saŋa janïm köygändä özgärlärniŋ tonïnïŋ etägi köymäs. ämdi ḥewägä ketäkör. bu zalïmlardïn yïraq bol, elimiz, ḥälqimiz barmäslähät qïlurmïz.①

阿剌伯穆罕默德汗派遣一個名叫忽爾班哈吉的畏兀兒人（此人當時是其宫廷中最大的貴族）去往他的兒子們那裏，動員他們來見自己。哈吉於早晨抵達軍營，中午時返回，恰好這時我本人來見我的父親，我們二人就一道來到汗那裏。汗對他説：“好吧，哈吉，給我説説你的所見所聞。”哈吉回答説：“讓我對您説什麽好呢？我因去過那裏而追悔不已。所有居住在從答忽罕阿達水井至布吉爾罕阿達的烏兹别克人都聚集在您兒子們周圍；除了長着狗頭或牛蹄的人外，所有人全在那裏了。當我對他們説‘你們的父親讓我來唤你們去見他’時，我得到的回答衹是一陣來自四面八方的鼓噪亂喊。事情不妙啊，我的汗，您本人對此也清楚。為了您的緣故，我是心急如焚，而其他人還未覺察到其長袍的下擺已被燒着了。現在，您趕快往希瓦去吧。快走得遠遠的，因為這些叛逆們的話語將他們的卑鄙意圖暴露無遺。讓我們偕同您的臣民百姓來尋求一個萬全之策。”

ḥan aytdïlar, män čin hajïγa(häsän hajï?) keŋäškänim ol aytadï, oγlanlarïŋïznïŋ birisin öltürsäŋiz andin soŋ qalγanïnïŋ hičqaysisi sizgä ïnanmas. män ämdi qïlabïlmäymän. äbulγazi män eytdum, bäš altï yil mundïn ilgäri ḥurasandïn kälgändä čin(häsän) hajïnïŋ aγasï qurban hajï häbäš sultan birlän elbars sultannï čaqïrta yibärdiŋiz. ikisiniŋ qatïnda yätmišdin artuq kiši yoq erdi sizgä kelip aytdi, it bašlï wä sïγïr ayaqlïdïn özgäniŋ barčäsi yïγïlïptu tep. sizgä yalγan sözläp ḥewäqγä qačurdï. munïŋ häm γäräzi häbäš sultan, elbars sultannï uyγur, naymannïŋ jiyänidi(hayatedi), ular bolsun däyturur.②

我咨詢了哈散哈吉，他對我説，假如我處死自己任何一個孩子，那麽就會失去所有孩子的信任。我於是向汗提及在五六年前，當他派遣哈散哈吉的兄長忽爾班哈吉去見他的兩個兒

① Aboul-Ghazi Behadour Khan. Baron Desmaisons. Historie Des Mogols Et Des Tatares. St.Petersbourg : traduite et annotee par Le, 1871,p.279.

② Aboul-Ghazi Behadour Khan. Baron Desmaisons. Historie Des Mogols Et Des Tatares. St.Petersbourg : traduite et annotee par Le, 1871,p.283.

子哈巴失和伊勒巴爾時，正值他們從呼羅珊返回，在兩位速檀身邊當時衹有七八十人；這個忽爾班哈吉回來却對他說：除了那些長着狗頭或牛蹄的人外，所有民衆都聚集在他們二人周圍。正是由於這個虛假的情報，他纔得以從希瓦逃走。今天這是他的秘密的想法。哈巴失速檀和伊勒巴爾速檀掌握了畏兀兒和乃蠻人的全部力量。讓他們留下來。

häbäš sultanni öltürgändin iki aydïn soŋ isfändiyar ḥan uyγur, naymannï qïrdi. andïn soŋ barčä özbek birlän yaw boldï. özbek üč bölündi, birisi manγït, birisi qazaq wä birisi mawara unnährgä kätti.①

在處死哈巴失速檀之後兩個月，伊斯法德雅爾汗追逐並劫掠了畏兀兒人和乃蠻人。隨後，他們向所有的烏兹别克人發動了戰爭，當時這些烏兹别克人分成三部分遠徙他處，一部分去了忙兀特人那裏，一部分去了哈薩克人那裏，其餘部分則去了河中地區。

uyγur ḥälqidin qurban hajï tegänniŋ oγlï qulmuhämmät tegän meniŋ atalïqïm erdi. ol ayttï, mundaq sözni aytmaŋ. ägär aytqudäk bolsaŋïz, isfändiyarḥanγa ayturmïz, mundïn soŋ bi-ilaj boldum, taqï isfändiyar ḥannï körmäkkä käldük. körgändin soŋ üč kün ḥewädä turduq, törtünči kün qaytïp ketäli tep, at egärläp turγan waqtta ḥan yarlïqïdur, uyγur wä naymannï öltür, özgä ellärgä daḥïl mäzahm bolma tep. här yärdin qïčqïrïp ta bilgänni öltüräbärdi. šol küni šähär ičindä uyγur naymandïn yüz wä özgä özbektin on kišini öltürdi. taqï barčä özbekkä čapawulnï qoyabärdi. uyγur wä naymanniŋ bahanäsi birlän häzarasbtïn ta ḥast minarasïγačä öltürgän özbekni čaptï. qarwa tegän (qawup yätkän) özbekni öltürdi. yätmäganniŋ malïn aldï. uyγur, naymanniŋ qarï wä yigit wä yaŋï tuγqan bir aylïqïnačä öltürdi. šärf muhämmädni ürgänčkä yibärdi. här yärdä uyγur nayman bolsa öltürgil tep. meni alïp qalïp yäkkä öziniŋ qatïnda bir näččä kišini täyin qïlïp köz baγï birlän saqladï.②

我的阿塔雷克——畏兀兒人忽爾班哈吉之子忽勒穆罕默德對我們說，他不會講這樣的話，如果我們再如此講話，他將把一切報告給汗知道。如此一來，我就什麼事業都不能做了，我們一起去了伊斯法德雅爾汗那裏。我們在希瓦過了三天，在第四天正當我們備馬準備出發的時候，汗下令殺掉所有能找到的畏兀兒人和乃蠻人，但不涉及其他部落的烏兹别克人。這個命令立即被公之於衆。屠殺開始了。這一天，在希瓦這一座城中，人們殺死了一百多名乃蠻人和畏兀兒人，以及十多名其他部落的烏兹别克人。迫害很快就擴展到所有烏兹别克人身上，以屠戮畏兀兒和乃蠻人為藉口，人們劫掠了所有那些主營在埃札爾阿思伯至喀思

① Aboul-Ghazi Behadour Khan. Baron Desmaisons. Historie Des Mogols Et Des Tatares. St.Petersbourg : traduite et annotee par Le, 1871,p.290.

② Aboul-Ghazi Behadour Khan. Baron Desmaisons. Historie Des Mogols Et Des Tatares. St.Petersbourg : traduite et annotee par Le, 1871,p.299.

特米納海思的烏兹别克人，殺死了一切能找到的人，將那些逃跑者的財産洗劫一空。所有被發現的乃蠻人和畏兀兒人，不論老少統統被殺死，甚至連一個月大的嬰兒或新生兒也沒有放過。伊斯法德雅爾汗命舍里夫穆罕默德去烏爾根奇，屠殺那裏所能找到的一切乃蠻人和畏兀兒人。至於我，他將我單獨扣留在他身邊，派了五六個人緊緊地看守住我，寸步不離。

dost ḥan ibn bučuγa ḥan barčä šahzadälärniŋ ittifaqï bilä ḥan boldï. äwwäl kiši kim ḥïwaq darussältänäsidä täḥtγä olturdï. ol erdi fäqir–mäšräb wä därwiš–nihad padišah durur erdi. inisi iš sultan bahadur wä mäjnunwäš kiši durur erdi. aqasïnïŋ däwlätiγa qana'ät qïlmay, ürgänč täläbiγä atlanïp qumqäl'ä näwahisidä hajïm sultan bilä masaf qïlïp čün hič iš bašquralmadï. aḥirul ämr sulh bilä mu'awädät qïldï wä ol urušda uyγur wä naymandïn bašqa özbäkni öltürmäs durur erdi. yänä bir näččä firsatdïn soŋra ḥïwaq wä häzarasb wä qat läškärin yïγnap ürgänčniŋ qäsdiγä yürüš qïldïlar wä hajïm sultan inilari bilä mudafi'ägä čïqïp toq qäl'äsi bilä ürgänč arasïda uruš waqi' bolup durur wä iš sultan bir häftä arabadïn küran tartïp muqatälä qïlur erdi. aḥirul ämir bir käčä hilä bilä yašurun ürgänčgä kirip uyγur, nayman ämwalïn talatïp äwlad wä 'äyalïn šähärdin ïḥraj qïldï. wä hajïm sultan wäzirgä barïp näsayda äli sultanγa wä märwdäniŋ oγlï äbulmuhämmäd ḥanγa kiši yibärip istimdad qïldï. alar öz nökärläri bilä kälip hajïm ḥanγa qošolup ürgänčni qapap tört aydïn soŋra bir sähär qäläγä yügürdilär wä iš sultannï ol waqi'ädä öz nökärläridin tinäli durmän tegän oq bilä urup öltürüp durur wä dost ḥannï daγï ḥïwaqγa kiši yibärip šähïd qïldurdïlar. bučuγa ḥannïŋ näsli munqatï boldï [51b].

卜楚合汗之子都斯特汗在諸王子的支持下繼位，登上了希瓦汗國汗位。他愛民如子，也尊敬苦行者。其弟伊失速檀則是一位膽大心雄的人。卜楚合汗給他的俸禄滿足不了他，於是伊失速檀率軍在庫母堡與哈吉姆速檀交戰，敗之。雙方議和。此戰中不殺除了畏兀兒和乃蠻之外的其他烏兹别克人。不久，他又集結希瓦、哈扎拉斯普、柯提的部隊攻打烏爾根奇。哈吉姆速檀及其子弟出城防衛。戰爭在托克和烏爾根奇兩座城堡間進行。伊失速檀苦戰一星期，使用詭計在深夜秘密攻入城内屠掠畏兀兒和乃蠻部衆。哈吉姆速檀去了維澤爾，派其大臣去找納塞的阿里速檀和梅爾夫的阿布剌穆罕默德汗尋求支援。兩人派兵援助。援軍同哈吉姆汗的軍隊一起圍攻烏爾根奇四個月後攻入城内，其間伊失速檀被他一位名叫提尼阿里杜爾曼的手下開槍打死。（哈吉姆汗）派人殺死了希瓦的都斯特汗。卜楚合汗的後代也就此終結了。

mundïn soŋra uyγur bayaš mïrza tegän häsänqulï ḥannïŋ äwladidin salïh sultannï ürgänčgä kältürüp ḥan kötürürdä äräb ḥan ḥïwaqdïn barïp sultannï qätlïγä yätkürdi wä äräb ḥannïŋ yättä oγlï bar durur erdi. isfandiyar ḥan, häbäš sultan, ilbars sultan, äbulγazi ḥan, šärif muhämmäd sultan, ḥäräzmšah sultan, awγan sultan. ämma häbäš sultan wä ilbars sultan bir anadïn durur erdilär wä ḥïwaqdä ulγaydïlar. biγayät bipak wä säffaq durur erdilär. äwbaši bibaš si'ayäti bilä wä äšrar šararäti bilä atasïγa ʻäqq bolup särkäšlik qïldïlar. bu jihätdin ḥan alarnïŋ qäsdiγä iki qätlä läškär čäkip urušdï. soŋγï barγanlarïda alarnïŋ äligigä tüšüp durur. häbäš sultan anïŋdäk atasïnïŋ közin oydurdï. bu waqiʻälär miŋ ottuzda durur erdi [55b] .

此後，當畏兀兒人巴雅失米爾咱打算帶哈散庫勒汗之後代薩利赫速檀到烏爾根奇擁立其為汗時，來自希瓦的阿剌伯汗殺死了薩利赫速檀。阿剌伯汗有七子：伊斯法德雅爾、哈巴失速檀、伊勒巴爾速檀、阿布哈齊汗、謝里夫穆罕默德速檀、花剌子模沙速檀、阿富汗速檀。哈巴失速檀和伊勒巴爾速檀倆是同父同母兄弟，他們倆膽大心雄，又十分殘暴。他們造謠生事，做了不少惡事，最終與其父為敵，他們不再服從父汗，於是父汗兩次舉兵討伐之，（但失敗）被他們俘虜，哈巴失速檀下令挖出了父汗的眼球，這些事情發生在回曆 1030 年。

isfandiyar ḥan ol qälʻägä kirip häbäš sultan ḥäbärdar bolup ḥïwaqqä qačtï wä ilbars sultan bilä ḥïwaq läškärin alïp ürgänčgä yürüdi wä isfändiyar ḥan šikäst tapïp manqïšlaqqa barïp durur wä yänä sïpah yïγnap ürgänčgä kälip sultanlar bilä urušup mustäwli boldï wä ilbars sultannï tutup öltürdi. häbäš sultan qačïp manqïtda šanäk mïrzanïŋ iläygä kim öz nämäk–pärwärdäsi jümläsidin durur erdi. barïp durur ol hälal nämäk anï tutup isfändiyar ḥannïŋ ḥizmätigä yibärdi. ḥan anï daγï ilbars ḥanγa mulγaq ätti wä uyγur, nayman kim äräb muhämmäd ḥan qätligä saʻi bolup erdilär. alarγa qätliʻam buyrup durur wä türkmänni dost tutup yurtqa kältürdi. bu jihätdin özgä özbäk muḥaläfät ätip buzulup mawara unnährgä wä manqït wä qazaqqa kättilär wä äbulγazi ḥanγa kim özbäk täräfin tuta durur erdi. anïŋ bilä köp muharäbä qïldï wä aḥïr aŋa däst tapïp ʻiraqqa yibärdi. tarïḥ miŋ ottuz ikidä padišah bolup durur erdi. on yätti yil sältänät sürüp ʻïntïqal qïldï [56b].

伊斯法德雅爾汗入此城（烏爾根奇），哈巴失速檀獲悉後逃至希瓦，並同伊勒巴爾速檀一起率領希瓦的軍隊討伐烏爾根奇。伊斯法德雅爾汗失敗逃走，他去曼格什拉克召集軍隊後打敗了哈巴失速檀和伊勒巴爾速檀，殺死了伊勒巴爾速檀，哈巴失速檀逃到曼格特的謝尼克米爾咱處，謝尼克米爾咱曾是他的一位很忠實的手下，但他還是把哈巴失速檀抓起來送給了伊斯法德雅爾汗，汗殺死了哈巴失速檀。畏兀兒人和乃蠻部人跟阿剌伯汗之死脫不了干係，因此也慘遭屠戮。（因）與土庫曼人結為盟友，導致其他烏兹別克人不滿而離開哈薩克和曼格特地區。阿布哈齊汗站在烏兹別克人一邊，所以與汗打了不少仗，最後離開去了伊拉克。（回曆）1032 年阿布哈齊汗繼位，（伊斯法德雅爾汗）統治長達 17 年。

äbulγazi ḥan yänä čärig tartïp ḥiwaqqä kirip türkmänni mäγlub wä mäqhur qïldï wä özbäkdin üč yüz altmïš kišigä ämäl bärdi... wä özbäkni tört guruh qïlïp tört tüpä atadï. andaq kim uyγur, nayman bir tüpä bolup durmän wä yüz wä miŋ jamaʻäsi uyγurγa qošoldi wä päyγämbär äwladi šäyḥ wä burlaq bilä naymanγa qošoldi. qoŋrat, qïyat bir tüpä bolup jälayir wä äli eli, qïyatqa qošuldï wä nöküz, manqït bir tüpä bolup känägäs nöküzgä qošulup ḥoja äli kim anïŋ zikrin ayturmän. manqïtqa

qošulup durur. qaŋlï, qïpčaq bir tüpä bolup alarγa on tört uruγ at kötärdi... bu waqiʻä taʻrïḥ miŋ daγi
ällik altïda tawuq yili erdi [59a].

阿布哈齊汗進軍希瓦，打敗了土庫曼人，給三百六十位烏茲別克人安排了官職。他分烏茲別克人為四土佩，畏兀兒和乃蠻部組成了其中一個，杜爾曼、玉滋、明格三部落加入了畏兀兒部，布爾拉克等部落加入了乃蠻部；昆格拉特部和克雅特部為一土佩，賈拉伊爾和阿利艾利歸於克雅特；努庫茲和曼格特另組一土佩，喀納噶斯部歸於努庫茲部，火者阿里部歸於曼格特部；康里和克普恰克組成一土佩，二者被稱為“十四姓”。這些事情發生在回曆1056年。

tahïr ḥan uyγur qutlï ḥannï qïzïlbašlar bilä därgahi jähännämγä yibärdilär wä ärkkä kirip nuräli
ḥan padišahlïq täḥtiγä olturdi [73b].

塔希爾汗把畏兀兒庫特里汗和其敵人奇茲爾巴什人（指伊朗人）一樣送進了陰間。努爾阿力汗繼位。

uyγur iš polad atalïq nayman muhämmäd ʻïnaq pärwančidin ränjiš čäkip, pul bütkärmäk
bahanäsi bilä uyγur wä gürlängä barïp qaytïp kälmädilär [101b].

因不滿畏兀兒人伊失布剌德阿塔雷克和乃蠻人穆罕默德亦剌克，乃以消遣為由前去畏兀兒、古爾蘭等地未歸。

uyγurdïn iš polad atalïq kim tabʻïlïγ ätip dururlar erdi. burunqï mänsäbidä qarar tutti[104b].

畏兀兒人伊失布剌德阿塔雷克因順服了他，而獲得（恢復）了自己曾經的職位。

bir näččä muddättin soŋra yomuttïn mäŋli käldi, saqaw wä dönmäs särdar wä niyaz qïlïč bäg
wä özbekdin qoŋrat ältüzär, uyγurdïn älči ïnaq wä nayman bäg polad sofi wä γäyru–hum ʻädayi
däwlättin risalät tärïqäsi bilä buḥaraγa bardi[107a].

不久，約穆德部人芒里到達、薩喀瓦、朵尼馬斯、尼亞孜克里切伯克，烏茲別克昆格拉特部人艾利吐孜熱、畏兀兒人艾里奇亦剌克、乃蠻部人伯克布剌德蘇菲等人當了使者赴布哈拉。

är taŋ muhämmäd ämin ʻïnaqniŋ ḥäzaraspγa kälgän ḥäbäri yetišip ürgänčdä täbli šadiyanä
urdurup qutluq murad hajï ürgänč muhafäzätigä täʻyin bolup, niyaz ḥoja ḥanqah wä ürgänč sïpahï
bilä uyγur subïγa mutäwäjjïh bolup barγač haman musäḥḥär qïldï. bu waqiʻä uluγ čäštgahda erdi
wä uyγur läškärin alïp tüš bilä pišin arasïda durman wä qara töpä qoryanlarïnï alïp buryačï üstigä
yürüš qïldï. ʻäräb ḥoja bašlïγ buryačï ḥojalarï särkäšlik qïlïp härb waqiʻ boldï wä niyaz ḥojanïŋ

tährisi bilä bahadurlar γäyrät qïlïp yügürüp qorγannï alïp taraj qïldïlar. bu waqi'ä namaz 'äsr waqtïda erdi. niyaz ḥoja bir kündä munčä išlar qïlïp fätih nusrät bilä kelip kičä ürgänčkä tüštilär. ol učurda qährаman wä bäg abad ḥälqi muḥaläfät qïlïp qähräman hisarïγa kirip olturup erdilär wä qähräman ayaqïda bir böläk yomut mutämäkkin bolup ol elgä tahaqqumat körgüzür erdi. bäg abad hakimi manqït yaw böri nayip kim šuja'ätdä yaw börisi erdi. ürgänčkä barïp niyaz ḥoja wä qutluq murad hajïdïn yomut däf'i üčün čärik tilädi. alar uyγur äšräfidin kärim bärdi ïnaqnï kim hala uluγ atalïqlardïn durur, ällik güzidä yigit bilä yibärdi. kärim bärdi ïnaq yaw böri nayïp bilä käčä qähräman hisarïγa kirip taŋ bilä qähräman wä bäg abad čärigin alïp yomutnï čapïp mäqhur mustäsil qïlïp γänayïm käsirä bilä murajä'ät qïldïlar[109b] .

次日早晨，穆罕默德阿敏亦剌克（率軍）抵達哈扎拉斯普，烏爾根奇城內鼓角相聞，庫突魯哈吉被任命為烏爾根奇城的守將。尼亞孜火者率哈尼噶與烏爾根奇的部隊占領了畏兀兒河（及其附近地區），這是清晨之時發生的事情。正午之時，攻得杜爾曼和喀拉土佩兩城，繼續進軍布爾亞奇。由於阿剌伯火者率布爾亞奇的伯克們反抗，雙方交戰，尼亞孜火者率領的軍隊最終拿下了城堡，劫掠之，此逢下午之時。尼亞孜火者在短短的一天內戰績纍纍，晚上返回至烏爾根奇城。喀赫拉曼和伯克阿巴德兩地的部衆起反，逃入喀赫拉曼城閉門自守。喀赫拉曼城由居住在下城區的約穆德部人所掌控。伯克阿巴德的阿奇木是曼格特部出身的名叫雅伯里納伊布的人，他驍勇善戰，是名副其實的伯里（狼之意），他去烏爾根奇向尼亞孜火者和庫特魯穆拉德火者借兵攻滅約穆德勢力，尼亞孜火者和庫特魯穆拉德哈吉派畏兀兒人克里木拜爾迪亦剌克帶精兵五十前去支援。克里木拜爾迪亦剌克同雅伯里納伊布一起趁夜潛入喀赫拉曼城內，凌晨之時消滅了喀赫拉曼和伯克阿巴德的兵力，徹底攻滅了約穆德，並劫掠了不少戰利品。

ol äsnada uyγurnïŋ hakimi bäg polad atalïq kim, muhämmäd ämin 'ïnaqqa dostluq wä yäkjihätlïqdä mut'ämäd 'äläyh durur erdi. yašurun muhämmäd ämin 'ïnaqnïŋ 'izni bilä muḥaliflär jämiyyätigä täfrïqä yätkürmäk üčün zahirän muḥaläfät 'ämrigä qïyam körüzüp muhämmäd ämin 'ïnaqdïn roy gärdan bolup mu'anïdlarγa qošolup durur[119b] .

這時，畏兀兒阿奇木伯克布剌德阿塔雷克，是穆罕默德阿敏亦剌克親密的朋友和可信的盟友。伯克布剌德阿塔雷克為了離散敵軍，經穆罕默德阿敏亦剌克的同意，使用反間計，假裝與穆罕默德阿敏亦剌克為敵，同敵人合作。

wä ol čaγda bäg polad atalïqnïŋ tädbiri bilä fäqirniŋ walidi buzurgwari ämir iwäz mirab wä uyγur abdulätif daruγa mäysärä'i sïpahdïn üč yüz kišini alïp baba bäg čerikiniŋ šimalïγa ötüp ol arïγnï kim bäynäl äskäriŋä fasïlä durur erdi. kömdürüp ubur qïlïp mu'anïdlar arqasïdin uruš saldïlar wä bäg polad atalïq alarniŋ 'imdadi üčün junudi namädud bilä häräkät qïlïp kömülgän mäwzidin ötüp ädayi däwlätniŋ arqasïγa čïqtï[126b].

當時按照伯克布剌德阿塔雷克的提議，我祖父埃米爾米剌布與畏兀兒人阿布都拉提夫達魯花二人率三百軍士到達巴巴伯克之軍隊的北部，填埋此地軍隊的水渠（為防禦目的而修建的，像護城河一樣的水渠），跨越水渠，從敵軍背後捅刀。伯克布剌德阿塔雷克也率領大軍趕來，越過已被填埋的（水渠）出現在敵軍背後。

yänä biri bäg polad atalïqnïŋ qätli durur: ol uyγurnïŋ qäbayilidin qotur täbäqäsiniŋ ‘äkabïrïdïn wäys baynïŋ oγlï durur wä muhämmäd ämin ‘ïnaqniŋ tärbiyat täqwiyati bilä mädarïji ‘äqsa wä märatibi älaγa irtifa‘ tapïp sïpahdaru jumlätulmülk bolup durur erdi. ämir ‘ewäz ‘ïnaq daγï atasïnïŋ dästurïda anï uluγlap qädimul ḥïzmätlïγ huququn rä‘ayä qïlïp küstaḥanä išlärin näzäri ‘itibarγa ilmas durur erdi, ol daγi däwlät dälalati bilä öz häddidin tajawuz qïlmay, anïŋ ḥizmätidä adayi däwlätkä qïlïčlar urup janlar čäkti. čun mülük iḥtiyarïnïŋ zimami häzräti ḥanï γufran nišanïnïŋ qäbzäi ïqtidarïγa kirip umarayi zulm ändišni häyf–u bi–dad umurïdïn mämnu qïldï. aŋa bu iš biγayät šaqq–u giran käldi wä jahalät γäläbäsidin äf‘al hisali täγyir tapïp küstaḥlïγ–u bi‘ädäbliklári muzä‘äf bolup bälkim ḥanï mäγfur ‘ädl–u siyasätin kä‘än läm yäkün sanap masaliki zulm–u tärayïq–ï tätäwuldïn zalalät qädämin čäkmädi. bu jähätedin ol häzrät andïn azarda ḥatïr bolup, aŋa zulm–u bi–dad qïlmaqdïn mumana‘at körgüzüp durur. ol mämnu bolmay, jahalätu zaläläti ‘isyan–u ‘adawätgä munjar–u mubäddäl bolup, ḥafiyyätän ḥanï mäγfurnïŋ šiquh–u šikayätin wird–i zäban qïldï. bara bara ol jayγa yättkim, fitnä–u fasad turγuzmaqïda bolup turur. bu muddi‘a tämhidi bilä kičik oγlï muhämmäd oraz bägdin özgä barčä oγlanlarïn äsbab–i fäsad–u äsasah–i ‘inad tähiyyäsi üčün uyγurγa yibärdi, säyyid murad ‘ïnaq uyγurkim ‘ïnaq jamaäsiniŋ äkabiridin durur, anïŋ bu razi särbästäsidin agahlïγ tapïp ḥanï mäγfurniŋ huzurida anïŋ ḥiyal–i fäsid–u ändišä–i bihudäsin dälayil–i qäti‘ä wä bärahin–i säti‘ä bilä rošän wä mubarhän qïldï, lajäram ol häzrätniŋ därya–yi ḥišmi bu ḥäbär tundbadidin mutämawwij–u mutälätim bolup anïŋ kästi hayatïnïŋ täγriqin wijhat–i himmät qïldï. sana–i mäzkurda jamadïyäl aḥïrnïŋ altinčïsïda bamdad namazïnïŋ adasïdïn soŋra atalïq–ï mušar ‘ilayḥ körünüš alïγa kelip, attïn tüšürdä ‘išaräti wäla bilän altun jilawlardin muhämmäd ämin bulbul wä qändim särdar iki paḥlusïdïn ḥänjäri abdar bilän šikar ačïp tayir–i ruhin qäpäs qälibidin qutqarïp tururlar. ol häzrät anïŋ äwladïn tutdurmaqqa säyyid murad ‘ïnaqni uyγurγa buyurup durur. yolda ol sustlïq qïlïp hänuz uyγurγa daḥil bolmay durur erdilär. atalïq–ï mäqtulniŋ jilawdarï anïŋ äwladïγa ḥäbär yätkürüp durur. alar wä taji atalïq ibn wäys baynïŋ oγlanlarï, rähmät qulï bäg bašlïq wä šir nayib wä iš muhämmäd daruγa wä jahangir bäg wäläd–i abbas qulï atalïq wä γäyr–hum äwladi wä mulazimlarï bilä qïrïq ällik kiši bolup uyγurdïn čïqtïlar wä därya–yi amuyadin ubur ätip buḥaraγa ämir häydär padišahnïŋ huzurïγa barïp dururlar wä mä ‘lum bolsun kim atalïqï mušarïläyhiniŋ äwladiniŋ äsamisi bular dururlar muhämmäd niyaz bäg wä muhämmäd qulï bäg, ata niyaz bäg wä yaḥši murad bäg wä muhämmäd murad bäg wä adäm bäg wä muhämmäd oraz bäg[171b] [172a].

另一件則是伯克布剌德阿塔雷克被殺的事件：他是畏兀兒人當中的庫都爾級伯克歪思拜之子。作為軍事長官，他在穆罕默德阿敏亦剌克的培養和支持下獲得了極高的榮譽和地位。伊瓦茲穆罕默德也很寵他，對於他的過失視而不見。伯克布剌德阿塔雷克也應盡其本分，忠心耿耿為國家流血賣命。（汗）通過限制和監視資產，抑制住了蓄意反叛的伯克們。但他（伯克布剌德阿塔雷克）對此很反感，開始出現越來越多的越軌行為，藐視大汗的明智之舉，甚至與其對抗。（他）暗處說汗的壞話，造謠生事。為了追查真相，汗派了除幼子穆罕默德烏拉孜伯克之外的所有兒子前去畏兀兒等地。時任伊納克一職的是出身畏兀兒亦剌克家族的伯克賽亦德穆拉德。他探知伯克布剌德阿塔雷克的真實意圖後，在大汗面前用事實揭露了伯克布剌德阿塔雷克的邪惡念頭，汗因此大怒，6月6日早上，伯克布剌德阿塔雷克進宮下馬那一刻，在汗的旨意下被穆罕默德阿敏布爾布里和坎迪穆薩爾達爾兩位侍從所砍殺。汗為了追捕伯克布剌德阿塔雷克的餘黨，派賽亦德穆拉德去了叫畏兀兒的地方。由於他的疏忽大意，伯克布剌德阿塔雷克的一名隨從暗中報信，把他的死訊告知了他的家屬。他們在歪思拜之子塔吉阿塔雷克等人的率領下逃至布哈拉埃米爾海答爾處尋求庇護。伯克布剌德阿塔雷克的家屬如下：穆罕默德尼亞孜伯克、穆罕默德庫里伯克、阿塔尼亞孜伯克、雅柯西穆拉德伯克、穆罕默德穆拉德伯克、阿丹伯克、穆罕默德烏拉孜伯克。

ol muharäbädä ämir wäli ataliq wä yusuf niyaz bäg wä bäg turdi täjän wä muhämmäd äli biy yaḥši mubärazat körgüzüp köp kišini qätligä yätkürüp zäḥmdar bolup dururlar wä abdüšükür ataliq wä nayman qazï qurban quli wä uyɣur taji daruɣa šähädat jamïdïn rähmät šarabïya säršar bolup dururlar[186].

在此次戰爭中，埃米爾瓦力阿塔雷克、玉蘇普尼亞孜伯克、伯克吐爾迪帖振、穆罕默德阿里比等人英勇殺敵而負傷。阿布都許庫爾阿塔雷克和乃蠻人卡茲庫爾班庫里以及畏兀兒人塔吉達魯花被殺。

andaq kim šärqi boljarni qoŋrat qïyat äskärigä muqärrär qïlïp ämir qïlïč ïnaq wä sultan mirab wä qara bahadur mirab wä pähläwan quli quš bäginiŋ uhdasïda qïldï wä kün tuɣar bilä qïbläniŋ aralïɣïn uyɣur wä nayman sïpahïɣa bärip kärim bärdi ataliq wä oraz ali 'ïnaqniŋ uhdasïda qïldï wä qïblä bilä kün patar mabäynin nöküz manqït läškärigä täfwiz ätip baba ataliq wä 'ewaz 'ïnaq wä aqam muhämmäd niyaz mirab wä bäg palta mirab wä allah näzär biyniŋ uhdasïda qïldï wä ɣärbi täräfin on tört uruq äskärigä mäḥsus tutup ämir wäli ataliq wä yaḥšiliq pärwanïči wä muhämmäd biy wä häsän murad ataliqniŋ uhdasïda qïldï[194a].

讓昆格拉特部和克雅特部的軍隊駐扎在伯里迦爾東部，令埃米爾克里切亦剌克、蘇力坦速檀米剌布、喀拉巴哈杜爾米剌布、帕里皖庫里庫什別吉負責駐守（統帥）；讓畏兀兒和乃蠻部的軍隊駐扎在東西部兩地之間，令克里木拜爾迪阿塔雷克和烏拉孜阿里亦剌克負責駐守；讓努庫兹和曼格特部的軍隊駐扎在西面，令巴巴阿塔雷克、伊瓦兹亦剌克、我哥哥穆罕默德尼亞孜米剌布、帕爾塔米剌布、阿拉納扎爾比負責駐守；讓十四姓部落的軍隊駐扎在西面，令埃米爾瓦力阿塔雷克、雅克昔里帕爾瓦尼奇、穆罕默德比、哈散穆拉德阿塔雷克負責駐守。

buḫara čäriginiŋ ḫaräzmi irambazm darussältänäsi säwbiyä ikinči märtäbä häräkät qïlmaγï wä qabïl biy toqsäbäniŋ ämir wäli atalïq wä ämir qïlïč ʻïnaqqa äsir bolup čäriginiŋ qïrïlmaγï ḫaräzm sanïhällahu än-äfatil-ḫärq wäl-γärqnïŋ sïpahï bilä buḫara čäriginiŋ masaf tüzmägi wä janibin mubarïzlarïniŋ ḫunrizlik körgüzmägi, uyγur ḫäyliniŋ fäläkdäk biwafalïγïdïn ḫaräzmi irambazm darussältänäsi ähliniŋ šikäst tapmaγï wä ḫanï mäγfurnïŋ iskändärdäk fäna bährigä kirip ʻalämdin köz yapmaγï, sipihri wajgunnïŋ šäʻbädabazlïγïdïn šikayät tüzmägi: räbbiʻu'l aḫirniŋ awayilida mir häydär padišah junudi namädud wä sïpahï namäʻdud jäm qïlïp niyaz bäg dadḫah γuzarï wä törä ḫoja wä niyaz bäg jilwä ... ata niyaz bäg walädäni bäg polad atalïq wä γäyru hum. bu mäzkur bolγan jamaʻäni sïpahdar-u sär-ʻäskär qïlïp ḫaräzmi irambazm darussältänäsiniŋ üstigä buyurup dururlar. alar aynïŋ on ikisidä šänbä küni täwä boyunγa kälip tüšüp dururlar. ḫanï mäγfur aynïŋ on törtičisindä düšänbä küni däbdäbä-i tamam wä käwkäbä-i malakälam bilä mudäfäʻä üčün ḫaräzmi irambazm darussältänäi ḫïwaqdïn rukub qïlïp ḫanqah näwahïsïn muʻaskäri humayun qïldï. ol kün buḫara äskäri daγi däryanïŋ šimalïda ḫanï mäγfurniŋ muqabäläsida tüšüp dururlar wä soŋγï kün köčüp ḫannïŋ ribatïnïŋ muhasäräsi üčün nähzät libasïn jilwägä kirgüzüp dururlar. ḫan-ï maγfur häm däryanïŋ qïbläsidin häräkät qïlïp yaman uyγurγa nuzul ätip dururlar[206b].

布哈拉軍隊第二次遠征花剌子模地區：喀比爾比脱克薩巴被埃米爾瓦力阿塔雷克和埃米爾克里切亦剌克所敗；布哈拉軍隊和花剌子模軍隊炮火連天，血流成河；畏兀兒人的背叛與花剌子模軍隊的大敗；（艾利吐孜熱）汗的犧牲；4 月初，海答爾帕迪沙率衆再次討伐布哈拉，尼亞孜伯克達德花、突列火者、尼亞孜伯克吉勒瓦……伯克布剌德阿塔雷克之子阿塔尼亞孜伯克等人率先鋒團先去。12 日周六，（先鋒團）抵達了忒瓦伯雲。14 日，汗從希瓦出發，駐扎在哈尼噶附近。當天，布哈拉軍隊也前來迎戰，兩軍隔河而望；最後一日，（敵軍）為了包圍汗的營帳而離開了此地，汗則在河西面行動，到達了叫雅曼畏兀兒的地方。

ol čaγda uyγur ḫäyli biwäfalïγ körgüzüp sïpah-ï nusrät panahqa šikäst-i fahiš yätti. bu maqalniŋ täwzihi ol durur kim bäg polad atalïqnïŋ inisi taji atalïqnïŋ oγlï rähmät qulï bägkim sänä miŋ iki yüz on toquzda aynïŋ awaḫirïda bäg polad atalïqnïŋ äwladidin ayrïlïp ḫanï mäγfurnïŋ ataba-boslïγïγa mušärräf bolup mäwridi märahimi ḫusrawana bolup durur erdi. bu waqiʻä äsnasïda uyγur jamaʻäsiniŋ bäʻzi ärazil-u äwbašikim bäg polad atalïqnïŋ oγlanlarïγa dilbästä-u nigaran ḫatir durur erdilär. ol bičaräni wäswäsä–i šäytanat bilä muwafäqät toγrï yolïdïn munäfäqät bayabanïγa azγurup barčä muttäfïqul kälimä bolup buḫara čärikidä muhämmäd niyaz bäg wä ata niyaz bäg wälädan–i bäg polad atalïqqa kiši yibärip mäknun–i ḫatirlarïdin agahlïγ yätkürüp mutä'ähhid bolup dururlarkim ḫaräzmi irambazm čäriginiŋ šikästigä säbäb bolγaylar. qazara ol urušda uyγur sïpahï maysaraγa muqärrär bolup urušdaγï maysaranïŋ täräfidä waqi' durur erdi. uyγur ähli ol waqtta wädä muqtäzäsi bilä bisäbäb zahiri säfni buzup munhäzimänä ruygärdan bolup özlärin däryaγa yätkürüp ötä bašladïlar wä rähmät qulï bäg soŋra pašiman bolup qaytïp urušqa kirip qätlgä yätti. ämma nä asïγ kim iš andïn ötüp durur erdi kim el toḫtaγay wä 'äsakiri mänsuranïŋ bäddil wä yarïm köŋüllïγläri bu hadisäni mušähädä qïlïp tušlïq tušïdïn yasawni buzup mä'räkäi karuzardin yüz äwürüp dururlar. päs ada čärigi bu waqi'älär mušähädäsidin quwwät tapïp γäläbäi tamam wä izdiham–i malakälam bilä hujum–awar bolup qätl–u tarajγa ištiγal körgüzüp dururlar [209b] [210a].

此時由於畏兀兒人民的叛變投敵，導致全軍覆沒。在我看來：伯克布剌德阿塔雷克的侄子熱赫馬特庫里伯克早在 1219 年已被汗所赦免，這時不少心存敵意的畏兀兒人依然蠢蠢欲動（想投靠伯克布剌德阿塔雷克的子孫的反叛活動）。熱赫馬特庫里伯克也被他們引入歧途，叛變的畏兀兒人秘密地向在布哈拉軍隊中活動的伯克布剌德阿塔雷克的兒子穆罕默德尼亞孜伯克等人通風報信，告知我方部署，這就導致花剌子模軍隊的失敗。此次戰爭中，在左路參戰的畏兀兒軍隊按照事先的預謀，突然向河水進發，開始過河而逃，熱赫馬特庫里伯克因後悔而重歸戰場，最後犧牲在戰場上。但這還能挽回局面嗎？他們的叛變使軍心渙散，軍隊分崩離析，士兵慌亂而逃。敵軍以此為契機，發起全綫總攻，大開殺戒。

yoq ärsä ḫaräzmi irambazm darussältänäsiniŋ läškäri nusrät äsäri bawujudi qïllät anïŋdäk äskäri käsirgä γalïb bolup hič wäjhdin kämlik tartmas durur erdilär. [210b] .

要不是畏兀兒人叛變，花剌子模的常勝軍不可能被打敗。

ḫanädäniniŋ zubdäsi wä yüz dudmanïnïŋ qïdwäsi aqam muhämmäd niyaz mirab wä qoŋrat 'äkabiridin baba kutwal wä uyγur häsän šiγawul wä altun jilaw ä'azïmïdïn narbuta dastur ḫanči suda zayi 'bolup dururlar[211b] .

我的大哥、家族的棟樑、位高權重的穆罕默德尼亞孜米剌布，昆格拉特部伯克巴巴庫圖瓦爾，以及畏兀兒人哈散什噶烏里和顯赫一時的納爾博塔答思圖爾赤均溺死在水中。

nagah bu ähwal hilalida uyγur sïpahïnïŋ biwafalïγïdïn sïpahï nusrätpanah häzimät tapïp buḫara čärigi γälibä qïldï[222b].

由於畏兀兒軍隊的叛變，布哈拉軍隊獲勝了。

mahi mäzkurnïŋ awasïtïda säšänbä küni ämir rošän zämir qutluq murad ʻïnaq räfullahu äläm–i däwlätih–i läškär–i zäfär asar bilä uyγur üstigä nähzät körgüzüp abdullätif daruγanïŋ ribat–i hawalisida uyγur sïpahï bilä qatïγ muhäräbä waqiʻ bolup durur wä ol urušda läškär–i nusrät asardïn taγa–yi murad atalïq ibn ämir wäli atalïqkim širi γurran yaŋlïγ muʻanïdlärγa hämlä yätkürüp tiγ–i burran bilä säräf šanlïγ qïlurlar erdi[237b].

本月中旬的一個周二，埃米爾茹仙扎米爾庫特魯穆拉德亦剌克率軍討伐畏兀兒人，他們駐扎在阿布都拉提夫達魯花準備（安排）的地方，與畏兀兒軍隊進行了激烈的交戰，此戰中塔尕伊穆拉德大破敵軍立功。

maysara–i maysurda uyγur äkabiridin kärim bärdi atalïq wä nayman äʻazimidin oraz ali ʻïnaqnï uyγur naymannïŋ sïpahï bilä muqärrär qïldï [265a].

軍隊的左翼有率領畏兀兒軍的畏兀兒伯克克里木拜爾迪阿塔雷克和率領乃蠻軍的乃蠻部伯克烏拉孜亦剌克。

uyγur kärim bärdi atalïq wä ḥuday näzär atalïq wä törä murad atalïq wä oraz ali ïnaq wä qara bahadur mirab, qurban qulï nayib wä γäyruhumni ʻimarätpanah muhämmäd riza quš bägi bilä qïblä janïbïγa muqärrär qïldï[271b].

汗把畏兀兒人克里木拜爾迪阿塔雷克、胡大納扎爾阿塔雷克、突列穆拉德、烏熱孜阿里、喀拉巴哈杜爾、穆罕默德熱軋庫什別吉委派在西面。

uyγur kärim bärdi atalïqni nöküz bäg palta mirab wä fäqir wä allah näzär biy bilä juwanγarγa namzad qïlïp abdullah ʻïnaqni qäländär pärwanči bašlïγ bäʻzi umara bilä sol qolγa särkärdä qïldï[285b].

封畏兀兒人克里木阿塔雷克、努庫兹伯克米剌布、我本人和阿拉納扎爾比等五人為左路軍副將。

ittifaqä muqabäläsidin uyγur säyyid qulï bäg muʻanïdlardïn güruh–i änbuh bilä ḥojanïŋ qäsdïγa at saldï. ḥoja häm täämmul–u täwäqquf qïlmay alarγa hämlä yätkürüp iki üč kimsäni mäjruhu mäqtul qïldïlar[287b].

畏兀兒人賽亦德庫里伯克率衆向火者殺去，火者也沒有顧慮太多（上去）迎戰（且）打倒了不少人。

ämir–i käbir qutluq murad ʻïnaqni äskär umar–u sïpahdarlarnï anïŋ mulazimätigä täʻyin qïlïp, hazir nökär wä čerik bilän muʻanïdlar istilasï üčün gürlängä irsal qïldï wä uyγur kärim bärdi atalïqni uyγurγa namzad ätdi. ta kim ol näwahiniŋ läškäri bilä ʻïnaqnïŋ mulazämätiγä yätkäy [295b].

派以大埃米爾庫特魯穆拉德為首的軍隊前去古爾蘭等地，封畏兀兒人克里木拜爾迪阿塔雷克為畏兀兒人的首領，以便他繼續率其衆為亦剌克效力。

qoŋrat kärim bärdi atalïq bašlïq ḥojaš nayibnïŋ aqa iniläri qïyat qoŋrat hududïnïŋ äskäri bilä wä imaratpanah uyγur bärdi atalïqkim yuqarï mäzkur bolup durur erdi. uyγur wä bašqurd čärigi bilä ïnaqniŋ mulazimitigä yättilär wä čaštgahda gürlän nahiyyätiγä qaza-yi muhkäm wä bala-yi mubräm yaŋlïγ warïd bolup janibi šärqigä härikät körgüzüp dururlar wä iš muhämmäd bäg daγï güruhi änbuh bilä mudafi'ä üčün atlanïp taḥta köprükkim, äš bolay köprüki därlär, anïŋ šärqi janibida saḥtiyan qaryasïda talaqï fi'ätäyn wuqu tapïpdur. ol äsnada ämir törä murad atalïq wälädi wäli atalïq, šahäbäd wä čaγatay läškäri bilä tänäk bahadur wä ašur bäg wä ḥuday näzär bäg wä adinä bay atalïq baγlan wä taš qäl'ä wä qïyat wä čäyjuwit wä miŋniŋ čärigi bilä kälip ʻïnaqγa qošolup durur[296a].

以昆格拉特部克里木拜爾迪阿塔雷克為首的火者失納伊布的弟兄們，以及以畏兀兒克里木拜爾迪阿塔雷克為首的克雅特和昆格拉特部軍隊前來為亦剌克效力。早晨到達古爾蘭縣後，就從東面進攻。伊失穆罕默德同叛黨一起防禦，雙方軍隊在塔赫塔庫普魯克東面的薩赫忒顏村附近針鋒相對。這時瓦力阿塔雷克之子埃米爾突列穆拉德阿塔雷克、沙赫阿巴德和察合臺等人率軍支援亦剌克，同時塔納克巴哈杜爾、阿舒爾伯克、胡大納扎爾伯克、阿迪納拜阿塔雷克等人分別率領塔什堡、克雅特、察伊誅烏提、明格部落軍隊與亦剌克會師。

ämma abdukärim bägi mäzkur bašlïγ yätti kiši atlïγ u yayaq här kim yüz näw mušaqqat-u miŋ türlüg uqubät bilä wärtä-i halakätdin nijat tapïp qoŋratγa bardïlar. wä dost niyaz atlïγ uyγur taγyir-i libas-u täbdil-i ähwal qïlïp buḥaraγa özin yätkürüp bu ḥäbär-i bišaräti bilä ol diyardaγï ada-yi däwlätniŋ čïraγï ummïdïn häsrät särsäridin učurup dururlar. bu mäzkur bolγanlardïn bašqa kälgän mufsïdlardïn mutänäffisi qalmadïkim qätligä yätmämiš bolγay. mägär molla ilyas uyγur kim iš muhämmäd bäg gürlängä warïd bolγanda mu'anïdlardïn inisi bilä mufäräqät iḥtïyar qïlïp musa'adäti bäḥt däst-yarlïqï bilä därbar-ï rafi-madär ataba-boslïqïγa mušärräf bolup durur erdi[300b] .

以阿布都克里木伯克為首的七人長途跋涉，歷經千辛萬苦，虎口逃生到達昆格拉特部。一位名叫都斯特尼亞孜的畏兀兒人叛變逃至布哈拉，並把這一消息告知了布哈拉人，這使他們焦躁不安。除了在此提及的人（阿布都克里木伯克為首的七人）之外，其他人均被殺了。伊失穆罕默德伯克到古爾蘭時，畏兀兒人毛拉伊利亞斯與其弟一同反悔，離開叛黨，前來歸附。

ittifaqati häsänädin uyγur mu'anïdlarïdïn oraz äli yärmä, qara qalpaq törä bäg qïyatkim törä murad sufïnïŋ mutämädäläyh kišiläridin durur erdi[309b].

叛亂分子當中，畏兀兒部的烏熱孜阿里雅兒瑪、卡拉卡爾帕克伯克部的伯克克雅特倆人是实列穆拉德蘇菲的得力手下。

aynïŋ onïda šänbä küni, kärim bärdi atalïq wä abdullah ïnaqγa mäwqïf-i jalalidin färman-ï wajib ulïzan 'izzi isdar tapïp durur, kim qäl'äniŋ üstigä barïp muhasärä qïlïp muḥäriju mudaḥïl muhafäzätigä qïyam körgüzsünlär, mämurlar qäl'ä üstigä barïp kärim bärdi atalïq uyγur čärigi bilä qäl'äniŋ γärbi wä šimali täräfin buljar qïlïp turuqu mämärläriniŋ muhafäzätigä mutäsäddi boldï[354a].

（此）月 10 日，克里木拜爾迪阿塔雷克和阿布都拉亦剌克率衆集結在城墻上，堵守城門。文武大臣也上城墻（監督），克里木拜爾迪阿塔雷克率畏兀兒軍隊集結在城堡的西面和北面，守護道路安全（切斷援軍的支援）。

yänä ol durur kim säfär ayïnïŋ awayïlïda bayqara bäg ibn kärim bärdi atalïq kämali bidäwlätlikdin šärarät zatisi häräkatγa kirip uyγur awbašidin qïrïq kišigä baš bolup molla allah näzär atalïqni zulman halakät wartasïγa yätkürüp dururlar. bu jähätdin näyira-i γäzäb-i sultan-ï särsär-i qähr-i yäzdanï bilä išti'al tapïp säšänbä kečäsi kärim bärdi atalïqnï tutup mähbus qïldurdï. räbbiyälawal ayïnïŋ yättinčisidä čaharšänbä küni äsr waqtïda äwlad wä ätba'idin on yätti kimsä bilä mäqtulu mädum qïldurup dururlar. wä uyγur ḥälqini mäwatin-u mäsakinidin köčürüp üč böläk qïlïp bir böläkigä taš hawzi nazakät hawzda, bir güruhïγa zäydä, bir qïsmïγa aq mäsčiddä yär bärip mutäfärrïq-u pärišanlïqqa salïp dururlar. wä jümä küni mahi mäzkurniŋ toqquzïda molla niyaz muhämmäd munšikim aγzï qara läqäbigä mäšhur durur. wafat tapïp anïŋ ornïγa mïrza mäsihä kim fasahät-u balaγätdä muma iläyhida ängüštnuma durur erdi. munšilik mänsäbigä mänsub boldï. wä mäzkur aynïŋ muntäsifidä häzrät-i šahinšah-i märhämät jaygah uyγur äšräfidin 'ilyas šiγawulnikim astanä-ï däwlät pasban mulazimätidä yaḥši ḥizmätlär zuhurγa yätkürüp durur erdi. inayät-i ḥusrawanaγa mäḥsus tutup kärim bärdi atalïqnïŋ mänsäbin aŋa märhämät qïlïp abnayi jinsiḍin mumtaz-u säräfraz ätdi[438b] [439a].

2 月初，巴依喀拉伯克與叛黨合流，帶頭的四十位畏兀兒部叛亂分子，殺害了毛拉阿拉納扎爾阿塔雷克。汗因此大怒，周二下令逮捕了克里木拜爾迪阿塔雷克。3 月 7 日周三下午，斬首克里木拜爾迪阿塔雷克及其同謀十七人。（汗）讓畏兀兒人舉族遷出原居地，分別於塔什流域、納扎卡特流域、扎伊、阿珂瑪思奇德等地重新安置。3 月 9 日周五，汗的秘書毛拉尼亞孜穆罕默德（外號黑嘴）歸真了，米爾咱馬斯赫擔任了新一任秘書。由於畏兀兒人伊利亞斯什噶烏里的豐功偉績，3 月中旬汗封他為新一任阿塔雷克，接替（已卒的）克里木拜爾迪阿塔雷克。

šänbä küni uyγur jama‘äsiniŋ hakimi rähmitullah atalïq kim bir zärur–i uzr üčün rïqab–i äla mulazimätidin täḥälluf ätip durur erdi[492a].

周日，畏兀兒人的阿奇木熱赫穆圖拉阿塔雷克忘却道義，舉兵反叛。

alarnïŋ äsämi giramisi bu tärïqädä durur, kim umara–yi izamdin uyγur ḥälqïnïŋ särmädi rähmitullah atalïq wä äli märdan šiγawul wä ḥal niyaz daruγa wä manqïtnïŋ äkabiri jümläsidin dosim biy wä qïpčaq ä‘azïmïdïn qutluq muhämmäd ‘ïnaq ... čun bu mäzkur bolγan särkärdälär häsäbul färmanï ali šan tärïqä–i istijal bilä äzimi däštu bäyaban bolup jumadïyäl awal ayïnïŋ awasïtïda ‘ïnaqnïŋ ḥïzmätigä mušärräf bolup dururlar[510a] .

具體情况是這樣的：5 月初，畏兀兒人的族長熱赫穆圖拉阿塔雷克、阿里麥爾丹什噶烏里、哈爾尼亞孜達魯花、曼格特伯克都斯特比、欽察伯克庫特魯格穆罕默德亦剌克五名將領前來歸附亦剌克。

tarïḥi hijri miŋ iki yüz qïrïqda bičin yili muhärräm ayïnïŋ onlančï küni yomutiyyä mäšähiridin säyyid niyaz ušaq wä yar qulï pählävan bašlïγ oraz äli salaq wä abduγaffar bäg salaq wä yämrälidin qara märgän wä gökländin bahadur ḥoja wä qaradašludin qašuqči qurban särdar wä özbäkdin uyγur iskändär bahadur, yomut wä yämräli wä göklän wä qaradašlu wä özbäkdin iki yüz ällik kimsä bilä häzrät–i sahibqïranï mäγfirat nišandin yurtawul üčün ruḥsät alïp därya–yi [amu] qïraγi bilä äzim bolup dururlar [514a].

1240 年，猴年，1 月 10 日，約穆德市人賽亦德尼亞孜烏沙克、雅兒庫里帕里皖，薩拉克人烏拉孜阿里、阿布都噶法爾，葉梅阿里的喀拉麥爾杆，古珂蘭的巴哈都爾火者，卡拉塔什利的喀術克奇庫爾班，烏兹別克畏吾兒部出身的伊斯坎達爾巴哈都爾，以及來自約穆德、葉梅阿里、古珂蘭、卡拉塔什利、烏兹別克等部的二百五十人獲得大汗的同意成為先鋒隊，沿着阿姆河出征了。

ol halda özbäkdin uyγur iskändär bahadurkim šir biša–i karu zar wä äfzali šuja‘a–yi rozγar durur erdi. araq γäyrati härikätkä kirip bazi mubarïz yigitlär bilä bir awuč tufraqni qoyunlarïγa salïp dururlar wä barčä birdin äjdaha–yi daman yäŋlïγ hämälat–i mahib bilä jilwäriz at salïp dururlar. wä barčädin ilgäri iskändär bahadur bärqi ḥatifdäk yätišip sïpah–i ḥizlan panahdin bir šir šikuh bahadurni kim mubarïz täläb qïlïp mäydan ortasïda bahduranä wä mutahäwwiranä jäwalanlar qïlur erdi. sinan–i jansitannïŋ zärbi bilä atdin särnigun yïqïp wä tïγï bïdïrïγ bilä bašïn bädänidin juda qïldï[515b] .

烏兹别克畏兀兒部出身的伊斯坎達爾巴哈都爾是一個驍勇善戰的人，（他）飲酒後跟一群歪風邪氣的年輕小夥一起將一把土放入懷裏，他們騎馬快速奔馳。战鬥剛開始，伊斯坎達爾巴哈都爾跟一位敵軍勇士交手，並殺死了他。

mä‘lum bolsun, kim bu säfärdä uyγur iskändär bahadur rustämänä išlar zuhurγa yätkürüp dururlar, düšmän čärigidin üč tört kišini tiγi šija‘ät bilä qätlïγä yätkürüp durur. wä sïpah–ï nusrätpanahniŋ köpräki iki kišidin ada–yi däwlätni mäqtul qïldïlar. wä alamandin kiši öltürmägän kiši az durur[516b] .

這次遠征中，伊斯坎達爾巴哈都爾戰果豐碩，殺敵三四人，汗的大多數普通士兵最多也衹殺了兩人。

wä alardin soŋ astan dävlät–i pasïban mulazimlarïdin ḥuda–yi bärkan yüzbaši kim orus läqäbiγä muläqqäbdur. uyγur iskändär bahadur bilä on bäš käzidä yigitkä baš bolup, häzrät zullähidin buḥara tärktaziγa ruḥsät alïp istijal tamam bilä äzm boldïlar.①

之後，宫廷官員胡大達依别爾幹（外號俄羅斯）同畏兀兒人伊斯坎達爾巴哈都爾率十五人赴布哈拉。

adinä bay atalïq uyγur.②

阿迪納拜阿塔雷克是畏兀兒人。

waqtikim ḥan häzrätläri peterburγdïn qaytïp kelip täḥt–i däwlätdä qarar tutdïlar. ibrahim ḥojaγa mehribanlïqlar körgüzüp bilkulliyä özlärigä wäzir–i jümlätul mülük ättilär... ḥan häzrätliri uniŋ rayi bilän burunqï padišahlarγa ḥizmät ätip ötkän qädim’ul–ḥizmät dävlätḥahlarniŋ äwladlarïn tapïp ata–babalarïniŋ orunlarïda bärqarar ättilär... misli törä muradbäg ibn yaḥšimuradbäg ibn babajanbäg ibn allabärdi töräni uyγur atalïqïniŋ ornïγa atalïq ätdilär.③

汗從聖彼得堡歸國後繼續擁坐汗位。封依布拉依木火者為大臣，汗聽從他的意見，啟用曾一心為國的文武大臣和名門望族之後裔入廷就職。如阿拉拜爾迪之子巴巴占伯克之子亞克什伯克之子突列穆拉德伯克成為新一任畏兀兒阿塔雷克。

① Muhammad Riza Mirab Agahi. Zubdat Al-Tavarikh. Tashkent-Samarkand: МИЦАИ, 2016,p.139.

② Muhammad Riza Mirab Agahi. Zubdat Al-Tavarikh. Tashkent-Samarkand: МИЦАИ, 2016, p.211.

③ Bayoniy, Muhammad Yusuf. nashrga tayyorlovchi, Iqboloy Adizova. Shajarayi Xorazmshohiy. Toshkent: ziyouz kutubxonasi, 2014, p.45.

三　希瓦汗國的畏兀兒人

早在希瓦汗國的開國大汗伊勒巴爾斯汗之祖輩雅迪加汗之時，畏兀兒人就已經取得了重要的社會地位。後來他們又隨伊勒巴爾斯汗從欽察草原遷居花剌子模一帶，開始參與希瓦汗國的政治、經濟和文化活動。16世紀中期，畏兀兒人因為支持哈吉姆汗奪權而遭到了伊失速檀的屠戮和掠奪。阿布哈齊汗將哈吉姆速檀之弟布剌德速檀的阿塔雷克畏兀兒人印地拜依稱為“布剌德速檀的嘴巴、舌頭和頭腦”。阿布哈齊的阿塔雷克是一位名叫忽勒穆罕默德的畏兀兒人。“阿塔雷克”是蒙兀兒宮廷中太傅們的官號。在希瓦汗國，阿塔雷克即太傅亦是大汗的私人教師和參謀。阿布哈齊在位時期把烏茲別克人分為四土佩，每個土佩各選任一個阿塔雷克。昆格拉特部奪權後，阿塔雷克基本上均出自畏兀兒人，其中布剌德阿塔雷克、阿巴斯阿塔雷克、歪思拜之子塔吉阿塔雷克、熱赫穆圖拉阿塔雷克、伊失布剌德阿塔雷克、阿拉納扎爾阿塔雷克、阿迪納拜阿塔雷克等在18世紀的希瓦汗國政壇當中起過重要作用。

在伊斯法德雅爾汗時期，畏兀兒人因為曾經支持過他的政敵哈巴失速檀而慘遭伊斯法德雅爾汗的報復，畏兀兒人恐慌而逃，因此這一時期畏兀兒人在汗國內部的影響力一度減弱。後來在阿布哈齊汗時期，畏兀兒人重新恢復勢力，又開始參政議政。畏兀兒人組成了四大土佩中的第一個土佩。克里木拜爾迪亦剌克率領的畏兀兒軍隊平定了土庫曼人的叛亂，並輔助穆罕默德阿敏亦剌克鞏固其政權。畏兀兒人伯克布剌德阿塔雷克曾經是希瓦汗國政壇上的風雲人物之一，他曾協助穆罕默德阿敏亦剌克平定幾次叛亂。作為當時希瓦汗國政壇上的重要人物，伯克布剌德阿塔雷克給1803年出訪希瓦汗國的俄羅斯人維爾切庫（Weličku）留下過深刻印象。1804年，昆格拉特部首領艾利吐孜熱召集庫里臺大會，提出不再從哈薩克人中選擇汗位繼承人，並令現任大汗阿布哈齊五世退位，但此舉未得到伯克布剌德阿塔雷克的支持。艾利吐孜熱稱汗後，汗權開始得到強化。1805年，艾利吐孜熱汗率軍平定幾處叛亂，班師不久便執意討伐與土庫曼人結為盟友的布哈拉汗國，但伯克布剌德阿塔雷克以兵力不足為由反對之。這時對他一直心存不滿的艾利吐孜熱汗賜他死刑，伯克布剌德阿塔雷克被殺後不久國內的畏兀兒人在其子弟的率領下舉兵反抗，但屢遭失敗。伯克布剌德阿塔雷克的家屬最終還是逃過一劫，在布哈拉汗國找到了庇護。這段時期許多畏兀兒部衆被艾利吐孜熱汗屠殺。艾利吐孜熱汗雖然在對布哈拉汗國的戰事當中取得了短暫的勝利，但後來被布哈拉埃米爾海答爾大敗於阿姆河畔，撤退過程中艾利吐孜熱汗溺死在阿姆河中。這次慘敗後，艾利吐孜熱汗幸存的兄弟穆罕默德拉希姆亦剌克繼位稱汗。希瓦汗國宮廷史官穆尼斯記載，畏兀兒人在交戰過程中秘密向敵軍通風報信，同時由畏兀兒人組成的部隊不戰而逃，紛紛逃入河中，導致希瓦汗國軍心離散，因此穆尼斯把這次兵敗歸因於畏兀兒人的背叛。穆尼斯記載的傷亡人數為：布哈拉軍隊戰死3000人，希瓦汗國戰死300人，另有350人被俘。但據其他文獻，希瓦汗國死亡人數為2000多人，被俘者達1000人。

穆罕默德拉希姆汗執政時期，伯克布剌德阿塔雷克的追隨者在他的叔父穆罕默德熱孜伯克和畏兀兒人穆罕默德尼亞孜阿塔雷克的率領下多次起義。穆罕默德拉希姆汗最終以談判為藉口，誘殺穆罕默德熱孜伯克纔總算控制了局面。為了進一步鞏固其政權，穆罕默德拉希姆汗還謀殺了不少烏兹別克顯貴。1809 年，穆罕默德拉希姆汗率軍討伐鹹海地方上被大小蘇菲所占據的昆格拉特城，其中左路軍隊由畏兀兒人克里木拜爾迪阿塔雷克等人率領，但這次討伐以失敗告終。1810 年 6 月，穆罕默德拉希姆汗第三次向突列穆拉德蘇菲控制下的昆格拉特城用兵，畏兀兒人克里木拜爾迪阿塔雷克仍統率左路軍隊。這次討伐中，穆罕默德拉希姆汗最終取得勝利，突列穆拉德蘇菲逃入城内，持續閉門守城。因圍攻未果，穆罕默德拉希姆汗班師回朝。次年，汗命克里木拜爾迪阿塔雷克的部下繼續前行圍攻昆格拉特城，15 天後穆罕默德拉希姆汗最終拿下這座城，並殺死了突列穆拉德蘇菲等人。另有畏兀兒人賽亦德庫里在這次討伐中立了大功。1813 年，克里木拜爾迪阿塔雷克還參與了呼羅珊之征。1818 年，克里木拜爾迪阿塔雷克之子巴依喀拉伯克殺害了毛拉阿拉納扎爾阿塔雷克，因他此舉而憤怒的穆罕默德拉希姆汗逮捕了克里木拜爾迪阿塔雷克，不久他與 17 名同黨一同被處死。這時汗還下令讓畏兀兒人由原住地向塔什流域、納扎卡特流域、扎伊、阿珂瑪思奇德等地遷居，同時又命畏兀兒人伊利亞斯什噶烏里接替克里木拜爾迪阿塔雷克之職。後來被稱為畏兀兒人之頭目的熱赫穆圖拉阿塔雷克於 1824 年奉命參政，並參與了穆罕默德拉希姆汗對布哈拉的征討。參加這次征討立功的還有畏兀兒人伊斯坎達爾巴哈都爾。1882 年，希瓦汗國大汗穆罕默德拉希姆巴哈都爾二世從聖彼得堡歸國後，聽從大臣依布拉依木火者的提議，邀請歷史上曾對汗國忠心耿耿的各大貴族及大臣之後裔入宮任職，這時畏兀兒人突列穆拉德伯克受命成為新一任阿塔雷克。

烏兹別克斯坦學者烏拉莫夫談及 17—18 世紀花剌子模地區的部族分布時講道："畏兀兒人主要居住於沿阿姆河流域，從烏爾根奇到古爾蘭，即畏兀兒人散居在阿姆河的右邊地區。此外，希瓦城郊區也居住着各部落。"[①] 這說明，希瓦汗國時期的畏兀兒人主要分布在烏爾根奇到古爾蘭之間的阿姆河沿岸地區以及都城希瓦附近。根據上述文獻中的"畏兀兒將領""畏兀兒部隊"等記載可推出，花剌子模地區曾有過一隻由畏兀兒人組成的軍隊。畏兀兒人出身的克里木拜爾迪阿塔雷克、伯克布剌德阿塔雷克、阿里麥爾丹什噶烏里、哈散什噶烏里、伊利亞斯什噶烏里、伊斯坎達爾巴哈都爾等均為當時赫赫有名的軍事人物。

自從希瓦汗國建國之時起，從欽察草原遷居汗國境内的畏兀兒人持續參與汗國國事，雖在其間曾幾次遭到政治仇殺，但畏兀兒人幾經波折直到 19 世紀中期仍在汗國内保有重要的地位。最後在穆罕默德拉希姆汗時期，由於克里木拜爾迪阿塔雷克被殺以及部衆被重新分地遷居，畏兀兒人逐漸退出了希瓦汗國政壇。

《天堂幸福園》中出現 özbekdin uyγur iskändär bahadur "烏兹別克畏兀兒部出身的伊斯坎

① ҒУломов, Я .Ғ. Хоразмнинг Суғорилиш Тарихи. Тошкент: Ўзбекистон ССР Фанлар Академияси Нашриети, 1959: 218.

達爾巴哈都爾”，由此可見，當時的畏兀兒人是希瓦汗國境內烏兹别克部族聯盟的一員。與土庫曼人相對時，他們是烏兹别克身份，但與烏兹别克部落聯盟的乃蠻、杜爾曼、玉滋、明格、昆格拉特、克雅特、努庫兹、曼格特、康里、克普恰克等部落相對時，他們則是畏兀兒身份。1997 年，烏兹别克斯坦學者拜阿里葉夫據烏爾古特部 94 歲長老伊斯拉姆巴巴穆薩耶夫口述得知：明格部落曾包括巴依馬力克（baymalïq）、阿拉特（allat）、喀拉噶里（qaraγaylï）、圖沙特（tušat）、喀贊（qazan）、畏兀兒等部衆。現代烏兹别克人的 92 個部落當中也包括畏兀兒部衆。① 隨着希瓦汗國覆滅，希瓦汗國境内的畏兀兒人更深入融合於烏兹别克族之中。

Records about the Uighurs in the Historical Works of Khiva Khanate Period

Mihrigül Helil

During the time of Khiva Khanate, which has an important position in the modern history of Central Asia, some historical records of Chahatai script were compiled.The Uighur people as one of the main members of the Uzbek tribal alliance during the Khiva Khanate, a lot of their stories are recorded in these historical books. This article collation and analysis to the Uighur people in the historical records of the Khiva Khanate.

① Бегалиев,Н. Ўзбек Халқининг Шакллланишида Этник Гуруҳлар Ўрни. Ўзбек Халқининг Келиб Чиқиши: Илмий - Методологик Ёндашувлар, Этногенетик Ва Этник Тарих Мавзусидаги Республика Илмий - Назарийсеминар Материаллари, Тошкент: ЎзР ФА Археология институти. 2004: 80.

作為16—18世紀喀什噶爾史料的聖人傳

——穆罕默德·薩迪克·喀什噶里《和卓傳》

澤田稔

前　言

喀什和卓家族，指的是被稱作含有師傅和老師之意的“和卓”的蘇菲（伊斯蘭教神秘主義者）的親族。他們的祖先，是以敬稱瑪合圖木·阿雜木（Makhdūm-i A‘zam，“偉大尊師”）為世人所知的阿哈瑪特卡桑尼（Aḥmad Qāsānī，1542年去世）。阿哈瑪特卡桑尼在中亞地區作為納克什班底教團道統（silsila）的繼承者、教義的理論家擁有很高的權威，受到世俗君主的保護並以此誇耀其權勢。他的子孫後代中的一部分在16世紀中期向塔里木盆地發展，成功構築起巨大的宗教勢力。我們將這些瑪合圖木·阿雜木的子孫後代統稱為“喀什和卓家族”[①]或者“瑪合圖木扎達”[②]（Makhdūmzādas）。但是，在進入塔里木盆地之初，喀什和卓家族就分成了兩個派系，並開始相對獨立的活動。之後，他們在已經突厥化和伊斯蘭化的君主（汗）、成吉思汗二兒子察合臺的末裔所建立的蒙兀兒汗國以及西蒙古系衛拉特建立的準噶爾汗國的統治支配下活動，與地域社會的政治動向關係密切。

著述家穆罕默德·薩迪克·喀什噶里（Muḥammad Ṣādiq Kāshqarī/Kāshgharī）在18世紀後半段以喀什和卓家族的歷代指導者的生平為中心，采用中亞的突厥語系的書面語——察合臺文所寫成的《和卓傳》（*Tadhkira-i khwājagān* / *Tadhkira-i khōjagān*），不僅有同時代的記録，還留有後世史書中所沒有傳達的重要歷史信息。通曉察合臺語聖人傳的濱田正美指出：塔里木盆地的聖人傳無一例外，雖都被賦予聖者之名tadhkira，但是依舊有作為完全空想産物的聖人傳和作為基於神秘主義世界觀的事件史的聖人傳這兩種極端類型，甚至還有介於這兩種極端中間的類型。[③]在此之中，穆罕默德·薩迪克·喀什噶里的《和卓傳》是“所謂的真

---

① 佐口透「トルキスタンの諸ハン国」『岩波講座 世界歴史13 内陸アジア世界の展開Ⅱ 南アジア世界の展開』岩波書店、1971、64—70頁。

② Fletcher, Joseph , “Ch’ing Inner Asia c. 1800,” in *The Cambridge History of China, Vol. 10, Late Ch’ing, 1800–1911, Part 1*, London, New York, Melbourne: Cambridge University Press,1978, pp. 87–90.

③ 濱田正美『東トルキスタン·チャガタイ語聖者伝の研究』京都大学大学院文学研究科、2006、9、11頁。

正的接近歷史記述的作品”[①]。

本文將對塔里木盆地聖人傳中，作為事件史的聖人傳，也就是作為歷史書的聖人傳的代表《和卓傳》所傳達的政治信息進行介紹。比起那些記録和卓們的宗教活動以及奇聞異事的作品，該書着重記録具體的政治事件，本文將對此原因進行探討。

一　地域和時代背景

《和卓傳》中所叙述的主要地域是位於中亞東部、天山山脈以南的緑洲農耕區域塔里木盆地的西半部，也就是在阿克蘇、和田的西方，位於喀什噶爾、葉爾羌的廣大地域。從16世紀初到18世紀中期，統治或者說支配塔里木盆地的政權有兩個，即蒙兀兒汗國和準噶爾汗國。

在15世纪以成吉思汗二兒子察合臺的子孫為君主，統治着從天山山脈以北的遊牧地區到塔里木盆地的蒙兀兒汗國（東察合臺汗國）解體的過程中，衛拉特、哈薩克、柯爾克孜等新興遊牧民族奪取了天山山脈以北的草原地區，1514年汗家的速壇薩亦德進入塔里木盆地西部並建立政權。速壇薩亦德以後，其子孫後代又以葉爾羌為據點，將汗國的版圖擴展到東方的吐魯番和哈密。這個政權一般被稱作喀什噶爾汗國或葉爾羌汗國，有17世紀下半葉的史書將其記為“蒙兀兒汗國”[②]（mamlakat-i Moghūliyya）的情況，俄羅斯 / 蘇聯的研究者也有用蒙兀里耶和蒙兀兒國的情況，本文統一稱為蒙兀兒汗國。

17世紀下半葉，在天山山脈以北的遊牧地區，西蒙古系衛拉特所建立的準噶爾汗國不斷擴張勢力，從噶爾丹博碩克圖汗治世開始，準噶爾汗國成為一個以伊犁為據點的政權。和其他伊斯蘭史料記載的一樣，《和卓傳》也將伊犁記為 Īlā。先前占領哈密和吐魯番的噶爾丹，在1680年的時候開始攻略喀什噶爾、葉爾羌，將整個塔里木盆地區域都納入自己的統治之下，其結果就是導致蒙兀兒汗國的實質性滅亡。順便一提，在《和卓傳》中，準噶爾汗國或者衛拉特被稱作卡爾梅克。從那時起，在準噶爾汗國的宗主權下，喀什和卓家族以葉爾羌為中心統治了塔里木盆地的西半部。《和卓傳》中所叙述的大部分事情就發生在這段時間。

《和卓傳》中並沒有記載事件發生的具體年代，因此蒙兀兒汗國和準噶爾汗國的政治動向對確定其年代有所幫助。[③]噶爾丹以後，準噶爾汗國在1745年隨着君主噶爾丹策零的去世，發生了圍繞繼承君主之位的内部糾紛。這場糾紛的結果是1754年王族阿睦爾撒納投降清朝並向乾隆帝請求援助，第二年乾隆帝向伊犁派兵，準噶爾汗國滅亡。但是，阿睦爾撒納所期

---

① 濱田正美『東トルキスタン·チャガタイ語聖者伝の研究』10頁。

② Akimushkin, O. F., *Shakh-Makhmud ibn Mirza Fazil Churas, Khronika*, Moskva: Nauka,1976,Persian text,p.101.

③ 本文中的蒙兀兒汗國和準噶爾汗國君主的在位時間、去世時間以及事件發生的時間大體上都基於濱田正美「モグール·ウルスから新疆へ：東トルキスタンと明清王朝」(『岩波講座 世界歴史13 東アジア·東南アジア伝統社会の形成』岩波書店、1998）和若松寛「オイラート族の発展」(『岩波講座 世界歴史13 内陸アジア世界の展開Ⅱ 南アジア世界の展開』岩波書店、1971）的記述。

望的君主之位並沒有得到承認，阿睦爾撒納轉而又向清朝舉起反旗。

此外，準噶爾汗國滅亡的結果，就是從其支配下獲得解放的喀什和卓家族分為兩大派系，並開始相对獨立的活動，阿帕克系和卓接受了清朝的援助，從伊斯哈克耶（伊斯哈克系和卓）手中奪取了喀什噶爾和葉爾羌。《和卓傳》的叙述以被阿帕克系和卓的軍隊追到葉爾羌郊外的伊斯哈克耶和卓們的悲劇收場為結束。①

這之後，清軍於 1757 年再度進軍伊犁，阿睦爾撒納逃往西伯利亞後病死。兩年後，清軍平定塔里木盆地，阿帕克系和卓布拉呢敦（波羅尼都）、霍集占兩兄弟被殺害於他們的逃亡地點帕米爾。其結果就是清朝開始對新疆進行實際上的統治。

二　有關《和卓傳》的基本情況

1. 作者穆罕默德·薩迪克·喀什噶里

作者穆罕默德·薩迪克·喀什噶里，從其名字就能看出是個在喀什噶爾出生以及和此地關係很深的人物，但是他的生卒年以及成長環境和經歷我們並不清楚。不過，除了《和卓傳》之外，他還留有其他著作，從這些著作中可以略知他作為著述家所感興趣的東西及其個人能力。從 16 世紀中期將穆罕默德·海答兒用波斯語寫成的蒙兀兒汗國的歷史書 *Ta'rīkh-i Rashīdī*（《拉失德史》）翻譯成察合臺語開始，穆罕默德·薩迪克·喀什噶里就對此地的歷史非常感興趣。之後，他又在 *Zubdat al-masā'il wa al-'aqā'id*（《課題和信條的精髓》，察合臺語）一書中總結了關於伊斯蘭教教義和法學的多種說法。他在 *Ādāb al- ṣāliḥin*（《虔誠者的禮儀》，察合臺語）一書中將具體的道德做了概論性的說明。② 這兩部作品展現出他作為伊斯蘭學者的極高的資質。③

① 伊斯哈克耶勢力最終敗退的時間，究竟是 1755 年末還是 1756 年初，還有待論證，參見佐口透「東トルキスタン封建社会史序説：ホヂャ時代の一考察」『歴史学研究』134 号、1948、7 頁；『18—19 世紀東トルキスタン社会史研究』吉川弘文館、1963、45 頁。

② *Zubdat al-masā'il wa al-'aqā'id*的底本收録於Muḥammad Ṣādiq Kāshgharī, *Zübdetü'l-mesā'il ve'l-'aqā'id*. Istanbul: Hajj 'Abbās Aqa Maṭba'ası, 1314 [1897], pp.2–219；*Ādāb al- ṣāliḥin*的底本收録於Muḥammad Ṣādiq Kāshgharī, *Zübdetü'l-mesā'il ve'l-'aqā'id*. Istanbul: Hajj 'Abbās Aqa Maṭba'ası, 1314 [1897], pp.221–285。這兩部作品也被H. F. Hofman（*Turkish Literature: A Bio-bibliographical Survey, Section Ⅲ, Part I*, Vol. 4: K–N, Utrecht: Library of the University of Utrecht, 1969, pp.23–24）和Rian Thum（"Moghul Relations with the Mughals: Economic, Political, and Cultural," Onuma Takahiro, David Brophy, Shinmen Yasushi, eds., *Xinjiang in the Context of Central Eurasian Transformations*, Tokyo: The Toyo Bunko, 2018, pp. 21–22）所參考。*Ādāb al- ṣāliḥin*由莫臥兒王朝的學者阿布都·哈克·達哈拉威翻譯成了同名的作品。

③ 從 1903 年毛拉木薩所寫的 *Ta'rīkh-i Amniyya* 中可知，在喀什噶爾的毛拉納·穆罕默德·薩迪克（Mawlānā Muḥammad Ṣādiq）將 *Zubdat al-masā'il* 這本書獻給米兒咱·鄂對·貝子·伯克木（Mīrzā Hadī Beisä Begim）的兒子鄂斯璊·貝子·伯克木（'Uthmān Beisä Begim）（Mullā Mūsā Sayrāmī, *Ta'rīkh-i Amniyya*, Bibliothèque Nationale, Collection Pelliot B 1740,14b）。就這樣，穆罕默德·薩迪克·喀什噶里被賦予毛拉納（Mawlānā）的稱號，昭示着他是一位優秀的宗教學者。

穆罕默德・薩迪克・喀什噶里的活動年代和地域可以從給他著作作序的幫助者以及他的委托者的經歷中大致瞭解。我們從《和卓傳》和《課題和信條的精髓》的序言當中可以瞭解到，喀什噶爾的阿奇木（ḥākim, 都市長官以及行政長官）鄂斯璊伯克（'Uthmān Beg）/ 米兒咱鄂斯璊伯克（Mīrzā 'Uthmān Beg），作為幫助者和委托者受到了稱贊。[①] 此外，我們還可以知道，鄂斯璊擔任喀什噶爾的阿奇木（阿奇木伯克）的時間是1778—1788年。[②]

穆罕默德・薩迪克・喀什噶里在其所翻譯的察合臺語《拉失德史》的序言當中，在用突厥文（Türkī，也就是察合臺語——筆者注）記述了 *Ta'rīkh-i Ṭabarī*（《泰伯里歷史》）[③] 之後，又記述了額敏和卓・王・伯克勒克（Emīn Khwāja Wāng Beglik）的兒子伊斯堪達爾・王・阿奇木・伯克勒克（Iskandar Wāng Ḥākim Beglik）和他的兒子玉努斯・臺吉・伯克勒克（Yūnus Tājī Beglik）一同登上了“唯一榮譽之座和唯一王權之座”，以及向自己所傳達的話語。在所傳話語中，因有“我命令你將這本《泰伯里歷史》翻譯為突厥文”一句，穆罕默德・薩迪克・喀什噶里就遵循伊斯堪達爾以及玉努斯，或者說是父子二人的命令，將《泰伯里歷史》翻譯成了突厥文。將用波斯文寫成的《拉失德史》翻譯成在喀什噶爾地區被廣泛使用的突厥文，庶民們就更容易理解“我們父子和你的名字永不會消亡，萬衆都將為我等祈禱”。[④] 總之，穆罕默德・薩迪克・喀什噶里基於伊斯堪達爾以及玉努斯，或者說是父子二人的命令和委托，翻譯出這部作品。

根據清朝史料的記載，伊斯堪達爾是所謂的吐魯番郡王家初代額敏和卓的兒子，1779年當上第三代吐魯番郡王，1788年兼任喀什噶爾的阿奇木伯克，1811年去世。[⑤] 伊斯堪達爾的長子玉努斯在父親去世後繼承爵位成為第四代郡王，雖被任命為阿奇木伯克，但由於和浩罕汗國的交涉而被問罪，於1814年被剥奪郡王爵位。[⑥] 伊斯堪達爾擔任喀什噶爾的阿奇木伯克

---

① 澤田稔「『タズキラ・イ・ホージャガーン』日本語訳注（1）」『富山大学人文学部紀要』第61号、2014、63頁；Muḥammad Ṣādiq Kāshgharī, *Zübdetü'l-mesā'il ve'l-'aqā'id*.

② 河野敦史「18—19世紀における回部王公とベク制に関する一考察：ハーキム・ベク職への任用を中心に」『日本中央アジア学会報』第9号、2013、31頁。有關鄂斯璊擔任喀什噶爾的阿奇木一職時發生的事件，《拉失德史》突厥語譯附編中有所記述，由新免康先生譯注。

③ 並不是翻譯自阿拔斯王朝時代著名的學者泰伯里（923年卒）所寫的歷史書《歷代先知和帝王史》（阿拉伯文），而是翻譯自10世紀後半期薩曼王朝宰相巴爾阿米（Bal'amī）所寫的波斯語抄譯本 *Ta'rīkh-i Ṭabarī*。有關上述波斯語的抄譯本，参見本田實信「イラン」『アジア歴史研究入門 第4巻 内陸アジア・西アジア』同朋舎、1984、622頁；Dunlop, D. M. , "Bal'amī," in *The Encyclopaedia of Islam. New Edition.* Vol. 1, Leiden: E. J. Brill, 1986,pp. 984–985。

④ Muḥammad Ṣādiq Kāshgharī, *Ta'rīkh-i Rashīdī Tarjamasï*, Sankt-Peterburgskii Filial Instituta Vostokovedenii Rossiiskoi Akademii Nauk (Institut Vostochnykh Rukopisei Rossiiskoi Akademii Nauk), Rukopis' C569, pp.7–9.

⑤ 佐口透『新疆民族史研究』吉川弘文館、1986、174—176頁；ジャリロフ・アマンベク、河原弥生、澤田稔、新免康、堀直『「ターリーヒ・ラシーディー」テュルク語訳附編の研究』東京：NIHUプログラム「イスラーム地域研究」東京大学拠点、2008、174頁注408。有關伊斯堪達爾在喀什噶爾統治的情況，《拉失德史》突厥語譯附編中有記載，由新免康先生譯注。

⑥ ジャリロフ・アマンベク、河原弥生、澤田稔、新免康、堀直『「ターリーヒ・ラシーディー」テュルク語訳附編の研

的時間是1788—1811年，他的兒子玉努斯擔任相同職位的時間是1811—1814年。[①]

綜上所述，穆罕默德·薩迪克·喀什噶里在《和卓傳》和《課題和信條的精髓》的序言中稱贊了喀什噶爾的阿奇木鄂斯璊（在任時間1778—1788年）。然後根據伊斯堪達爾（1788—1811年擔任喀什噶爾的阿奇木伯克一職）和他的兒子玉努斯（1811—1814年擔任喀什噶爾的阿奇木伯克一職）的命令或者委托，將《拉失德史》翻譯成察合臺語。總之，穆罕默德·薩迪克·喀什噶里在18世紀末到19世紀初這段時間裏，在喀什噶爾專心地寫書。

2. 書名和抄本

《和卓傳》或者 *Tadhkirat al-Jahān* 這樣的名稱可以在一部分抄本的序言中看到，筆者給這6個抄本取名為B組抄本。與之相對的是，其他組抄本序言中可以看到 *Tadhkira-i 'azīzān*（《尊師們的傳記》）這樣的書名，筆者給這10個抄本取名為A組抄本。兩組抄本的敘述內容基本上是相同的，但是相對於B組來說，A組的文章包含更多的修飾性語言，並且采用了更多的修辭手法，筆者認為兩者應是不同的版本。[②]

筆者的譯本是以B組抄本為底本進行參照而做成的抄本，具體如下。

底本：俄羅斯科學院東方學研究所聖彼得堡分所（2007年改為東方文獻研究所）（Sankt–Peterburgskii Filial Instituta Vostokovedenii Rossiiskoi Akademii Nauk）D126抄本。

對照抄本：Institut de France, ms. 3357抄本；British Library, Or. 5338抄本；British Library, Or. 9660抄本；British Library, Or. 9662抄本。

3. 結構和內容

《和卓傳》序言的後面就是"故事之章，必聽"（*Faṣl-i dāstān. Ishitmäk keräk.*），或者通過類似的方式來劃分不同的段落，筆者將此表現形式看作對章節的劃分或者章節的題目，並對此構成進行整理（參見附表《和卓傳》的構成和內容）。該書由34章構成，筆者將對各章內容進行概括總結。可以看到，各章的篇幅並不平均是其形式上的特徵。最長的章是第17章"故事之章，有關喀什噶爾必聽的內容"，這一章從第78頁到第101頁，總共有24頁。第6、10、13、27四章較短，均不超過兩頁。從整體上看，全書篇幅是極不平均的，而且這樣的不平均，在記録歷代和卓指導者章節的數量上也有所體現。

究』176頁注410、411；佐口透『18—19世紀東トルキスタン社会史研究』660頁注115; 佐口透『新疆民族史研究』178頁。有關玉努斯的功績，《拉失德史》突厥語譯附編中有記載，由新免康先生譯注。

① 河野敦史「18—19世紀における回部王公とベク制に関する一考察：ハーキム・ベク職への任用を中心に」31—32頁。

② Sawada Minoru, "Three Groups of Tadhkira-i khwājagān: Viewed from the Chapter on Khwāja Āfāq," James A.Millward, Shinmen Yasushi, Sugawara Jun, eds., *Studies on Xinjiang Historical Sources in 17–20 th Centuries*, Tokyo: The Toyo Bunko, 2010,pp. 9–30；澤田稔「『タズキラ・イ・ホージャガーン』の諸写本にみえる相違：書名と系譜について」『西南アジア研究』第76号、2012、72—85頁。

三 《和卓傳》中的主要人物及其活動

1. 喀什和卓家族的系譜和兩個派系的對立

喀什和卓家族主要人物的關係如圖 1 所示。[①] 這張圖省去了和卓與和卓木的敬稱或愛稱，其中一部分人物加注了從其他史料中得出的生卒年。

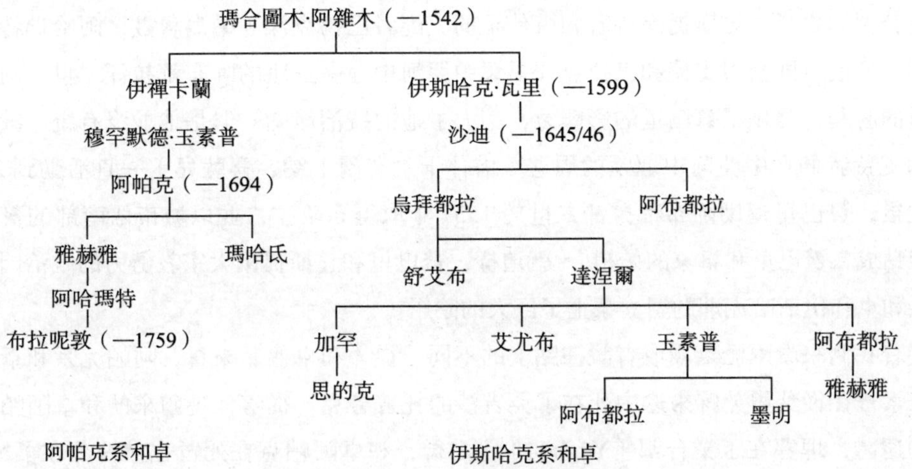

圖 1　喀什和卓家族主要人物的關係

如上所述，喀什和卓家族的成員，都是位於中亞、撒馬爾罕地區的納克什班底教團的有名的指導者瑪合圖木·阿雜木的子孫，他們在 16 世紀下半葉開始進入塔里木盆地。他們一邊分成兩個派系，一邊鞏固其宗教基礎。瑪合圖木·阿雜木的第一夫人的第一個兒子為伊禪卡蘭，他的子孫被稱為阿帕克系和卓或者伊禪卡蘭系和卓，他的同父異母兄弟伊斯哈克·瓦里的子孫則被稱為伊斯哈克耶（伊斯哈克系和卓），這兩派在塔里木盆地的西部呈對立態勢，不可能作為喀什和卓家族進行統一的活動。再者，喀什和卓家族這一表達方式，不可能出自以《和卓傳》為代表的相關史料，而衹是研究者采用的一種稱呼。

這兩派的對立是因為在道統即教導權的繼承（師傅和弟子的關係）以及墓廟（據點）問題上存在差異。首先我們來看道統方面的不同。瑪合圖木·阿雜木最著名的弟子是和卓伊斯

① 喀什噶爾和卓家族的關係圖雖已有先行研究，但是有關伊斯哈克耶的舒艾布、達涅爾兩兄弟的父親的名字還存有疑問。從《和卓傳》序言中所記載的血統（外形上的系譜）來看，和卓達涅爾是和卓阿布都拉的兒子，但在這本書的其他地方，和卓達涅爾以及和卓舒艾布是和卓烏拜都拉的兒子［澤田稔「『タズキラ·イ·ホージャガーン』日本語訳注（1）」67、86 頁］。從 Robert Barkley Shaw 和 Martin Hartmann 所記載的系譜來看，和卓達涅爾以及和卓舒艾布的父親是和卓烏拜都拉，但也有說（David Brophy）這兩兄弟的父親並不是和卓烏拜都拉，而是和卓穆罕默德阿布都拉。因烏拜都（'Ubayd）和阿布都（'Abd）的阿拉伯文拼寫非常相似，因此很有必要探討各抄本之間的相同點。本文采用的是 Shaw 和 Hartmann 的系譜。

蘭·賚巴里（1563年卒，以下簡稱賚巴里）和毛拉納·羅圖福拉·丘斯提（1572年卒，以下簡稱丘斯提）。① 阿帕克系和卓經由前者，伊斯哈克耶經由後者繼承了瑪合圖木·阿雜木的道統。也就是在《和卓傳》中，被看作阿帕克系和卓的始祖的伊禪卡蘭（和卓穆罕默德·額敏），从賚巴里處繼承了系譜（nisbat）。② 與此相對，伊禪卡蘭同父異母的弟弟伊斯哈克耶的始祖伊斯哈克·瓦里則从丘斯提處繼承了系譜。③

從巴巴江諾夫的先行研究來看，這兩位著名的弟子——賚巴里和丘斯提，在師傅瑪合圖木·阿雜木1542年去世後，圍繞着教團指導權的繼承問題發生了激烈的衝突，導致教團實質上的分裂。之後，丘斯提保持着和塔什干的支配者巴拉克汗（納烏魯兹·阿哈瑪特）的緊密接觸。賚巴里則全力支持和巴拉克汗爭奪中亞河中地區王座的阿布都拉汗二世。阿布都拉汗二世的勝利，強化了賚巴里的影響力，擴大了他的統治範圍，但是他並沒有統一教團，丘斯提的支持者們在中亞河中地區的周邊（塔什干、費爾干納、喜薩兒）一直活動到20世紀初。之後，賚巴里幫助阿布都拉汗二世於1557年取得布哈拉，並以城市西南部的賚巴里地區為據點成為賚巴里和卓家的始祖。④ 就這樣，賚巴里和丘斯提兩大宗教勢力的政治鬥爭給阿帕克系和卓和伊斯哈克耶的對立蒙上了巨大的陰影。

接着我們來看兩派墓廟或者說據點上的不同。從《和卓傳》來看，阿帕克系和卓穆罕默德·玉素普在從葉爾羌歸來途中死在了英吉沙的托普魯克，從喀什噶爾來的和卓阿帕克帶回了他的遺體，埋葬在了業合都（Yāghdū）。⑤ 之後，和卓阿帕克在死後也被埋葬在了業合都，從此以後，人們不再使用業合都這個名字，而是改叫阿帕克和卓麻扎。⑥ 這就是現今距離喀什市中心東北約5公里的阿帕克一族的墓——阿帕克和卓墓的起源。清朝征服此地之後形成的史料記載，⑦ 信衆多聚集在這個墓廟進行宗教活動，因此可以推斷這裏在和卓阿帕克死後被當

---

① Babadzhanov, B. M., “Makhdum-i A‘zam,” in Prozorov, S. M., ed., *Islam na territorii byvshei Rossiiskoi imperii. Entsiklopedicheskii slovar’*, Vypusk 1, Moskva: Izdatel’skaya firma Vostochnaya literatura RAN, 1998,p. 69.

② 澤田稔「『タズキラ·イ·ホージャガーン』日本語訳注（1)」74—75頁。

③ 澤田稔「『タズキラ·イ·ホージャガーン』日本語訳注（1)」73—74頁。

④ Babadzhanov, B. M., “Lutfallakh Chusti,” in Prozorov, S. M., ed., *Islam na territorii byvshei Rossiiskoi imperii. Entsiklopedicheskiislovar’*, Vypusk 1, Moskva: Izdatel’skaya firma Vostochnaya literatura RAN,1998, pp. 65-66；Babajanov, Bakhtiyor, “Mawlānā Luṭfullāh Chūstī. An Outline of His Hagiography and Political Activity,” *Zeitschrift der Deutschen Morgenländischen Gesellschaft*, 149, 1999, pp. 258,261；Babadzhanov, B. M. & Szuppe, Mariya, “Dzhuibari,” in Prozorov, S. M., ed., *Islam na territorii byvshei Rossiiskoi imperii. Entsiklopedicheskiislovar’*, Vypusk 3, Moskva: Izdatel’skaya firma Vostochnaya literatura RAN, 2001, p. 37；磯貝健一「ジューイバール·ホージャ家」小松久男、梅村坦、宇山智彦、帯谷知可、堀川徹編『中央ユーラシアを知る事典』平凡社、2005、245頁。

⑤ 澤田稔「『タズキラ·イ·ホージャガーン』日本語訳注（1)」85頁。

⑥ Lyu Zishyaw, *Uyghur Tarikhi (Birinchi Qisim)*, Beyjing: Millätlär Näshriyati, 1987,p.822；劉志霄：《維吾爾族歷史》上編，民族出版社，1985，第427頁。

⑦ 佐口透『新疆ムスリム研究』吉川弘文館、1995、64—71頁。

作宗教設施而發展起來。①

此外，伊斯哈克耶內部，伊斯哈克・瓦里的兒子和卓沙迪死於 1645/46 年②，蒙兀兒汗國的第十代君主阿布都拉汗將他埋葬在葉爾羌的阿勒屯（Altun、"黃金"之意），他的麻扎（墓廟）旁建有可容納 40 人的修道場（哈尼卡）。之後，根據《和卓傳》的記載，他的兩個孫子和兩個曾孫也被埋葬在了阿勒屯，和卓沙迪的曾孫和卓加罕建造了阿克・馬德拉沙學院。③阿勒屯在埋葬沙迪之前就已經是蒙兀兒汗國汗家的墓地④，和卓沙迪等人被埋葬於此地的原因或許是考慮到伊斯哈克耶和蒙兀兒汗國君主的政治聯合⑤。

綜上，阿帕克系和卓以喀什噶爾的業合都（今阿帕克和卓墓的所在地）為主要據點，伊斯哈克耶以葉爾羌的阿勒屯為主要據點，進行各種各樣的宗教活動。

2. 和卓們的活動

接下來，我們將對《和卓傳》中所記載的有關喀什和卓家族中具有代表性的和卓們的活動，尤其是政治方面的內容做進一步論述。⑥

（1）和卓伊斯哈克・瓦里

喀什和卓家族的成員中最先踏足塔里木盆地的就是和卓伊斯哈克・瓦里。《和卓傳》的第一章到第三章記録了從他誕生一直到死去的人生中的奇聞異事。最先是通過其父瑪合圖木・阿雜木的言語來表現他具備神聖的資質，然後又通過他幼年時候的言行來暗示他具有超出常人的能力。有關伊斯哈克・瓦里發揮他神秘能力的傳說，舉例來說，當他旅行到巴里黑的時候通過向神祈禱拯救了瀕死的皮兒・穆罕默德君主的兒子。哈薩克地方也因此拆掉了 18 座寺院，

---

① 佐口透所引用的 J. Fletcher 未公開的原稿中有這樣的說法，"在阿帕克的時代，伊斯哈克耶入侵業合都的陵墓並放火"，"從阿帕克時代以後，業合都的瓦合甫地逐漸發展壯大，建有各種建築物，尤其是主廟墓和它的高高的圓房頂（拱北）、宿泊所、禮拜寺、水池、薔薇園、果樹園"。佐口透『新疆ムスリム研究』70—71 頁注 7。

② 和卓沙迪死於回曆 1055 年（公元 1645/46 年）一事，《編年史》中有明確記載。見 Akimushkin,O.F.,*Shakh-Makhmud ibn Mirza Fazil Churas, Khronika*, Persian text,p.70。但也有說他的卒年是回曆 1053 年（公元 1643/44 年）的。見劉正寅、魏良弢《西域和卓家族研究》，中國社會科學出版社，1998，第 157、159 頁。

③ 澤田稔「ホージャ家イスハーク派の形成：17 世紀前半のタリム盆地西辺を中心に」『西南アジア研究』第 45 号、1996、54—56 頁。

④ 初代的速壇薩亦德汗以及他的兒子阿布都拉提夫速壇，還有第四代的穆罕默德汗、第五代的舒賈・丁・阿哈瑪特汗等都被埋葬在了阿勒屯。澤田稔「ホージャ家イスハーク派の形成：17 世紀前半のタリム盆地西辺を中心に」55—56 頁。阿勒屯墓地和有着"黃金家族"之稱的成吉思汗家極為相稱。

⑤ 從蒙兀兒汗國的歷史書中可知，和卓沙迪對蒙兀兒汗國的第五代、第六代、第九代、第十代汗的即位有過幫助，也和第六代、第十代汗的遠征軍同行過。和卓沙迪通過這種方式將伊斯哈克耶和蒙兀兒汗家組成強有力的政治聯合。澤田稔「ホージャ家イスハーク派の形成：17 世紀前半のタリム盆地西辺を中心に」48—54 頁。小沼孝博指出，穆罕默德汗將葉爾羌南方軟玉的產地 Kān-i sang-i qash（"玉石的礦山"）給了和卓沙迪。Onuma Takahiro, "Political Power and Caravan Merchants at the Oasis Towns in Central Asia: The Case of Altishahr in the 17th and 18th Centuries," Onuma Takahiro, David Brophy, Shinmen Yasushi, eds., *Xinjiang in the Context of Central Eurasian Transformations*, Tokyo: The Toyo Bunko, 2018, pp. 39–40, note 31.

⑥ 本節有關和卓們的敘述並不局限於《和卓傳》的記載，望讀者周知。

18 萬卡菲爾（不信仰者）成為穆斯林。[①]《和卓傳》在最開始時就像這樣通過強調和卓伊斯哈克・瓦里的神聖性和奇迹般的能力，來證明他的子孫伊斯哈克耶和卓們的正統性。

於是，伊斯哈克・瓦里受到蒙兀兒汗國第三代君主阿布都哈林汗的邀請來到喀什噶爾，但並沒有得到汗的厚愛。[②] 但是，汗的弟弟穆罕默德速壇向他皈依。阿布都哈林汗死後，穆罕默德速壇即位（1591/92—1609/10 年在位），狀況因此得到改善。《和卓傳》記録了伊斯哈克・瓦里在葉爾羌、喀什噶爾、阿克蘇停留 12 年間的事情。這之後，伊斯哈克・瓦里回到撒馬爾罕，1599 年去世。[③]

和卓伊斯哈克・瓦里的活動在葉爾羌被他的兒子和卓沙迪所繼承，但不可思議的是，《和卓傳》中僅對沙迪的生平做了極為簡單的記述。不過值得關注的是，《和卓傳》記載沙迪將自己在喀什噶爾受供養的土地委托給了阿帕克系和卓（伊禪卡蘭系和卓）穆罕默德・玉素普（第四章）。如果這是事實，那麽至少可以確認和卓沙迪曾在喀什噶爾進行阿帕克系和卓的活動，雖然具體時間不明，但是至少可以確定那個時候兩派並沒有對立。[④]

（2）和卓阿帕克

和卓阿帕克是與他的父親和卓穆罕默德・玉素普一同移居到喀什噶爾的。那是蒙兀兒汗國阿布都拉汗（1638/39—1667 年在位）治世下的事情，《和卓傳》中並沒有對移居的經過進行詳細的記載。[⑤] 和卓阿帕克和其父雖然都為治理喀什噶爾的阿布都拉汗的長子尤勒巴爾斯速壇及當地居民所接受，但之後逐漸和葉爾羌的伊斯哈克耶形成對立。其背景就是尤勒巴爾斯速壇和和卓阿帕克結為姻親，逼迫其父阿布都拉汗退位，挑起汗家内部的糾紛，這場糾紛由於僧格等衛拉特、準噶爾汗國的指導者的介入，造成了嚴重的後果。[⑥]

這場糾紛的結果是，成為蒙兀兒汗國君主的阿布都拉汗的弟弟伊斯瑪業勒汗（1670—1680 年在位）將和卓阿帕克放逐出了喀什噶爾。[⑦] 被放逐的和卓阿帕克，根據《和卓傳》的

---

① 這是柯爾克孜族而不是哈薩克族中傳有改宗的故事。澤田稔「16 世紀後半のキルギズ族とイスラーム」『帝塚山学院短期大学研究年報』第 43 号、1995、153—159 頁。

② Brophy 指出，伊斯哈克・瓦里在回曆 994 年（公元 1585/86 年）依舊待在巴里黑，1580 年末來到葉爾羌。與瑪合圖木・阿雜木有精神上的系譜聯繫的和卓阿布都滿喃，在伊斯哈克・瓦里到來以前一直在阿布都哈林汗的宮廷中活動，拒絕了汗和伊斯哈克・瓦里的會面。

③ 澤田稔「ホージャ・イスハークの宗教活動：特にカーシュガル・ハーン家との関係について」『西南アジア研究』第 27 号、1987、70 頁；「ホージャ家イスハーク派の形成：17 世紀前半のタリム盆地西辺を中心に」『西南アジア研究』第 45 号、41—44 頁。

④ 有關阿帕克系和卓穆罕默德・玉素普和伊斯哈克耶的鬥爭，濱田正美「モグール・ウルスから新疆へ：東トルキスタンと明清王朝」（『岩波講座 世界歴史 13 東アジア・東南アジア伝統社会の形成』108 頁）中有所介紹。

⑤ 根據 Brophy 的研究，穆罕默德・玉素普的旅途從住在中國開始，直到到達哈密，在那裏結婚，成為宣稱是喀喇汗王家子孫的喀什噶爾出身的賽義德家族的一員，他育有包括長子阿帕克和卓在内的三個兒子。之後，穆罕默德・玉素普在 1640 年的時候，和兒子一同搬到了距離喀什噶爾很近的村子定居下來。

⑥ 阿帕克和尤勒巴爾斯的姻親關係以及圍繞着葉爾羌汗位的騷亂，參見 David Brophy 的相關論著。

⑦ 根據濱田正美的研究，被伊斯瑪業勒汗放逐的阿帕克，“1671/72 年往西寧方向去。據説在途經西藏的時候請求過援助”。濱田正美「モグール・ウルスから新疆へ：東トルキスタンと明清王朝」『岩波講座 世界歴史 13 東アジ

記載，經過克什米爾，到了“秦國”（Čīn mulki）的“周”（Jō< JV），從那裏的婆羅門老師處獲得了請求卡爾梅克的布希特汗（準噶爾汗國的噶爾丹博碩克圖汗）援助的信，和卓阿帕克帶着這封信去了伊犁。現在一般認為“周”是指西藏的拉薩。基於這封信的請求，噶爾丹的準噶爾汗國軍隊攻略了喀什噶爾、葉爾羌，將阿帕克扶上王座，並將伊斯瑪業勒汗帶到了伊犁。如前所述，根據先行研究來看，這件事發生在 1680 年。這之後雖然可以零星地看到蒙兀兒汗家的活動，① 但是實質上蒙兀兒汗國在這時候就已經滅亡了。

阿帕克的統治雖然有一時的中斷，但還是一直持續到 1694 年他去世。不過，阿帕克死後，他的長子雅赫雅和同父異母的弟弟瑪哈氏的母親之間發生了對抗，最後導致雅赫雅和瑪哈氏的母親相繼被殺害，不穩定的狀態持續了很長時間。

（3）和卓達涅爾

和卓阿帕克統治期間，伊斯哈克耶的和卓們被趕出葉爾羌，在撒馬爾罕避難的和卓達涅爾（和卓伊斯哈克·瓦里的曾孫）通過在費爾干納盆地忽氈活動後回到了葉爾羌。他登上和卓的寶座（khōjalïq masnadï），並在之後登上統治葉爾羌的王座。但是，伊斯哈克耶和喀什噶爾的阿帕克系和卓勢力的對立，將柯爾克孜族和哈薩克族都捲入其中，逐漸發展成了戰爭。為了擺脫這種混亂的狀況，維護安定統治，準噶爾汗國軍隊向喀什噶爾和葉爾羌進軍，並把和卓達涅爾和阿帕克系和卓阿哈瑪特一同帶走。因此，和卓達涅爾被迫在伊犁住了 7 年。

這之後，由卡爾梅克王族的女兒所生的玉素普和卓木被確認是達涅爾的兒子，以此為契機，準噶爾汗國君主策妄阿拉布坦（1694—1727 年在位）將 4 座城市（葉爾羌、喀什噶爾、阿克蘇、和田）的王權（pādishāhlïq）賜予和卓達涅爾。和卓達涅爾登上了葉爾羌統治的王座，通過向喀什噶爾、阿克蘇、和田的阿奇木發號施令進行統治，向卡爾梅克繳稅。就這樣過了 7 年，發生了策妄阿拉布坦被毒殺的事件，解決了繼承糾紛的噶爾丹策零（1727—1745 年在位）最後即位。之後，和卓達涅爾去世，被埋葬在了阿勒屯。

（4）玉素普和卓木

達涅爾去世後，卡爾梅克承認了他的 4 個兒子對上述 4 座城市的王權，達涅爾的三兒子、喀什噶爾的統治者玉素普和卓木，於準噶爾汗國的君主交替之際，利用伊犁發生的混亂，企圖將喀什噶爾從卡爾梅克獨立出去。玉素普和卓木不僅強化了喀什噶爾的城墻防禦，準備了武器，還往費爾干納盆地的安集延送去了使者，向諸州的阿奇木、柯爾克孜的首領請求援軍。但是，這之後玉素普和卓木病重，將喀什噶爾的統治權交給了兩個兒子，自己則移

ア·東南アジア伝統社会の形成』108 頁。Brophy 則指出，阿帕克曾在青海和甘肅逗留過，還和吐魯番的蒙兀兒汗家的阿布都拉失德（伊斯瑪業勒汗的侄子）產生過聯繫。

① 噶爾丹讓伊斯瑪業勒退位並將他帶到伊犁，又將阿布都拉失德立為葉爾羌的傀儡汗。這之後，阿布都拉失德又被綁架去了伊犁，於 1696 年噶爾丹被康熙帝擊敗之際投降了清軍。阿布都拉失德之後被他的兄弟穆罕默德·額敏推舉成了葉爾羌的汗，1692 年被阿帕克的黨羽殺害。濱田正美「モグール·ウルスから新疆へ：東トルキスタンと明清王朝」109 頁。

居到了葉爾羌，最後在那裏去世。

（5）和卓加罕

達涅爾的大兒子和卓加罕，在父親死後統治葉爾羌，但是被那裏的阿奇木阿孜伯克軟禁，苦於葉爾羌內部的陰謀紛爭。在葉爾羌內部陰謀和背叛頻發的背景下，喀什和卓家族阿帕克系和卓獲得了清朝軍隊和一部分卡爾梅克的援助。清軍征服準噶爾汗國和與之相隨的卡爾梅克的分裂，使得阿帕克系和卓布拉呢敦從卡爾梅克的囚徒生活中解放出來，並跟隨卡爾梅克和清朝的軍隊進入塔里木盆地的阿克蘇。總之，這是為了從伊斯哈克耶手中奪取塔里木盆地西半部統治權的行動。

面對這樣的情況，為了對抗阿帕克系和卓布拉呢敦、卡爾梅克和清軍，和卓加罕向烏什、阿克蘇方面派遣了葉爾羌軍，但是被打敗。和卓布拉呢敦等人奪取喀什噶爾後玉素普和卓木的兩個兒子逃到葉爾羌與和卓加罕會合。和卓布拉呢敦的軍隊在烏什、喀什噶爾取得了勝利之後，包圍了葉爾羌。

結果就是，和卓加罕和被阿奇木阿孜伯克的謀略所打敗的伊斯哈克耶一族一起，在從葉爾羌逃走的途中被捕。《和卓傳》以伊斯哈克耶和卓們逃出葉爾羌、最後被捕的慘劇作為結束。伊斯哈克耶勢力最終敗退的時間《和卓傳》中雖沒有記載，但是正如前面所述，應該是在 1755 年末到 1756 年初。

結　語

綜上所述，《和卓傳》采取給喀什和卓家族成員做傳記的方式，詳細地記述了 16 世紀下半葉到 18 世紀中期塔里木盆地西半部發生的政治事件，這就是為何說《和卓傳》既是聖人傳又帶有歷史書的特質。

《和卓傳》的主要着眼點，從序言就可得知，是講述伊斯哈克耶和卓們的功績，但是也記述了以和卓阿帕克為首的阿帕克系和卓們的活動。這是因為，在以時間綫講述伊斯哈克耶歷代和卓們的事迹的時候，作為補充，有必要提及阿帕克系和卓們的活動。尤其是被置於卡爾梅克、準噶爾汗國支配下的事件發展經過，是無法將和卓阿帕克的行動剥離開來記述的。伊斯哈克耶的悲劇收場也是一樣，如果不提到和阿帕克系和卓以及卡爾梅克、清朝之間的聯繫，那麽讀者無法更好地理解這段歷史。

然而，值得注意的是，像這樣有關阿帕克系和卓的記述中看不到對同派帶有指責意味的言辭。再者，對於將和阿帕克系和卓的對立上升為真正意義上的衝突的和卓沙迪，《和卓傳》中幾乎没有提及他的事迹。可以看到作者穆罕默德·薩迪克·喀什噶里對記録伊斯哈克耶和阿帕克系和卓的對抗一事還有所顧慮。

實際來看，和卓們活動的重點，從宗教逐漸轉移到了政治，這也左右了《和卓傳》的特點。伊斯哈克耶加深和蒙兀兒汗國汗家的關係，強化了其宗教基礎，相對的，和卓阿帕克被蒙兀兒汗國放逐之後，和卡爾梅克產生聯繫。如此這般，和卓們在政治上扮演的角色，在蒙兀兒汗國滅亡後得到了加強。蒙古帝國崩潰後，由受到尊重的成吉思汗的子孫進行統治的原則隨之消失，以此為轉機，急需一種新的統一的理論。於是，在準噶爾汗國的宗主權之下，除了和卓家以外，再也沒有可以在政治上管理塔里木盆地西半部緑洲地區的勢力了。也就是說，對和卓來說，比起宗教指導者，政治指導者的角色更受到需要，和卓就扮演了這個角色。由此，塔里木盆地西半部被置於西藏佛教徒卡爾梅克、準噶爾汗國的宗主權下，這就加強了喀什和卓家族作為穆斯林指導者的統治意識。如此，作者穆罕默德・薩迪克・喀什噶里也不得不說和卓家實現了其自身的政治化。

Hagiography as a Source for the History of Kashghariya in the 16th–18th Centuries:Muḥammad Ṣādiq Kāshqarī, *Tadhkira-i khwājagān*

SAWADA Minoru

This paper examines Muḥammad Ṣādiq Kāshqarī's *Tadhkira-i khwājagān* (*Tkh*), which can be regarded as "genuine historiography–like work" among the series of Chaghatay Hagiographies, focusing not on khwāja's religious activities or miraculous stories, but on the political aspect of the work. The author first reviews the 16 existing texts and clarifies that they can be roughly divided into two groups, and then organizes the bibliographic basis of this work. And the descriptions of the political activities of each of the main characters(khwājas) appearing in this work are individually introduced, and the following conclusions are presented. First of all, the main purpose of *TKh* was to talk about the achievements of Isḥāqiyya, as can be seen from its preface. However, as a matter of fact, reflecting the political situation at the time, the details of Āfāqiyya's hostile activities and Āfāqiyya's connection with Zungar(Qālmāq) and Qing Empire are also described in detail. In addition, Kāshqarī's description of the more famous struggles between Isḥāqiyya and Āfāqiyya is restrained, with less condemnation of words to Āfāqiyya, and omitting Khwāja Shādī's achievements that made the struggle in earnest. The characteristics of these descriptions are considered to reflect changes in the political situation surrounding Khwājas at that time. As a result of the extinction of the Moghul Khans' political powers around 1680 C.E., the Khwājas inevitably came to play an important role of resident ruler instead of the Khans under the suzerainty of the Zungars. *Tkh* thus depicts the issue of "politicization" that Khwājas transformed from a saint to a monarch.

附表 《和卓傳》的構成和內容

章節序號	章節題目	主要內容	D126 抄本的葉數
序文		對神的贊詞。先知穆罕默德的稱贊。本書寫作的過程。從先知穆罕默德到和卓阿古柏（和卓加罕）的血統	p. 2 / fol. 1b–p. 8 / fol. 4b
1	故事之章，必聽	瑪合圖木・阿雜木的妻子。兒子和卓伊斯哈克・瓦里出生、成長及巴里黑之旅	p. 9 / fol. 5a–p. 15 / fol. 8a
2	故事之章，必聽	和卓伊斯哈克・瓦里的道統。在哈薩克地方的布教。被邀請到喀什噶爾。與阿布都哈林汗和穆罕默德速壇的對立	p. 15 / fol. 8a–p. 19 / fol. 10a
3	（故事之）章，必須知道	和卓伊斯哈克・瓦里在葉爾羌、喀什噶爾、阿克蘇的 12 年。來自布哈拉的杜斯特木速壇對喀什噶爾的攻擊。和卓伊斯哈克・瓦里的去世以及他被埋葬在撒馬爾罕	p. 19 / fol. 10a–p. 22 / fol. 11b
4	故事之章，必聽	和卓伊斯哈克・瓦里的三個兒子，尤其是和卓沙迪就任教導之位（葉爾羌）。伊禪卡蘭派的和卓穆罕默德・玉素普以及和卓阿帕克父子移居喀什噶爾。和卓沙迪的去世和埋葬。和卓穆罕默德・玉素普的去世和埋葬。和卓阿帕克被伊斯瑪業勒汗放逐出喀什噶爾。和卓沙迪的兒子和卓烏拜都拉獲得教導權和去世	p. 22 / fol. 11b–p. 28 / fol. 14b
5	故事之章，必聽	被放逐到喀什噶爾的和卓阿帕克在“周”和婆羅門的老師們相會。得到作為其中介的卡爾梅克的布希特汗（準噶爾汗國的君主噶爾丹博碩克圖汗）的幫助。布希特汗的部隊攻略了喀什噶爾和葉爾羌，讓阿帕克登上王座。將伊斯瑪業勒汗帶到伊犁	p. 28 / fol. 14b–p. 30 / fol. 15b
6	故事之章，必聽	向卡爾梅克繳稅。穆罕默德・額敏汗（伊斯瑪業勒汗的侄子）登上王座。穆罕默德・額敏俘虜了伊犁山上多數的卡爾梅克。額敏汗將妹妹哈尼木・帕的沙嫁給了和卓阿帕克。額敏汗的殉教。阿帕克再次登上王座	p. 30 / fol. 15b–p. 31 / fol. 16a
7	故事之章，這二人的瑪合圖木扎達，也就是有關和卓舒艾布和卓木和達涅爾和卓木必聽的內容	和卓沙迪的兩個孫子舒艾布和達涅爾在克什米爾避難。汗捐贈的土地的收益分發給阿勒屯麻扎、舒艾布、達涅爾和他們的下屬。蘇菲・迪萬納殺害舒艾布。達涅爾去了撒馬爾罕，參拜了他的高祖父瑪合圖木・阿雜木和曾祖父伊斯哈克・瓦里的墓，成為忽氈的首長。和卓阿古柏（別名和卓加罕的由來）在忽氈誕生	p. 31 / fol. 16a–p. 36 / fol. 18b
8	故事之章，有關和卓阿帕克大人必聽的內容	有關坐上葉爾羌統治王座的阿帕克和哈尼木・帕的沙的兒子和卓瑪哈氏的事情。阿帕克去世，被埋葬在業合都。哈尼木・帕的沙和和卓瑪哈氏一並在葉爾羌，阿帕克的大兒子和卓雅赫雅（別名汗・和卓木）確定在喀什噶爾登上統治的王座。葉爾羌最高位的學者米兒咱・巴拉提・阿訇由於迪萬納的原因而殉教。和卓雅赫雅殉教，他的三個兒子中的兩個也殉教了。剩下的一個兒子和卓阿哈瑪特在喀什噶爾北方的圖舒克塔克上避難。哈尼木・帕的沙將和卓瑪哈氏推上汗位。哈尼木・帕的沙被迪萬納們殺害	p. 36 / fol. 18b–p. 39 / fol. 20a

續表

章節序號	章節題目	主要內容	D126抄本的葉數
9	故事之章，必聽	穆罕默德·額敏汗的弟弟阿克巴錫汗來到葉爾羌，捕殺了一千名迪萬納。喀什噶爾的人們從圖舒克塔克上擁戴和卓阿哈瑪特成為汗。和卓達涅爾從忽氈經過喀什噶爾來到葉爾羌，登上和卓的寶座。和卓瑪哈氏去印度斯坦。喀什噶爾的人們和柯爾克孜一同攻擊葉爾羌。哈薩克的哈色木速壇被帶到葉爾羌推舉成為汗。喀什噶爾的柯爾克孜敗給了葉爾羌。哈色木速壇離開葉爾羌，達涅爾登上葉爾羌統治的王座	p. 39 / fol. 20a–p. 43 / fol. 22a
10	故事之章，有關伊犁必聽的內容	卡爾梅克經過喀什噶爾向葉爾羌進軍。和卓達涅爾不戰，服從於卡爾梅克。卡爾梅克在喀什噶爾抓住了和卓阿哈瑪特，將他和達涅爾一同帶走。之後的7年時間裏達涅爾在伊犁，阿哈瑪特在伊犁河上游地區的額林哈畢爾噶住着	p. 43 / fol. 22a–p. 44 / fol. 22b
11	故事之章，必聽	和卓達涅爾的兒子玉素普和卓木的出身（卡爾梅克王族的女兒的母親）。渾臺吉（策妄阿拉布坦）給和卓達涅爾4座城市的王權	p. 44 / fol. 22b–p. 48 / fol. 24b
12	故事之章，必聽	和卓達涅爾回到了葉爾羌，登上統治的王座，給喀什噶爾、阿克蘇、和田的阿奇木下令。給卡爾梅克上貢。渾臺吉去世，噶爾丹策零即位，和卓達涅爾去世，被埋在阿勒屯。卡爾梅克給達涅爾的4個孩子4座城市的王權（給大兒子加罕葉爾羌，三兒子玉素普喀什噶爾，二兒子艾尤布阿克蘇，五兒子阿布都拉和田）。和卓加罕在葉爾羌的生活。和卓加罕成為固特布（樞紐）。和卓加罕的兒子思的克的事情。有關殉教的重要性。和卓達涅爾的第四子哈瑪什在伊犁死去，被埋葬在了葉爾羌的阿勒屯	p. 48 / fol. 24b–p. 65 / fol. 33a
13	故事之章，必聽	和卓阿布都拉和他的夫人以及4個孩子。和卓阿布都拉在阿克蘇去世，被埋葬在阿勒屯。葉爾羌、和田、阿克蘇、烏什、喀什噶爾的各個阿奇木	p. 65 / fol. 33a–p. 66 / fol. 33b
14	故事之章，必聽	玉素普和卓木的人品。往返於伊犁。玉素普趁卡爾梅克王權更迭、伊犁產生混亂之際，利用假消息（柯爾克孜進攻喀什噶爾），先將兒子阿布都拉從伊犁帶回喀什噶爾，之後自己又回到喀什噶爾。玉素普在木扎爾特遭遇到了烏什的阿奇木霍集斯伯克	p. 66 / fol. 33b–p. 74 / fol. 37b
15	故事之章，必聽	霍集斯伯克懷疑玉素普和卓木要從對卡爾梅克的服從中逃脫出來，向卡爾梅克的王達瓦齊報告說玉素普要返回伊犁。根據達瓦齊的命令，丹津·宰桑去追玉素普，但沒有追到，去了阿克蘇，和在那裏的阿奇木阿布都瓜布相會，給玉素普送去了想要回伊犁的信。玉素普以脚有病為由拒絕去伊犁，同時強化了喀什噶爾的城墻，配備了武器，準備與卡爾梅克一戰	p. 74 / fol. 37b–p. 76 / fol. 38b
16	故事之章，有關伊犁必聽的內容	卡爾梅克的王噶爾丹策零去世後，兒子阿占繼承了王位。另一個兒子喇嘛達爾札從阿占手中奪取了王位。噶爾丹策零姐妹的兒子阿睦爾撒納和達瓦齊殺掉了喇嘛達爾札。達瓦齊成為了王。敗給達瓦齊的阿睦爾撒納去了北京，向乾隆帝求援。乾隆帝給了阿睦爾撒納一千兵力，令他和薩倫將軍共同進軍。達瓦齊害怕阿睦爾撒納，並沒有向喀什噶爾派軍，並說要讓玉素普和卓木回去	p. 76 / fol. 38b–p. 78 / fol. 39b

續表

章節序號	章節題目	主要內容	D126 抄本的葉數
17	故事之章，有關喀什噶爾必聽的內容	私通卡爾梅克的伯克們的陰謀和對於喀什噶爾的伊希卡噶及胡達・雅爾伯克的處刑。卡爾梅克的使者們被全副武裝的玉素普的勢力所壓倒，放棄喀什噶爾逃到葉爾羌。葉爾羌的阿奇木阿孜伯克和卡爾梅克的使者們共同策劃，監禁了玉素普的長兄和卓加罕。和卓加罕的兒子思的克和卓木知道父親的處境，從葉爾羌到了和田，將這件事告訴了在喀什噶爾的叔父玉素普。思的克逮捕了在和田的阿孜伯克的兒子和田的阿奇木奧馬爾伯克一族，率領和田的部隊與柯爾克孜之兵一同向葉爾羌進發	p. 78 / fol. 39b–p. 101 / fol. 51a
18	故事之章，有關穆罕默德・米拉胡必聽的內容	喀什噶爾的玉素普和卓木通過穆罕默德・米拉胡給阿孜伯克送去了批評他愚蠢行動的信，警告他不要給和卓加罕製造危險。同時也給在和田出生的喀什噶爾的阿奇木胡什・奇帕克伯克送去了信，要求他停止惡行並將統治的王座給和卓加罕坐。被和田的親族俘虜的阿孜伯克，最後請求和卓加罕的原諒	p. 101 / fol. 51a–p. 105 / fol. 53a
19	故事之章，有關玉素普和卓木・帕的沙大人必聽的內容	玉素普和卓木鼓舞了喀什噶爾的人們，推動從卡爾梅克中脫離的獨立運動。他的穆斯林軍隊襲擊了前來交易的卡爾梅克	p. 105 / fol. 53a–p. 108 / fol. 54b
20	故事之章，必聽	和卓加罕赦免了阿孜伯克的罪，確定了對葉爾羌的統治	p. 108 / fol. 54b–p. 115 / fol. 58a
21	故事之章，有關玉素普和卓木・帕的沙必聽的內容	玉素普和卓木向安集延諸州的阿奇木們和柯爾克孜的首領（庫巴特・米爾扎）及和卓哈三的徒弟們派去了使者，在與卡菲爾（不信仰者）（卡爾梅克）的戰鬥中請求援助	p. 115 / fol. 58a–p. 117 / fol. 59a
22	故事之章，必聽	被阿克蘇的阿奇木阿布都瓜布逮捕的玉素普和卓木的夫人被救出，來到了喀什噶爾。玉素普和卓木病重，將喀什噶爾的統治交給了自己的兩個兒子（阿布都拉和墨明），自己則移居到了祖輩們的安息之地葉爾羌	p. 117 / fol. 59a–p. 123 / fol. 62a
23	故事之章，有關伊犁必聽的內容	面對阿睦爾撒納和清軍的進攻，達瓦齊從伊犁逃到了烏什，被那裏的阿奇木霍集斯伯克抓住，送到了清朝皇帝面前。由於阿克蘇的阿奇木阿布都瓜布和弟弟霍集斯伯克的計策，這場混亂被卡爾梅克所利用，他們利用常年被監禁的阿帕克派的和卓們來征服喀什噶爾和葉爾羌。卡爾梅克派和卓阿帕克的兩個曾孫和卓布拉呢敦和汗・和卓木（霍集占）加入這場戰鬥。汗・和卓木留在了伊犁，和卓布拉呢敦則率領卡爾梅克和清朝的部隊，經過阿克蘇進入了烏什	p. 123 / fol. 62a–p. 126 / fol. 63b

續表

章節序號	章節題目	主要內容	D126抄本的葉數
24	故事之章	和卓加罕允許了從葉爾羌派遣軍隊到阿克蘇、烏什一事。他的侄子和卓雅赫雅所率領的葉爾羌軍隊經過英吉沙到達了喀什噶爾	p. 126 / fol. 63b–p. 129 / fol. 65a
25	故事之章，必聽	葉爾羌軍隊出發兩天後，玉素普和卓木就去世了。和卓雅赫雅在喀什噶爾表示哀悼，和卓阿布都拉（玉素普和卓木的兒子）繼任喀什噶爾的王位。和卓墨明（和卓阿布都拉的兄弟）率領喀什噶爾的軍隊加入了對烏什的遠征。兩軍會合，接近和卓布拉呢敦所在的烏什	p. 129 / fol. 65a–p. 133 / fol. 67a
26	故事之章，有關和卓雅赫雅大人和和卓墨明必聽的內容	和卓布拉呢敦方面的陣容（列舉了伯克、阿訇、蘇菲們的名字，托倫泰大人和400中國人，丹津·宰桑和1000卡爾梅克人，塔格勒克）。和卓雅赫雅和和卓墨明的軍隊與和卓布拉呢敦的軍隊交戰，但是戰敗。雅赫雅逃往葉爾羌，墨明逃往喀什噶爾	p. 133 / fol. 67a–p. 145 / fol. 73a
27	故事之章，必聽	和卓布拉呢敦聽從阿布都瓜布和霍集斯伯克的建議，決定先往喀什噶爾進軍	p. 145 / fol. 73a–p. 146 / fol. 73b
28	故事之章，有關喀什噶爾必聽的內容	喀什噶爾的人們開始服從於和卓布拉呢敦。和卓阿布都拉將變心的阿訇毛拉·馬吉德殺掉，去了葉爾羌。和卓布拉呢敦進入喀什噶爾，登上統治的王座。柯爾克孜的庫巴特·米爾扎服從於和卓布拉呢敦。和卓布拉呢敦的軍隊向葉爾羌進發	p. 146 / fol. 73b–p. 153 / fol. 77a
29	故事之章，有關葉爾羌必聽的內容	和卓阿布都拉和和卓墨明進入葉爾羌。在城外開始了和和卓布拉呢敦的戰鬥。和卓布拉呢敦的陣容（列舉了伯克、阿訇的名字）。和卓加罕的陣容（列舉了人名）。和卓布拉呢敦派來的使者給和卓加罕遞交了敦促其趕快投降的書信，但是被拒絕了	p. 153 / fol. 77a–p. 170 / fol. 85b
30	故事之章	和卓加罕也派使者去了和卓布拉呢敦處，請求對卡菲爾（不信仰者）（卡爾梅克和清軍）戰鬥的援助，但是被拒絕了。和卓布拉呢敦想要通過拉攏葉爾羌的阿奇木、阿孜伯克來取得葉爾羌城市	p. 170 / fol. 85b–p. 177 / fol. 89a
31	故事之章，有關尼亞孜伯克·伊希卡噶必聽的內容	葉爾羌的伊希卡噶（阿奇木的副官），尼亞孜伯克接受了和卓布拉呢敦的拉攏，在葉爾羌城墻下挖隧道的事情也暴露了	p. 177 / fol. 89a–p. 180 / fol. 90b
32	故事之章	和卓加罕的高官阿秀爾·庫孜伯克和和卓布拉呢敦勾結，企圖破壞墻壁，被發現	p. 180 / fol. 90b–p. 186 / fol. 93b
33	故事之章，有關和卓布拉呢敦和卓木必聽的內容	勇敢的伊納雅特·和卓木（和卓加罕的女婿）戰死。阿孜伯克和和卓布拉呢敦勾結。葉爾羌城外的戰鬥。和卓加罕從葉爾羌城市逃向澤勒普善河處避難，柯爾克孜在此處埋伏	p. 186 / fol. 93b–p. 199 / fol. 100a

續表

章節序號	章節題目	主要內容	D126 抄本的葉數
34	故事之章，有關阿孜伯克必聽的內容	和卓布拉呢敦向逃跑的和卓加罕派去了追兵。和卓阿布都拉的奮戰。額爾克和卓木（玉素普和卓木的兒子，和卓阿布都拉的弟弟）殉教。和卓加罕等被抓住，被帶到了和卓布拉呢敦處	p. 199 / fol. 100a–p. 219 / fol. 110a

俄羅斯學者有關清代北京藏傳佛教歷史的研究 *

白若思

藏傳佛教在清代有特殊的地位，因為當時皇家、滿族與蒙古貴族支持這種宗教。藏傳佛教在調和清廷與蒙古以及西藏地區統治者關係中扮演了非常重要的角色，1792 年乾隆皇帝下令編撰並在北京雍和宮紀念碑上刻的《喇嘛說》文字（有漢、滿、蒙、藏四種語言的版本）就證明當時藏傳佛教在清廷有這種政治功能。藏傳佛教在北京的幾座佛寺一直享受皇家的庇護與資助，幾千位蒙古族與藏族佛僧長期居住在這些佛寺中，並且編寫、出版了相關的宗教書籍。俄羅斯帝國從 17 世紀開始與清朝往來，並且於 1715 年在北京成立了俄羅斯東正教傳教團，培養了俄羅斯早期的漢學家與蒙古學家，因此俄羅斯學者很早就注意到北京與周圍地區的藏傳佛教寺院及其組織管理。本文主要討論當代俄羅斯在這方面的學術成果，以聖彼得堡國立大學東方語言學教授烏斯賓斯基（Vladimir L. Uspensky）前些年出版的著作為主，[①] 同時概述俄羅斯相關的研究歷史，全面地介紹俄羅斯學者在這方面的成就。

一　俄羅斯研究北京藏傳佛教的歷史

17 世紀至 19 世紀初到北京的俄羅斯使節與傳教士已經注意到藏傳佛教（喇嘛教）在北京的繁榮以及清廷對其的支持，應該說佛教及其僧侶在中俄外交、文化交流中扮演了重要的角色。例如，1618 年兩位蒙古喇嘛畢里克撻（Bilikta）與撻爾汗（Tarhan）陪同俄羅斯訪華使者佩特林（Ivan Petlin）前往明朝首都北京。這兩位喇嘛同時是蒙古統治者阿勒坦汗的代理，因為從北京回來以後，他們繼續參加可汗與俄羅斯政府的談判。[②] 早期俄羅斯使者已收集了有關藏傳佛教在蒙古與中國內地流傳的信息：佩特林的《詳細筆記》與拜科夫（Fedor Baikov）的《出使報告》（約 1658 年）是這方面的例證。[③] 另一部有關中國的早期俄文文獻《關於中國和遥遠的印度消息》[1668—1669，西伯利亞托博爾斯克省長戈東諾夫（P.I.

---

* 本文為國家社會科學基金重大項目“中國文化域外傳播百年史”（批准號：17ZDA195）階段性成果。

① Uspensky, *Tibetskiy Buddizm v Pekine*（《藏傳佛教在北京的歷史》),Saint Petersburg: Saint Petersburg State University, 2011.

② Demidova, N.F., and Miasnikov, V.S., *Pervye russkie diplomaty v Kitae*: “Rospis” I. Petlina i “Stateinyi spisok” Baikova, F.I., Moscow: Nauka, 1966（中譯本見娜·費·杰米多娃、弗·斯·米亞斯尼科夫《在華俄國外交使者(1618—1658)》，黃玫譯，社會科學文獻出版社，2010），23–24.

③ 原文見 Demidova, N.F., and Miasnikov, V.S., *Pervye russkie diplomaty v Kitae*, 45–46，126–127。

Godunov）編寫］提到了達賴喇嘛轉世以及清代順治皇帝與五世達賴的交往。[①]1668 年之前戈東諾夫嘗試在托博爾斯克組織學習蒙語和藏語（當時在俄羅斯被稱為“唐古特語”），希望為俄蒙交往培養翻譯人才。俄羅斯漢學家斯卡奇科夫（P.E.Skachkov,1892—1964）認為當時俄羅斯開始教授藏語“顯然不是出於實際的需要，而是為瞭解蒙古人的宗教觀念”，即藏傳佛教。[②]可見當時俄羅斯文人已對蒙古族與藏族的宗教開始感興趣。戈東諾夫開辦的蒙藏文學校是俄羅斯蒙古學的起源，之後俄羅斯逐漸形成了很重要的蒙古學傳統，但是本文不是以此為主題，因此暫不討論。

18 世紀，俄羅斯漢學已誕生並迅速發展，但是 18 世紀沒有俄文著作專門探討藏傳佛教佛寺的現狀與組織。1828 年，俄羅斯駐北京第八屆傳教團學員利波夫措夫（S.V.Lipovtsev, 1770—1841）在聖彼得堡出版了由他翻譯成俄文的《欽定理藩院則例》的滿文版本。理藩院為清朝管理與西北邊疆地區民族交往的政府機構，其發布的規定涉及統治蒙古與西藏地區的問題，包括這些地區的宗教組織，因此在《欽定理藩院則例》裏有許多有關北京藏傳佛教組織的信息。利波夫措夫使用了《欽定理藩院則例》1817 年的版本，該版本增加了很多這方面的內容。[③]俄羅斯學者比較重視理藩院的政策，因為當時該機構也負責清朝與俄羅斯帝國的交往，並且俄羅斯政府特別關注清朝有關蒙古族與藏族的政策。俄羅斯與蒙古地區接壤，當時俄羅斯邊疆地區（如布里亞特地區）也流傳藏傳佛教。這一情況能解釋俄羅斯政府對理藩院工作的關注，特別是其與藏傳佛教的關係。利波夫措夫的譯文為俄羅斯人瞭解當時清朝對西北邊疆地區的政策起到了重要作用。當代研究藏傳佛教在北京歷史的俄羅斯學者多參考這部譯作及其原文。[④]

19 世紀駐北京的俄羅斯東正教傳教團成員（同時是學者）描述了當時北京藏傳佛教寺院的情況。如著名的俄羅斯早期漢學家比丘林（N. Ya. Bichurin, 1777—1853），擔任第九屆東正教傳教團領班，1808—1821 年居住在北京，他對當時北京的宗教文化產生了濃厚的興趣，也對藏傳佛教寺院比較熟悉。[⑤]比丘林在《北京的描述》裏羅列了十四座藏傳佛教寺院（喇嘛院）。（見圖 1—2）[⑥]俄羅斯駐北京東正教傳教團駐地“俄羅斯館”的位置在瞭解藏傳佛教寺院方面有些優勢：“俄羅斯館”所在的東江米巷，自明朝開始就是對外交往和與中國周邊民族聯繫的活動中心，“蒙古館”以及專供扎薩克（統治者）來京人員居住的“內館”均在此處。

---

① Skachkov, P.E., “Vedomost’ o Kitaiskoi zemle,” in *Strany i narody Vostoka*, vyp. 2, Moscow: Nauka, 1961, 218-219。

② Skachkov, P.E., *Ocherki istorii russkogo kitaevedeniia*, Moscow: Nauka, 1975（中譯本見斯卡奇科夫《俄羅斯漢學史》，社會科學文獻出版社，2011），21-22.

③ 《欽定理藩院則例》有幾種版本（1817 年版本有漢、滿、蒙三種語言的版本）；漢文本影印本《欽定理藩院則例》，收入故宮博物院編《故宮珍本叢刊》第 299—300 冊，海南出版社，2000。

④ Uspensky., *Tibetskiy Buddizm v Pekine*, 11-13.

⑤ 有關比丘林的生平及其著作，見閻國棟《俄國漢學史：迄於 1917 年》，人民出版社，2006，第 174—216 頁。

⑥ Iakinf [Bichurin, N. Ya.]. *Opisanie Pekina*（《北京的描述》）. Saint Petersburg. 1829.

當時“蒙古館”也接待藏人，因此比丘林與蒙古人和藏人接觸很容易。居住在北京時，比丘林主要學習漢、滿文，但是他對西藏的歷史、地理和風土人情也產生了興趣（見圖3—4）。儘管英國外交官早在18世紀末期就開始潛入西藏，但在19世紀初，歐洲人對西藏的生活與文化瞭解很少。因此，比丘林有關西藏歷史和藏傳佛教的研究在整個歐洲東方學領域有很高的地位（見圖5—6）。在其有關西藏與蒙古的著作裏，比丘林提到藏傳佛教在西藏與蒙古文化中的地位，並介紹了清朝政府在這方面的政策。①

19世紀前半葉幾位俄羅斯學者專門在北京購買了蒙文和藏文書籍。俄羅斯研究蒙古的著名學者、俄羅斯佛教學創始人（祖籍為波蘭）科瓦列夫斯基（Osip M. Kowalevsky, 1801—1878，波蘭名 *Józef Szczepan Kowalewski*）1830—1831年在北京的東正教傳教團時學習蒙、藏文並收集了許多蒙文佛教典籍的木刻本。科瓦列夫斯基當時與藏傳佛教的高僧四世敏珠爾呼圖克圖（Tib. sMin–grol hu–thog–tu；副扎薩克達喇嘛——副首都總管喇嘛）堅白却吉丹增赤列（Jambal Tingle，1789—1839）建立了友好關係。敏珠爾呼圖克圖興趣廣泛，他對地理特別感興趣，所以樂意與俄羅斯學者交流（見圖7）。在他的協助下，科瓦列夫斯基購買了罕見的書籍，並得以直接進入北京寺院的藏經樓抄寫珍本。科瓦列夫斯基曾經給自己所收集的圖書編寫了一個目録並在1834年正式出版，其中包括189種蒙、藏、滿、漢、梵文典籍。該目録最近由烏斯賓斯基在有關科瓦列夫斯基生平與遺產的書中被重新刊出。②

1840—1850年俄羅斯著名的漢學家、佛教研究者王西里院士（Vasilii P. Vasiliev, 1818—1900）在北京收集了許多藏、蒙、漢、滿文佛教資料。③其中最重要的發現是原來允禮皇子（1697—1738）收藏的蒙文抄本，其中大部分與佛教有關。愛新覺羅·允禮（原名胤禮，晉封果親王）是康熙皇帝第十七子，雍正帝異母弟，以其學問而聞名，曾管理藩院事，並崇尚藏傳佛教。他是清代藏傳佛教界非常重要的人物。④王西里在北京購買的原允禮皇子藏書包括五世達賴喇嘛的《密幻傳》、搠思吉斡節爾的《佛陀十二行贊》、元代僧人八思巴《彰所知論》的蒙文譯本以及藏文大藏經一部——《丹珠爾》——三卷本蒙文抄本等珍本。其中也有藏蒙辭典 *Tokbar laba* 這樣豪華裝幀的木刻本，帶有手寫的漢、滿雙語的解釋，以及梵、藏、蒙、漢四種語言辭典 *Mahāvyutpatti* 等工具書。現在王西里收集的書（包括允禮皇子的收藏）主要由聖彼得堡國立大學東方系圖書館收藏；烏斯賓斯基整理並出版了相關的目録。王西里在北京時，道光皇帝賞賜給北京東正教傳教團北京刊刻的藏文《大藏經》(《甘珠爾》與《丹

---

① Iakinf [Bichurin, N.Ya.]. Zapiski o Mongolii, sochinennye monahom Iakinfom (《蒙古紀事》). Vol. 1–2. Saint Petersburg. 1828; Istoriia Tibeta i Huhunora s 2282 goda do R. H. do 1227 goda po R.H. s kartoiu na raznye periody sei istorii (《西藏青海史，公元前2282年至公元1227年》，附歷代地圖). Vol. 1–2. Saint Petersburg. 1833.

② Valeev, R.M., Ermakova, T.V., Kul'ganek I.V. *Mongoloved O.M. Kovalevskii: biografiia i nasledie (1801–1878)* (《蒙古學家科瓦列夫斯基的生平與遺産：1801—1878》). Kazan': Alma-Lit, 2004.

③ 有關王西里的生平與遺産，見趙春梅《瓦西里耶夫與中國》，學苑出版社，2007。

④ 詳見 Uspensky, Vladimir L., *Prince Yunli (1697–1738): Manchu Statesman and Tibetan Buddhist* (《允禮親王：滿族大臣與藏傳佛教的信徒》). Tokyo: Institute for the Study of Languages and Cultures of Asia and Africa, 1997.

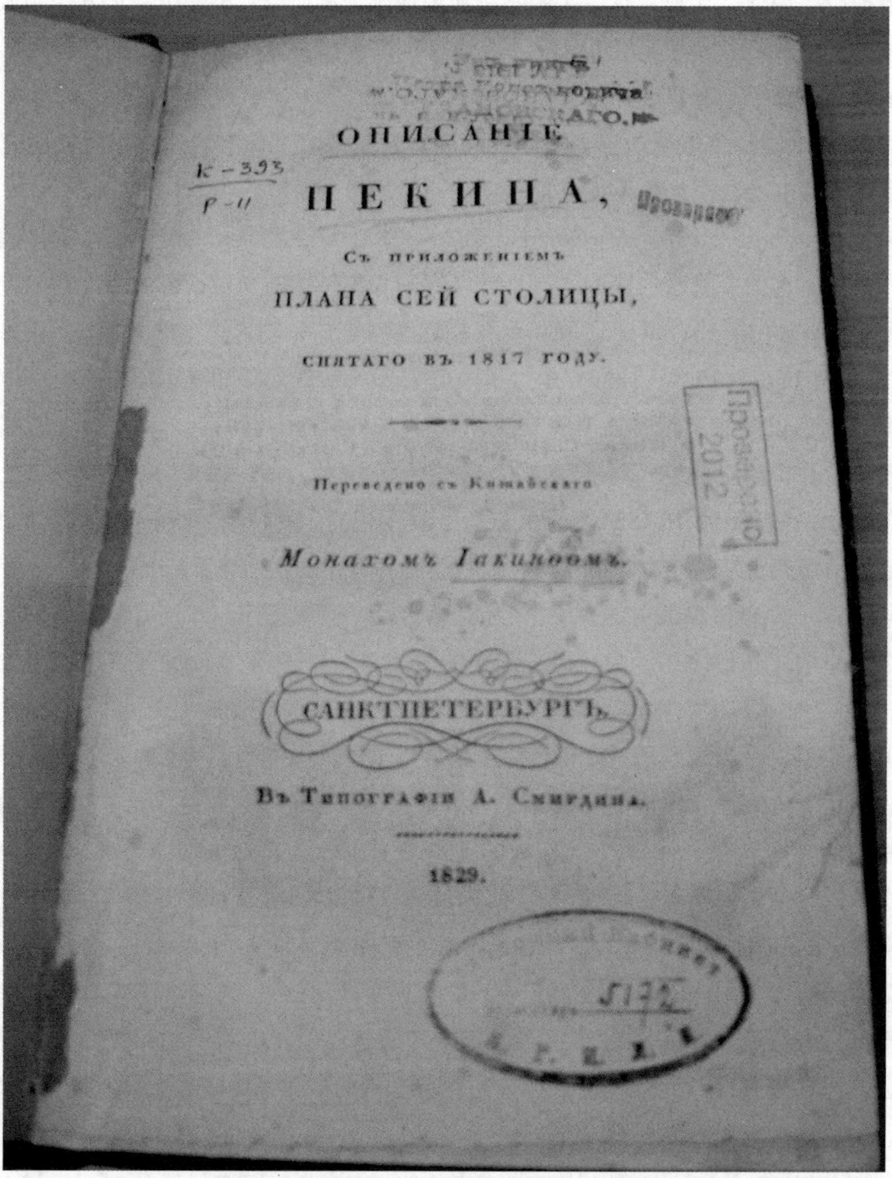

圖 1　比丘林著《北京的描述》扉頁（1829 年）

資料來源：聖彼得堡國立大學東方系圖書館所藏。

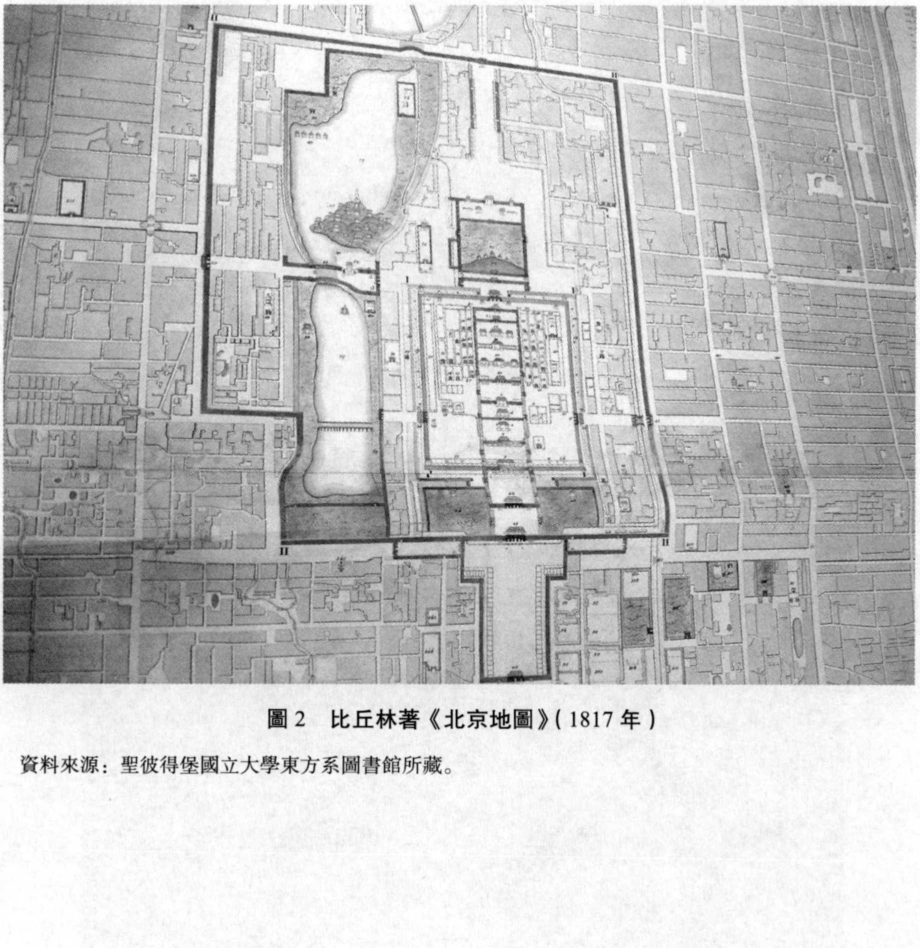

圖 2　比丘林著《北京地圖》(1817 年)

資料來源：聖彼得堡國立大學東方系圖書館所藏。

圖 3　“比丘林的第三畫冊”裏的“喇嘛的做儀式服裝”圖像（北京，19 世紀初）

資料來源：俄羅斯國家圖書館所藏。

圖 4 “比丘林的第三畫冊”裏的“喇嘛的日常服裝”圖像（北京，19 世紀初）

資料來源：俄羅斯國家圖書館所藏。

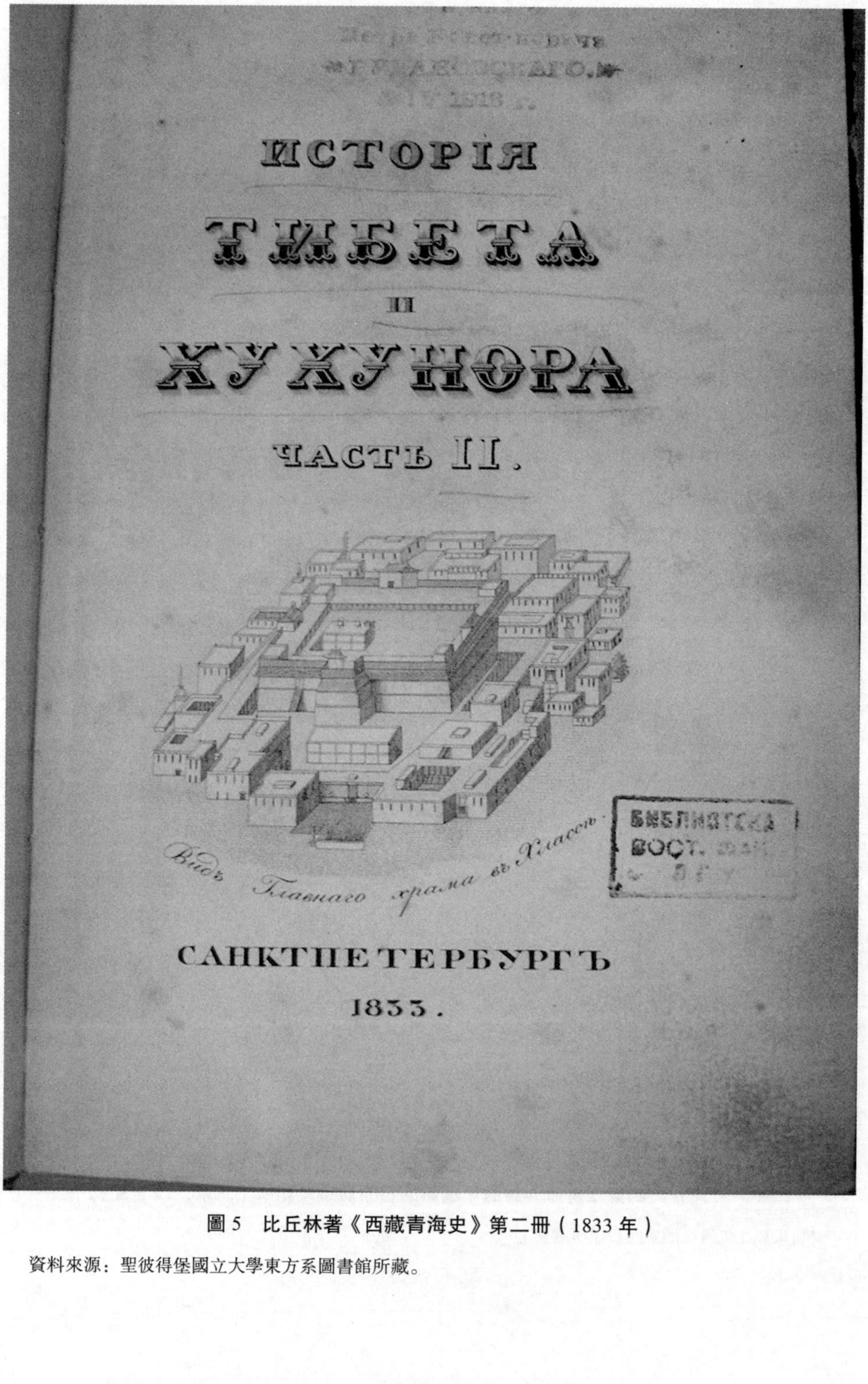

圖 5 比丘林著《西藏青海史》第二册（1833 年）

資料來源：聖彼得堡國立大學東方系圖書館所藏。

圖 6　比丘林著《西藏青海史》中的拉薩布達拉宮插圖

資料來源：聖彼得堡國立大學東方系圖書館所藏。

圖 7 俄羅斯畫家畫的四世敏珠爾呼圖克圖肖像（約 1831 年）

資料來源：俄羅斯國家圖書館所藏。

珠爾》兩大部分分別於1684—1692年和1721—1724年在紫禁城刊刻），一共350冊。後來這套《大藏經》被運到了聖彼得堡，現在由俄羅斯科學院東方文獻研究所收藏。王西里精通漢、滿、蒙、藏、梵等語言，所以對自己收藏的佛教書籍進行了初步整理研究，但是大部分成果沒有發表。①王西里把四世敏珠爾呼圖克圖編寫的西藏歷史書翻譯成了俄文，在聖彼得堡出版。②科瓦列夫斯基與王西里在北京時寫了詳細的日記，其中描述了北京藏傳佛教寺院的組織、清廷相關的政策以及自己與藏傳佛教僧人的交往。科瓦列夫斯基日記的大部分已有俄文刊本。③很遺憾的是，王西里的記載大部分未出版，僅保存在俄羅斯檔案館內。④

19世紀末20世紀初在俄羅斯有幾位著名的西藏藏傳佛教與蒙古地區佛教研究者：A.M.Pozdneev（1851–1920）、B.Ya.Vladimirtsov院士（1884–1931）與Gombozhab Tsybikov（崔比科夫，1873–1930）。前兩位學者主要考察地區為蒙古，第三位則去了西藏拉薩、日喀則與北京進行調查。三位學者都注意到藏傳佛教傳入北京的歷史以及清代北京藏傳佛教機構對蒙古地區佛教的影響。前兩位學者專門研究蒙古藏傳佛教寺院與北京寺院的關係以及北京出版的蒙文《大藏經》和其他單獨佛經版本的歷史。⑤崔比科夫1909年在北京居住時的日記雖然篇幅不大，但是歷史價值相當高。崔比科夫屬於布里亞特族，所以其長輩信仰藏傳佛教，他受到俄羅斯西方化的教育，專門研究西藏文化與佛教。因為這種特殊背景，1899—1900年他得以進入西藏的聖地（當時是不對外籍人士開放的），以朝聖的名義，前往拉薩考察。他的著作當時成為國際藏學的寶典（該書已有中文譯本）。⑥後來，他有機會到北京考察首都的寺院，對當時西藏本地與北京的藏傳佛教寺院進行了比較。崔比科夫在北京的俄文日記已出版。⑦

蘇聯時期，俄羅斯本地藏傳佛教受到打擊，所以很少有學者研究相關的題目。到了20

① Vasiliev, Vasilii P., «O nekotoryh knigah, otnosiaschihsia k istorii Buddhizma, v biblioteke Kazanskogo Universiteta»（《關於喀山大學圖書館收藏的一些佛教歷史相關的書籍》）. Uchenye zapiski Imperatorskoi Akademii Nauk po pervomu i tret'emu otdeleniiam（《俄羅斯皇家科學院第一和第三部門科學通訊》）. T. 3. Saint Petersburg. 1855, 1–33.

② Vasiliev, Vasilii P., Geografiia Tibeta. Perevod iz tibetskogo sochineniia Minchzhul-hutuhty（《西藏地理：敏珠爾呼圖克圖藏文書的譯文》）. Saint Petersburg. 1895.

③ Rossiia-Mongolia-Kitai. Dnevniki O.M. Kowalevskogo. 1830–1831（《俄羅斯－蒙古－中國：科瓦列夫斯基的日記，1830—1831》）. Kazan: Taglimat, 2006.

④ Uspensky, *Tibetskiy Buddizm v Pekine*, 25–26.

⑤ Pozdneev, A.M., Ocherki byta buddiiskih monastyrei i buddiiskogo duhovenstva v Mongolii v sviazi s otnosheniiami sego poslednego k narodu（《蒙古佛寺與佛僧日常生活漫談以及該佛僧和民衆的關係》）. Elista, 1993, 263–267；Vladimirtsov, B. Ya., «Mongol'skii Dandzhur»（《蒙古語的〈丹珠爾〉》）. Doklady Akademii Nauk SSSR（《蘇聯科學院彙報》）. 1926, Vyp. 2, 31–34.

⑥ 中譯本見崔比科夫《佛教香客在聖地西藏》（*Buddhist-Palomnik u svyatyn' Tibeta*），王獻軍譯，西藏人民出版社，1993。

⑦ Tsybikov, G., «Dnevnik poezdki v Kitai v 1909 g.»（《1909年中國遊記》）. Izbrannye trudy（《選文》）. Novosibirsk, 1991, 2. 113–121.

世紀七八十年代有新的研究專門探討清廷17—18世紀在西藏與蒙古地區的政策。[①]研究者不能不討論當時清廷庇護並推廣西藏黃教的事實。比如1978年俄羅斯科學院東方研究所列寧格勒分所的研究員A. S. Martynov（1933–2013）把《喇嘛說》漢文版本翻譯成了俄文，並且介紹它的政治內涵。[②]可見，當時的研究主要從政治角度分析清廷與藏傳佛教的關係。那個時代俄羅斯學者開始關注俄羅斯各地博物館收藏的藏傳佛教文物——包括佛經的抄本與木刻本、繪畫、雕塑、法器（其中許多是在北京或其他中原地區製造的）。俄羅斯學者的幾部著作探討了"漢藏結合風格"的佛教藝術，清代這種風格在中國內地包括北京很流行。[③]當時相關的俄文著作數量遠遠不如英、法、日、中文相關著作的數量多。

二 當代俄羅斯有關北京藏傳佛教研究的方法與成就

如前所述，近年來有关北京藏傳佛教研究領域最重要的俄文著作是烏斯賓斯基的《藏傳佛教在北京的歷史》（見圖8）。烏斯賓斯基的研究角度很特別，他主要利用藏、蒙文資料，並以滿、漢文文獻作為輔助資料。他的語言功底很好，滿、漢、藏、蒙文都是清朝的官方文字，但很少有研究清朝歷史的學者全部掌握這四種語言。烏斯賓斯基參考的藏、蒙文資料之中很多是罕見的抄本與木刻本，大部分收藏在俄羅斯。烏斯賓斯基主要整理研究聖彼得堡國立大學與俄羅斯科學院東方文獻研究所收藏的佛經、高僧傳記、教派歷史書等珍本。這些是各種佛教團的內部資料。同時，烏斯賓斯基多次前往北京、內蒙古與蒙古國收集資料（以佛教團內部資料重刊本、檔案資料影印本為主）。他還使用了一部分北京佛寺裏的碑文（現在其主要部分藏在北京石刻藝術博物館內，以前為藏傳佛教寺院五塔寺）。北京與承德（熱河）的一部分碑文被收在德國學者Otto Franke（1863–1946）和Berthold Laufer（1874–1934）的書中。[④]北京地區藏文碑記大部分被收入中國學者黃顥有關北京的藏族文物的一本書中。[⑤]烏

① Ermachenko, I. S., Politika man'chzhurskoi dinastii Tsin v Iuzhnoi i Severnoi Mongolii（《清朝在南、北蒙古的政策》）. Moscow, 1974; Martynov, A.S., Status Tibeta v 17–18 vekah v traditsionnoi kitaiskoi sisteme politicheskih predstavlenii（《十七至十八世紀西藏在中國傳統政治觀念中的身份》）. Moscow, 1978; Skrynnikova, T. D., Lamaistskaiia tserkov' i gosudarstvo. Vneshniaia Mongoliia. 16-nachalo 20 veka（《喇嘛教與國家，外蒙，十六至二十世紀初》）, Novosibirsk, 1988, 47–51.

② Martynov, A.S., Status Tibeta v 17–18 vekah，138.

③ Leonov, G. A., Uhtomskii, E.E., "K istorii lamaistskogo sobraniia Gosudarstvennogo Ermitazha,"（《艾爾米塔日國立博物館喇嘛教藝術品收藏的歷史》）*Buddizm I literaturno-hudozhestvennoe tvorchestvo narodov Tsentral'noi Azii*（《佛教與中亞民族文學和藝術的關係》）, Novosibirsk, 1985, 101–116; Leonov, G. A., "Relikvii iz lamaistskih skul'ptur i obryad osvyasheniia v lamaizme,"（《喇嘛教佛像裏面的遺物與喇嘛教開光儀式》）*Trudy Gosudarstvennogo Ermitazha*（《艾爾米塔日國立博物館學報》）27 (1989)，117–131. 亦見 Baradiin, B.B., *Statuia Maitrei v Zolotom hrame v Lavrane*（《拉卜楞寺"金殿"裏面的彌勒佛像》）,Leningrad, 1924。

④ Franke, Otto and Laufer, Berthold, *Epigraphische Denkmäler aus China. Erster Teil: Lamaistische Tempelschriften aus Peking, Jehol und Si-ngan*. Berlin-Hamburg: Dietrich Reimer, 1914.

⑤ 黃顥：《在北京的藏族文物》，民族出版社，1993。

圖 8　烏斯賓斯基著《藏傳佛教在北京的歷史》(2011 年)

斯賓斯基充分使用早期俄羅斯學者的遊記與研究（不少是未出版的資料，見上）。由此可見，烏斯賓斯基使用的資料很豐富，而且他對照了不同語言的歷史資料，發現同一種文獻不同語言版本有不少差異。

藏、蒙文資料補充了許多有關華北地區藏傳佛教的信息，但經常與漢文資料的記載有出入。例如，正史等資料一般不提清朝皇帝與親王對藏傳佛教寺院的資助。漢文資料基本沒有介紹朝廷代表與藏傳佛教僧侶的來往以及藏傳佛教經書（藏、蒙、滿文版本）在北京出版的歷史。喇嘛的傳記與教派通史相反地特別重視僧侶與朝廷的交往，提供了許多相關的信息。同時我們可以發現藏、蒙文資料的記載不一定準確。烏斯賓斯基發現，不同文獻記載的北京藏傳佛教寺院的數量並不一致。藏文文獻一般提到北京有二十八座藏傳佛教寺院，可是烏斯賓斯基沒有找到相關的名單。這一數量與研究北京宗教生活的學者提供的數據不一致。據美國學者 Susan Naquin（韓書瑞）的統計（以檔案資料為主），至清代中期（18 世紀末）北京有五十三座佛寺，19 世紀很多已被廢棄。① 另一位美國學者 Evelin Rawski 認為，至 18 世紀末清朝統治者在北京建了三十二座藏傳佛教寺院。② 烏斯賓斯基認為藏文資料裏面記載的數量比較模糊，衹代表"許多"這一概念，不能代表佛寺的實際數量。③ 可見，藏、蒙文藏傳佛教內部資料的價值不在於其記載的具體信息，而在於其特殊的視角。

通過對歷史資料的解讀，烏斯賓斯基發現 17—18 世紀北京成為藏傳佛教的一個中心，這裏有許多藏傳佛教寺院，裏面居住着幾千喇嘛。利波夫措夫翻譯的《欽定理藩院則例》1817 年滿文版本記載了當時北京規定有 2129 位常住的藏傳佛教僧人。④18 世紀末這一僧人群體的數量應該更大。按韓書瑞教授的推測，當時北京至少有四五千藏傳佛教僧人。⑤ 同時，17 世紀至 20 世紀初北京僧團大多由蒙古族僧人構成。其中八大派系"活佛"（呼圖克圖）－青海（庫庫努爾）地區高僧——長期居住在北京，如幾代章嘉呼圖克圖（Tib. lCang-skya hu-thog-thu）、敏珠爾呼圖克圖等。其他蒙古地區的高僧也經常訪問北京的寺院。藏傳佛教僧團有清朝政府認定的管理人——掌印扎薩克大喇嘛（Mong. tamaɣ-a bariɣsan jasaɣ terigün blam-a）。扎薩克大喇嘛由最著名派系的活佛擔任，清朝大部分時間由章嘉呼圖克圖擔任。扎薩克大喇嘛主要管理北京、承德、五臺山以及內蒙古地區呼和浩特（歸化城）與多倫的寺院。可以看出，清廷通過各種規定管理並控制藏傳佛教僧團。同時。蒙古地區的喇嘛與信衆比較重視北京的寺院，經常前往北京朝聖。烏斯賓斯基的研究證實，明清時期，在朝廷的指導控制下，北京變成了藏傳佛教的一處聖地。

---

① Naquin, Susan , *Peking: Temples and City Life, 1400–1900*, Berkeley: University of California Press, 2000, pp.342, 474.

② Rawski, Evelin S., *The Last Emperors: A Social History of Qing Imperial Institutions*,Berkeley: University of California Press, 1998, p.252.

③ Uspensky, *Tibetskiy Buddizm v Pekine*, 52.

④ Lipovtsev, S.V., *Ulozhenie kitaiskoi palaty vneshnih snoshenii*, 2. 182–186.

⑤ Naquin, Susan, *Peking: Temples and City Life, 1400–1900*, p.585.

雖然烏斯賓斯基強調朝廷對藏傳佛教的支持與其在蒙古、西藏地區的政策有關，但是他認為清朝統治者（主要是皇太極至乾隆這幾代皇帝）篤信藏傳佛教不是衹出於純粹的政治目的。這是其研究提出的一個新的視角。清朝幾代皇帝對藏傳佛教的教義、儀式、理念、修行方式很感興趣。例如康熙皇帝就自己抄了幾部藏文佛經，參加了黃教（格魯派）的密宗儀式，監督藏文《大藏經》與蒙文《甘珠爾》在北京重刊的過程並給藏蒙文《大藏經》的重刊本寫了序與跋文。烏斯賓斯基在聖彼得堡國立大學圖書館發現了歌頌藏傳佛教僧人的藏文贊文，是康熙皇帝的作品。乾隆皇帝則親自參加了抄經活動並監督將藏文經典翻譯成滿文以及出版蒙文《大藏經》的工作。歷史資料記載，乾隆親自把《文殊菩薩稱贊大佛文》翻譯成滿文，並於 1781 年在北京出版此文四種語言的版本。雍和宮內保存了幾部乾隆親手抄寫的藏文佛經。17—18 世紀清朝皇帝非常重視藏傳佛教的儀式，經常為了求福求安舉辦佛教道場。舉辦這種道場有不同的目的：給皇帝治病驅災，給皇室成員祝壽、求平安，超度皇室祖宗，保佑國泰民安。

這種情況有其悠久的歷史，因為入關前滿族統治者已經廣泛使用藏族喇嘛來為其服務。這種情況與後金統治者和蒙古部落可汗建立"和親"關係有關。當時藏傳佛教已經在蒙古地區很流行，孝莊文皇后（1613—1688）即為蒙古人，篤信藏傳佛教。孝莊文皇后在順治及康熙朝早期扮演了很重要的政治角色，她一生培養、輔佐世祖、聖祖兩代君主。聖祖信仰藏傳佛教的一部分原因很可能是早年受到其祖母孝莊文皇后的影響。從清朝早期開始，藏傳佛教的儀式便成為超度皇室祖宗的方式。後來出現了滿族喇嘛與滿文佛經譯文。雖然從乾隆皇帝的孩子那代開始，皇室成員不再參與譯經、辯論教義的活動，但至清朝滅亡之時，朝廷還在一直舉辦藏傳佛教的儀式。這種情況有相關的法律基礎，如 1817 年《欽定理藩院則例》滿文版本記載滿族喇嘛在皇家墓陵前用滿語念佛經。① 可見整個清代藏傳佛教的儀式都是宮廷生活與禮儀不可或缺的組成部分。

同時我們需要注意清代皇帝對藏傳佛教有兩種政策。從努爾哈赤、皇太極開始，滿族統治者就對藏傳佛教僧人的生活方式表示不滿，把他們看成蒙古社會發展的阻礙。這方面有不少相關的歷史資料，主要為漢、滿文的記載。② 後來，清朝統治者經常采取傳統的儒家觀念批評藏傳佛教與漢傳佛教，如康熙有不少這方面的教訓。③ 皇帝一直試圖嚴格控制僧人數量及其社會行動，《欽定理藩院則例》是這方面很好的例子。烏斯賓斯基基本沒有討論這種皇帝對佛教的雙重態度，也沒有討論官方與私人的不同立場及其原因和思想基礎。

① Lipovtsev, S.V., *Ulozhenie kitaiskoi palaty vneshnih snoshenii*, 2. 216–217.

② 詳見 Farquhar, David M., "Emperor as Bodhisattva in the Governance of the Ch'ing Empire," *Harvard Journal of Asiatic Studies* Vol. 38, No. 1，1978，pp. 20–21。

③ 見李毓澍《喇嘛教在外蒙的發展和地位》，載《外蒙政教制度考》，中研院近代史研究所，1962，第 343 頁。

三 果親王允禮及其與藏傳佛教的關係

果親王允禮可以說是清朝皇家藏傳佛教信徒中最具代表性的人物。烏斯賓斯基專門寫了一本英文書介紹果親王允禮在藏傳佛教傳播中的角色——《允禮親王：滿族大臣與藏傳佛教的信徒》，1997年在東京出版。前文已提到，允禮曾在理藩院任職，而理藩院的職能之一是管理北京藏傳佛教僧團與接待蒙古高僧，所以從某種意義上來說，允禮的行為代表了官方對藏傳佛教的態度。另外，允禮幾次前往蒙古與藏區，並跟當地統治者進行談判。允禮精通蒙文，烏斯賓斯基認為他也懂藏文。1705年，允禮還小的時候就已經去過蒙古（塞外）。他也去過藏區處理藏政。1734—1735年，他奉旨前往四川泰寧（Gartar）[當時七世達賴喇嘛格桑嘉措（1708—1757）的暫居地]，給達賴喇嘛宣讀了皇帝的聖旨。允禮會見了七世達賴喇嘛並跟他建立了友好關係。在路上，允禮編寫了《西藏日記》。①

允禮特別崇尚藏傳佛教，年輕時已皈依該教，他有藏文的名字與印章。允禮使用了幾種藏傳佛教的修行方法，多次出版藏、蒙文的經典（包括藏蒙辭典），並用藏、蒙文撰寫關於佛教的一些辯論作品。允禮對寧瑪派（紅教）的教義與實踐特別感興趣，他不祇參加了當時西藏與華北主要修行的格魯派（黃教）儀式，還閱讀寧瑪派的典籍，嘗試他們的修行方法。1725年，允禮邀請了兩位噶舉派的高僧（他們對寧瑪派的儀式特別瞭解）來北京給他傳受寧瑪派的儀式，因此引起當時管理北京藏傳佛教寺院格魯派（黃教）僧人的不滿。藏文歷史資料記載，那兩位噶舉派高僧沒有到達北京，1732年在途中便去世了，不久之後允禮也去世了。由此可見，當時北京藏傳佛教僧團與其高層“施主”之間存在矛盾，藏文歷史資料記載了這種僧團內部的鬥爭。

雖然允禮崇尚藏傳佛教的哲學，但他對普通藏族僧人以及他們的實踐持批評態度。除了《西藏日記》以外，烏斯賓斯基引用了允禮的一首詩《七筆勾》，這首詩表達了允禮對藏族地區的印象。② 該詩這樣描述當地的僧人：

> 萬惡禿頭，鐃鈸喧天不休。口念糊塗咒，心想鴛鴦偶。兩眼黑黝黝，如禽似獸；偏袒露肩，黑漆銅叉手，因此把釋教風流一筆勾。

可見，允禮批評沒有學問的普通僧人，並且否定他們使用密宗儀式包括誦經念咒的效果。這種看法與當時儒家對外來宗教的看法基本一致，這種作品應該反映了允禮站在官方的立場批判釋教的態度。從中我們能發現統治者行為的矛盾。總之，允禮（及其他皇室成員）與藏傳佛教的關係是比較複雜的，他們對這一宗教有幾種看法，官方和私人的態度並不一致。

---

① 允禮:《西藏日記》，鉛印江安傅氏藏稿本，禹貢學會，1937。

② 原文見賀覺非《西康紀事詩本事注》，西藏人民出版社，1988，第141—142頁。

四　清代北京藏傳佛教歷史的各面

烏斯賓斯基的書分為五章，分別講述他使用的資料、北京的藏傳佛教寺院、北京的僧團組織、藏傳佛教與宮廷生活的關係、藏傳佛經的出版與文物製作，比較全面地敘述了藏傳佛教在北京地區的歷史。雖然該書的主題是清代藏傳佛教，但是烏斯賓斯基也描述了元、明兩代藏傳佛教傳入北京地區的歷史。這種敘述角度是很合理的，因為元代統治者已經開始尊崇藏僧。蒙古族皈依藏傳佛教的過程應該是從那個時代開始的。忽必烈在大都接待了藏僧，他們當時的地位很高。歷史文獻記載，元代有十四位藏僧（主要為薩迦派的代表）被皇帝封為“帝師”，並且在法律體系裏享受特殊的權利。後來乾隆皇帝在其《喇嘛說》裏提到了這種情況，並對元代統治者對藏僧的政策表示不滿。當時皇帝在大都開始建藏傳佛教寺院，如妙應寺（白塔寺）、護國寺、真覺寺（五塔寺）等都是元代建造的。明朝初期，特別是永樂、宣德年間，皇帝邀請藏僧（番僧）到南京與北京舉辦道場、講佛法。明代初期的皇帝與當時影響較大的藏傳佛教宗派——薩迦派、噶舉派及剛開始發展的格魯派——建立了關係。1410年，明成祖朱棣命令在北京刊刻藏文《甘珠爾》，是為藏文《大藏經》最早的刊本。雖然15世紀末至16世紀中期的明代皇帝對藏傳佛教沒有太大的興趣，嘉靖帝甚至下令拆除藏傳佛教寺院，但是至萬曆帝時又開始推廣藏傳佛教。這種變化最可能與當時大多數蒙古統治者皈依藏傳佛教有關。明代統治者意識到這種宗教所扮演的政治角色的重要性。當時朝廷又開始請藏僧辦道場，刊刻藏文佛經。1605—1606年，萬曆帝在北京刊刻了108冊的藏文《甘珠爾》（現在衹有28冊原文保存在國外）。據韓書瑞的考證，明代北京已經有九座藏傳佛教寺院（很遺憾，她沒有提供名單）。①

烏斯賓斯基描述了北京的弘仁寺（又名旃檀寺）、福佑寺、嵩祝寺、妙應寺、東西黃寺、雍和宮、梵香寺（在紫禁城內）、護國寺、黑寺、普度寺（磨哈嘎喇寺）、隆福寺、真覺寺、功德寺等藏傳佛教寺院。實際上，18世紀末北京的藏傳佛教寺院比這更多（見上）。其中幾座佛寺歷史悠久，元明兩代已經存在，如妙應寺、梵香寺、護國寺、真覺寺、功德寺等，但是這些佛寺都是清朝修復的。其中弘仁寺特別引起學者的關注，因為藏傳佛教徒崇拜的旃檀佛被供奉在那裏。這座佛像特別有名，但是在八國聯軍占領北京的時候丟了。很遺憾，烏斯賓斯基沒有提供藏、蒙文資料中提到的北京藏傳佛教寺院的完整名單。

烏斯賓斯基花了比較大的篇幅來描述北京僧團的性質與組織。這種僧團的性質比較複雜。烏斯賓斯基對僧人進行了分類，如有官方任命的領袖（扎薩克大喇嘛）與轉世“活佛”（呼圖克圖），有常住北京的喇嘛與經常去北京訪問的“活佛”。據烏斯賓斯基的考證，從17世紀開始，蒙古地區的高僧會定期前往北京參加首都舉辦的道場，《欽定理藩院則例》

---

① Naquin, Susan, *Peking: Temples and City Life, 1400–1900*,p.208.

有相關的規定。[①] 格魯派最高領袖——達賴喇嘛與班禪喇嘛——也按規矩遣使者到北京"朝貢"，藏人用這種"朝貢"關係進行貿易。清代，達賴喇嘛與班禪喇嘛三次親自前往北京會見皇帝：五世達賴（1652—1653）、六世班禪（1780）、十三世達賴（1908）都去了北京，而且六世班禪在北京圓寂。這種交往再次證明清朝統治者重視藏傳佛教及其領袖。

前文已述，藏傳佛教儀式在宮廷內部生活中扮演了重要的角色。這種情況應該從後金早期時便已出現。1621 年，藏僧 Ulug Darhan-nanso 在遼陽會見後金創立者與後來清朝奠基者努爾哈赤，得到了統治者的支持。1635 年，皇太極在瀋陽收到了蒙古統治者贈送給他的元代印章與磨哈嘎喇（大黑天）的金像，他於 1638 年在瀋陽建立了磨哈嘎喇廟（實勝寺）。當時磨哈嘎喇變成了新建國家的保護神。皇太極之弟多爾衮（1612—1650）特別崇拜磨哈嘎喇。他去世之後，1694 年康熙帝把其在北京的王府（今故宮東側南池子大街西側）改為磨哈嘎喇廟（後來定名為普度寺）。該寺院的建築至今仍存。1653 年，五世達賴認皇帝為文殊菩薩的轉世（據傳元代藏僧也曾封忽必烈為文殊轉世）。[②] 順治帝的後代特別是乾隆皇帝很重視這種"佛教統治者"的形象。乾隆一代皇室成員篤信藏傳佛教，其中有不少女性信徒，如乾隆生母孝聖憲皇后（1693—1777）等。

17—18 世紀皇室在北京出版了很多藏、蒙、滿文藏傳佛教文獻。1684—1692 年、1700 年、1717—1720 年、1737 年、1765 年幾代皇帝分別下令出版藏文《甘珠爾》。1722 年，康熙下令編輯出版藏文《丹珠爾》，1723 年完工，這是最早的藏文《丹珠爾》刊本。1718—1720 年、1742—1749 年北京的喇嘛們編輯出版了這兩套佛經的蒙文版本。北京的喇嘛們把藏文《丹珠爾》翻譯成了蒙文。此譯本對藏傳佛教在蒙古地區的傳播有極大影響。康熙和乾隆分別資助並監督這項工程。烏斯賓斯基認為允禮也參加了翻譯《丹珠爾》的工作，但是其譯文沒有出版。乾隆命令把《甘珠爾》翻譯成滿文，滿文《甘珠爾》於 1773—1780 年在北京刊刻。另外，還有許多單獨佛經的刊本。同時，北京的喇嘛們出版了幾種藏蒙辭典。北京刊刻的佛經一般很豪華，有許多插圖、漂亮的裝貼及其他裝飾。這些佛經刊本實際上是一種藝術品。皇宮裏的工匠製作了許多藏傳佛教的藝術品，因為北京、承德等地的佛寺需要很多佛像與法器，以致當時在華北地區形成了特殊的漢藏結合的藝術風格。這些在北京刊刻的佛經與製作的佛像流傳得很廣，特別是在蒙古與東北地區。一部分藝術品現在由聖彼得堡等地的博物館收藏。

結 論

從 19 世紀初開始，北京的藏傳佛教寺院開始衰落，但是至 1911 年大部分佛寺還在，並

---

① Lipovtsev, S.V., *Ulozhenie kitaiskoi palaty vneshnih snoshenii*, 2. 187-188.

② 美國學者 David M. Farquhar 專門研究這種情況，見其"Emperor as Bodhisattva in the Governance of the Ch'ing Empire,"pp.5-34。

且有喇嘛居住，仍舉行傳統的宗教活動。1911 年之後大部分藏傳佛教寺院被廢棄，其建築也改作他用。除了特別著名的佛寺如雍和宮、西黃寺外，絶大部分 17—18 世紀的北京藏傳佛教寺院現在已經不存在了。我們可以認同烏斯賓斯基的結論：17—19 世紀藏傳佛教寺院之所以在北京興盛，是因為得到了當時統治者的支持。當時北京藏傳佛教的世俗信衆圈子比較狹窄，主要是皇室成員以及外地統治者（當時蒙古統治者到北京朝貢時，一定要訪問藏傳佛教寺院並向它們布施），可是這些信衆是有財富和權勢的人物。他們願意花大量資金修建藏傳佛教寺院並指定製作相關的藝術品，但一旦這些佛寺失去這種資助，大部分就不能存續發展。這些佛寺與普通百姓（特別是北京的漢人）的生活基本沒有關係，其中很多完全屬於宮廷機構，不對外開放，因此沒有吸引當地的廣大世俗信衆。北京的藏傳佛教寺院對藏傳佛教在蒙古、東北等地區甚至在國外（俄羅斯邊疆地區）的發展有很大的影響。這些佛寺一部分至今仍是很重要的精神生活中心，它們是漢滿藏蒙文化交流的“見證者”，其文化、政治意義很重要。此外，北京的藏傳佛教寺院是非常重要的文物，它們成為首都古老建築遺産不可分割的一部分，也是當代旅遊業的重要資源。而當時修建、維護這些佛寺的事業是清朝幾代統治者對世界文化所做的一種貢獻。

北京的藏傳佛教寺院早就引起國外學者的注意。其中俄羅斯籍的學者對研究北京藏傳佛教歷史的貢獻比較大，從最早開始收集相關的資料到從事整理、翻譯、研究工作。俄羅斯的歷史背景對其學者研究藏傳佛教很有助益，因為當地一直有這種宗教的信徒，並且俄羅斯各民族與蒙古、西藏、東北、華北等地區來往已久。這種來往有官方外交的形式，也有私人宗教、文化、學術交流的形式。現在俄羅斯幾個地區的藏傳佛教獲得重新發展，不少佛寺得到修復。俄羅斯的藏傳佛教機構與蒙古、華北藏傳佛教組織有一定的關係，這一問題值得深入研究。俄羅斯學者在這一研究領域有比較大的優勢，因為俄羅斯擁有十分豐富的相關資料，其中不少是獨一無二的珍本。俄羅斯有幾位學者專門學習了蒙、藏、滿等語言，所以有能力閱讀、研究這些資料。雖然俄羅斯的藏傳佛教研究一段時間被中斷，但是最近在這方面有一些新的研究成果問世。烏斯賓斯基的著作是近年來在清朝藏傳佛教歷史研究領域非常重要的成果，在資料使用及理論探索等方面都有相當大的突破，為研究這一課題提供了新視野。

Russian Studies of the History of Tibetan Buddhism in Beijing during the Qing Dynasty

Rostislav Berezkin

This article presents the history and achievements of Russian studies of Tibetan Buddhist monasteries in Beijing during the Qing Dynasty. Though encounters between the Russians and Tibetan Buddhism happened already in the 17th century, the relevant studies in Russian appeared only at the beginning of the 19th century. Russian scholars of the 19th–20th centuries emphasized the importance of Tibetan Buddhist centres in Beijing for the development of this religion in China. Recent Russian studies approach this topic from the Mongolian and Tibetan language sources, which constitutes a new perspective on the history of this cultural phenomenon.

《無圈點檔》諸冊性質研究 *

——《列字檔》與《冬字檔》

趙志強

《列字檔》《冬字檔》為《無圈點檔》內兩冊檔簿。《列字檔》記載清太祖天命八年（1623）正月至五月政務，以老滿文寫在明代舊公文紙上，前後均有殘缺。《冬字檔》亦記載清太祖天命八年正月至五月政務，以過渡時期的滿文寫在高麗箋紙上，前面略有殘缺。因《無圈點檔》年久糟朽，乾隆初年逐頁托裱，並以千字文編號，以防紊亂。當時，這兩冊檔簿分別被編為列字和冬字，故有《列字檔》《冬字檔》之稱。《列字檔》內編 219 號，共計 219 頁；《冬字檔》內編 44 號，共計 83 頁。

仔細考察《列字檔》與《冬字檔》，可知兩者均非原始記録。《列字檔》是原始記録的重抄件，並作為清太祖《實録》的部分底稿。《冬字檔》是《列字檔》經過修改之後的謄抄件，故其內容與《列字檔》重復。乾隆年間重抄《無圈點檔》時，天命八年正月至五月部分，根據《列字檔》抄録，而未采用《冬字檔》。今依據臺北"故宮博物院"2005 年影印本《滿文原檔》、遼寧民族出版社 2009 年影印本《內閣藏本滿文老檔》，對此略作陳述，不當之處，請方家批評指正。

一 《列字檔》非原始記録

儘管《列字檔》以老滿文寫在明代舊公文紙上，但是它並非原始記録，而是在清太宗時期纂修清太祖《實録》時，抄録原始記録而形成的圖書底稿。當時用明代舊公文紙書寫，以節約紙張，廢物利用。何以得知《列字檔》非原始記録？理由有四。

其一，檔內有許多史料取捨標記。纂修清太祖《實録》時，天命八年正月至五月部分，先抄録了這個時期的原始記録，然後在抄録件上選取有用的部分，捨棄無用的內容。因此，在《列字檔》內留下了許多史料選擇的標記。據統計，該檔內 29 處寫有 ere^1 be^1 ara（將此寫）、ere^1 be^1 ere^{1}i jih^{1}e ine^{1}ngg^{1}i bad^{2}e ara（將此寫於其來日之處）、ere^1 be^1 saiqan ac^{1}abu^{1}me^1 ara（將此好好核對寫）、ere^{1}be^1 arambi saiqan g^{1}ingg^{1}ule^{1}me^1 d^{1}ac^{1}ila（將此寫，好好敬重請

* 本文為 2016 年度教育部人文社會科學重點研究基地重大項目"《滿文原檔》翻譯與研究"（批准號：16JJD770038）的階段性研究成果。

示）等提示語，33 處寫有 ere^{1}be^1 ū^{1}me^1（將此勿）、ere^1 ū^{1}me^1（此勿）[①] 等提示語，總共出現提示語 62 條。這些提示語，都寫在每一段取捨部分開頭處左側。連續多個段落，或選或捨，衹在最前面的段落開頭處左側寫有標記文字，中間各段落的取捨標記則承前省略。少量捨棄部分，直接以墨筆圈劃，表示刪除，而沒有任何文字標識。個別地方，段落前面有 ere^{1}be^1 ū^{1}me^1（將此勿）的文字標識，整個段落又被墨筆圈劃，表示刪除。例如：《列字檔》第 199 頁[②]（見圖 1），圖 1 中第 1 行文字前寫 ere^1 be^1 (ū^{1}me^1) ara［將此（勿）寫］，表明剛開始不想選取，因而寫了 ere^1 be^1 ū^{1}me^1（將此勿），後來又決定要選取，遂將 ū^{1}me^1（勿）塗抹，下面補寫 ara（寫）。第 4 行文字開頭處左側，有 ere^1 be^1 ū^{1}me^1（將此勿）的標記，表明該段被捨棄。第 7 行和倒數第 1 行有圓圈處，都表明新的一段記録的開始，而其左側均無取捨標記，就是承前省略了，表明均不選取。

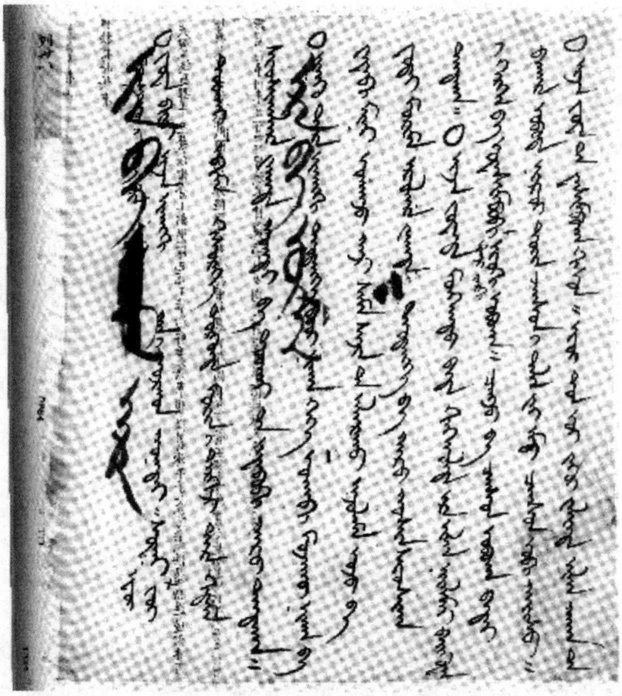

圖 1 《列字檔》第 199 頁

---

① 本文引用滿文，均以拉丁字母轉寫。轉寫之方法，基本遵循 P.G.von Möllendorff（穆麟德）氏 *A Manchu Grammar*（《滿洲語法》）之轉寫法。唯其轉寫法不區分小舌音與舌根音，k 代表 ᡴᠠ [q'] 和 ᡴᡝ [k']，g 代表 ᡤᠠ [q] 和 ᡤᡝ [k]，h 代表 ᡥᠠ [χ] 和 ᡥᡝ [x]，以資簡便，却不完全適合於老滿文之轉寫與還原。因此，本文在轉寫中，增加 q、ɢ、χ 三個字母，分別轉寫前述三個小舌音，原有的 k、g、h 三個字母，僅分別轉寫前述三個舌根音，即：ᡴᠠ [q'] 轉寫為 q，ᡤᠠ [q] 轉寫為 ɢ，ᡥᠠ [χ] 轉寫為 χ，ᡴᡝ [k'] 轉寫為 k，ᡤᡝ [k] 轉寫為 g，ᡥᡝ [x] 轉寫為 h，藉以區分小舌音與舌根音。輔音字母 ᡴ、ᡤ、ᡥ 亦分別以 k、g、h 轉寫。上標阿拉伯數字表示老滿文的不同書寫形式，詳見《滿學論叢》第九輯，遼寧民族出版社，2020，第 69—72 頁。

② 《滿文原檔 · 列字檔》第 3 冊，臺北“故宮博物院”2005 年影印本，第 199 頁。

其二，該檔内有編輯語言，且有編輯的結果。例如:《列字檔》第175頁衹寫了將近兩行老滿文，記載天命八年正月十四日發生的一件事。其文曰：t^{1}ere^1 ine^{1}ngg^{1}i mongɢ^{1}o g^{1}ūru^{1}ni qalqai labsih^{1}ib taiji ini χ^{1}arangɢ^{1}a d^{2}eh^{1}i boiɢ^{1}on ad^{2}un u^{1}lχ^{1}a be ɢ^{1}ajime^1 ūbaš^{1}ame^1 jih^{1}e（是日，蒙古國喀爾喀臺吉拉卜希席布叛，攜其所屬四十戶、畜群來歸）。第176頁，原有χ^{1}an i bith^{1}e tofoχon d^{2}e wasimbu^{1}χ^{1}a（汗之書，於十五日頒發）一段記事。第176—177頁，原有d^{2}utan i bith^{1}e wasimbu^{1}χ^{1}a（頒發都堂之書）一段記事。第177頁，原有ju^{1}wan ningg^{1}un d^{2}e χ^{1}an amba yamu^{1}n d^{2}e t^{1}ūc^{1}ibi amba sarin sarilaχ^{1}a（十六日，汗御大衙門，設大宴）、χ^{1}an i bith^{1}e ju^{1}wan nad^{1}an d^{2}e wasimbu^{1}χ^{1}a（汗之書，十七日頒發）兩段記事。第178頁，前九行為老滿文記録，乃十七日賞賜臺吉拉卜希席布等人事，其文曰：t^{1}ere^1 inengg^{1}i labash^{1}ib taiji ……（那天，臺吉拉卜希席布……）這是這幾天原始記録的原貌，說明天命八年正月十四日喀爾喀臺吉拉卜希席布来歸，到十七日賞賜臺吉拉卜希席布等人，中間隔着兩天，並有兩頁記録五件事。① 後來，編纂清太祖《實録》時，在第175頁第一行文字的左邊，以老滿文書寫ere^1 be^1 ara ed^{2}e būh^{1}engg^{1}e be^1 ere^{1}i sirame^1 ara（將此寫。其所賜者，寫於其後）之言。在第176頁第一段記録前面用老滿文書寫ere^1 be^1 ūme^1（將此勿）之言，並將兩段記録皆以墨筆圈劃，表示刪除。第177頁整頁全被圈劃，也表示刪除。在第178頁第一段記録前面，用老滿文書寫ere^1 be^1 ere^{1}i jih^{1}e inengg^{1}i bad^{2}e ara（將此寫於其來日處）之言。這樣編輯的結果就是蒙古臺吉拉卜希席布等來歸並得到賞賜的事情都變成天命八年正月十四日發生的事，中間兩天發生的五件事都被抹去了。此外，第331頁ere^1 be^1 saiqan ac^{1}abu^{1}me^1 ara（將此好好核對寫）、第347頁ere^{1}be^1 arambi saiqan g^{1}ingg^{1}ule^{1}me^1 d^{1}ac^{1}ila（將此寫，好好敬重請示）之言，也都是編纂清太祖《實録》時留下的編輯語言。②

其三，該檔内有許多修改增刪文字。《列字檔》在原樣抄録原始記録之後，根據編纂清太祖《實録》的需要，對抄録件進行了必要的修改，因而有增有減，留下了諸多編輯加工的痕迹，例如：第172頁第一段記録及增刪情況［以墨筆塗抹者，置於（ ）内；圈劃者置於□内；增補者置於{ }内。下同］是這樣的：ic^{1}e^1 ningg^{1}un d^{2}e χ^{1}an amarg^{1}i mongɢ^{1}oi erg^{1}i jase^1 jaqarame^1 sain babe^1 ū^{1}sin tarimbi jase^1 ne^{1}imbi se^{1}me^1 (g^{1}ene^{1}re^1–d^{2}e) fu^{1}j^{1}isa be^1 ɢ^{1}aibi (emu^1、niru^{1}i ilata ū^{1}ksin i niy^{1}alma be^1 ɢ^{1}amame^1) d^{1}ūngjing h^{1}ec^{1}e^{1}n i amarg^{1}i d^{2}uqa be^1 t^{1}ūc^{1}ike: {t^{1}uwaname^1 g^{1}ene^{1}h^{1}e:}。顯然，在這裏，編修者塗抹原文中的g^{1}ene^{1}re^1–d^{2}e（前往時）、emu^1 niru^{1}i ilata ū^{1}ksin i niy^{1}alma be^1 ɢ^{1}amame^1（帶領每牛録披甲各三名前往）之言，並將d^{1}ūngjing h^{1}ec^{1}e^{1}n i amarg^{1}i d^{2}uqa be^1 t^{1}ūc^{1}ike（出了東京城北門）之言，同後一段記録一並圈劃，然後增補t^{1}uwaname^1 g^{1}ene^{1}h^{1}e（去看）之言。這樣處理之後，整個句子就較為簡明，符合《實録》的要求。再如：該檔第173—174頁，逐日記載天命八年正月初八至十四日清太祖赴遼河之

① 《滿文原檔·列字檔》第3冊，第175—178頁。

② 《滿文原檔·列字檔》第3冊，第331、347頁。

畔駐蹕狩獵、宴請並賞賜蒙古王公，最後返回東京城之行，較為詳細，但不符合《實録》體例。於是，編纂者將第 173 頁倒數第 2 行至第 174 頁第 1 行文字，即初十日記録的最後一句 tere^1 □□□ engg^{1}ed^{2}eri efu^{1}d^{2}e emu^1 ɢ^{1}usai ju^{1}we^1–te niyalma be^1 ad^{1}abu^{1}bi g^{1}eg^{1}e be^1 t^{1}uwana se^{1}me^1 taquraχ^1a（是日，□□□遣恩格德爾額駙率每旗二人，前往看望格格）塗抹，將第 174 頁其餘部分即初九至十四日全部記録盡行圈劃，然後在 173 頁末尾增補 ju^{1}wan d^{2}uin d^{2}e boo d^{2}e jih^{1}e（十四日，到家）一句了事。這樣，往返狩獵之事的記録簡明扼要，當然初九至十四日的原始記録也蕩然無存了。

其四，該檔釋文内出現 sūre^1 χ^1an（聰睿汗）字樣。《列字檔》第 167 頁有一條注釋文字，其文曰：d^{1}arχ^1an bat^{1}uru, g^{1}engg^{1}iy^{1}e^{1}n χ^1an i amχ^1[a.] g^{1}ebu^1 mingɢ^{1}an: jarɢ^{1}uci beile sūre^1 χ^1an i amχ^1a, g^{1}ebu^1 mangɢ^{1}us: ild^{2}uci, mingɢ^{1}an i amba χ^1aχ^1a jūi, g^{1}ebu^1 d^{1}ongɢ^{1}or: ere^1 g^{1}emu^1 qorc^{1}in i be^{1}ise^1:① 漢譯為：“達爾漢巴圖魯，英明汗之婿，名明安。扎爾古齊貝勒，聰睿汗之婿，名莽古思。伊勒都齊，明安之長子，名楝果爾。此皆科爾沁貝勒。”該釋文内，英明汗即清太祖努爾哈齊的尊稱，聰睿汗即清太宗皇太極的尊稱，作為年號時，漢譯為“天聰”。《清史稿》記載：“太宗孝端文皇后，博爾濟吉特氏，科爾沁貝勒莽古思女。歲甲寅四月，來歸，太祖命太宗親迎，至輝發扈爾奇山城，大宴成禮。”② 在這裏，所謂“四月”，可能有誤。滿文檔案記載：（niowangg^{1}iy^{1}an tasχ^1a aniy^{1}a ）ningg^{1}un biy^{1}ai ju^{1}wan d^{2}e qorc^{1}in i mongɢ^{1}o be^{1}ile^{1}i sarɢ^{1}an ju^{1}i be^1 amba g^{1}engg^{1}iy^{1}e^{1}n χ^1an i ju^{1}i χ^1ung taiji d^{2}e be^{1}njire^1 d^{2}e χ^1ung taiji okd^{1}ome^1 g^{1}ene^{1}bi χ^1oif^{1}ai χ^1urki χ^1ad^{1}ai bad^{2}e ac^{1}abi amba sarin sarilame^1 ɢ^{1}aiχ^1a:③ 漢譯為：“六月初十日，將科爾沁蒙古貝勒之女送於大英明汗之子皇太極時，皇太極前往迎接，於輝發之扈爾奇哈達地方相遇，設大宴娶之。”兩相對比，可知明萬曆四十二年（1614），歲在甲寅，清太祖之子皇太極前往迎娶科爾沁蒙古貝勒莽古思之女，六月初十日，於輝發之扈爾奇哈達地方相遇，遂舉行盛宴完婚。此博爾濟吉特氏之女，即後來的孝端文皇后。當迎娶之時，皇太極尚為皇子，距離其即位還有 13 年的時間。乾隆年間抄録《無圈點檔》時，在事人員也發現了這個問題，並在抄録件内閣藏本頁眉貼黃紙簽，上面以墨筆寫釋文曰：gingguleme kimcici, ere emu meyen suhe hergen i dorgide, sure χan seme araχabi. ere abqai fuligɢa forɢon i ejehe dangse, te sure χan seme araχangge, ainci taidzung χūwangdi forɢon de niyeceme ejehengge dere:④ 漢譯為：“謹案，此一條釋文内，寫作聰睿汗。此乃天命時期記録之檔冊，今寫聰睿汗者，想必為太宗皇帝時期補記者。”的確如此，《列字檔》所記為天命八年正月至五月政務，原本也是原始記録，衹是《列字檔》乃清太宗時期抄録的原始記録的副本，而此條釋文正是在抄録時增加的。此條寫於清太宗即位以後的釋文，亦可證明《列字檔》是清太宗時期抄録的檔冊。

① 《滿文原檔 · 列字檔》第 3 冊，第 167 頁。

② 《清史稿》卷 214《列傳一 · 後妃》，中華書局，1977，第 8901 頁。

③ 《滿文原檔 · 荒字檔》第 1 冊，第 44 頁。

④ 《内閣藏本滿文老檔》第 6 函，遼寧民族出版社 2009 影印本，第 1920 頁。

以上四條足以說明《列字檔》並非原始記録，而是原始記録的抄録件。①

二 《冬字檔》與《列字檔》

《冬字檔》是《列字檔》的謄抄件。在原始記録抄録件上，經過選材、編輯和修改，《列字檔》需要謄抄，以便進一步修改。經過謄抄之後，就産生了《冬字檔》，其内容基本與《列字檔》重復，衹是從某些細微之處來看，在《冬字檔》與《列字檔》之間，似乎還有未能留存的稿本。儘管如此，不妨以《冬字檔》為《列字檔》的謄抄件。理由亦有四條。

其一，《列字檔》選取者，《冬字檔》均抄録。如前所述，《列字檔》内有 29 處 ere^1 be^1 ara（將此寫）等史料選取標記。凡有此等標記者，《冬字檔》都如實抄録，僅有一處例外即第 199 頁第 1 段記録，共 3 行字。其文曰：ju^{1}we^1 biy^{1}ai ic^{1}e^1 ine^{1}ngg^{1}i χ^{1}an i χ^{1}ojiχ^{1}on ɢ^{1}unad^{1}ai: su^{1}wani efu^{1}i ju^{1}i tooχ^{1}ai ebime^1 g^{1}isu^{1}re^{1}h^{1}e t^{1}urg^{1}und^{2}e morini d^{2}erg^{1}ic^{1}i d^{1}ara g^{1}id^{1}ame^1 siusiχ^{1}alara jaqad^{2}e ɢ^{1}unad^{1}ai be^1 tooχ^{1}ai d^{2}e af^{1}abu^{1}bi qaru^1 tantaχ^{1}a（二月初一日，汗之婿顧納代因蘇完額駙之子托海戲言，從馬上彎腰鞭責，遂將顧納代交給托海毆打以報）。覽此内容，顯然涉及清太祖的顔面，選録與否，編纂清太祖《實録》者心裏也很矛盾。起初決定不選，所以在該段開頭處寫了 ere^1 be^1 ū^{1}me^1（將此勿），後來不知何故又決定選取，遂將 ū^{1}me^1（勿）塗抹，在其下面補寫 ara（寫）（見圖 1）。再到後來謄抄時，權衡再三，最終捨棄。這在《冬字檔》裏留下了明顯的痕迹（見圖 2）。② 顯然，《冬字檔》抄録該段記録，已經寫了 jū^{1}we^1 biyai ic^{1}e^1 de: χ^{1}an i χ^{1}ojiχ^{1}on ɢonadai（二月初一日，汗之婿顧納代），之後又決定不選取，遂將已經寫好的 χ^{1}an i χ^{1}ojiχ^{1}on ɢonadai（汗之婿顧納代）之言塗抹，並在日期 ic^{1}e^1（初一日）與 de（於）之間，增補 ilan（三），改為初三日，然後記載了初三日發生的事情。由此可見，《冬字檔》並非遺漏該段記録，而是為了維護清太祖的顔面最終有意捨棄了。

此外，還有一處較為特殊，即《列字檔》第 355 頁倒數第 3 行一段開頭處有 ere^1 be^1 ara（將此寫）字樣，第 356 倒數第 4 行開始一段，開頭處沒有標記，按照多個段落取捨的標記衹在第一個段落出現，中間段落不重復標識的慣例，此段雖無標識，但應該承前抄録，然而《冬字檔》却未抄録。是否屬於遺漏，亦未可知。

其二，《列字檔》捨棄者，《冬字檔》基本沒有抄録。如前所述，《列字檔》内有 33 處 ere^{1}be^1 ū^{1}me^1（將此勿）等提示語。凡有此等提示者，《冬字檔》基本沒有抄録，此外《列字檔》内所有圈劃之處，《冬字檔》亦未抄録。僅有兩處例外：一是《列字檔》第 359 頁中間一段記録，開頭處左側有 ere^{1}be^1 ū^{1}me^1（將此勿）的提示語（見圖 3）。③ 該段文字均被塗抹，並在旁邊重寫。其原始記録的抄録文字為：ine^{1}ku t^{1}ere^1 ine^{1}ngg^{1}i d^{1}aimbu^1 ag^{1}ei emg^{1}i bih^{1}e toχ^1

① 關於這個問題，詳見趙志強《論滿文〈無圈點檔〉》，《清史研究》2019 年第 2 期，第 26—39 頁。

② 《滿文原檔 · 冬字檔》第 3 冊，第 405 頁。

③ 《滿文原檔 · 列字檔》第 3 冊，第 359 頁。

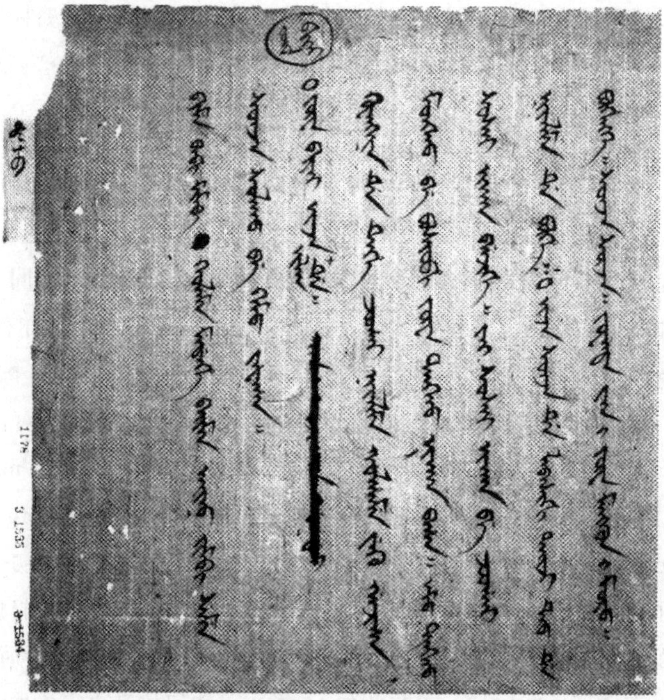

圖 2 《冬字檔》第 405 頁

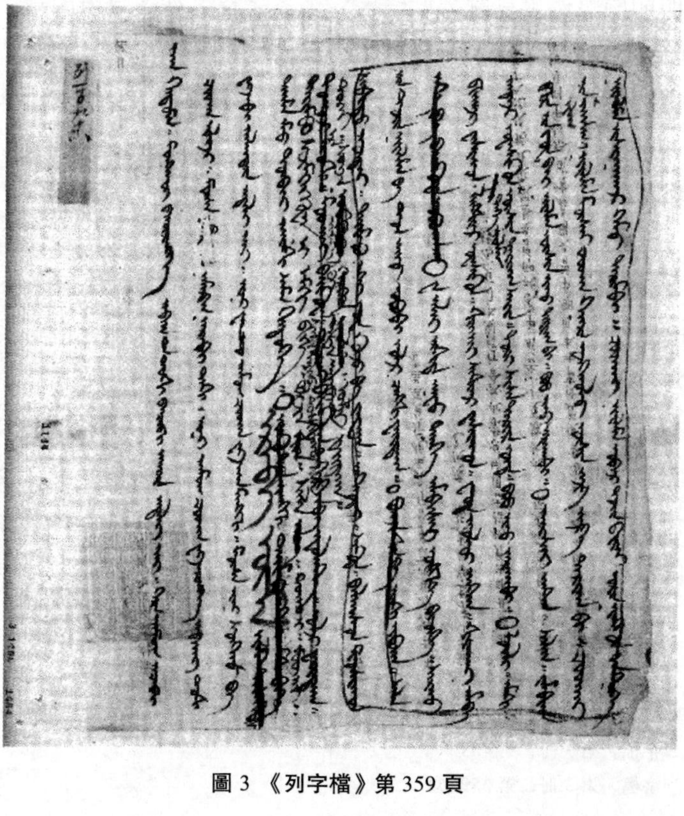

圖 3 《列字檔》第 359 頁

oc^{1}i iog^{1}i: mooχ^{1}ai be^{1}ig^{1}uwan: t^{1}urai be^{1}ig^{1}uwan i h^{1}erg^{1}en be efu^{1}le^{1}h^{1}e: olji faitaχ^{1}a: sabit^{1}u χ^{1}ond^{1}ai: d^{1}aimbu^{1} ag^{1}ei ju^{1}we^{1} g^{1}ūc^{1}u^{1} be^{1} jaf^{1}aχ^{1}a: angɢ^{1}ū^{1}d^{1}ai: se^{1}h^{1}ud^{2}e: balq^{1}asu^{1}n miosiχ^{1}on ere^{1} d^{2}uin niy^{1}alma be^{1} ton aqū^{1} obu^{1}bi olji cangg^{1}i f^{1}aitaχ^{1}a:（是日，與戴穆布阿哥同在之托霍齊遊擊、毛海備禦、圖賴備禦革職罰俘，昂古代、色乎德、巴勒喀孫、苗什渾此四人不算數，祇罰俘虜）。後將此句整個塗抹，改為{d^{1}aimbu^{1} sū^{1}mingg^{1}uwan ni emg^{1}i bih^{1}e: borjin [h^{1}iy^{1}a]: se^{1}le^{1} [ag^{1}e]: toχ^{1}oc^{1}i: mooχ^{1}ai: t^{1}urai: ere^{1} su^{1}nja} [nobi be h^{1}erg^{1}en efu^{1}le^{1}h^{1}e] {amban be^{1} {sasa ainu^{1} d^{1}osiraqū^{1} se^{1}me^{1}} χ^{1}afan naqabu^{1}χ^{1}a: olji faitaχ^{1}a:}（與戴穆布總兵官同在之博爾晉［侍衛］、色勒［阿哥］、托霍齊、毛海、圖賴此五［人革職］{大臣{以未一同進入}免職罰俘}，後面 sabit^{1}u……f^{1}aitaχ^{1}a 之言，則與四段文字一並圈劃。

另外一處是《列字檔》第 188 頁第 2 行起一段記録，所記為天命八年正月二十三日審訊高麗使臣五人並將其逮捕事。其開頭處有 ere^{1} be^{1} ū^{1}me^{1}（將此勿）字樣，而且字寫得很大（見圖 4）。① 然而，《冬字檔》抄録時將原檔日期 orin ilan d^{3}e（二十三日）改為 orin ningg^{2}un de（二十六日）。② 其所在位置也被移動。顯然，這也是有意為之。

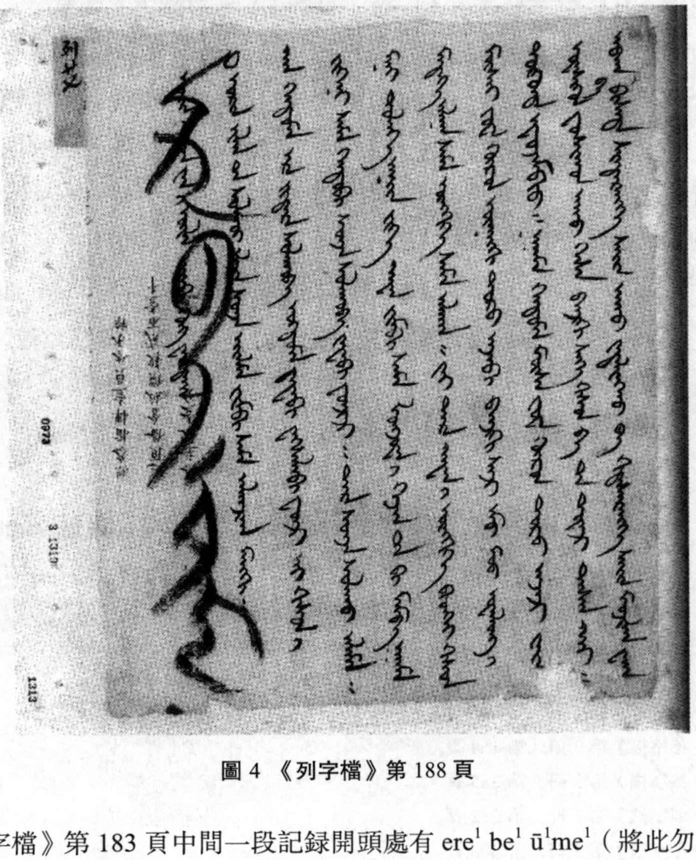

圖 4 《列字檔》第 188 頁

此外，《列字檔》第 183 頁中間一段記録開頭處有 ere^{1} be^{1} ū^{1}me^{1}（將此勿）標識，而倒數

① 《滿文原檔 · 冬字檔》第 3 冊，第 188 頁。

② 《滿文原檔 · 冬字檔》第 3 冊，第 403 頁。

第 1 行另一段開始處並無任何標記，本應承前不抄録，《冬字檔》却抄録了。是否為謄抄者疏忽所致，亦未可知。

其三，《列字檔》增刪之處，《冬字檔》內如實反映，凡增補者已寫入，塗抹圈劃者均未録。例如：上述《列字檔》第 359 頁的例子，《冬字檔》衹録其修改的部分，即 tere ine^{1}ngg^{1}i daimbu^{1} sū^{1}mingg^{1}uwan emg^{1}i bih^{1}e borjin: sele: toχ^{1}oci: mooχ^{1}ai: turai: ere su^{1}nja amban be sasa ainu^{1} d^{1}osiχ^{1}aqū se^{1}me^{1} χ^{1}afan naqabu^{1}χ^{1}a olji faitaχ^{1}a①之言，而其圈劃的部分則未録。再如：《列字檔》第 164 頁第 2 段記録，開頭文字原為 t^{1}ere^{1} ine^{1}ngg^{1}i se^{1}ngg^{1}e tabu^{1}nu^{1}ng（是日，僧額他布囊），後改為 ic^{1}e^{1} ju^{1}we^{1} d^{2}e（初二日），並增加定語 qalqai mongɢ^{1}o（喀爾喀蒙古）。②《冬字檔》按照修改後的文字抄録，並增加定語 saχaχ^{1}u^{1}n ū^{1}lg^{1}iy^{1}an aniy^{1}a: aniy^{1}a biy^{1}a i（辛亥年正月）。③又如：《列字檔》第 212 頁有 χ^{1}an h^{1}end^{2}ume^{1} jaqū^{1}n χ^{1}osioi be^{1}ise^{1} d^{2}e jaqū^{1}n (d^{2}utan) {amban} ad^{1}abi［汗曰：於八和碩貝勒，副以八（都堂){ 大臣 }］④之言，即原始記録為“都堂”，後《列字檔》改為“大臣”。《冬字檔》直接書寫為 jaqū^{1}n amban（八大臣）。⑤

其四，該檔以過渡時期的滿文書寫。作為後出的謄抄件，《冬字檔》內的滿文已有部分圈點，衹是不完善，有些書寫形式也不一致（見圖 5）。⑥該檔正文的第一頁，儘管老滿文書寫形式較多，但不少單詞已有圈點，譬如第 1 行的 de（於）、sengge（僧額），第 2 行的 deo（弟）、dehi（四十）、gajime（帶來）、jihe（來了），其餘部分也有施加圈點的單詞。又，第 3 行的 tūc^{1}ib^{1}i（出）、第 4 行的 eb^{1}iye^{1}n eb^{1}ibu^{1}me（使演戲）、eb^{1}iye^{1}n eb^{1}ihe（演戲了）5 個單詞裏出現的音節字母 b^{1}i，是過渡時期滿文音節字母 fi 的典型書寫形式，即在音節字母 bi 的右邊畫一個圓圈。還值得注意的是，該檔內出現了書寫形式和新滿文一樣的音節字母 fi，例如：ju^{1}wan d^{2}uin de^{1} mongɢ^{1}oi jaru^{1}t g^{1}ūru^{1}n i angɢ^{1}a be^{1}ile^{1} be^{1} sū^{1}c^{1}u^{1}fi: angɢ^{1}ai ama jū^{1}i be waχa:⑦（十四日，襲擊蒙古扎魯特部昂阿貝勒，殺昂阿父子）在《無圈點檔》裏，音節字母 fi 首見於此。這些書寫特點表明，《冬字檔》形成較晚，不會早於天聰六年。

以上四條足以說明《冬字檔》不是原始記録，而是《列字檔》的謄抄件。

儘管《冬字檔》是《列字檔》的謄抄件，但兩者之間有一些不同之處。這是因為《冬字檔》在謄抄之後，又進行了修改。在《冬字檔》的封面上，就有 ed^{3}e d^{1}asara ba bi（這個有修改之處）⑧之言。覽其檔內文字，確實有修改之處。例如：《列字檔》bu^{1}y^{1}a alisa siurd^{2}eh^{1}e

① 《滿文原檔·冬字檔》第 3 冊，第 445 頁。
② 《滿文原檔·冬字檔》第 3 冊，第 164 頁。
③ 《滿文原檔·冬字檔》第 3 冊，第 385 頁。
④ 《滿文原檔·列字檔》第 3 冊，第 212 頁。
⑤ 《滿文原檔·冬字檔》第 3 冊，第 408 頁。
⑥ 《滿文原檔·冬字檔》第 3 冊，第 385 頁。
⑦ 《滿文原檔·冬字檔》第 3 冊，第 426 頁。
⑧ 《滿文原檔·冬字檔》第 3 冊，第 382 頁。

圖 5 《冬字檔》第 385 頁

g^{1}ese^{1}（如同小山環繞）①之言，《冬字檔》先照録，後將 alisa（衆山）改為 alin（山）sa（們）。② 再如：蒙古國喀爾喀拉人希席布（labaskib）來歸後清太祖賞賜之事，《列字檔》記載頗詳，③《冬字檔》照録之後，塗抹 jai dehi u^{1}lχū^{1}ma: d^{2}uin g^{1}io: jaqū^{1}n sin be^{1}le: jaqū^{1}n se^{1}je^{1}n moo bū^{1}he（狍子四、野鷄四十、米八金斗、木八車）④ 一句。有些地方增補較多，例如第 440 頁最後一行至第 443 頁第一行，有長篇 sūme^{1} h^{1}end^{2}uh^{1}e g^{1}isu^{1}n（解釋之言），中間有塗抹者 7 行有餘，内容為額爾德尼案件評述。有些地方如第 444—445 頁改動較大，甚至將原文盡行塗抹之後，在其旁邊重寫。經過這樣修改之後，《冬字檔》的有些行文以及内容就和《列字檔》很不一樣了。此外，有些地方詞語順序顛倒。例如：《列字檔》作 tangɢ^{1}ū^{1} iχ^{1}an d^{2}eh^{1}i morin（百牛，四十馬），而《冬字檔》作 dehi morin: tangɢ^{1}ū^{1} ih^{1}an（四十馬，百牛）。⑤ 又如：《列字檔》作 nic^{1}u^{1}h^{1}e tana（珍珠、東珠），而《冬字檔》作 tana nioc^{1}u^{1}he（東珠、珍珠）。⑥ 還有些地方行文略有差異。例如：《列字檔》作 tana nic^{1}u^{1}h^{1}e aisin（東珠、珍珠、金）、g^{1}id^{1}aχ^{1}a tana

① 《滿文原檔 · 列字檔》第 3 冊，第 182 頁。

② 《滿文原檔 · 冬字檔》第 3 冊，第 394 頁。

③ 《滿文原檔 · 列字檔》第 3 冊，第 178 頁。

④ 《滿文原檔 · 冬字檔》第 3 冊，第 391 頁。

⑤ 《滿文原檔 · 列字檔》第 3 冊，第 233 頁；《滿文原檔 · 冬字檔》第 3 冊，第 416 頁。

⑥ 《滿文原檔 · 列字檔》第 3 冊，第 348 頁；《滿文原檔 · 冬字檔》第 3 冊，第 430 頁。

nic^{1}u^{1}h^{1}e aiqa jaqa bic^{1}i t^{1}ūc^{1}ibu^{1}bi bu^{1}u（如有隱藏的東珠、珍珠一應物件，則交出來），而《冬字檔》分別作 tere tana nioc^{1}u^{1}he aisin（那個東珠、珍珠、金）、gidaχa tana nioc^{1}u^{1}he aisin aiqa jaqa bic^{1}i tūc^{1}ibu^{1}fi bu^{1}u（如有隱藏的東珠、珍珠、金一應物件，則交出來）。①

還特別值得一提的是，現存《列字檔》前後均殘缺，而《冬字檔》僅前面略有殘缺，後面並不殘缺。因此，《列字檔》最後一條記録，即五月三十日後金致科爾沁奧巴臺吉及衆貝勒之書，至第 380 頁倒數第一行 t^{1}utt^{1}u obi sangt^{1}u 便結束，後面殘缺。而《冬字檔》不殘缺，此後第 462 頁尚有將近 3 行字，第 463 頁共有 8 行字，倒數第一行最後一詞略殘，第 464 頁共有 7 行字，第一行最後一詞略殘，第 8 行的位置空白沒有書寫，整段記録並不殘缺。② 由此亦可知道，《冬字檔》正文部分後面並不殘缺，衹是封底沒有了。

三 《列字檔》與《加圈點字檔》

儘管《列字檔》是底稿，《冬字檔》是其謄清稿，並有許多修改，但乾隆年間抄録《無圈點檔》時，天命八年正月至五月部分依據《列字檔》抄録，而沒有采用《冬字檔》。這是為什麼呢？大概是因為《列字檔》保留原始記録更多，內容更豐富。如前所述，《列字檔》計有 219 頁，而《冬字檔》僅有 83 頁。按頁計算，則《冬字檔》僅為《列字檔》三分之一略強。在乾隆年間，有關清太祖時期的歷史資料已不多見。在這種情況下，抄録《列字檔》，儘量多保存史料是可取的。具體是怎麼抄録的呢？

首先，不受《列字檔》史料取捨標記的限制，一律抄録。如前所述，《列字檔》內有許多史料取捨標記，依據這些標記謄抄而成的《冬字檔》，內容衹有原文的三分之一，可見《列字檔》將近三分之二的部分被捨棄。也許是因為捨棄太多，乾隆年間抄録《無圈點檔》時，不抄録《冬字檔》，而抄録《列字檔》，且未受檔內史料取捨標記的限制，將標有 ere^{1}be^{1} ū^{1}me^{1}（將此勿）等標記的段落也都抄録。例如：《列字檔》第 165 頁第 2 行前，有 ere^{1} ū^{1}me^{1}（此勿）字樣，但乾隆抄本《加圈點字檔》抄録了。③《列字檔》第 170 頁第 1 行前，有 ere^{1} be^{1} ū^{1}me^{1}（將此勿）字樣，但《加圈點字檔》也抄録了。④ 總之，乾隆抄本未受《列字檔》史料取捨標記的限制。從史料保存的角度看，這是十分可貴的。

其次，凡是《列字檔》塗抹、圈劃之處，一律不抄録。如前所述，《列字檔》內有些塗抹圈劃的詞、句子，甚至有整頁被圈劃者。凡是此等文字，《加圈點字檔》一律未抄録。例如：前述《列字檔》被圈劃的第 176、177 頁，《加圈點字檔》均未抄録。又如：《列字檔》第 359 頁，前半頁有所修改，後半頁被圈劃（見圖 3）。《加圈點字檔》衹録其前半頁修改後的

① 《滿文原檔·列字檔》第 3 冊，第 348 頁；《滿文原檔·冬字檔》第 3 冊，第 430 頁。

② 《滿文原檔·冬字檔》第 3 冊，第 462—464 頁。

③ 《滿文原檔·列字檔》第 3 冊，第 165 頁；《內閣藏本滿文老檔》第 6 函，第 1914 頁。

④ 《滿文原檔·列字檔》第 3 冊，第 170 頁；《內閣藏本滿文老檔》第 6 函，第 1925 頁。

文字，後半頁文字儘管清晰可識，也不抄録一字。① 作為《列字檔》的抄録件，《加圈點字檔》這樣抄録固然沒錯，但從更多地保存史料的角度來看，將大段甚至整頁被圈劃内容原樣抄録，或許會更有價值。

再次，《加圈點字檔》所抄録者，在書寫形式上，除了新舊滿文的不同外，也有諸多差異。一是改換概念，以回避尊者名諱。清太宗皇太極即位以前，《無圈點檔》裏都直呼其名。在《列字檔》（以下簡稱《列》）裏，他的名字出現了三次，但在《加圈點字檔》（以下簡稱《加》）裏，按其排行，都改為 duici（第四）。例如：《列》第 351 頁兩次出現 χ^{1}ong taiji（皇太極）之名，《加》均改為 duici（第四）。② 又如：《列》第 354 頁作 ic^{1}e^{1} su^{1}nja d^{2}e amba be^{1}ile^{1}: amin be^{1}ile^{1}: χ^{1}ong taiji be^{1}ile^{1}……（初五日，大貝勒、阿敏貝勒、皇太極貝勒……）而《加》將其中 χ^{1}ong taiji（皇太極）之名改為 duici（第四）。③ 二是以後來的用語替換原先的用語。這主要表現在漢語音譯借詞上。起初，滿洲（女真）人說漢語，讀音不甚準確，因而音譯漢語借詞的讀音與其本音多有差異。《加》抄録時，均以乾隆時期通用的音譯借詞替換。例如：漢語的"劄付"一詞，《列》作 safu^{1} bith^{1}e，《加》改作 jafu bithe。④ 又如：漢語的"都堂"一詞，《列》作 d^{2}utan，《加》改作 du tang。⑤ 三是或分或合，各隨其便。書寫滿文時，虛詞可與前面的詞連寫，亦可分開書寫。因此，《加》與《列》書寫差異較多。例如：《列》連寫作 ɢ^{1}usac^{1}i（自固山），《加》分開寫作 gūsa（固山）ci（自）；⑥《列》連寫 jaqabe^{1}（將東西），《加》分作 jaqa（東西）be（將）；⑦《列》連寫 g^{1}ū^{1}rire^{1}d^{2}e（於遷徙時）...... ɢ^{1}aš^{1}and^{2}e（於村），《加》分作 gurire（遷徙）de（於……時）...... ɢašan（村）de（於）。⑧ 再如：《列》分作 ju^{1}wan（十）ta（各），《加》連寫為 juwanta（各十）。⑨ 諸如此類，《加》的書寫固然無誤，但作為《列》的抄録件，如能與《列》保持一致，會更有利於瞭解當時的書寫特點。

最後，既糾錯又犯錯。《列》在抄録原始記録時，偶有筆誤，《加》予以糾正。例如：《列》有言曰：bu^{1}laqan i be^{1}ig^{1}uwani h^{1}erg^{1}en be^{1} naqabu^{1}b^{1}i be^{1}y^{1}e^{1} niy^{1}alma obu^{1}me^{1}.⑩ 此句中，be^{1}y^{1}e^{1} 一詞，亦可讀為 baya、baye、beya 或 baja、baje、beja、beje 等，但均不易解讀。《加》直接改作 bai（白、閑），⑪ 與文意恰好吻合。由此觀之，《列》有筆誤，亦未可料。又如：

---

① 《滿文原檔·列字檔》第 3 冊，第 359 頁；《内閣藏本滿文老檔》第 7 函，第 2331 頁。

② 《滿文原檔·列字檔》第 3 冊，第 351 頁；《内閣藏本滿文老檔》第 7 函，第 2304—2305 頁。

③ 《滿文原檔·列字檔》第 3 冊，第 354 頁；《内閣藏本滿文老檔》第 7 函，第 2315 頁。

④ 《滿文原檔·列字檔》第 3 冊，第 162 頁；《内閣藏本滿文老檔》第 6 函，第 1909 頁。

⑤ 《滿文原檔·列字檔》第 3 冊，第 166 頁；《内閣藏本滿文老檔》第 6 函，第 1916 頁。

⑥ 《滿文原檔·列字檔》第 3 冊，第 162 頁；《内閣藏本滿文老檔》第 6 函，第 1907 頁。

⑦ 《滿文原檔·列字檔》第 3 冊，第 162 頁；《内閣藏本滿文老檔》第 6 函，第 1908 頁。

⑧ 《滿文原檔·列字檔》第 3 冊，第 163 頁；《内閣藏本滿文老檔》第 6 函，第 1910 頁。

⑨ 《滿文原檔·列字檔》第 3 冊，第 235 頁；《内閣藏本滿文老檔》第 6 函，第 2041 頁。

⑩ 《滿文原檔·列字檔》第 3 冊，第 170 頁。

⑪ 《内閣藏本滿文老檔》第 6 函，第 1927 頁。

《列》有言曰：ine^{1}ku t^{1}ere^1 ine^{1}ngg^{1}i: 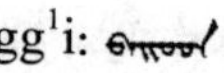 g^{1}ūru^{1}n i mangɢ^{1}ū^{1}ld^{1}ai baiɢ^{1}al......① 此句中，這個詞可讀為 baiot，但不太符合滿文的書寫規則，似屬筆誤。《加》直接改作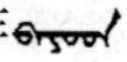（bayot，巴嶽特），② 就不存在任何疑問了。凡此種種，《加》糾正了《列》的魯魚之訛。然而，《加》也有讀錯寫錯的地方。例如：《列》有言曰：emu^1 ɢ^{1}ū^{1}sad^{2}e amba p^{1}oo ju^{1}wan ta: emu^1 niru^{1}i t^{1}uc^{1}ibi y^{1}abu^{1}re^1 tangɢ^{1}ū^1 u^{1}ksin i niy^{1}almabe^1: š^{1}angg^{1}iy^{1}an bay^{1}ara: fu^{1}lg^{1}iy^{1}an bay^{1}ara: saχ^{1}aliy^{1}an ing ilan u^{1}bu^1 banjibu^{1}bi y^{1}abu^1: ju^{1}wan niy^{1}alma d^{2}e emu^1 eje^{1}n ara: emu^1 bai niy^{1}almad^{2}e ju^{1}wan p^{1}oo jaf^{1}abu^1: p^{1}oo aqū^{1}c^{1}i d^{2}ubu^1:③ 漢譯為："每旗大炮各十，每牛録出行披甲百名，編為白護軍、紅護軍、黑營三份行走。於十人委任主子一人。一處之人，掌管十炮。若無炮，令打造。"《加》將此句中三處 p^{1}oo（炮）均作 boo（家），將 d^{2}ubu^1（令打造）作 tobo（窩鋪），④ 顯然是抄録者誤解了這句話的意思。

以上是《加》抄録《列》的一些具體情況。除此之外，《加》衹抄録《列》，將《冬字檔》棄之不用，至少有兩點遺憾。一是有些"原檔殘缺"的黃簽本可不貼。《冬字檔》是《列字檔》的謄抄件，兩者雖有差異，但《列》內某些殘缺不全之處，完全可以用《冬字檔》的相關文字補充完善。例如：《加》第 1932 頁第 1 行，在 foloχo umiyesun（雕刻的腰帶）與 uyun suje（緞九）之間，貼了"原檔殘缺"的黃簽。⑤ 查《列》之記載，非但有此殘缺，其前面的 foloxo umiyesun（雕刻的腰帶）實際上也衹能看到右半邊，左半邊多已殘破。⑥ 顯然，《加》也是猜着抄録的。而在《冬字檔》裏，相應文字完整無缺，由此可知《加》所寫 foloxo umiyesun（雕刻的腰帶）準確無誤，而其粘貼"原檔殘缺"黃簽處所缺文字為 emu^1 gec^{1}u^{1}heri（蟒緞一）。⑦ 又如：《列》後面殘缺，《冬字檔》則如前所述，尚有兩頁多文字。其文曰：χ^{1}ū^{1}bilt^{1}ui g^{1}ūru^{1}n u^{1}lχ^{1}a angɢ^{1}ai emg^{1}i su^{1}waliy^{1}abu^{1}b^{1}i baχ^{1}ac^{1}i ɢ^{1}aisu^1 beye be^1 ū^{1}me^1 wara se^{1}me^1 ū^{1}ju^{1}laχ^{1}a be^{1}ise^1 ge^{1}re^{1}n c^{1}ooχ^{1}a be^1 ū^{1}ngg^{1}ih^{1}ed^{2}e ɢ^{1}ū^{1}wa u^{1}ile^1 aqū^1 g^{1}ūru^{1}n be^1 balai su^{1}waliy^{1}abu^{1}raqū^1 se^{1}me^1: mongɢ^{1}oi c^{1}ooχ^{1}a emu^1 mingɢ^{1}an: jū^{1}š^{1}e^{1}n c^{1}ooχ^{1}a su^{1}nja tangɢ^{1}ū^1 be^1 ū^{1}ngg^{1}ifi g^{1}ene^{1}h^{1}e c^{1}ooχ^{1}ai niy^{1}alma u^{1}ile^1 aqū^1 niy^{1}alma be ilan ine^{1}ngg^{1}i d^{2}ūle^{1}me^1 g^{1}ene^{1}bi u^{1}ile^{1}ngg^{1}e niy^{1}alma be^1 baime^1 waχ^{1}angg^{1}e tere^1 inu^1: manju^1 qorc^{1}in me^{1}ni jū^{1}we^1 g^{1}ūru^{1}n emu^1 h^{1}ebe^{1}i sain banjimbi se^{1}me^1: abqa na d^{2}e aq^{1}du^{1}lame^1 ɢ^{1}asχ^{1}ū^{1}mbi: c^{1}aχ^{1}ar qalqai jalid^{1}ara g^{1}isu^{1}n: sain ū^{1}lin d^{2}e d^{1}osifi qorc^{1}in d^{2}e hebe^1 aqū^1 manju^1 ne^{1}ne^{1}me^1 c^{1}aχ^{1}ar qalqa d^{2}e ac^{1}ac^{1}i manju^1 be^1 abqa waqalabi su^{1}i isifi g^{1}irangg^{1}i šarame^1: sengg^{1}i boiχ^{1}on d^{2}e ū^{1}c^{1}u^{1}bu^{1}me^1 būc^1{e^{1}kini}⑧ qorc^{1}in

① 《滿文原檔·列字檔》第 3 冊，第 183 頁。

② 《內閣藏本滿文老檔》第 6 函，第 1941 頁。

③ 《滿文原檔·列字檔》第 3 冊，第 235 頁。

④ 《內閣藏本滿文老檔》第 6 函，第 2041 頁。

⑤ 《內閣藏本滿文老檔》第 6 函，第 1932 頁。

⑥ 《滿文原檔·列字檔》第 3 冊，第 178 頁。

⑦ 《滿文原檔·冬字檔》第 3 冊，第 390 頁。

⑧ 該詞略殘，據後文 būc^{1}e^{1}kini（死吧）補全。

manju^1 d^{2}e hebe^1 aqū^1: c^{1}aχ^{1}ar qalqai jalid^{1}ara g{isu^1}n: {sain}① ū^{1}lin de d^{1}osib^{1}i c^{1}aχ^{1}ar qalqa de ac^{1}ac^{1}i qorc^{1}in be^1 abqa waqalab^{1}i su^{1}i isifi g^{1}irangg^{1}i šarame^1: sengg^{1}i boiχ^{1}on d^{2}e ū^{1}c^{1}u^{1}bu^{1}me^1 būc^{1}e^{1}kini: abqa d^{2}e aq^{1}du^{1}lame ɢ^{1}asχ^{1}ū^{1}χ^{1}a g^{1}isu^{1}n d^{2}e isibu^{1}me^1 aq^{1}du^{1}n tond^{1}o banjic^{1}i abqa na de saišame ɢ^{1}osibu^{1}fi se jalɢ^{1}an ɢ^{1}olmin jū^{1}se^1 omosi jalan χ^{1}alame^1 tūme^{1}n aniy^{1}a taib^{1}in jirɢ^{1}ame^1 kemu^{1}ni abqa ɢ^{1}osikini:: ② 漢譯為："呼畢勒圖之人畜，與昂阿一並獲得，則取之，勿殺其身等情，為首諸貝勒派遣衆兵，則其餘無罪之人，不妄行兼併，遂派遣蒙古兵一千、女真兵五百，前往之兵卒越過無罪之人三日，搜剿罪人者是也。恨察哈爾、喀爾喀欺我滿洲、科爾沁二國，我二國遂以同謀為生，誓告天地。若滿洲墜察哈爾、喀爾喀之誆言美貨，無謀於科爾沁，先與察哈爾、喀爾喀和好，則天譴滿洲，罪及而骨散，血被土摻而死。科爾沁無謀於滿洲，墜入察哈爾、喀爾喀之誆言美貨，與察哈爾、喀爾喀和好，則天譴科爾沁，罪及而骨散，血被土摻而死。若踐行告天誓言，信義為生，則天地嘉恤，歲壽綿長，子孫奕世萬年永享安逸，天其常佑！"《加》衹抄録《列》，不顧《冬字檔》，故在 tuttu ofi, sangtu（是故，桑圖）之後，粘貼"原檔殘缺"黄簽③了事，實屬一大遺憾。

二是有些頗有學術價值的内容，被《加》所拋棄。如前所述，《冬字檔》雖然是《列》的謄抄件，但它又經過修改，增加了一些内容，頗有學術價值。其中，關於額爾德尼案件的評述，就是一個典型的事例。④其文曰：erdeni baq^{1}si: da χadai niy^{1}alma bih^{1}e: orin ne^{1}mu^1 se de (g^{1}engg^{1}iy^{1}e^{1}n) χ^{1}an be baime^1 jih^{1}e: χ^{1}an χ^{1}anc^{1}i ɢ^{1}oc^{1}ifi bithei ju^{1}rɢ^{1}an de taqū^{1}rame^1 t^{1}uwafi getuken sū^{1}re^1 ojoro jaqa de: amala tūkiye^{1}fi fu^{1}jan obu^{1}fi ū^{1}jihe bihe: ajige u^{1}ilei tūrg^{1}un de eig^{1}en sarɢ^{1}an be gemu waχa: ○ hendu^{1}me: jū^{1}lg^{1}ei niy^{1}almai henduhengg^{1}e abqai fe^{1}jile y^{1}ay–a sain jaqa be baχara ja: sain niy^{1}alma be baχara mangɢ^{1}a sehebi: erd^{1}eni baq^{1}si i ɢū^{1}wa gūng be sarqū^1: bithei gūng serengge: gengg^{1}iye^{1}n han i yabuha ju^{1}rɢan be ini c^{1}u^{1}su^{1}i fūgjin arame mū^{1}tebu^{1}hengge inu^1 jergi g^{1}ūng c^{1}i tūc^{1}inehe amban g^{1}ūng seme ɢū^{1}nimbi: gisu^{1}re^{1}raqū^1 tanai jalinde gisu^{1}rere tana be efu^{1}le^{1}hengge absi χ^{1}airaqan (⑤) erebe efulehengg^{1}e ū^{1}du^1 eiten de erdemungg^{1}e sūre mergen bic^{1}ibe bithei ju^{1}rɢan be sarqū^1 ofi: ini mūjilen i yabu^{1}me: tafu^{1}lara gisu^{1}n be ɢaijaraqū^1: terei dade booi dorgic^{1}i efu^{1}lere arɢangɢ^{1}a mergen tūc^{1}ifi: tere jing dorgideri χala χalai gisu^{1}n i ac^{1}abu^{1}me sioši-y^{1}ere de: χ^{1}an i hefe^{1}li de terei ehe gisu^{1}n be jalu^{1}kiy^{1}afi: tutt^{1}u obu^{1}χa kai: booi dorgi arɢangɢ^{1}a serengg^{1}e χ^{1}an i amba fū^{1}jin be: amangɢ^{1}a niy^{1}alma ɢū^{1}wa seme ɢū^{1}niraqū^1: niqan bithei ju^{1}rɢ^{1}an de daχai: jū^{1}še^{1}n mongɢ^{1}o ai ai bithede erdeni: ere^1 jū^{1}we be gengg^{1}iy^{1}e^{1}n χ^{1}an de salχabu^{1}fi banjibu^{1}χa

① 此處 gisu^{1}n（言語）略殘破，sain（已無存），據前文補全。

② 《滿文原檔·冬字檔》第 3 冊，第 462—464 頁。

③ 《内閣藏本滿文老檔》第 6 函，第 2397 頁。

④ 廣禄、李學智曾將該釋文以羅馬字母轉寫並漢譯，公之於世。見其合著《清太祖朝〈老滿文原檔〉與〈滿文老檔〉之比較研究》，《中國東亞學術研究計劃委員會年報》第 4 期，1965，第 37—40 頁。故筆者衹按本文體例轉寫並漢譯。

⑤ 此處約刪除三行文字，因塗抹較重，影印本無法辨識。

bidere: (①) neneme liodon de mū^{1}jaqū^1 u^{1}ilei tūrg^{1}unde erdeni daχai be jafafi: daχai be tūrgun aqū^1 babi oforo šan toqōfi tantaχa χafan efu^{1}lehe: erdeni be ū^{1}du^{1}du^1 ine^{1}ngg^{1}i huthufi χafan efu^{1}lehe: tere u^{1}ile inu^1: (②) geren fu^{1}dasiχ^{1}ū^{1}se ac^{1}afi belere: terei dade dorgidere narχū^{1}n arɢangɢ^{1}a geli ac^{1}abu^{1}re ofi tere jū^{1}we amban be efu^{1}lehe qai: ū^{1}du^1 efulec^{1}ibe daχai erdeni sain de amala kemu^{1}ni amban oχo: damu^1 erdeni agu be^1 nasambidere: χairaqan: ememu^1 niy^{1}alma tere^1 be ehe niy^{1}alma sembi: terebe ehe serengge sūre kimc^{1}iqū^1 sijirχ^{1}ū^{1}n: beise ambasai ehe waqa babe saχade d^{2}ūlembu^{1}raqū^1: u^{1}thai hendu^{1}mbi: tutt^{1}u ofi g^{1}ūc^{1}u^{1}lehe g^{1}ūc^{1}u^1: jergi ambasa: dergi beise tede moχoχo yertehengge inu^1 bi: mūjilen baχafi t^{1}uwamg^{1}iy^{1}aχangg^{1}e inu bi: ɢ^{1}oro erin be aliyame elheken yabuχa bic^{1}ina: χ^{1}airaqan::③ 漢譯為："額爾德尼巴克什原係哈達之人，二十一歲時來歸英明汗。汗充近侍，役於書院以試之。緣為人聰慧，後擢為副將以養之。因為小事，將夫妻皆殺之。

曰：古人云：天下好貨易得，好人難尋。竊惟，額爾德尼巴克什之功，其他弗知。文功者，乃自將英明汗之行狀創編而成，亦屬大功，超過尋常之功也。為不言之東珠，毀言語之東珠，何等可惜！毀之者，雖萬聖聰慧，弗知文義，乃一意孤行，不納諫言。況且毀壞奸宄出自家中，暗中百般迎合挑唆不止，其惡言盈汗之腹中，故如此也。家中奸宄者，汗之大福晉也，後人恐意為他人。達海於漢文之義，額爾德尼於女真、蒙古一應之書，此二人或為英明汗而生也。先於遼東，因莫須有之罪，逮額爾德尼、達海，將達海無故枉貫耳鼻，撻之革職，將額爾德尼綁縛數日，革職。其事也，衆逆合誣，且暗中奸宄又附和，遂革彼二大臣也。雖革之，以達海、額爾德尼之優秀，後仍為大臣。惟嘆惜額爾德尼老兄耳，可惜！或謂其為惡人。謂其為惡者，乃聰明率直，明察秋毫，知諸貝勒大臣之謬誤，即言不放過。是以，交友、同僚、上司諸貝勒之詞窮羞愧者亦有之，領悟而改正者亦有之。何不等候久遠，徐徐以行。可惜！"

從上可知，此段釋文頗有價值，《加》未抄録，實在是又一大遺憾。

總之，在《無圈點檔》內，《列字檔》並非原始記録，衹是原始記録的副本。纂修清太祖《實録》時，雖然捨棄較多內容，但仍保留了許多珍貴記録。《冬字檔》是《列字檔》修改之後的謄清本，本身又經過修改，儘管篇幅不大，僅為《列字檔》的三分之一，但也有其獨到之處。乾隆年間抄録《無圈點檔》時，天命八年正月至五月部分，依據《列字檔》抄録，保存原始記録較多，有其可取之處，但完全捨棄《冬字檔》，有所損失，有些遺憾。在滿學、清史研究中，可將《列字檔》、《冬字檔》和《加圈點字檔》對照閱讀，綜合利用，以取得最佳效果。

---

① 此處被塗抹六七個詞。

② 此處約刪除四行文字，因塗抹較重，影印本無法辨識。

③ 《滿文原檔·冬字檔》第3冊，第440—443頁。

A Study on the Qualities of *Lie Zi Dang* and *Dong Zi Dang* in *File without Circle and Point*

Zhao Zhiqiang

Both *Lie Zi Dang*(a file marked with Character Lie) and *Dong Zi Dang* (a file marked with Character Dong) in *File without Circle and Point* record the political affairs from January to May in the eighth year of Tianming period in Taizu's reign in old Manchu script on the used document papers of Ming Dynasty. However, neither of them are original records. *Lie Zi Dang* is the manuscript which copies the original records during the compilation of *Taizu Shi Lu.Lie Zi Dang* is incomplete in both the beginning and the end and a lot of original records are reserved in it. *Dong Zi Dang* is the transcription of *Lie Zi Dang*, of which only 83 pages are preserved. A few pages in the beginning are missing and less original records are reserved. *Dong Zi Dang* is revised. Besides embellishment, a few new contents are added to it. In Qianlong period while making a copy of *File without Circle and Point,* for the time range from January to May in the eighth year of Tianming period the editor only adopted *Lie Zi Dang* and unfortunately deserted *Dong Zi Dang* overall. Moreover, there are many differences between the transcription and the master copy. The transcription is not limited by the marks for choosing materials in *Lie Zi Dang* but respects revisions such as obliteration and circles in it. Besides the differences between old and new Manchu script, the transcription differs with the master copy on the change of concepts, the substitution of the old usage with later usage and so on. In both the Manchu and Qing history studies, to achieve the uttermost, the *Lie Zi Dang* and *Dong Zi Dang* could be synthetically interpreted in comparison with *File with circle and point.*

《尼布楚條約》中的“蒙古”問題：統治與解決

S. 楚侖 著　蒙古勒呼 譯

蒙古史研究中，前人尚未探討的一個問題是1689年在尼布楚要塞簽訂的《尼布楚條約》。該條約雖係俄國與清朝之間訂立的，但與“蒙古”問題以及蒙古的命運息息相關。着眼於《尼布楚條約》締結的前提條件、當時俄國與蒙古和俄國與清朝的關係狀況、蒙古人聯繫俄國的歷史背景，可以回答17世紀蒙古史中諸多晦暗不明的問題。因此，特撰此文，做專門探討。

關於《尼布楚條約》及其相關問題，國外已有多名學者進行了較為細緻的研究，而本文意在揭示條約締結前後之“蒙古”問題。在蒙古國，關於簽訂《尼布楚條約》這一歷史事件尚無任何研究，亦無專文問世。因此，本文就該問題做專門研究。

俄羅斯與中國、日本的一些學者雖然對《尼布楚條約》的若干問題進行了研究，但顯然均出於各自國家利益與地位的考慮。在蒙古史研究中，該課題被長期忽視，至今缺乏有力的專文。現在，《尼布楚條約》被視為中俄關係之淵源、正式外交之肇始，我們可從這一歷史事件窺知中俄關係發展演變的歷史進程。

我們的歷史著作中對《尼布楚條約》沒有記述。條約的原件現藏於俄羅斯外交部旁邊的俄羅斯帝國對外政策檔案館。條約的拉丁文本和滿文本保存完整，而俄文本係抄件。另一份俄文抄件保存於俄羅斯國立古代文書檔案館。條約的原件至今未得公開。關於條約的漢文本，筆者從米亞斯尼科夫的著作中得知它是刻在石碑上的。本文僅利用了該著作中刊布的譯文。筆者曾走訪中國第一歷史檔案館、故宮博物院等處，未能找到漢文本。相信有朝一日它會在某檔案館中被發現。

將近70年試圖與蒙古和清朝建立聯繫的俄國沙皇們從17世紀下半葉開始改變其東方政策。他們認識到與其通過蒙古諸顏們聯繫清朝，不如直接與清朝建立關係。他們在交往中涉及的主要問題却與蒙古人有關。

當時在蒙古諸顏內部，喀爾喀與準噶爾存在隔閡，扎薩克圖汗與土謝圖汗互有矛盾，俄國與喀爾喀互不信任。在阿穆爾河與額爾古納河流域、達烏里地區，圍繞當地居民的隸屬與土地問題，俄國與清朝之間發生了激烈的爭端。於是俄方提出簽訂條約一事。其實這一問題並非突然發生的。自17世紀70年代末開始，在尼布楚、額爾古納河流域遊牧的蒙古諸顏與遷入居住的俄國哨兵以及當地原住居民之間多次發生衝突。這顯然與俄國對該區域實行的政策有直接關係。從中俄關係的角度，前人對《尼布楚條約》已多有研究。因此，本文主要就該條約締結之前提背景的“蒙古”問題進行探討。

與蒙古人有關的早期檔案裏，關於尼布楚要塞的記載始見於17世紀70年代。俄羅斯學者認為，該條約得以簽訂的前提條件是俄國已初步與清朝建立起睦鄰友好關係，並積極加強外交關係以及擴大貿易。① 然而，實際情況並非如此。下面，筆者對此做一簡要說明。

從17世紀70年代開始，俄國迫切需要解決阿爾巴金問題，以及阿穆爾河、黑龍江、額爾古納河地區居民的隸屬問題，以及俄國在這一地區進行狩獵和建立新定居點等諸多問題。上述地區在地理位置、居住、耕種、自然資源等方面的條件均無比優越，故俄國積極經營之，試圖鞏固其統治。與此同時，清朝就保護與歸還其土地和屬民、禁止修建要塞和村莊等問題向俄方多次提出警告，並遣使送書，但始終無濟於事。因此，17世紀80年代清朝向阿穆爾河流域分批派遣軍隊，包圍了阿爾巴金要塞。同時，清朝極力唆使蒙古土謝圖汗察琿多爾濟等人參與此事，而後者並未直接參與。俄羅斯學者雅克布列娃在其著作中總結稱：1676年康熙皇帝向土謝圖汗察琿多爾濟、溫都爾格根哲布尊丹巴等人送禮，命其與俄國對立。這一同盟直到1689年依然存在。然而事實上，蒙古並未與清朝建立這樣的同盟，按照清朝的指示行事，反而是將自身利益置於首位。② 這一點在俄國與清朝的檔案史料中體現得非常明顯。當時土謝圖汗部內部面臨諸多問題：在西面，衛拉特的噶爾丹聯合扎薩克圖汗形成壓迫之勢；在北面，俄國人直逼色楞格河、烏金河流域，挑起當地居民的隸屬問題。這些都影響着土謝圖汗部。

就土謝圖汗察琿多爾濟等人而言，外交手段遠勝於同俄國開戰。因此他們尋求以外交手段解決爭端，但收效甚微。俄國方面為了應對東方發生的緊急狀況，選擇以和平方式解決，故派遣經驗豐富的使臣戈洛文作為全權代表。當時俄國的外交狀況亦不容樂觀，他們與土耳其和塔塔爾人均有戰爭。不僅是阿爾巴金問題，尼布楚、伊爾庫茨克、葉尼塞的要塞和村莊也是怨聲不斷。③

在這種情况下，沙皇政府派遣了以戈洛文為首的包括衆多要員在內的使團。戈洛文在其報告中自稱“偉大的全權大使、長官”（великий, полномочный посол и воевод）④。使團的成員包括耶拉湯姆斯基的行政長官伊翁·葉沃斯塔夫耶維奇·沃拉索夫、書記官謝米揚·廓爾尼慈基⑤、伊萬·尤金、百戶長阿列克賽·森雅賓等人。出使的基本任務有以下四點：（1）確保阿穆爾河上游居民自古以來向俄國人納貢一事；（2）劃定阿穆爾河流域的邊界，解決阿爾

① Внешняя политика государства Цин в XVⅡ в. Ред. Л.И.Думан. М., Наука. 1977. Стр. 276.

② Яковлева П.Т. Первый русско-китайский договор 1689 года. М., Наука.1958. тал. 76–77.

③ Яковлева П.Т. Первый русско-китайский договор 1689 года. М., Наука.1958. тал. 127.

④ Шастина Н.П. Русско-Монгольские посольские отношения XVⅡ века. М. ,1958. стр. 119.

⑤ АВПРИ. Ф-163. Трактаты. оп.1. д. №22. 1689. [Нерчинский договор между Россией и Китаем от 27 августа 1689 г]. л. 2–3об. – заверенная копия, русский язык., л. 6–6 об. – подлинник, латинский яз., л. 7–11 – подлинник, маньчжурский язык.

巴金問題；（3）確立貿易關係；（4）為了收復阿爾巴金，計劃從色楞格要塞調遣 2400 人的軍隊以及 500 名火槍兵。[①] 清朝在阿爾巴金擁有 3 萬人的大軍。對戈洛文來說，在與清朝展開交涉之前，首先需解決一個大問題，即“蒙古”問題。“蒙古”問題是指當時正在發生和已經發生的色楞格、貝加爾、達烏里地區的屬民問題，以及在蒙古土地上建立要塞、村莊一事。為此，俄方非常重視與位高權重的土謝圖汗察琿多爾濟、溫都爾格根哲布尊丹巴等人進行交涉。以戈洛文為首的俄國使團於 1686 年 1 月 26 日從莫斯科啟程，於 1687 年秋抵達安加拉附近的雷伯諾伊要塞。在那裏過冬時，除了從貝加爾一帶收集了較為詳細的信息外，還會見了從清朝返回的使臣溫尤科夫、法沃羅夫等人。溫尤科夫報告稱，雖然將皇帝的禮物送給了土謝圖汗，但後者要求歸還其屬民。清朝皇帝遣使要求土謝圖汗參加戰爭。這對俄國來說是一件嚴峻的事情。因為俄國的力量薄弱，無法派遣足够的兵力。如果擁有較強實力和影響力的土謝圖汗站在清朝一邊，俄國將陷入極其艱難的境地。因此，戈洛文認為，首先與土謝圖汗談判比簽訂《尼布楚條約》更重要。俄國沙皇也在使團從莫斯科動身前即囑咐他們需與土謝圖汗察琿多爾濟等人談判交涉（“И окольничему де Федору Алексеевичю Головину из Селенгинского острогу с Очирой Сайн–ханом обо всяких делех ссылатись возможно”——阿列克賽耶維奇·戈洛文身在色楞格要塞，從那裏與斡只賚·賽因汗進行全面協作）[②]。戈洛文願與土謝圖汗進行談判，但外交部未予以批准。

俄國沙皇於 1685 年 12 月 13 日即戈洛文等人動身之前致函土謝圖汗，希望他能在俄中簽訂條約方面給予幫助。該函當係俄國使臣親自帶來的。內中強調：

> Очараю Сайн–хану, тех наших царского величества вышепомянутых гонцов, туда едучих и назад возвращающихся, велеть в своем владении принимать и до Китайского рубежа и назад до Сибирского государства проводить с кормами и подводы, и с провожатыми, и со всяким удовольстол. ванием в целости. А служба твоя у нас, великих государей, у нашего царского величества забвенна не будет, в приеме и в пропуске тех наших царского величества вышепомянутых гонцов учинить по сему нашего царского величества указу.[③]
>
> （譯文）……斡只賚·賽因汗您曾承諾效忠皇帝，共同對抗我們的敵人。至今遵照諸皇帝之命，與您的百姓和睦相處。若發生任何不悅之事，應告知上述尊貴使節，查明犯錯者，予以懲辦。上述我等之偉大使節與您商討事宜。必要時，需備兵對敵，信任我們

① Трусевич.Х. Посольскія торговыя сношенія Россіи съ Китаемъ. (до XIX века). М., Человъколюбиваго Общества. 1882. стр. 30.

② Международные отношения в Центральной Азии.XVII -XVIII вв. Документы и материалы. Книга 1. Составители Б.П.Гуревич., В.А.Мойсеев. М., Наука.1989.Стр. 178–179.

③ РГАДА, Ф-62. [Сношения России с Китаем], оп. 1, кн. 7, лл. 150 об.–151 об. Список XVII в.

的大使，舉國上下因服務皇帝而歡喜，竭盡全力協助他們。

然而，土謝圖汗從未臣屬於俄國，在歸還屬民問題上立場強硬。1686年秋，戈洛文向沙皇寫信，請示向溫都爾格根哲布尊丹巴派遣自己的專使一事。信中清楚地說明了溫都爾格根哲布尊丹巴的地位。

государи, что мунгальские все владетели имеют ево, Кутухту, духовного чину в великом почитании и во всяких великих делех без его повеления поступати не смеют.[①]

（譯文）蒙古貴族在精神上十分尊崇呼圖克圖。無論任何事情都不敢違背其言，擅自行事。

於是戈洛文遣使溫都爾格根哲布尊丹巴，並要求使者探明以呼圖克圖為首的蒙古貴族接見使臣的目的是什麽，他們是否希望戰爭以及持有怎樣的策略等，並辨明與清朝有關的所有事宜的真偽，詳加記録後予以呈報。在這一時期，俄國還與另一位蒙古大諾顔保持着聯繫。此人為根敦洪臺吉，俄文文獻稱其為“根敦呼圖克圖”。因受噶爾丹博碩克圖的壓迫，根敦遷至屯很、庫布蘇庫爾湖東南，在色楞格、額金河一帶駐牧。因此，戈洛文頗為注意與其保持聯繫。

1686年舉行的庫倫伯勒齊爾（俄文檔案作 Кербильчил）會盟受到了俄方的密切關注。他們面臨此後如何在色楞格、貝加爾南部抵禦蒙古人的進攻這一問題。1687年5月，伊爾庫茨克政府發布一份關於為防禦蒙古和清朝，保護屬民而增減要塞和村莊的文書。參加庫倫伯勒齊爾會盟的康熙皇帝的使臣在與溫都爾格根哲布尊丹巴等人的會談中提出，通過前往阿爾巴金、尼布楚之沿途諸城運送武器。蒙方盟誓，表示支持。因此，俄國非常警惕，唯恐蒙古攻打自己。此外，俄國擔心通往阿爾巴金、尼布楚的道路被蒙古和清朝阻斷。

除土謝圖汗、溫都爾格根哲布尊丹巴以外，戈洛文還聯繫了根敦洪臺吉、鄂爾和阿海、賓圖阿海等與土謝圖汗家族有關的蒙古諸顔，並積極拉攏某些諸顔，使其盟誓效忠。1687年秋，戈洛文來到烏德。[②]他首先接見了溫都爾格根哲布尊丹巴和土謝圖汗察琿多爾濟的使臣。溫都爾格根哲布尊丹巴的使臣格楚勒喇嘛洛堆僧哥帶着隨員、部分商人以及信件等前來。在他們到達前不久，土謝圖汗察琿多爾濟致函康熙皇帝稱：

...orus−yin čaγan qaγan−u tabun mingγan elči ilegegsen kemejü bičig−tei elči ireji qariba. üge−yi inu niruγu degere sumun elči ilegejü egüber ba jegün−tegegür alin−a ire gegsen γajardur čiγulγalaju törü kikü genem. Bisiči olan čerig jegün eteged siqaji yabunam.

① РГАДА, Ф-62. [Сношения России с Китаем], оп. 2, 1685 г., д. № 2, ч. 2, лл. 352–354. Подлинник.

② Шастина Н.П. Русско-Монгольские посольские отношения XVII века. М. , 1958. стр. 125.

kemen sonustanam. manu qariyad ulus−i abuγad, jaq−a jaq−a−ača šoγ kiji bayiqu ni olan či bolba, qaγan inü törü kikü duratai metü boluγad ulus ni tung maγad ügei samaγu itegel ügei tulada sigiid−ün yadaγsaγar öni bolba. edüge ene elči−ber čaγan qan−du činaγsi kelegsen üges−ün aliba qariγu bai gekűdü ni učir−i meden bolγaγuqu−yin tulada kümün ilegebe.①

（譯文）一使者攜帶文書前來，稱俄國沙皇已派出五千名使者。該使已返，現將其所言遣使疾馳稟告。伊稱，願在此處或東邊會盟議政，地點悉聽尊便。另據傳聞，東邊大兵壓境。取我屬民、騷擾各邊之事愈增。其主似願議政，但屬下極無誠信，尋釁滋事，故（我等）至今未決。現告知該使，必將回覆沙皇。特將此情由，遣人告知。

土謝圖汗之所以通知清朝，是因為擔心與俄國之間發生某些問題，引起清朝的怪罪，從而對自己不利。戈洛文對蒙方使者禮遇有加，詳細詢問了其來意。使者送來土謝圖汗與溫都爾格根哲布尊丹巴的書信，其內容如下：

Да Геген−кутухта поздравляет великому и полномочному послу в добром ли здоровье великий и полномочный посол пришел в Удинской. Да что он, великий и полномочный посол, идет для перемирных договоров на китайскую границу, и от великих де и полномочных послов он, Кутухта, к себе и улусным людем задору никакова не чает, о том радуется. А что де на китайскую границу они, великие и полномочные послы, идут для вечного умирения чрез их Мугальскую [землю], и им де, Геген−кутухте, и тайшам оттого имеет быти сумнение для того, что де с ним, великим и полномочным послом, идут // ратные люди многие, также брацкие и тунгуские люди, чтоб де он, великий и полномочный посол, брацких и тунгуских людей с собою не брал, потому что те брацкие люди ушли из их мугальских улусов и живут в стороне царского пресветлого величества. И те де брацкие люди, мня прежние к себе досады, какова дурна не учинили, потому что в прежних годех с великими государи, их царским пресветлым величеством, бывали у них ссоры многие, и о тех де ссорах Геген−кутухта и Ачирой Сайн−хан к великим государем писал многажды. И против де их писем от великих государей, их царского пресветлого величества, к ним, Кутухте и Ачирой Сайн−хану, отповеди не бывало и по се число.②

（譯文）格根呼圖克圖恭賀全權大使平安抵達烏德。相信為簽訂和平條約前往清朝邊界的全權大使不會做不利於呼圖克圖以及我等之百姓的事情，並為此感到高興。為了

① Dayičing qüren-ü dotoγatu yamun-u mongγol bičig-un ger-ün dangsa. Erkilegčüd Jiγačidai Buyandelger, Borjigidei Oyunbilig, U Yuanfeng. Őbür mongγol-un arad-un keblel-ün qoriy-a. 2006. Boti 6, tal-a 99–100.

② РГАДА, Ф-62. [Сношения России с Китаем], оп. 1, кн. 13, л. 15–15 об. Список XVⅡ в.

永久和平而經過蒙古地界前往清朝邊界的全權大使有大軍、布里亞特人、通古斯人隨行。這不免令我等生疑，全權大使你們不能帶走這些布里亞特、通古斯人。因為這些布里亞特人背離蒙古，投靠了貴處。希望這些布里亞特人不要像從前一樣給我帶來不利。數年前因為他們，我等與貴方皇帝多次發生爭執。關於這些爭執，格根呼圖克圖與斡只賚·賽因汗我等多次致函貴方二皇帝，但至今貴皇帝未回覆我等。

土謝圖汗察琿多爾濟與溫都爾格根哲布尊丹巴保持外交姿態，向俄國索要從蒙古逃逸者，並希望戈洛文不要侵犯蒙古人。此外，他們表示願為俄國使臣和商人在前往清朝的途中提供幫助。然而，戈洛文提出布里亞特人或色楞格附近的蒙古人從來不是溫都爾格根哲布尊丹巴和土謝圖汗察琿多爾濟等人的屬民，他們自古以來向俄國沙皇納貢。對此，蒙方使者洛堆僧哥明確指出：

Преж де сего, как те ясашные люди перешли в сторону их царского пресветлого величества, изменя им, и ясак платят не в давных летех, а преж де сего бывали под их мунгальским владением.[①]

（譯文）那些納稅者背叛他們，投奔貴方皇帝，納稅不久。以前這些納稅者受蒙古人統治。

由此可見，這些居民向俄國納稅不過數年而已。而戈洛文在會見蒙方使節時強調徵稅始於阿列克賽·米哈伊洛維奇時代，反而索要從達烏里地區逃入蒙古的百姓。此外，這次會面中還提到一件有趣的事。起初戈洛文遣使清朝，計劃在阿爾巴金附近簽訂條約。如果清朝不同意，則穿越蒙古地區，赴清朝邊境附近簽訂條約。換言之，條約的簽署地點起初並非明確地定在尼布楚。俄蒙雙方就各自關心的若干問題相互詢問與確認。其中，蒙方詢問去年在阿爾巴金被俘人員身在何處；而俄方詢問清朝派何人簽訂條約。此次會面結束後，俄使戈洛文對蒙古使節禮遇有加，膳食過後，將書信與禮物交給使節。現將禮物開列如下：

гичюл Лодой Сенге сукно красное аглинское 4 аршина, юфть кож красных, 2 соболя в косках, мех заечей, выдра большая; Ирдени Немчи–лабе лисица красная, 3 соболя в косках, мех заечей, кожа красная, выдра; Ачарой Сайн–хана посланцу мех заечей, соболь в коске; Шириширееву посланцу за дары сукно кармазин 4 аршина, мех заечей, соболь в коске; мунголом, которые были с посланцы двум человеком, 2 кожи

① РГАДА, Ф-62. [Сношения России с Китаем], оп. 1, кн. 13, л. 18. Список XVII в.

красных да 2 соболя.[①]

（譯文）給格楚勒洛堆僧哥 4 俄尺英國紅大布、紅鞣革、2 張帶爪貂皮、兔皮、大水獺皮；給額爾德尼諾木齊喇嘛狐皮、3 張帶爪貂皮、兔皮、紅皮革、水獺皮；給斡只賚·賽因汗的使者兔皮、帶爪貂皮；給西第什哩的使者 4 俄尺紅呢大布、兔皮、帶爪貂皮；又給兩名蒙古使者 2 張紅皮革、2 張貂皮。

土謝圖汗察琿多爾濟和溫都爾格根哲布尊丹巴因讀不懂俄國使者帶來的書信，希望翻譯後重新送來。[②] 於是派遣巴勒丹衛征去了色楞格。信的大意是，溫都爾格根哲布尊丹巴既已悉知阿爾巴金戰爭的是非對錯，我皇帝陛下從未損害蒙古，迄今為止若有何怨言，應告知全權大使，妥善解決，並且強調：

...мунгальской Кутухта, потому ж в тех наших великих государей делех радение свое прилагал и имел с ними, нашего царского величества великими и полномочными послы, любительные пересылки и к государству нас, великих государей, нашего царского величества, ко всякому доброхотению имел желательство.[③]

（譯文）蒙古之呼圖克圖閣下，您參與我們皇帝陛下的事務，與我們皇帝陛下派遣的偉大的全權大使善意地交換意見。為了皇帝陛下的國家，請懷揣展示各種善意的意志。

俄國希望在締結《尼布楚條約》的過程中，蒙古土謝圖汗察琿多爾濟和溫都爾格根哲布尊丹巴成為主要中間人。俄國全權大使致溫都爾格根哲布尊丹巴的書信中有如下內容：

jibjun damba qutuγ−du−tu orus−yin ilegegsen bičig.tngri−yin jiyaγabar yeke ejen qoyar qaγan, yeke qoyar noyad iwan owaligsi jibuja swin yeke baγ−a čaγan γajar−i ejelegseger olan qaγan ejen−tei γajar uridu qoyidu baraγun jegün tere γajar−i ečige ebüge−eče inaγsi oduu−a ču bolba bide ejelegseger tere qoyar qaγan gegen−i elči yeke elči owaγuli iwja inamis ing beren isgei soodur uwaligsi jibyiji küwelüwebin qalqa−yin jibjun−damba qutuγ−dudu inaγlaγsaγar amuγulang−i medegülünem, sonusba bi yeke ejen čaγan qan−i albatu−yi Örüsiyeji tusalaji bayinam gekü̈i−yi selengge−yin čigi orus−ača bisi čigi qota−yin

① РГАДА, Ф-62. [Сношения России с Китаем], оп. 1, кн. 13, л. 23. Список XVⅡ в.

② Русско-монгольские отношения. 1685–1691. Сборник документов. Сост. Г. И. Слесарчук. Ответственный редактор Н.Ф.Демидова. М., Восточная литература РАН. 2000. стр.

③ Русско-монгольские отношения. 1685–1691. Сборник документов. Сост. Г. И. Слесарчук. Ответственный редактор Н.Ф.Демидова. М., Восточная литература РАН. 2000. стр. 104.

orus−ača sonusba bi, teyimü tulada inaγlaγsaγar ene bičig bariba ünen tulada urid−iyar ilegebe. bi tende kejiy−e kürküleqoyar qaγan−i qoγur dumda törü−yin tulada qoyar yeke čaγan qan−i gegen−i jarliγ−iyar amuγulang qan−du sumun elči ilegekü, tende−eče amuγulang qan yaγu geküle tere elči−yin üge−yi tere čaγ−tu yaγu kelelčeküle jalqaγuraqu ügei elči ilegeji tan−du yiladqaju bayiqu bayinam, üneker inaγlaγsan tulada, bi sanaγaban urid ayiladqaba, tan−i qayiralaqu−du ene elči−ber bičig baqan beleg bariγulba.bičig−yin qariγu, ene elči−ber. bi amuγulang geji bičig qayiralan,ilegegsen elči−yi mini qayiralan ende keregdü yaγuma−yi joriγ−iyar qudalduγul.yeke qaγan noyad, yeke blam−a quwaraγ bügüdeger amuγulang boltuγai. bi inaγlaγsaγar kičiyen kereg yambar učir, amuγulang−i ayiladqaγulju bayisu.[①]

（譯文）上承天命之大君主二位皇帝、二位大官員伊萬·阿列克賽耶維奇、彼得統治着大、小、白俄地方。自先祖至今統治着擁有衆多君主之東南西北各方疆土。此二位皇帝之大使、侍臣、總督戈洛文喜愛哲布尊丹巴呼圖克圖，特此問安。我聽色楞格及其他城市之俄人稱，大皇帝體恤沙皇的臣民。因感喜愛，特致此函。我何時若至彼處，在兩皇帝之間，為了政務奉二皇帝之命，將緊急遣使康熙皇帝。康熙皇帝若有所言，我當立即遣使向您告知（清朝）使者的話。因着實喜愛，我先表心意，遣使呈送書信與禮物。請回覆安好，將回函交予該使。請愛惜我派去的使者。請來本處任意買賣。願大汗、諾顏、大喇嘛、僧侶皆安康。我將保持親善，彼此問候、告知事情。

當時為了探聽清朝的消息，防止色楞格周邊村莊要塞挑起事端，解決屬民問題，戈洛文積極地聯繫較有影響力的諾顏。溫都爾格根哲布尊丹巴遣使前一個月，達賴徹辰諾顏的使者博碩克圖昭里克圖來到伊爾庫茨克，見了百戶長阿勒克賽·希德羅維察·辛雅賓。博碩克圖昭里克圖帶來一封信，翻譯將該信轉寫成基里爾文，該信現收藏於俄羅斯國立古代文書檔案館。由博碩克圖昭里克圖帶來的達賴徹辰諾顏的書信內容如下：

Енде есе биде. Босого Зориктуйги тероне гет куинь учирту илгексен. Ер тендесе чини укчи идкесен белек аяга лонхо цекме курчи иребо тенде эце чини илгиксен элчи. Сидор Васильев, Иван Офонасьев терегулен арбун дербун некурте иребе. Тере негуткуин учирту зуб саяхан гычи манду аш лак кобо харалди, нутук туни, гаргачи хоюр теге эге чини алба ини абчи ба элдее гичи айлат хаксен биле тере угани(?) харюхани икилен ноинтой зюблечи хйро эгини келеку байна. Загора зач[в]сарту шок болху чибейце гичи. Элчи берх кургул бе игуино койно зару сетереди инакши чинакши

① Dayičing qüren-ü dotoγatu yamun-u mongγol bičig-un ger-ün dangsa. Erkilegčüd Jiγačidai Buyandelger, Borjigidei Oyunbilig, U Yuanfeng. Őbür mongγol-un arad-un keblel-ün qoriy-a. 2006. Boti 6, tal-a 108–111.

элчи бен илгицыди менду бен меделцеди... худалду аралзи бен. Уриду ясугар абулцади баяхула тере унду мани сайн азаму эдечи уриду илгиксин элчир. Бу[я]нту Тусату Хочин Булго теде дербу биле Хочин Болго хоюри алачи кенерта аба акчикусен егомони дербун мурин гурбан торго хорин бис табин чай арбан табун тамаки сангун ман туни ине тегексе тегус кочу скеди угилтей алаксен кумуни цага заяги целден Алексей Сидорович бейде улутай байну.①

*Послан де в-Ыркуцкой острог от мунгальского тайши Цецен-ноена улусной ево человек Босого Зорикту для всякого переговору, а что велено говорить, то писано в листу, а в листу пишет: Послан де был к нашему тайше из-Ыркуцка Сидор Васильев, а с ним в товарыщах иркуцкие казаки Ивашко Уксусов, 14 человек, а что де было послано наперед сего с нашим посланцом з Босого Зориктуем и с Сидором с товарыщи от великого полномочного посла, от окольничего и воеводы Федора Алексеевича Головина с товарыщи, и те де подарки до нашего Цецен-ноена дошли, а что было подарков, и тому подам де письмо. А о чем де говорил Сидор, чтоб де быть в совете и в любви, и отдать бы де нашим тайшам изменников братцких Тертейских и Конкодорского родов, и о том де у нас, тайшей, будет совет: что тех братцких мужиков, хотя де и выпустим на породные земли, ясак бы де имать Белому царю и нашему тайше, и в том бы де никакие нашим тайшам и промеж острогами никакой споны не чинить, а посланцом де велено говорить без боязни. А которой посланец был у нас в Мунгальской земле Сидор с товарыщи, и тот де посланец отпущен с нами до Иркуцка в добром здоровье, чтоб де и впредь к нашим // тайшам посланцы ездили, и наши мунгальские посланцы к вам также безо всякие ссоры, и впредь бы де нам промеж себя торги сводить. А преж де сего посланы были от нашего тайши посланцы, 4 человека: Буйту, Тусату, Хочин, Булгуй. И ис тех де наших 4-х посланцов Хочин повешен, Болгой убит, а у тех де наших посланцов взято нашего тайши казны: 4 коня, 3 камки, 20 кумачей, 50 бакчей чаю, 15 бакчей табаку, и то бы де указали великие государи сыскать стольнику Алексею Сидоровичю, а сыскав, велел бы де к нашему тайше отослать, чтоб де впредь о том не ссоритца.*②

信中表達了進行貿易、互相問候、和睦相處的意願。這無疑正合戈洛文之意。於是，他立即向達賴徹辰諾顏派遣了使者。

這樣，俄國全權大使與蒙古有影響力的各諸顏貴族取得聯繫，按部就班地為締結《尼布

① РГАДА, Ф-1121. [Иркутская приказная изба], оп. 1, д.23. 97. № 135, л. 24.

② Русско-монгольские отношения. 1685–1691. Сборник документов. Сост. Г. И. Слесарчук. Ответственный редактор Н.Ф.Демидова. М., Восточная литература РАН. 2000. стр. 102.

楚條約》做準備。從上述俄蒙雙方的往來交涉可知，《尼布楚條約》看似是解決在阿爾巴金、阿穆爾河流域發生的領土問題，但實際上，“蒙古”問題亦不容忽視。蒙古與色楞格、尼布楚、烏德、伊爾庫茨克等要塞長官之間發生的屬民問題，日趨活躍的蒙古與清朝的關係自然引起以戈洛文為首的俄國使臣的關注。因此，在致溫都爾格根哲布尊丹巴的信件中，戈洛文提出如下請求：

Также б ты, мунгальской Кутухта, нам, великим государем, нашему царскому величеству, радение свое показал, и х китайскому богдыханову высочеству писал и к мирным договором ево приводил.[①]

（譯文）蒙古之呼圖克圖閣下，您參與我們皇帝陛下的事務，請閣下致信清朝皇帝，說服其簽訂和平條約。

橫跨色楞格、肯特山脈西北部駐牧之車臣汗策布登貝勒的影響力與日俱增。1687 年戈洛文遣使清朝，使者經過策布登的地界時，策布登雖然想與之談話，瞭解全權大使的行為，但使者的馬匹被蒙古人搶走，使者遂向策布登求助。策布登為其找回馬匹，並建議其前往溫都爾格根哲布尊丹巴處。溫都爾格根哲布尊丹巴也建議來自己的帳殿附近，並親自引領該使見了土謝圖汗察琿多爾濟。土謝圖汗試圖利用這次機會要回失去的百姓。戈洛文曾多次派探子潛入土謝圖汗察琿多爾濟和溫都爾格根哲布尊丹巴處活動，收集情報。當時，一位頗具權勢的諾顏是錫布推哈坦巴圖魯。他是土謝圖汗的堂兄、阿巴岱·賽因汗之孫，擁有 4000 多個屬民，駐牧於色楞格河流域。[②]

1688 年 1 月，庫洛文向戈洛文報告了蒙古內部發生的事情，其中包括清朝派專使到溫都爾格根哲布尊丹巴處，衛拉特之噶爾丹博碩克圖未參加庫倫伯勒齊爾會盟，土謝圖汗與噶爾丹博碩克圖關係惡化，清朝使者阿剌尼在溫都爾格根哲布尊丹巴處的原因，扎薩克圖汗與土謝圖汗之間的矛盾與戰爭，康熙皇帝商議向阿爾巴金派遣兩萬名士兵等內容。[③] 接到該報告後不久，在色楞格要塞的戈洛文接見了溫都爾格根哲布尊丹巴的使者巴勒丹衛征，確認了不少消息。使者巴勒丹衛征兩次與戈洛文會面，後者均索要從色楞格要塞與布里亞特逃入蒙古的百姓，要求保證俄國城市沒有危險，並對蒙古臺吉諾顏相互操戈表示遺憾，詢問是否簽署和平協定，協定中關注哪些事項等。與巴勒丹衛征會面後，戈洛文起草了《五種報告》，內中詳述雙方聯繫的經過，並將該文交給蒙古使者。

---

① РГАДА, Ф-126. [Монгольские дела], 1687 г., д. № I, л. 1. Подлинник.

② Бантышъ-Каменсий Н. Дипломатическое собраніе делъ между Россiсkимъ и китайскимъ государствами съ 1619 по 1792-й годъ. Казань. Типографія Императорскаго Университета.1882.стр. 55.

③ Русско-монгольские отношения. 1685–1691. Сборник документов. Сост. Г. И. Слесарчук. Ответственный редактор Н.Ф.Демидова. М., Восточная литература РАН. 2000. стр. 121–122.

戈洛文派伊萬・喀察諾夫偕巴勒丹衛征前去翻譯書信。[①] 這次會面後，戈洛文將自己來到烏德要塞後的工作向在莫斯科的外交部進行了匯報。1688 年 3 月，他向尼布楚之哥薩克騎兵喀贊采夫、薩喀羅夫詢問蒙古人進入尼布楚的消息以及色楞格的消息。[②] 4 月，從尼布楚政府收集了關於清朝、蒙古軍隊攻打尼布楚、色楞格，蒙古達賴徹辰諾顏，溫都爾格根哲布尊丹巴為了對抗噶爾丹博碩克圖向清朝求援，向阿海岱青遣使等情報。最重要的是，從蒙古獲取了關於清朝的情報。

1688 年 6 月中旬，溫都爾格根哲布尊丹巴之使者巴勒丹衛征再次來到烏德要塞。他前來的主要目的是，如果俄國全權大使在入冬前向清朝理藩院遣使，蒙古會在自己的地界內提供幫助，為清朝接待該使提供便利。此外，巴勒丹衛征提出在帳殿附近進行貿易以及尼布楚和色楞格是通往清朝的兩扇大門，並表示希望締結和平條約。[③] 但俄方並未給予明確答覆。數日後，庫洛文與托博爾斯克的公務員喀察諾夫將噶爾丹博碩克圖與喀爾喀諾顏們爆發戰爭，清朝使者來到色楞格的消息告訴給戈洛文。這些消息使俄國全權大使備感焦急。是否與蒙古有勢力的諾顏簽訂條約？直接去清廷還是去阿爾巴金、尼布楚？戈洛文面臨多種選擇。如果與蒙古的土謝圖汗、溫都爾格根哲布尊丹巴簽訂條約，則會面臨如何對待實力強勁的噶爾丹博碩克圖，喀爾喀與衛拉特的戰爭中誰會勝出，清朝是否會另簽訂條約等一系列問題。

其後，溫都爾格根哲布尊丹巴之使者格楚勒羅布桑岱青來到烏德，帶來關於蒙古內部狀況的詳細信息[④]：噶爾丹博碩克圖聯合扎薩克圖汗攻打溫都爾格根哲布尊丹巴、土謝圖汗，俄方提供軍事援助，如果清朝使者到來便讓其前往色楞格等。可以說，這幾乎顛覆了戈洛文對蒙古人的理解與估計。1688 年 10 月，外交部的報告稱，土謝圖汗察琿多爾濟與噶爾丹博碩克圖之間爆發戰爭，蒙古發生內亂，喀爾喀諾顏們開始喪失統一的領導與穩定性。[⑤] 恰逢此時，清朝使臣阿喇尼途經土謝圖汗察琿多爾濟處，來到烏德與戈洛文會面，商定在尼布楚簽訂條約。選擇尼布楚有若干原因：其一，它是中俄衝突最為激烈的地方；其二，從俄國其他要塞易於到達；其三，像喀爾喀地區一樣內亂、內戰少。此外，有一個原因是前人研究從未提及的，即俄國企圖占有銀礦。阿勒塔其、孟古其兩條河注入離尼布楚不遠的額爾古納河。俄國人在 17 世紀 70 年代發現這兩條河附近有金礦和銀礦。[⑥] 他們自 40 年代起尋找從車臣汗處打聽到的銀礦，最後通過《尼布楚條約》將該銀礦據為己有。

---

① Русско-монгольские отношения. 1685–1691. Сборник документов. Сост. Г. И. Слесарчук. Ответственный редактор Н.Ф.Демидова. М., Восточная литература РАН. 2000. стр.126–137.

② Русско-монгольские отношения. 1685–1691. Сборник документов. Сост. Г. И. Слесарчук. Ответственный редактор Н.Ф.Демидова. М., Восточная литература РАН. 2000. стр. 142–143.

③ Русско-монгольские отношения. 1685–1691. Сборник документов. Сост. Г. И. Слесарчук. Ответственный редактор Н.Ф.Демидова. М., Восточная литература РАН. 2000. стр. 150–151.

④ Шастина Н.П. Русско-Монгольские посольские отношения XVⅡ века. М. , 1958. стр. 144–145.

⑤ Шастина Н.П. Русско-Монгольские посольские отношения XVⅡ века. М. , 1958. стр. 149.

⑥ Нерчинск. Редактор В.А.Дутов. Чита. 2013. стр. 14.

戈洛文按照約定前往尼布楚的途中，聽到貝加爾與色楞格之間有大批蒙古、衛拉特人遷徙的消息，稍微變更了計劃。他返回烏德要塞，使用武力，擄去這些逃難的百姓。其結果是，有若干蒙古臺吉投靠了戈洛文。正是這次衝突使蒙古人首次見識了火器。關於此事，戈洛文向莫斯科當局做了詳細的匯報。莎斯季娜將這一侵略行為解釋為俄國對蒙古人侵犯色楞格要塞而做出的報復。這一觀點是片面的。因為很明顯，這些逃難者不是俄國屬民。這次衝突使6名宰桑、2名達魯嘎、13名舒楞額、1名喇嘛、1200名百姓留在俄方，成為其正式屬民。[1] 檔案史料中有相關記載。

воевода Федор Алексеевич Головин с ратными их царского величества людьми их, мунгалов, на них не пропустил, и был у него с ними бой, и на том бою мунгалов побито и в полон взято множество со всеми их пожитки и скотом, а которых побили, и тот скот взяли их царского величества ратные люди. И их де тайши, и Доржи, и Елдень [с] зайсаны, и со всеми своими подданными улусными людьми били челом им, великим государем, в вечное подданство и дали ему, окольничему и воеводе, для подлинного уверения детей своих родных и братей и племянников в оманаты, которые аманаты их ныне в Удинском остроге. И как их окольничей и воевода принял, и они, тайши, сами при нем, окольничем и воеводе, по своей вере шерть учинили и обещались им, великим государем, ясак платить.[2]

（譯文）很多蒙古人或喪命，或連同家產被俘。皇帝的士兵們獲得了死去的蒙古人的牲畜。他們的臺吉多爾濟、伊勒登宰桑偕自己的所有人向偉大的皇帝磕頭，永為屬民。作為保證，他們將自己的兄弟、侄子交給烏金斯克城，留作人質。於是城市的長官接收了他們。他們在前者的面前發誓，以示信譽，並向偉大的皇帝納稅。

俄國進而向蒙古派遣近80名專使，用各種方法哄騙諾顏和臺吉們，使其成為俄國的屬民。受其影響，從1688年夏至1689年春，貝加爾方面不斷有人成群地逃離蒙古。因內戰的爆發、俄國的各種計策與手段，多名大諾顏臺吉從1689年1月開始轉向支持簽訂條約，成為俄國屬民。駐牧於屯很附近的兩部分蒙古人[3] 於1688年7月，阿巴岱·賽因汗之曾孫達錫洪臺吉之子鄂爾和洪臺吉、賓圖阿海[4] 於1689年1月率先歸附俄國。我們從俄羅斯國立古代

① Шастина Н.П. Русско-Монгольские посольские отношения XVⅡ века. М. , 1958. стр. 152–153.

② Русско-монгольские отношения. 1685–1691. Сборник документов. Сост. Г. И. Слесарчук. Ответственный редактор Н.Ф.Демидова. М., Восточная литература РАН. 2000. стр.230–231.

③ Исторический выбор: Россия и Бурятия в XVⅡ – первой трети XVⅢ века. Документы и материалы. Иркутск. 2014. стр. 327.

④ Asraγči neretü-yin teüke. Эх бичгийн цогц судалгаа хийсэн доктор (Ph.D) Д.Заяабаатар. Улаанбаатар. Болор судар; 2011. tal-a 79.

文書檔案館發現了賓圖阿海與鄂爾和洪臺吉致俄國的書信。現僅抄録賓圖阿海的書信。

ejen yeke čaγan qaγan–du mörgünem. ejen yeke čaγan qaγan–u bičig tamaγ–a jaγun siru qoyar sayin čengme arban bulaγayir minü γar–tu bariγulba. bi yeke mörgüji bayarlaba bi. ula ügei alba ügei geji qayiralaγsan–du yeke bayarlaba mörgübe. ejen yeke čaγan qaγan–du bintu aqai bi mörgünem. urid iregsen jaγun γučin ulus albatu–yin tulada mörgügsen bile. ejen yeke čaγan qaγan–i jarliγ ene geji. γurban jilese uruγsiki ulus albatu–yi ürebe. γurban jilese qoyisiki ulus albatu–yi qayiralaba geji. mikeyida eleksei bayiji fbayibul ibang ayiči, simon tolmači ene γurban tolmači bintu aqai mini elči durγul–i kiy–a baγsi–du ejen yeke čaγan qaγan–i jarliγ ene geji bičigülbe. ejen yeke čaγan qaγan ay jarliγ ulus–i tan–i tamaγ–a bičigtü ög gegsen jarliγ ügei geji ene bayising giyin noyad ese ögbe. ejen yeke čaγan qaγan–du bintu aqai bi mörgübe. ene ulus albatui–gi min qayiralamu geji mörgübe. ejen yeke čaγan qaγan–du mörgünem bintu aqai bi. ejen yeke čaγan qaγan–u öndür yeke urtu gar–tu tüsigsen qoyin ulus albatui–yi mini qayiralamu geji mörgünem bi. ulus albatum min ügeyirebe sürüg adaγu min dayin abuba. jil i–yin sara–yin mönggü tariy–a qayiralamu geji mörgünem geji. ejen yeke čaγan qaγan–u öndür yeke urtu gar–tu erke qung tayiji erdeni qung tayiji tüsigsen bile. tayiji gem ügei bayital–a urbaji očiba. erke qung tayiji (gi) albatu ig bariji očiba. bintu aqai bi ejen yeke čaγan qaγan i sanaji mörgüji saγunam bi. ene mörgüji ayiladqaγsan i qariγu gi mongγol bičig oros bičig qayiralamu geji mörgünem. ejen yeke čaγan qaγan du mörgünem. bintu aqai bi elči ilegey–e gegsen bile. ene bayising giyin noyad ejen yeke čaγan qaγan–u jarliγ ügei geji elči ülü ilegenem. elči ilegeltei učir bolqu du elči ilegey–e geji mörgünem. bintu aqai öber ün γar–iyar bekelebe.①

賓圖阿海落入俄國的圈套，致信表示歸順。戈洛文起草了包括 9 項內容的條約底稿。②該條約是 17 世紀俄國最早與蒙古、清朝簽訂的條約之一，時間比《尼布楚條約》早 7 個月。戈洛文向西伯利亞省報告了這些歸順者與納稅者的情況。很多諾顏表示歸順俄國，其中能說出姓名者有策仁臺吉、策仁扎布賓塔海、杜喇勒塔布囊、澤布額爾德尼、額爾德尼朝克圖、莫爾根阿海等諾顏貴族。③

這樣，戈洛文在短期內主動接近有勢力的諾顏貴族，時而動用武力，時而拉攏離間。

① РГАДА. Ф- 214. [Сибирские приказ]. Оп.3. № 544. лл.343–344.

② Русско-монгольские отношения. 1685–1691. Сборник документов. Сост. Г. И. Слесарчук. Ответственный редактор Н.Ф.Демидова. М., Восточная литература РАН. 2000. стр.186–190.

③ Бантышъ-Каменсий Н. Дипломатическое собраніе делъ между Россіскимъ и китайскимъ государствами съ 1619 по 1792-й годъ. Казань. Типографія Императорскаго Университета. 1882. стр. 59.

1689年8月，他為了簽訂條約來到尼布楚。這時土謝圖汗察琿多爾濟、溫都爾格根哲布尊丹巴被噶爾丹博碩克圖擊潰，移居到黑龍江、大興安嶺、喀爾喀河以東地區。

圍繞遷至色楞格、貝加爾一帶的百姓的糾紛得到相對緩解，有影響力的諾顏紛紛表示歸順，土謝圖汗、溫都爾格根哲布尊丹巴亦離開了故地，噶爾丹博碩克圖撤軍暫駐科布多。戈洛文的後顧之憂已解除。他利用這一機會，將全部精力投入《尼布楚條約》的簽訂上。1689年8月12日，在石勒喀與尼布楚河之間，尼布楚小要塞附近，俄國與清朝代表進行了談判。

清朝的代表有欽差大臣、議政大臣、領侍衛內大臣索額圖，內大臣、都統一等侍衛、國舅佟國綱，都統朗談，都統班達爾善，鎮守黑龍江等處將軍薩布素，護軍統領瑪喇，理藩院侍郎溫達等人。俄國代表欽差全權大使戈洛文、謝米揚·廓爾尼慈基、沃拉索夫等人①參加了談判。法國人張誠擔任拉丁文翻譯。官方談判文本是以拉丁文書寫的，雙方為維護各自的權益就如何劃分領土等問題進行了激烈辯論。

俄羅斯學者雅克布列娃認為，清朝使臣直接表態希望開戰，而俄國使臣主張和平解決，不希望無謂流血。②但實際上，需要注意的是，無論從當時的兵力還是人數優勢來看，俄國絕無可能與清朝交戰。

從1689年8月14日到27日，談判持續兩周，俄國與清朝最終締結了雙方第一份條約——《尼布楚條約》。該條約是在前述包括9項內容的原條約的指導下制定的，其內容如下：以從北流入黑龍江之綽爾納河，亦即烏倫穆河附近之格爾必齊河為兩國之界。黑龍江以南歸清朝管轄，興安嶺以北歸俄國管轄。注入黑龍江之額爾古納亦為兩國之界，墨勒克③河附近的俄國人悉數遷回。條約的滿文本載：

> emu hacin ne yagsa-i bade oros gurun-i araha hoton-be yooni necihiyeme efulefi yagsa-i bade tehe oros-i niyalma eiten jaka-be gemu cagan han-i bade amasi gocibume④
>
> （譯文）俄國人在雅克薩所建城障，應即盡行除毀。俄民之居此者，應攜帶其物用，盡數遷入俄境。

以上述規定地點為界，兩國獵戶無論如何不得越界。若有一二賤民擅自越界偷獵，立即

① АВПРИ. Ф-163. Трактаты. оп.1. д. №22. 1689. [Нерчинский договор между Россией и Китаем от 27 августа 1689 г]. л. 2–3об. – заверенная копия, русский язык., л. 6–6 об. – подлинник, латинский яз., л. 7–11 – подлинник, маньчжурский язык.

② Яковлева П.Т. Первый русско-китайский договор 1689 года. М., Наука.1958. стр. 168.

③ 筆者於2015年9月9—16日、2016年10月27日至11月3日兩次走訪斯帕法理曾走過的額爾古納河流域、海拉爾、達賴淖兒以及阿爾辛斯基曾走過的黑龍江、尼布楚、齊齊哈爾等地，收集了當地關於歷史、文化交流等方面的研究資料。

④ АВПРИ. Ф-163. Трактаты. оп.1. д. № 22. 1689. [Нерчинский договор между Россией и Китаем от 27 августа 1689 г]. л.. 7–11. - манж хэлний эх.

捉拿，遣送各方境內官吏。即使少數人犯禁，兩國亦和睦相處，不得兵戎相見。以前發生的所有事情不再追究。現今俄國人在清朝居住者或清朝人在俄國居住者，兩國不再相互索要。[①] 這與曾是主要糾紛之一的達斡爾諾顔根特莫爾事件有關。

此外還規定，兩國貿易正常化；持有效護照往來；自兩國簽署條約之日起，絶不收留對方逃人；兩國大臣會面，廢除邊界一切爭執，實現永久和睦，並嚴格遵守條約；等等。[②]

條約的文本用俄、拉丁、滿文書寫，雙方各存正副二本。又以漢、滿、拉丁文刻於石碑，立在兩國邊界。米亞斯尼科夫在其著作中稱，條約的漢文本采自格爾必齊河旁的石碑。[③]

俄國與清朝之間的第一份條約《尼布楚條約》從其訂立之初即面臨"蒙古"問題。戈洛文的積極活動、強硬的態度以及蒙古的內部危機等因素導致蒙古人的影響與作用下降。雖然蒙古在俄國與清朝之間扮演中間人角色，但因屬民問題和當地居民的隸屬問題與俄國發生矛盾，蒙古諾顔貴族與俄國往來交涉以及歸順俄國等諸多事件均與簽訂《尼布楚條約》密不可分。俄國與清朝締結的這一條約不僅是解決邊界、屬民、貿易問題的第一步，而且成為其後歷次條約談判的基礎，形成了歷次條約談判將"蒙古"問題納入視野，使蒙古人參與其中的傳統。《尼布楚條約》是此後蒙古一系列事件從法律方面予以完全解決的根源。今後的研究應充分留意這一點，從而開展更為深入的探討。

The Issue of "Mongol" in *The Treaty of Nerchinsk*: Rule and Settlement

S.Chuluun

By utilizing the Russian documents of the Archive of the Foreign Policy of the Russian Empire (АВПРИ) and the Manchu-Mongolian documents of the Archives of the Qing Grand Secretariat, this article investigates the negotiations between the Khalkha Jebtsundamba Khutuktu, the Tushetu Khan, and the Russian government about the subordinations of albatus and aborigines before *The Treaty of Nerchinsk*, as well as their influences on the treaty itself.

① АВПРИ. Ф-163. Трактаты. оп.1. д. №22. 1689. [Нерчинский договор между Россией и Китаем от 27 августа 1689 г]. л. 2–3об. – заверенная копия, русский язык., л. 6–6 об. – подлинник, латинский яз., л. 7–11 – подлинник, маньчжурский язык.

② Русско-китайские отношения 1689–1916. Официальные документы. М., Восточная литература. 1958. стр. 10.

③ *Мясников В.С.* Договорными статьями утвердили. Дипломатическая история русско-китайской границы XVⅡ–XXвв. М., 1996. Стр. 452.

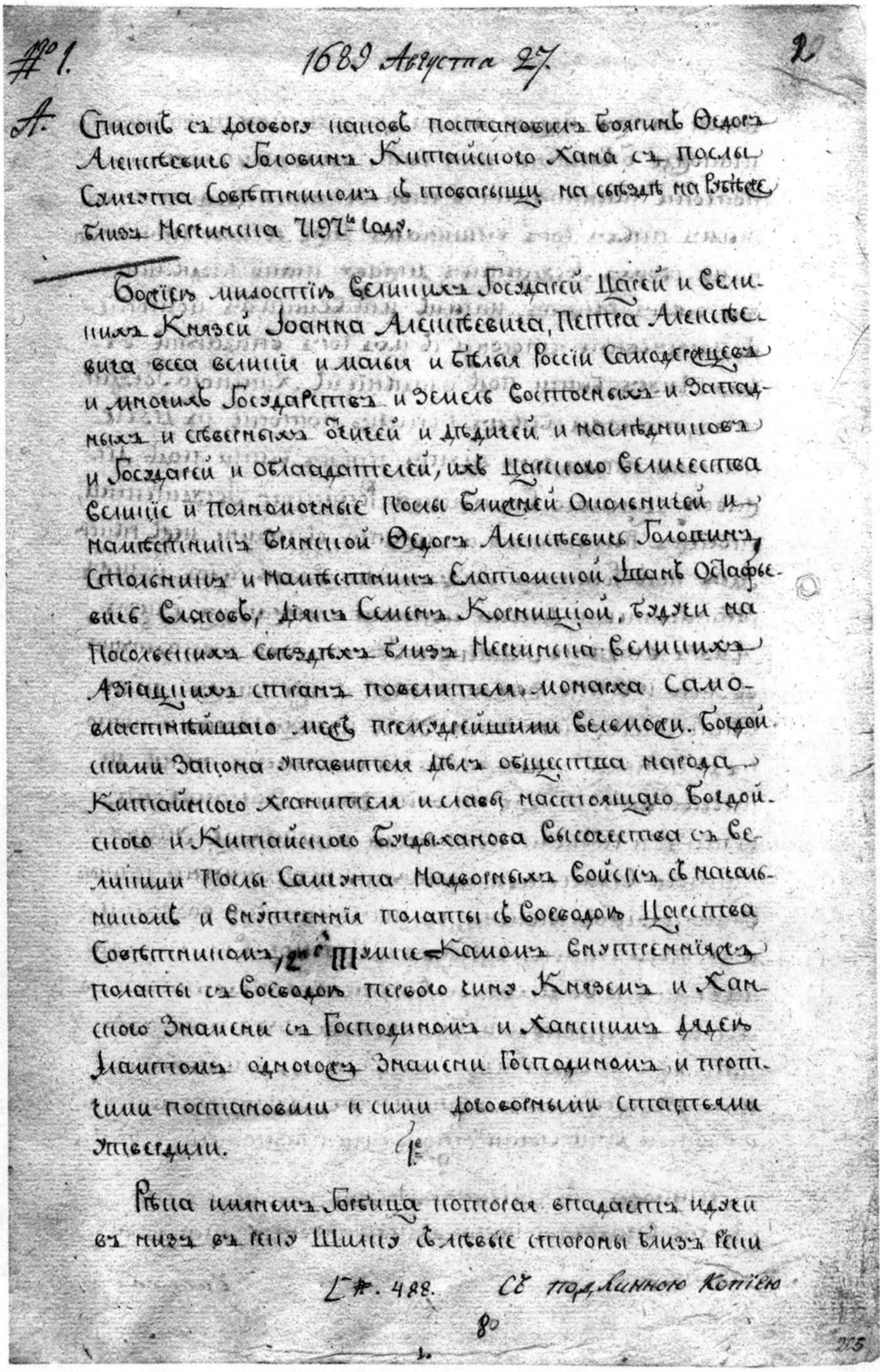

圖 1 《尼布楚條約》的俄文抄件

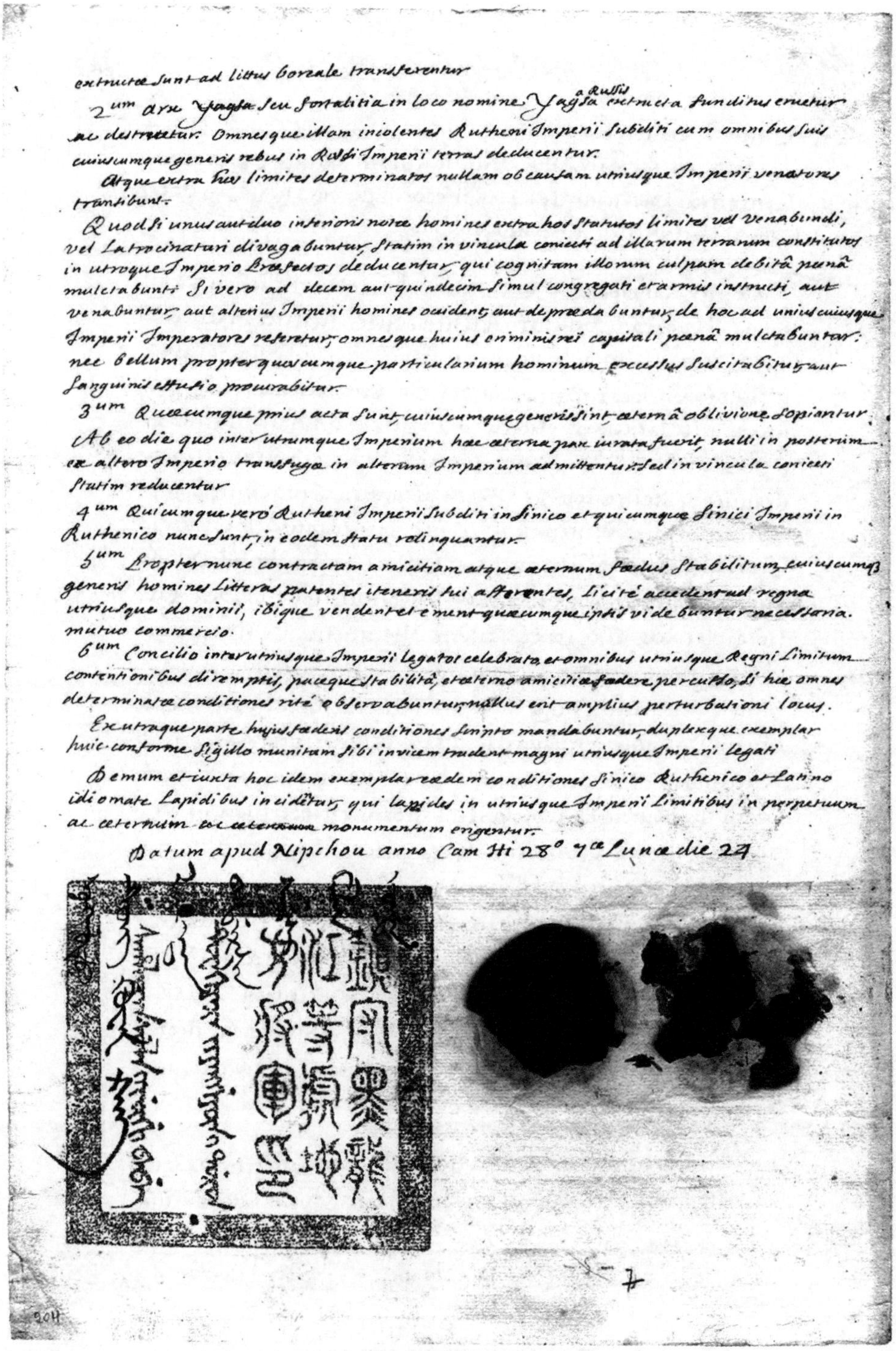

extructae sunt ad littus boreale transferentur

2um arx Yagsa seu fortalitia in loco nomine Yagsa a Russis extructa funditus eruetur ac destruetur. Omnesque illam incolentes Rutheni Imperii subditi cum omnibus suis cuiuscumque generis rebus in Russi Imperii terras deducentur.

Atque extra hos limites determinatos nullam ob causam utriusque Imperii venatores transibunt.

Quod si unus aut duo inferioris notae homines extra hos statutos limites vel venabundi, vel latrocinaturi divagabuntur, statim in vincula coniecti ad illarum terrarum constitutos in utroque Imperio Praefectos deducentur, qui cognitam illorum culpam debitâ paenâ mulctabunt. Si vero ad decem aut quindecim simul congregati et armis instructi, aut venabuntur, aut alterius Imperii homines occident, aut depraedabuntur, de hoc ad uniuscuiusque Imperii Imperatores referetur, omnesque huius criminis rei capitali paenâ mulctabuntur: nec bellum propter quoscumque particularium hominum excessus suscitabitur, aut sanguinis effusio procurabitur.

3um Quaecumque prius acta sunt, cuiuscumque generis sint, aeternâ oblivione sopiantur.

Ab eo die quo inter utrumque Imperium haec aeterna pax iurata fuerit, nulli in posterum ex altero Imperio transfugae in alterum Imperium admittentur, sed in vincula coniecti statim reducentur

4um Quicumque vero Rutheni Imperii subditi in Sinico et quicumque Sinici Imperii in Ruthenico nunc sunt, in eodem statu relinquantur.

5um Propter nunc contractam amicitiam atque aeternum foedus stabilitum, cuiuscumque generis homines litteras patentes itineris sui afferentes, licitè accedent ad regna utriusque dominii, ibique vendent et ement quaecumque ipsis videbuntur necessaria. mutuo commercio.

6um Concilio inter utriusque Imperii legatos celebrato, et omnibus utriusque Regni limitum contentionibus diremptis, paceque stabilitâ, et aeterno amicitiae foedere percusso, si hae omnes determinatae conditiones ritè observabuntur, nullus erit amplius perturbationi locus.

Ex utraque parte huius foederis conditiones scripto mandabuntur, duplexque exemplar huic conforme sigillo munitum sibi invicem tradent magni utriusque Imperii legati

Demum et iuxta hoc idem exemplar eaedem conditiones Sinico Ruthenico et Latino idiomate lapidibus incidentur, qui lapides in utriusque Imperii limitibus in perpetuum ac aeternum ~~ea aeterna~~ monumentum erigentur.

Datum apud Nipchou anno Cam Hi 28° 7ae Lunae die 24

圖 2 《尼布楚條約》的拉丁文本

圖 3 《尼布楚條約》的滿文本

康熙至乾隆前期昭烏達盟漢族移民情況考述

薩如拉金

昭烏達盟是清代內蒙古東三盟之一，包括扎魯特左右翼二旗、阿魯科爾沁旗、巴林左右翼二旗、克什克騰旗、翁牛特左右翼二旗、敖漢旗、奈曼旗、喀爾喀左翼旗十一旗。該盟南臨卓索圖盟，漢族移民經卓索圖盟，逐漸進入昭烏達盟的敖漢、翁牛特、克什克騰、巴林等旗。有關清朝前期昭烏達盟的漢族移民問題，珠颯和梁文美曾利用赤峰市檔案館所藏翁牛特右翼旗印務處檔案探討過翁牛特右翼旗的漢族移民情況。[①]但是翁牛特旗以外其他扎薩克旗的移民情況因資料匱乏而一直沒有得到很好的研究。在這種情況下，利用軍機處滿文録副奏摺中珍貴的檔案補充以往研究中的不足很有必要。

一 康雍時期昭烏達盟的漢族移民

康熙時期，清廷為了讓蒙古人自食其力，以減輕朝廷對蒙古地區的賑濟，采取了鼓勵蒙古人從事農業的政策，並默許部分漢族移民進入蒙古地區。珠颯在其《18—20世紀初東部內蒙古農耕村落化研究》一書中，利用赤峰市檔案館藏翁牛特右翼旗蒙古文檔案文書，說明翁牛特右翼旗境內的內地民人早在康熙年間就已移住該旗。[②]梁文美在她的博士學位論文《翁牛特右翼郡王旗的社會歷史變遷研究》中進一步說明了這一點。但由於史料缺載，對昭烏達盟其他旗的移民情況還缺少進一步的研究。

雍正時期，由於直隸、山東等省連年發生嚴重的災荒，曠日持久的準噶爾戰爭極大消耗了清朝國力，清廷無力賑災，實行“借地養民”政策，鼓勵漢人出邊耕種，導致大量漢人向蒙古地區遷移。珠颯的研究顯示，雍正時期，直隸、山東等省流民以洶涌之勢流入喀喇沁、土默特、翁牛特、敖漢、克什克騰、奈曼等所謂“借地養民”之地。喀喇沁三旗、土默特二旗、翁牛特二旗和敖漢旗境內漢人中，有相當一部分是在實行“借地養民”政策之時流入蒙古地區的。[③]由於漢人日益增多，清廷於雍正七年（1729）在卓索圖盟、昭烏達盟一帶設八溝廳，主要管理喀喇沁三旗和翁牛特右翼旗漢人交涉事務。昭烏達盟南與卓索圖盟相連，漢族

① 珠颯:《18—20世紀初東部內蒙古農耕村落化研究》，內蒙古人民出版社，2009；梁文美:《翁牛特右翼郡王旗的社會歷史變遷研究》，博士學位論文，內蒙古大學，2011。

② 珠颯:《18—20世紀初東部內蒙古農耕村落化研究》，第32頁。

③ 珠颯:《18—20世紀初東部內蒙古農耕村落化研究》，第23頁。

移民經卓索圖盟往北逐漸進入昭烏達盟南部的翁牛特二旗、敖漢旗，進而北上至克什克騰和巴林二旗。

可惜因缺乏資料，對於以上康雍年間昭烏達盟漢族移民的數量，我們衹知曉在翁牛特右翼旗已有了不少漢人，但其他旗的情況如何，尚不明瞭。

二　乾隆前期昭烏達盟漢族移民數量的增加

雍正時期開始的鼓勵漢人流入蒙古地區的政策一直延續到乾隆初年。乾隆十三年（1748），鑒於到蒙古地區開墾的內地漢人越來越多，清廷擔心關外過度漢化危及自身統治，遂開始施行禁墾政策。乾隆十四年，蒙古地區就容留民人、多墾地畝及將土地典給民人等事制定了懲罰嚴厲的條例。乾隆十四年十月，清朝决定派遣大臣詳查民人之事，禁止容留民人及將土地典給民人，命令“敖漢、翁牛特等處地方，乘羅布藏前往遊牧回去之便，添派通政使富森一同前往詳查。下次再照所奏，派理藩院章京往查”。①乾隆十五年六月七日，通政使富森根據考察，向軍機處遞交了一份文書。該份文書保存於中國第一歷史檔案館軍機處滿文録副奏摺中。根據奏摺內容，可以補充當時昭烏達盟各旗移民情況。

1. 敖漢旗

敖漢旗在昭烏達盟最南端，與喀喇沁、土默特地區接壤。由於內地漢人最早從喀喇沁、土默特地區進入，敖漢旗遂逐漸成為漢族移民向北流動的首選地區。乾隆八年，“聞得兩府（天津、河間——引者注）所屬失業流民，聞知口外雨水調匀，均各前往就食。出喜峰口、古北口、山海關者頗多”。清廷令各關隘“如有貧民出口者，門上不必阻攔，即時放出”。②如此一來，流入蒙古地區的漢人以前所未有的速度猛增。以致同年乾隆東巡經過敖漢旗時，親眼目睹了“漸見牛羊牧，仍欣禾黍”③的半農半牧景象。

軍機處滿文録副奏摺中，有關於敖漢旗民人數量的奏摺，現將滿文檔案轉寫整理如下：

(1)aha bi, duin biyai (2) juwan jakūn de gemun hecen ci jurafi, (3) ineku biyai orin duin de bageo i (4) bade isinafi, hanci ildun be tuwame (5) neneme aohan i bade genefi, gūrban subargan de (6) baita icihiyame tehe jurgan i janggin daitung, (7) ta si geo i tungpan faming be gaifi, (8) harangga jasak i giyūn wang coimpil i (9) beye jadahan bisire turgunde jime mutehekū ci (10) tulgiyen, harangga gūsai aisilara taiji hošoi (11) efu dorjirasi, aisilara taiji šangtu sei (12) emgi acafi, irgese i usin tariha (13) meke belcir i jugūn teri, julergi baru (14)

---

① 《清高宗實録》卷351，乾隆十四年十月乙巳。

② 《清高宗實録》卷195，乾隆八年六月丁丑。

③ 《欽定熱河志》卷75“藩衛一”，《景印文淵閣四庫全書》第496册，臺北：臺灣商務印書館，1986，第212頁。

aohan i jecen i mohon i ba i (15) nicugun hoton, nicugun hoton ci dergi amargi (16) baru sara tologai gebungge bada isibume, (17) jugūn i unduri kimcime farhūšame baicame tuwaci, (18) monggosoi jangturi sei tehe gašan, tariha (19) usin ci tulgiyen, irgese gemu susu jafame (20) gašan gašan i tefi, usin tarime, umai (21) monggosoi emgi fumareme tehe ba akū, monggoso (22) inu nukteme yaburengge akū, gemu boo arafi (23) gašan gašan i tehebi. sara tologai ci amasi (24) marifi, monggosoi nukte, irgesei usin tariha ba i (25) jecen hešen be kimcime akūmbume yabume (26) tuwaci, julergi ergide irgese usin tarime (27) tehengge bi, amargi ergide umai usin (28) tarire irgen akū, monggoso gemuni fe (29) doroi nukteme, ulha be adulame majige majige (30) usin tarihangge inu bi, fuhali usin (31) tarihakūngge inu bi.aha bi harangga (32) jasak, gūrban subargan de tehe jurgan i (33) janggin, ta si geo i tungpan de (34) afabufi, usin i ton, irgen i ton be (35) baicabuci, gemu abkai wehiyehe i juwan (36) ilaci aniya.○○hesei ambasa be takūrafi baicabure de, aohan i (37) gūsai baita be, ta si geo i (38) tungpan de kamcibure unde, gūrban subargan de (39) inu jurgan i janggin tebure unde bihe, (40) monggoso usin i delhe imari be sarkū, (41) damu irun okson be tubišeme bodofi,(42) uheri nadan tanggū ninju uyun delhe (43) seme boolaha bihe, ta be uhei acafi (44) kimcime futalara jakada, usin i ton neneheci (45) fulu tucinjifi, yargiyan i fe suksalaha (46) usin emu minggan ilan tanggū gūsin emu (47) delhe juwe imari funcembi.irgen i ton (48) oci, neneme damu usin tarire, dambagu (49) sogi tarire, jai puseli neihe urse be (50) dabuha, usin yangsara, hūsun weilere, ubade (51) tubade taka hūdašara urse be, monggoso (52) elheken i bašaki seme dabuhakū ofi, (53) irgen i ton uheri duin minggan jakūn (54) tanggū gūsin juwe seme boolaha bihe, te (55) boo aname kimcime baicafi, esebe wacihiyame (56) debure jakada, irgen i ton inu fulu (57) tucinjifi, yargiyan i fe tehe irgen (58) uheri nadan minggan ilan tanggū juwan (59) juwe seme teisu teisu alibuha manggi, (60) aha bi harangga jasak de suweni neneme (61) boolaha usin i ton nadan tanggū ninju (62) uyun delhe, irgen i ton duin minggan (63) jakūn tanggū gūsin juwe bihe, suwe (64) monggo niyalma, uthai delhe imari be (65) sarkū, usin i ton be tubišeme bodofi (66) boolaha okini, inu sunja tanggū ninju (67) delhe funceme lakcafi fulu ojoro de (68) isinarakū, irgen i ton oci, neneme udu (69) usin yangsara hūsun weilere, babade taka (70) hūdašara irgen be, suwe elheken i bašaki (71) sere turgunde tebuhakū secibe, aida juwe (72) minggan duin tanggū funceme fulu tucinjihe ni (73) ere iletu fafulaha amala, monggoso geli (74) ajige aisi be kiceme irgese be (75) nonggime halbuha, hūlhame suksalabuhangke seme (76) dahūn dahūn sibkime mohobume fonjici, aisalara (77) taiji hošoi efu dorjirasi sei niyakūrafi (78) alarangge.○○enduringge ejen amban be takūrafi, meni kūsade (79) suksalaha usin tehe irgese be baicaburengge. (80) cohome meni monggo ahasi be nikan i (81) tacin de icebufi banjire doro ufaraburahū (82) sere, ○○ten i gosingga gūnin, be ai hacin i

(83) hūlhi sehe seme,○○ejen i ferguwecuke hese be uju de hukšefi (84) dahame yabuci acara dabala, ai gelhun (85) akū.○○ hesei fafulaha be jurceme.gemuni irgese be (86) halbufi usin be suksalabumbi.ere yargiyan i (87) fe suksalaha usin,fe tehe irgen,umai (88) ice nonggime halbuha,suksalabuhangge faka, gemu (89) meni monggoso neneme, baicara de, hūlhideme (90) boolaha ci banjinahangge seme tang seme (91) alambime, gūrban subargan de tehe jurgan i (92) janggin, ta si geo i tungpan de (93) kimcime fonjici gemu yargiyan seme uhei (94) akdulambi.①

（譯文）四月十八日，吾從京城出發，二十四日到達八溝廳。臨近趁便，率領駐三座塔理藩院章京②岱通、塔子溝通判法明先到敖漢旗。會見該旗協理臺吉和碩額駙多爾濟拉錫、協理臺吉桑圖，其中扎薩克郡王吹木丕勒因身病未到。沿着民人耕地路綫，從木克布勒其爾（meke belcir）南至敖漢旗邊界赤地城（nicugun hoton），再從赤地城至東北沙喇托洛該（sara tologai）之地。稽查之後，除蒙古人莊頭們居住村所種地之外，民人皆掌之故地，定居於各村種地，未與蒙古人雜居，蒙古人亦未遊牧，均築房定居。再由沙喇托洛該返回詳查後，種地民人集中住於敖漢旗南部，北部地方並未種地之民人，蒙古人依舊逐水草而居，其中少部分蒙古人一邊遊牧一邊種小塊兒地。乾隆十三年，吾委托該旗扎薩克、駐扎三座塔的理藩院章京、塔子溝通判，稽查種地畝數與民人數目。此時，塔子溝通判尚未使兼敖漢旗之事，理藩院章京亦未住三座塔。蒙古人不懂土地頃和畝，祇是用畦溝步法來估量後總共七百六十九頃。今一同詳量之後，已開墾地數目多於之前的數，確切舊墾土地一千三百三十一頃兩畝餘。民人之數，先前查時祇包含了種地、種煙、種蔬菜以及開店鋪之民人。因蒙古人打算驅逐耘地、打工、到處臨時經商之人，故未算入，且民人之數總共四千八百三十二名。今由於按户詳查，一概包括在內，民人之數增多，實際舊住民人總共七千三百一十二名。各自呈送後，吾對該旗扎薩克講，爾等之前上報之種地畝數七百六十九頃，民人之數四千八百三十二名。爾等蒙古人即不懂頃與畝，便導致種地畝數五百六十多餘頃未算。且民人之數，雖始算時未包括耘地、打工、到處臨時經商之人，但從何處所出兩千四百多餘人。顯然是禁墾後，蒙古人為圖利，容留民人，使其偷墾。如此反復追根究底之後，協理臺吉和碩額駙多爾濟拉錫等人，跪叩呈上。聖上委派大臣調查吾旗已墾土地與已住民人，尤其是關照吾等蒙古

① 中國第一歷史檔案館軍機處滿文録副奏摺，檔案號：03-0172-0621-002。

② 據乾隆朝《大清會典則例》卷140《理藩院·設官》(《景印文淵閣四庫全書》第624册，臺北：臺灣商務印書館，1986，第412頁），乾隆十三年在土默特右翼旗境內三座塔地方派駐司官管理土默特、敖漢、喀喇沁左翼旗，以及奈曼、喀爾喀、錫呼圖庫倫等處蒙民交涉事務。珠飒在《理藩院與東部蒙旗：以理事司員為中心》(《蒙古學集刊》2006年第4期）中認為，八溝理事司員的前身為理藩院章京，乾隆二年撤銷理藩院章京職銜，未提三座塔理藩院章京。但據達力扎布的《清代歷任三座塔理事司員略考》(《中國邊疆民族研究》第6輯，中央民族大學出版社，2012)，乾隆十三年的三座塔理事司員是岱通，因此理藩院章京就是理事司員，祇是寫法不同，可能當時該職位還未規範化。

人，怕沾染民人習俗、丢舊俗。此仁慈之情，吾等當作某種愚語。應當感激聖上鳳詔，並順從，豈敢違背命令容留民人開墾土地。這實際是舊墾地和舊住民人，無新容留與新墾之情況，皆因吾等蒙古人事先調查一塌糊塗，導致出錯。核聞駐扎三座塔理藩院章京與塔子溝通判之後，並共同承諾是事實。

從以上記載可知，首先，木克布勒其爾（meke belcir）南至敖漢旗赤地城（nicugun hoton），並由赤地城至東北沙喇托洛該（sara tologai）地區漢族移民較多，且以農耕為主，蒙古人放棄遊牧生活築房定居，但蒙漢並未雜居。根據《蒙古遊牧圖》，赤地城[①]在敖漢旗西南端，與喀喇沁右翼旗接壤。至於其他兩個地方的位置在何處，地圖未明確標明。並且，當時敖漢旗北部沒有開墾之民人，蒙古人依照傳統逐水草而居，其少部分蒙古人一邊遊牧一邊種小塊兒地。

其次，原本乾隆十三年清朝施行禁墾政策之後命該旗扎薩克、通判稽查各旗的民人，但當時塔子溝通判和三座塔理藩院章京尚未入職，因此蒙古人自行稽查所報種地之數與乾隆十五年的數字有五百六十多頃的差異，實際是一千三百三十一頃。敖漢旗扎薩克誤報是當時蒙古人不知頃和畝所致。同樣，漢人實際人數是七千三百一十二人，所報數差兩千四百多人。可見乾隆十三年雖實行了禁止放任自流政策，但實際上未能全面禁止，因而漢人越來越多。

再次，漢族移民從事的事情包括農耕、種植煙草、開店鋪、打工（榜青）、經商等。因此，他們到達蒙古地區之後扮演着各種角色。根據檔案，蒙古人對待以上角色有不同的態度。如調查民人數時故意未算入臨時經商、打工（榜青）等人，即流動民人，而算入種地、種菜、種煙、開店鋪之人，即已定居之民人。蒙古人區別對待已定居民人和流動民人，說明蒙古人接受了已定居的民人，因此未打算驅趕他們。此外，蒙古地區的遊牧經濟需要農業經濟產品來補充和調劑，兩者之間有互補性。

最後，敖漢旗蒙古人私自容留民人、開墾土地的情況也可能存在。因為乾隆十四年清廷對於蒙古地區容留民人、開墾土地、將土地典給民人之事制定了懲罰的條例。這間接說明當時在蒙古地區此種情況真實存在。另外，乾隆三十九年五月二十五日，敖漢旗郡王喇什喇布坦等人給理藩院上奏該旗扎薩克巴勒丹窩藏民人開墾土地之事的一份奏摺。[②]此份奏摺進一步說明，該時期敖漢旗蒙古王公扎薩克明顯准許漢族移民在蒙古地區開墾土地，對推動更多的漢族移民涌入蒙古地區起到關鍵作用。

2. 翁牛特左翼旗、巴林二旗、阿魯科爾沁旗

巴林二旗和阿魯科爾沁旗位於昭烏達盟最北端，翁牛特左翼旗在中段地區，因此漢族移

① 烏雲畢力格等編著《蒙古遊牧圖》，北京大學出版社，2014。

②《為敖漢旗扎薩克王巴勒丹窩藏民人種地著罰俸一年交羅布藏錫拉布等管教事》，中國第一歷史檔案館軍機處滿文録副奏摺，檔案號：03-18-009-000039-0003。

民遷入較晚。清朝官方文獻與檔案資料中很難找到清朝前期這幾個旗的漢族移民數量，尤其是巴林二旗，而對阿魯科爾沁旗移民的研究大多開始於清末。據通政使富森的調查，現將滿文檔案轉寫整理如下：

(1)sunja biyai ice nadan de, (2) aohan i jecen ci tucifi, ulan (3) hada de tehe jurgan i janggin cišinu. (4) bageo i tungJi mingde i gaifi. (5) ongniyot i beile pungsuk, barin i wang (6) rincin, beise sampildorji, aru korcin i (7) beile dakdan i jergi gūsade genefi (8) harangga jasak i emgi acafi baicame (9) tuwaci, ongniyot i beile pungsuk i gūsade fe (10) tehe hūdašara, usin tarire irgen orin (11) nadan, tariha usin orin uyun delhe (12) uyunju imari, barin i wang rincin i (13) gūsade damu hūdašara irgen ninju sunja, (14) beise sampildorji i gūsade hūdašara irgen (15) juwan, aru korcin i beile dakdan i (16) gūsade sogi, dambagu tarire, hūdašara irgen (17) orin ninggun ci tulgiyen, umai usin (18) suksalara irgen akū.①

（譯文）五月初七，從敖漢出發，帶領駐扎烏蘭哈達理藩院章京七十五、八溝同知明達，去往翁牛特貝勒朋素克、巴林郡王琳沁、貝子薩木丕勒多爾濟、阿魯科爾沁貝勒達克丹旗。並與各旗扎薩克一同稽查之後，翁牛特貝勒朋素克旗舊住經商、種地民人共二十七名，種地畝數二十九頃九十畝。巴林郡王琳沁旗祇有經商民人六十五名，貝子薩木丕勒多爾濟旗有十名經商民人，阿魯科爾沁貝勒達克丹旗種蔬菜、種煙之民人二十六名以外並沒有種地民人。

可見，乾隆十五年，巴林右翼旗有六十五名經商民人，而巴林左翼旗有十名經商民人。阿魯科爾沁旗有二十六名種菜、種煙之民人。翁牛特左翼旗經商、種地民人共為二十七名，種地畝數為二十九頃九十畝。因此，巴林二旗、阿魯科爾沁旗除了商人以外並沒有農耕之人。

漢族商人在蒙古地區定居，可能與清朝和準噶爾部之間的戰爭有關。商人隨戰爭需要進入蒙古地區，進行具有一定規模的交易活動。戰爭結束之後，隨軍商人的商業交易活動並沒有因軍隊的班師而結束。經過長達近十年的隨軍經商，隨軍商人掌握了蒙古地區的風土人情、生活習慣、生產狀況，逐漸適應並留居蒙古地區。② 從上所知，巴林二旗、阿魯科爾沁旗除了商人以外並沒有農耕之人。漢族商人可能是噶爾丹與清朝在烏蘭布通交戰時留下的隨軍商人，但缺乏確切的證據。

3. 克什克騰旗

克什克騰旗在昭烏達盟西端，南與翁牛特右翼旗接壤，因此相比於巴林二旗，漢族移民數量較多。珠颯在其書中提到，翁牛特北部的克什克騰旗，在乾隆三十六年陸續查出新添民

① 中國第一歷史檔案館軍機處滿文錄副奏摺，檔案號：03-0172-0621-002。

② 烏雲格日勒：《十八至二十世紀初內蒙古城鎮研究》，內蒙古人民出版社，2005，第 19—20 頁。

人六百七十餘名，所墾地亦比原報增多。[①] 顯然，乾隆時期已有大量漢族移民進入該地區。據通政使富森的調查，現將滿文檔案轉寫整理如下：

(1)ineku biyai juwan (2) ninggun de, kesikten i jasak i taiji (3) cibgajab i gūsade genefi, irgesei usin (4) tariha bayan baising,baica birai haliojai, (5) horogo i angga,agūitu hada i jergi (6) bade tehe irgen, tariha usin be (7) baicame tuwafi, harangga dolon noor i (8) daiselaha tungJi booning umai genehekū ofi, (9) harangga jasak de afabufi baicabuci, harangga (10) jasak i alibuha usin i ton juwan (11) emu delhe susai imari, irgen i ton (12) jakūnju, daiselaha tungJi booning ni baci (13) harangga jasak de unggifi, ulame aha (14) minde alibure nikan hergen i cese de (15) araha usin i ton orin juwe delhe (16) susai ninggun imari, irgen i ton ninju (17) sunja, juwe ergi i alibuhangge ishunde (18) acanarakū bime, usin i baran be (19) tuwaci, ceni alibuha ton ci lakcafi (20) fulu ojoro muru bisire turgunde aha bi, (21) ulan hada de tehe jurgan i janggin (22) cisinu de afabufi, usin tariha irgese be (23) isabufi sibkime gelebume funjici, teisu teisu (24) yargiyan ton be tucibufi, usin uheri (25) dehi uyun delhe emu imari, irgen (26) uheri nadanju nadan seme alahabi.ede (27) aha bi, jasak i taiji qibgajab de (28) irgen oci sini de boolaha ton ci (29) komso oho bime, daiselaha tungJi booning ni (30) boolaha ton ci fulu tucinjihe, usin (31) oci, suweni juwe ergi i boolaha ton ci (32) ubui fulu tucinjihe be tuwaci, urunaku (33) fafulaha amala suwe, geli irgese be(34) nonggime halbufi, usin be badaramgume suksalabuhabi (35) seme dahūn dahūn i funjici, cibgajab(36) umesi gelefi niyakūrafi alarangge.○○enduringge ejen meni monggo ahasi i nukte (37) hafirahūn ojorahū seme,○○gosime bulekušefi amban be takūrafi baicabure de, be (38) ai gelhun akū holtome alambi.ere (39) yargiyan i gemu fe tehe irgen, fe (40) tariha usin, umai ice irgen be (41) halbufi, nonggime usin suksalabuha ba akū, (42) damu monggoso usin i delhe, imari be (43) sarkū, gemu irgese de fonjifi alibure (44) jakade, tašarabure de isinahabi.irgen i ton (45) oci, be monggo niyalma hūlhidafi getukeleme (46) baicame mutehekū, tašarame boolahangge yargiyan (47) seme alambi.aha bi tuwaci.qibgajab (48) beye nimekungge bime, se de gocimbufi (49) baicame mutehekū, hūlhidame boolahangge yargiyan.[②]

（譯文）五月十六日，到達克西克騰扎薩克臺吉齊巴克扎布旗，稽查巴彥白興（bayan baising）、白叉河之哈流寨（baica birai haliojai）、浩熱因昂嘎（horogo i angga）、阿貴圖哈達（agūitu hada）等地居住民人與種地之情況。因多倫諾爾理事同知保寧未能去，於是交給該旗扎薩克。該旗扎薩克所報種地畝數為十一頃五十畝，民人之數八十

---

① 珠颯：《18—20世紀初東部內蒙古農耕村落化研究》，第32頁。

② 中國第一歷史檔案館軍機處滿文録副奏摺，檔案號：03-0172-0621-002。

名。後理事同知保寧派人傳送給吾的數目為，種地畝數二十二頃五十六畝，民人之數六十五名。兩方報送數目互相不合。瞭望田地之後略測比兩方報送數目多，故吾交給烏蘭哈達理藩院章京[①]七十五，聚集民人詳問後，種地畝數總共為四十九頃一畝，民人之數七十七名。於是，吾通告該旗扎薩克臺吉齊巴克扎布，民人之數少於汝所報數目，多於理事同知保寧所報數。種地畝數，多於兩方所報之數。必定禁墾之後，容留民人，擴開土地。如此屢詢後，齊巴克扎布跪叩呈上。聖上眷顧蒙古人遊牧地不可變窄，則派遣大臣稽查，吾豈敢說謊。均舊住民人，舊墾地是真。並沒容留民人再墾土地，祇是蒙古人不懂頃和畝，聞民人呈報，造成如此錯誤。民人之數，亦因吾蒙古人變糊塗未能詳查，導致出錯。依吾看，齊巴克扎布自己得病，並有礙年齡，未能查，糊塗報是真。

上述巴彥白興（bayan baising）、白叉河之哈流寨（baica birai haliojai）、浩熱因昂嘎（horogo i angga）、阿貴圖哈達（agūitu hada）等地應該在克什克騰旗東南部。由奏摺內容可知克什克騰旗扎薩克和多倫諾爾理事同知保寧所報的數目都存在造假。三次稽查之後，最後核定的克什克騰旗民人數量實為七十七名，種地畝數四十九頃一畝。

4. 翁牛特右翼旗

翁牛特右翼旗南接喀喇沁右翼旗界，漢族移民較早進入該旗，僅晚於漢人最早涌入的卓索圖盟各旗。根據以上記載，康熙年間就已經有漢族移民進入了翁牛特右翼旗。直到乾隆時期民人數量劇增，移民開墾的範圍也不斷擴大。從清廷對翁牛特右翼旗的行政實施便看得出流入該旗的民人到了何種程度。乾隆十三年在翁牛特右翼旗烏蘭哈達地方設立烏蘭哈達稅務司署，二十三年設立烏蘭哈達巡檢署，三十九年升為烏蘭哈達廳，四十三年詔命升烏蘭哈達廳為赤峰縣，由此翁牛特右翼旗界內出現旗縣並存的情景。

最先記載乾隆前期翁牛特右翼旗民人數量的是軍機處滿文録副奏摺，現將滿文檔案轉寫整理如下：

(1)ineku biyai juwan uyun de ongniyot i (2) wang budejab i gūsade genefi, kimcime baicame (3) tuwaci, dergi wargi emu girin i bade, (4) irgese mukei usin, olhon usin tarime, (5) gemu susu jafame gašan gašan i tehebi.(6)umai monggosoi emgi fumereme tehe ba (7) akū, monggoso inu usin taricibe, an i fe (8) doroi nukteme ulha ujime banjimbi.harangga (9) jasak i wang budejab, ulan hada de (10) tehe jurgan i janggin cišinu, bageo i (11) tungJi mingde de afabufi, usin i ton (12) irgen i ton be baicabuci, uhei akdulafi (13) alibuha bade, neneme

① 據乾隆朝《大清會典則例》卷 140《理藩院 · 設官》(《景印文淵閣四庫全書》第 624 冊，第 412 頁)，乾隆十三年在翁牛特右翼旗境內烏蘭哈達地方派駐司官管理喀喇沁右翼旗、喀喇沁中旗、翁牛特二旗、巴林、阿魯科爾沁等處蒙民交涉事務。

harangga jasak i wang (14) budejab, bageo i tungJi mingde jurgan i (15) bithe be dahame, ongniyot i gūsai fe (16) tehe irgen, tariha usin i ton be (17) cese weilefi boolara fonde, jing niyengniyeri (18) erin, usin amba nimanggi de gidabufi, (19) jurgan de boolara bilagan hahi ojoro jakade, (20) amba muru baicame futalafi, karacin de (21) toodame buhe sibe bira de tehe irgen, (22) tariha usin be sume tucibufi, ne (23) ongniyot i bade bisire, fe suksalaha usin (24) uheri juwe minggan uyun tanggū orin (25) ninggun delhe duin imari, irgen uheri (26) juwe tumen juwe minggan uyun, tanggū (27) jakūnju emu anggala seme boolaha bihe, sirame (28) nimanggi fenehe manggi, be uhei acafi dasame (29) kimcime futalaci, mukei usin juwe tanggū (30) nadan delhe orin nadan imari fulu (31) tucinjifi, uheri muke olhon usin ilan (32) minggan emu tanggū gūsin ilan delhe (33) susai emu imari ohobi.irgen kemuni (34) neneme boolaha ton de acanambi.ere (35) gemu fe tehe irgen, fe suksalaha usin (36) yargiyan seme uhei akdulafi alibuhabi, (37) aha bi dasame kimcime baicaci encu (38) akū.①

（譯文）五月十九日抵達翁牛特布達扎布旗。詳查之後，旗左右一帶地方，民人種水田和旱田，皆執掌土地定居於各村，未與蒙古人雜居。雖蒙古人亦種地，但依照舊俗遊牧生活。之前交該旗扎薩克布達扎布、駐扎於烏蘭哈達理藩院章京七十五、八溝同知明達，稽查種地畝數與民人之數。先該旗扎薩克布達扎布、八溝同知明達遵照理藩院之令，呈報該旗舊住民人與舊墾地畝數時正好春天，大雪覆蓋田地。因時間緊迫，大概稽查丈量，並扣除賠給喀喇沁旗之錫伯河住民與墾地，該旗舊墾地總共兩千九百二十六頃四畝，民人之數兩萬兩千九百八十一名。接着融雪後再次會同查量，水田二百零七頃二十七畝餘，水旱田共三千一百三十三頃五十一畝，民人之數與之前所報一致。皆是舊住民人、舊墾地，一並呈報。吾核查之後無異。

翁牛特右翼旗郡王乾隆二十六年七月十日為旗内民人事宜諮文烏蘭哈達理事司員的一份檔案亦可作為旁證。現將蒙古文檔案轉寫整理如下：

(1)Tngri-yin dedkügsen arban dürbedüger (2) on dur○○ǰarliγ-iyar sayid ǰaruǰu ilegeged,baičaγaqui-dur, (3) man-u qosiγun-dur,saγuγsan irgen er-e em-e (4) bugüde qoyar tü men qoyar mingγan yisün ǰaγun (5) nayan nigen ama,qaγaluγsan tariy-a bugüde (6) γurban mingγan nige ǰaγun γučin γurban čing (7) tabin nigen mü bülüge.②

（譯文）乾隆十四年，諭旨，派遣大臣稽查之後，吾旗民人之數共兩萬兩千九百八十一名，已墾地共三千一百三十三頃五十一畝。

---

① 中國第一歷史檔案館軍機處滿文録副奏摺，檔案號：03-0172-0621-002。

② 赤峰市檔案館所藏翁牛特右翼旗印務處檔案，檔案號：1-1-171-1。

由此可知，兩份檔案中的翁牛特右翼旗民人數量和開墾地畝數量完全一致，進一步增加了軍機處滿文録副奏摺的可信度。另外，乾隆十三年時翁牛特右翼旗境内居住民人數已達三萬多口，其中有的已在該地居住四五十年。[①] 上述檔案中的人數比乾隆十三年的減少了幾千人，但不管是兩萬多還是三萬多，這個數字是十分巨大的。此外，當時翁牛特右翼旗的蒙古人也自己農耕，出現了半農半牧的景象。而田地又被分成水田和旱田，這種劃分進一步説明該旗的農耕經歷了一段時間的發展。

從以上的記載來看，漢族移民經昭烏達盟南部的翁牛特二旗、敖漢旗，逐漸北上進入巴林二旗、克什克騰旗。昭烏達盟其他旗的情况未見記載。但是，乾隆前期漢族移民已進入昭烏達盟大部分地區確定無疑。

結　語

康雍時期，漢族移民首先遷入的地區是與卓索圖盟接壤的翁牛特右翼旗，到乾隆前期移民逐漸涌入昭烏達盟的大部分旗。據乾隆前期調查，翁牛特右翼旗和敖漢旗的民人數量與耕種面積尤為突出。隨後，克什克騰旗、翁牛特左翼旗、巴林二旗、阿魯科爾沁旗亦有相當漢族移民遷入。此種情况與内地漢人經長城沿邊的卓索圖盟進入昭烏達盟南部地區，並逐漸向北推進的趨勢相吻合。可將上述檔案中的記載概括如下（見表 1）。

表 1　乾隆十五年昭烏達盟若干旗的民人數量與耕種畝數

旗名	民人數量（人）	耕種畝數
翁牛特右翼旗	22981	3133 頃 51 畝
敖漢旗	7312	1331 頃 2 畝餘
克什克騰旗	77	49 頃 1 畝
翁牛特左翼旗	27	29 頃 90 畝
巴林右旗	65	0
阿魯科爾沁旗	26	0
巴林左旗	10	0

導致漢族移民數量逐漸增加的因素有很多。清朝政策方面，如上所述，康熙時期采取了鼓勵蒙古人從事農業的政策，同時默許部分漢族移民進入蒙古地區。雍正時期，施行“借地養民”政策。清廷雖於乾隆十三年施行禁墾政策，但禁而不止，已有大量漢人進入昭烏達盟各旗。

① 梁文美:《翁牛特右翼郡王旗的社會歷史變遷研究》，第 77 頁。

從檔案記載可以看出，進入蒙旗的漢人不僅進行農耕，還種植煙草、打工（榜青）、經商、開店鋪。比如商人在清朝與準噶爾部之間的戰爭中，根據戰事需要，配合清朝的軍事行動開展商業活動。之後他們慢慢適應蒙古地區的風土人情，選擇定居。當時，在巴林二旗和阿魯科爾沁旗的漢人中，除了商人外，並沒有農民。該情況間接地表明，最早進入蒙古地區的也許是商人。再則，內地自然災害頻發，越來越多的民衆為了生計向北遷徙。康熙至乾隆年間，清廷與準噶爾部的多年戰爭耗盡國庫。因此，清廷不但無力賑災，還為了應付關外漢人施行了默許其進入蒙古地區的政策。

另外，敖漢旗蒙古人坦然接受從事種地、種菜、種煙、開鋪子等的漢人。尤其是翁牛特右翼旗的農耕經歷了一段時間的發展，已分為水田種植和旱田種植。蒙古地區的遊牧經濟需要農業經濟產品來補充和調劑，兩者之間有互補性。

蒙古地區漢族移民的涌入一方面解决了關内的饑荒問題，避免了社會不安定因素；另一方面，帶動了蒙古地區農業的發展。

A Study on the Han Immigrants of Juu Uda League from Kangxi to Early Qianlong

Saruuljin

The Juu Uda League was one of the three Eastern Leagues of Inner Mongolia in the Qing Dynasty. In the early Qing Dynasty, Han immigrants gradually entered the Aokhan, Ongniud, Keshikten, and Baarin banners of the Juu Uda League through the Jusutu League. On the Han immigrants of the Juu Uda League in the early Qing Dynasty, Jusaal and Wenmei Liang discussed the situation of the Han immigrants in the Ongniud Right Wing Banner using the “Ongniud Right Wing Banner Printing Office Archives” collected by the Chifeng Archives. However, with the exception of the Ongniud Banner, the immigration situation of Jasak Banner has not been well studied due to the lack of information. Under these circumstances, this article makes use of the “Manuscript Submission of the Manchu record” collected by the First Historical Archives of China and the “Ongniud Right Wing Banner Printing Office Archives” collected by the Chifeng Archives. The number of Han immigrants from the Juu Uda League between the Kangxi and Qianlong period of the Qing Dynasty will be examined, and the reasons for the increasing trend of Han immigrants will be analyzed.

20 世紀以來藏傳佛教時輪教法於西方的傳播及研究*

閆　雪

時輪（Kālacakra）是印度最晚形成的最成熟的密教系統，它興起於印度，而盛於西藏，在藏傳佛教中占有重要地位。西方學界對於時輪的研究，肇始於 19 世紀末，最初側重於對其根本經典《時輪經》（或《時輪密續》，*Kālacakra-Tantra*）的梵、藏文本的整理。20 世紀 50 年代開始，出現了以霍夫曼（Helmut H.R. Hoffman）為代表的幾位重要的時輪研究學者，除文本整理外，他們開始對時輪的形成歷史和宗教思想等領域進行研究，西方時輪研究初見成果。20 世紀 80 年代以後，西方學界掀起了對於時輪的研究熱潮。《時輪經》大部分內容被翻譯成以英文為主的西方語言。本文以時間為綫索，從學術史角度對 20 世紀以來時輪教法於西方的傳播及其研究概况進行梳理，為國內对時輪感興趣的学者提供一些背景信息。

一 《時輪經》及其在藏地的傳播

1.《時輪經》的文本內容及其注疏

《時輪經》是時輪密教的根本經典，它形成於 10 世紀時的印度。據經文所講，金剛手菩薩化身香巴拉國月賢王（Sucandra），在南印度的吉祥米聚塔（Dhānyakaṭaka）聞聽佛陀講授《時輪根本續》（*Kālacakra mūlatantra*）後將其整理成文，並撰寫注疏《時輪根本續廣釋》12000 頌。月賢王後的第七代王，即被尊為第一代具種王的文殊菩薩化身吉祥稱王（Mañjuśrī–Yakśas），根據月賢王整理的《時輪根本續》作其縮略本《時輪根本略續》（*Śrī Laghukālachakratantra-rāja*，以下簡稱《略續》）1048 頌，內容約為原本的四分之三。此後，吉祥稱王之子，即被尊為觀世音菩薩化身的第二代具種王白蓮王（Puṇḍarika）據吉祥稱王的《略續》造《時輪根本略續・無垢光疏》（*Vimalaprabhā*，以下簡稱《無垢光疏》）12000 頌，其中包括《略續》的全部內容。以上三人所作經典，被稱為“菩薩三釋”。[①] 據研究，月賢王

---

* 本文係 2019 年上海宗教文化研究中心委託課題“近三十年來藏傳佛教時輪密法於西方的傳播及研究”成果之一。

① John Newman, “A Brief History of the Kālacakra,” in Geshe Lhundup Sopa & Roger Jackson & John Newman, *The Wheel of Time*, Madison, 1985, pp. 51–84.

撰寫的《時輪根本續》僅有極少內容保存在《灌頂略說》[①](*Sekoddeśa*)及大成就者那若巴(Nāropā)所作的注疏本《灌頂略說注釋》[②](*Sekoddeśaṭīkā*)中。西藏歷史上所說的《時輪根本續》,即指吉祥稱王所作的《略續》,其與白蓮王的《無垢光疏》一起被統稱為《時輪經》。實際上,西藏佛教學者提及的《時輪經》,主要指《無垢光疏》。因為白蓮王所造的這部《無垢光疏》包括完整的《略續》原文,是合二為一的《時輪經》[③]。

《略續》內容共分五品,《無垢光疏》也與之對應,主要品次內容如下。

(1)世間界品(*'Jig rten khams kyi le'u*)。此品是五品中內容最豐富的一個品次。在此品中,《略續》開篇以月賢王向佛陀請問時輪瑜伽的情節引出全文,其後從不同的角度闡釋了佛性和具有佛性的人,及佛的四身、六種姓等一套佛教哲學理論,還闡述了作為小宇宙的時輪壇城與世界大宇宙的對應關係,以及天文曆算、世界的紀元和香巴拉國神話等內容,最後闡明了修習時輪的目的,即通過生起次第和圓滿次第的瑜伽修行獲得佛性。

雖然品次對應,但《無垢光疏》的第一品與《略續》的內容稍有不同,白蓮王在為《略續》作注之前,首先作了一個"序",整體介紹了時輪的源流、時輪金剛的特徵和品質、作此疏的原因和目的、佛陀講法的場景,最後解釋《時輪經》在香巴拉國流傳的過程,以及將此經世代相傳的香巴拉國的王統世系。注疏部分采用一個偈頌附一段注疏的形式,對《略續》的第1—149頌作了注疏,但對第150頌以後關於香巴拉國的部分並未作注,原因是認為此部分內容簡單易懂,無須作注。[④]事實上,白蓮王在篇首所講關於香巴拉國的內容即是依據此部分而作。

(2)內定品(*Nang gi le'u*)。主要講述人體本身,分為身體和意識兩大部分。首先將人體胚胎學和佛教的救世神學理論相結合,將佛教阿毗達摩理論和密教的超心理學相結合,分析人與人體的輪脈及流經的風和明點等,同時表明所有的超心理學在宇宙和壇城中都有對應的部分。其次對通過控制呼吸而延長壽命並可使身體達到高級瑜伽階段的瑜伽修行進行解釋,並講述了煉金術的修習。最後對這一主題進行了哲學邏輯分析,其中包含一系列異端的和佛教的教法之說。

(3)灌頂品(*dBang gi le'u*)。講述了進入時輪儀軌修行之前的一系列灌頂程式。開篇

---

① Giacomella Orofino, *Sekoddeśa. A Critical Edition of the Tibetan Translations. With an Appendix by Raniero Gnoli, "On the Sanskrit Text"*, SOR 72, Rome: IsMEO, 1994; Raniero Gnoli, "Sekoddeśaḥ. Edition of the Sanskrit Text," *Dhīḥ (Journal of Rare Buddhist Texts)*, Vol. 28, 1999, pp.143–166.

② 全稱為《灌頂略說注釋勝義集》(*Paramārthasaṃgraha-nāma-sekoddeśaṭīkā*),關於該文本的發現和研究,詳見下文卡雷利(Mario E. Carelli)的研究介紹。

③ 因為《略續》和《無垢光疏》各自存在不同版本,因此本文提到的《時輪經》,分別指《略續》和《無垢光疏》。

④ 布頓(Bu ston Rin chen grub)校注《無垢光疏世間品釋箋注》(*'Jig rten khams kyi le'u'i'grel bshad dri ma med pa'i 'od mchan bcas*),見 Lokesh Chandra (ed.), *The Collected Works of Bu ston*, Part 1 (Ka), New Delhi: International Academy of Indian Culture, 1965, p. 603 (152a4)。

即對上師和弟子的資質做了解釋，警示若缺乏這些資質，災難將會降臨。隨後描述了灌頂之前的一系列程式，包括準備各種資具、繪製壇城等。然後進入正式儀軌階段，描述了弟子發心，帶領弟子進入壇城，然後作為神明的上師授予弟子世俗的和超自然的灌頂。儀式結束後，參與者都要頂禮壇城內的神祇，並最終將壇城銷毀。

（4）修行品（*sGrub thabs kyi le'u*）。主要講述生起次第階段的瑜伽修行儀軌，描述了複雜的時輪壇城和各種時輪神祇，是時輪修法最根本的部分。

（5）智慧品（*Ye shes kyi le'u*）。主要講述獲得成就的圓滿次第修行儀軌，即利用時輪金剛的身、語、意的結合達到成佛的空樂境界。①

如上所示，《時輪經》涵蓋了天文曆算、人體醫學、胚胎學、藥物學、密教修行儀軌、各種宗教理論等內容，涉及範圍極其廣泛。著名時輪學者約翰・紐曼（John Newman）博士指出，《時輪經》的根本建構是非佛教的，體現的是印度古老的濕婆教、毗濕奴教和耆那教傳統等多種宗教的綜合思想，並使用了印度古老的宏觀與微觀宇宙的同源論說作為基礎（參見下文）。此外，《時輪經》對當時侵入印度的伊斯蘭教信仰和教法有完整精確的描述，反映了其形成時代的複雜社會背景。時輪是印度最晚形成的、最成熟完備的密教系統，是印度密教全部思想和形態完善的最高峰。因此，《時輪經》堪稱研究印度密教以及藏傳佛教的最重要的經典之一。

2.《時輪經》的藏文譯本及其傳播

關於《時輪經》傳入西藏的時間，學界有不同說法。一般認為是在公元1027年，結覺・達瓦歐色（Kyi jo Zla ba'i'od zer）將《時輪經》翻譯成藏文並在西藏流傳開來，這一年亦被看作西藏饒迴（Rab byung，譯言"勝生"）紀年法的開端。②《時輪經》傳入西藏以後，又產生了數十部譯本及注疏本，隨之形成不同學派，尤以熱派（Rva）和卓派（'Bro）為主，其法脈傳承在藏傳佛教各大部派中占有重要地位。

藏文《大藏經》收録了《時輪經》的數十個譯本和注疏本，以德格版收録最多。在德格版《甘珠爾》中，存有5部被稱為佛語的吉祥稱王所作的《時輪略續》（No.361–365）；《丹珠爾》中，存有47種注疏本（No.1347–1394）。北京版《丹珠爾》則收録46種注疏本（No.2064–2110），缺少德格版No.1363。其中，德格版《甘珠爾》No.362、《丹珠爾》No.1346，共106葉，係同一版本，為吉祥稱王所作的《最勝本初佛所現怛特羅王吉祥時輪略續》（*mChog gi dang po'i sangs rgyas las phyung ba rgyud kyi rgyal po dpal dus kyi'khor lo*，即《略續》），該譯本由喀什米爾班智達月怙（Somanātha）和卓譯師喜饒扎（'Bro lo tsā ba

---

① 對於這五品內容的整體介紹，詳見 John Newman, *The Outer Wheel of Time: Vajrayāna Buddhist Cosmology in the Kālacakra Tantra*, Ph. D. dissertation, Madison: University of Wisconsin, 1987, pp. 120–123。

② 關於《時輪經》傳入西藏的時間有多種說法，詳見 Urban Hammar, *Studies in the Kālacakra Tantra: A History of the Kālacakra in Tibet and a Study of the Concept of Ādibuddha, the Fourth Body of the Buddha and the Supreme Unchanging*, Stockholm, 2005, pp. 18–23, 210–211。

Shes rab grags）譯為藏文。德格版《甘珠爾》No.845、《丹珠爾》No.1347和北京版《甘珠爾》No.2064，皆為469葉的《無垢光疏》。其中德格版《甘珠爾》No.845和北京版《甘珠爾》No.2064的譯者亦為月怙和卓譯師，德格版《丹珠爾》No.1347則標為雄頓·多杰堅贊[①]（Shong ston rDo rje rgyal mtshan）等四人所譯的混合本。總之，《時輪經》當是西藏被翻譯次數最多的密教經典，在西藏佛教史上占有特殊地位。

西藏佛教學者關於《時輪經》的注疏很多，其中影響較大的當屬布頓（Bu ston Rin chen grub，1290—1364）校注的吉祥稱王的《略續》和白蓮王的《無垢光疏》[②]、篤布巴（Dol po pa shes rab rgyal mtshan, 1292—1361）的注疏[③]、克珠杰（mKhas grub dge legs dpal bzang po，1385—1438）的《時輪大釋》[④]（*Dus'khor Tīk chen*）、白瑪噶波[⑤]（Padma dkar po，1527—1592）等人的注疏本。布頓在其注疏中闡發了很多關於時輪的觀點，成為後來西藏時輪研究的主要依據。布頓更多地繼承了卓派的時輪傳承，且其傳承直接被宗喀巴（Tsong kha pa, 1357—1419）及其創建的格魯派所繼承。此外，覺囊派祖師篤布巴是與布頓同時且齊名的西藏大時輪師，亦屬卓派傳承。篤布巴不僅撰寫了時輪注疏，還帶領覺囊弟子對《時輪經》作了重譯，又稱“覺囊新譯”（Jo nang gsar'gyur）《時輪經》[⑥]，這一時輪傳承被其後的覺囊派繼承並弘傳至今。

除注疏外，西藏佛教學者還著有很多關於時輪歷史的著作，其中最著名的當為布頓完成於1329年的《時輪教法源流》[⑦]（*Dus'khor chos'byung*），這是現今所知西藏最早的關於時輪

---

① 雄頓·多杰堅贊為13世紀之人，與八思巴同時，是薩迦寺非常活躍的譯師。管·宣努貝（'Gos lo tsā ba gZhon nu dpal）在《青史》中講道，八思巴稱贊雄頓譯師所譯《時輪經》是最好的譯本。見管·宣努貝《青史》（*Deb ther sngon po*），四川民族出版社，1984，第887頁。

② 布頓校注《最勝本初佛所現怛特羅王吉祥時輪略續》（*mChog gi dang po'i sangs rgyas las phyung ba rgyud kyi rgyal po dpal dus kyi'khor lo'i bsdus pa'i rgyud go sla'i mchan bcas*）、《無垢光疏世間品釋箋注》（*'Jig rten khams kyi le'u'i'grel bshad dri ma med pa'i'od mchan bcas*）、《内品釋箋注》（*Nang gi le'u'grel mchan*）、《灌頂品釋箋注》（*dBang gi le'u'i'grel mchan*）、《修行品釋箋注》（*sGrub thabs kyi le'u'i'grel mchan*）、《智慧品釋箋注》（*Ye shes kyi le'u'i'grel mchan*），見 Lokesh Chandra (ed.), *The Collected Works of Bu ston*, Part 1 (Ka), New Delhi: International Academy of Indian Culture, 1965。

③ 見 Cyrus Stearns, *The Buddha from Dolpo: A Study of the Life and Thought of the Tibetan Master Dolpopa Sherab Gyaltsen*,（SUNY series in Buddhist studies）State University of New York Press, 1999, p. 186, note 67。

④ 全稱《吉祥時輪無垢光釋·真實明相》（*dPal dus kyi'khor lo'i'grel chen dri med pa'i'od gyi rgya cher bshad pa de kho na nyid snang bar byed*）, *The Collected Works of mKhas grub dge legs dpal bzang po* (bla brang par ma), Vol. 2, New Delhi: Ngagwang gelek demo, 1985.

⑤ 白瑪噶波：《最勝初佛時輪解說·說一切秘密寶藏》（*mChog gi dang po'i sangs rgyas rnam par phye ba gsang ba thams cad bshad pa'i mdzod ces bya ba*，簡稱《秘密寶藏》），見 *Kun mkhyen Padma dkar po'i gsung 'bum*（《白瑪噶波文集》），Vol. 13, Darjeeling：Kargyud sungrab nyamso khang，1973–1974。

⑥ 關於覺囊新譯《時輪經》的情況，詳見 Cyrus Stearns, *The Buddha from Dolpo*, pp. 24–27, 186, note 68。

⑦ 布頓：《時輪教法源流續部奧義揭門珍愛寶鑰》（*Dus'khor chos'byung rGyud sde'i zab don sgo'byed rin chen gces pa'i lde mig*），見 Lokesh Chandra (ed.), *The Collected Works of Bu ston*, Vol. 4 (Nga), New Delhi: International Academy of Indian Culture, 1965。

歷史的著作，也是當代研究時輪的學者常用的藏文著作。布頓之後，15 世紀的管譯師（'Gos lo tsā ba gZhon nu dpal, 1392—1481）所著《青史》（*Deb ther sngon po*）之中關於時輪的章節，詳盡記載了 15 世紀以前時輪於西藏傳播的歷史，並對此前西藏的時輪大師進行了評論，認為布頓和篤布巴是西藏最偉大的兩位時輪師，且布頓更勝一籌。[①]17 世紀初的覺囊派高僧多羅那他（Tāranātha，1575—1634）所著《吉祥時輪法部源流》（*dPal dus khyi'khor lo'i chos bskor gyi byung khungs nyer mkho*）也是一部重要的時輪歷史著作。[②]18 世紀格魯派的六世班禪（Pan chen Blo bzang dpal ldan ye shes，1738—1780）及隆多喇嘛（Klong rdol Ngag dbang blo bzang，1719—1794）等人關於時輪和香巴拉的撰述，亦是後來的西藏學者及當代的時輪研究者經常引用的著作。此外，收藏在西方各國的各種梵本《時輪經》也被當代學者尤其是西方學者做了深入的研究。關於時輪研究，西方多位學者曾陸續做過總結。最近，意大利亞非研究院薩格尼（Margherita Serena Saccone）對近三十年來西方的時輪研究做了較全面的綜述，並整理出一份詳盡的書目。[③] 本文則着重從學術史的角度梳理 20 世紀以後時輪教法在西方的傳播和研究過程。

二 時輪於西方的傳播及其研究

1. 初聞時輪——19 世紀至 20 世紀上半葉

1823 年，被後世公認為"藏學之父"的匈牙利學者喬瑪（Kőrösi Csoma Sándor, 1784—1842）為了尋找匈牙利的語源和族源隻身來到東方，在拉達克的一所寺院居住 9 年學習藏文，此後他帶走了全套的藏文《大藏經》和很多有關西藏語言、歷史、宗教方面的文獻。1834 年，喬瑪在加爾各答出版了《藏英詞典》（*A Dictionary of Tibetan and English*）和《藏文文法》（*A Grammar of the Tibetan Language*），標誌着現代藏學研究的開端。西方的時輪研究，正肇始於這個藏學研究的初始階段。喬瑪在出版這兩部著作的前一年，就發表了《"時輪"和"本初佛"系統源流考》[④] 一文。此文翻譯了竹巴噶舉派高僧白瑪噶波《竹巴佛教史》中的一段內容，包括一段簡短的《略續》，並討論了香巴拉國的地理位置；此外，還推測了時輪教法在

---

① 管·宣努貝:《青史》，第 931 頁。

② 多羅那他:《吉祥時輪法部源流》(*dPal dus khyi'khor lo'i chos bskor gyi byung khungs nyer mkho*)，《先哲遺書》第 45 冊（《覺囊·多羅那他文集》第 3 卷），中國藏學出版社，2008，第 325—367 頁。拉姆齊·芬戴爾（Ramsey Fendell）研究並翻譯了該著作，參見 Ramsey Fendell, *Tāranātha's "dPal dus khyi'khor lo'i chos bskor gyi byung khungs nyer mkho" and Its Relation to the Jo-nang-pa School of Tibetan Buddhism*, thesis, Indiana University, 1997。

③ Margherita Serena Saccone, "The Wheel of Time (Kālacakra): A Survey and Bibliography of Previous Research and Forthcoming Works,"（《從地中海到喜馬拉雅：意大利著名藏學家朱塞佩·圖齊誕辰 120 周年紀念文集》），中國藏學出版社，2014，第 503—551 頁。

④ Kőrösi Csoma Sándor, "Notes on the Origin of the Kāla-Chakra and Ādi-Buddha Systems," in *Journal of the Asiatic Society of Bengal*, No. 2, 1833, pp. 57–59.

印度的起源時間，提及了布頓、克珠杰及白瑪噶波的時輪著作，開啟了現代意義上的時輪研究的先河。

喬瑪之後，陸續有學者發現並公布了《時輪經》的各種梵文寫本。譬如，孟加拉學者夏斯特里（Hara Prasad Shastri）於 1897 年和 1917 年先後發現了多部《時輪經》的梵文寫本，並編輯發表介紹給學界，這為此後的時輪研究提供了基本資料。[①] 此時，西方的各種西藏年代學和歷史研究論著都或多或少提及時輪。[②] 但受限於有限的藏學及佛學知識，當時學者並無十分深入成熟的研究。"時輪"作為印度最晚形成且最成熟的密教體系，並未引起西方學界特別的興趣和關注。

20 世紀初開始，大批西方學者尤其是歐洲學者帶有殖民色彩或政治目的的西藏探險考察和資料搜集，客觀上進一步將藏學研究推向了世界。《時輪經》所講述的神秘的香巴拉國也於此時開始進入西方學者的視野。德國學者格倫威德爾（Albert Grüwedel），應是西方最早關注和研究《時輪經》中香巴拉神話的學者。他於 1915 年首次翻譯了六世班禪的《香巴拉指南》[③]（*Shambhala'i lam yig*），將西藏傳統的香巴拉神話引入西方世界。此外，他還翻譯並研究了《略續》的部分內容，並根據自己的理解對這部經典作了重新詮釋。[④]

其後不久，蘇聯東方學家羅列赫（George N. Roerich）在剛剛完成巴黎大學梵、藏、蒙、漢、波斯語的學業之後，便參加了中亞"香巴拉"探險隊，踏上了赴包括西藏、拉達克等地在內的喜馬拉雅地區的探險征程。羅列赫顯然知道"香巴拉"與《時輪經》的密切關係，這或許也是他曾計劃完成一系列《時輪研究》論文的原因之一。他於 1932 年發表了一篇題為《時輪研究 I》的論文[⑤]，介紹了時輪對於西藏和中亞佛教的重要性，並列出了一份西藏時輪著作目録，其中包括布頓、克珠杰、管・宣努貝、白瑪噶波、多羅那他、第司・桑杰嘉措（sDe srid Sang rgyas rgya mtsho, 1653—1705）、松巴堪布（Sum pa khan po Ye shes dpal'byor, 1704—1788）、隆多喇嘛等佛學大師的著作。此外，他還提及六世班禪的《香巴拉指南》以

① Hara Prasad Shastri, "Note on Palm-leaf MSS. in the Library of His Excellency the Māràja of Nepal," in *Journal of the Asiatic Society of Bengal*, No. 66, 1897, pp. 310–316; "A Descriptive Catelogue of Sanscrit Manuscripts in the Government Collection Under the Care of the Asiatic Society of Bengal," in *Buddhits Manuscripts*, Vol. 1, Calcutta: Asiatic Society of Bengal, 1917.

② 譬如 Paul Pelliot, "Le cycle sexagénaire dans la chronologie tibétaine," in *Journal Asiatique*, No. 11.1, pp. 633–667, 1913; Berthold Laufer, "The Application of the Tibetan Sexagenary Cycle," in *T'oung Pao*, No. 14, 1913, pp.569–596。

③ Albert Grüwedel, "*Der Weg nach Śambhala* (Shambhala'i lam yig) des dritten Gross-Lama von bKra shis lhun po Blo bzang dPal ldan Ye shes aus dem tibetischen Original übersetzt und mit dem Texte herausgegeben," in *Abhandlungen der Königlich bayerischen Akademie der Wissenschaften*, No. 29, 1915.

④ Albert Grüwedel, *Die Teufel des Avesta und ihre Beziehungen zur Ikonographie des Bddhismus Zentralasiens*, Berlin: Otto Elsner Verlagsgesellschaft M. B. H., 1924.

⑤ George N. Roerich, "Studies in the Kālacakra I," in *Journal of the'Urusvati' Himalayan Research Institute of the Roerich Museum,* No. 2, 1932, pp. 11–23.

及後來被認定為曼隆活佛（Man lung Guru）所作的《香巴拉指南》。在論文的後半部分，他以極其精妙的語言翻譯了克珠杰《時輪經注疏》中關於香巴拉的內容。大概因為事務繁忙或興趣轉移，羅列赫的時輪系列研究止步於此。此外，他在西藏學者根敦群培（dGe'dun chos'phel）幫助下完成的《青史》（*The Blue Annals*）英文譯本，也將 15 世紀以前時輪於西藏的傳播歷史呈現給西方學界。在該書第 10 章中，作者幾乎窮盡了當時西藏可見的所有關於時輪的信息和資料，成為後來東西方學界瞭解時輪歷史的根本資料。① 羅列赫的譯本也為後來西方學界的藏學研究尤其是時輪研究奠定了基礎。

20 世紀 30—50 年代，先後八次赴喜馬拉雅西部和西藏進行考察的意大利藏學家圖齊（Giuseppe Tucci），在印度、尼泊爾、中國西藏等地發現了很多梵、藏文寫本，其中包括多部有關時輪的梵文寫本。這些寫本成為此後意大利學者研究時輪的基本資料。圖齊曾在《西藏畫卷》中簡要提及時輪和香巴拉王等問題，② 並同其學生卡雷利（Mario E. Carelli）一起編輯《無垢光疏》的梵文寫本。③ 此後，這項編輯工作最終被其學生卡雷利繼續下去。卡雷利最重要的貢獻，就是於 1941 年編輯出版了印度佛教史上著名的大成就者那若巴所作的《灌頂略說注釋》④，這是一部非常重要的梵文時輪文獻，是對《時輪根本續》中部分內容的注疏。這部文獻由圖齊在尼泊爾加德滿都的瑪哈拉加（Maharaja）圖書館發現，後交由卡雷利編輯。在這一工作中，卡雷利還對金剛乘佛教和時輪灌頂儀軌做了簡要的介紹。⑤ 雖然其對文本的編輯和研究出現了很多失誤，但對於當時的時輪研究而言，他所做的工作仍是一個成功的探索和嘗試。圖齊和卡雷利堪稱意大利時輪研究的先驅。但因各種社會歷史原因，直到 20 世紀 90 年代以後，意大利學者的時輪研究纔真正開展起來，並出現了很多重要成果（詳見下文）。

2. 時輪初轉——20 世紀下半葉

第二次世界大戰以後的數十年中，歐美學界的藏學研究發展迅速。尤其是 20 世紀 60 年代以後，美國洛克菲勒財團（Rockefeller Financial Group）開始大力資助藏學研究。他們計劃援助一些藏族學者到西方研究機構從事藏學研究，當時西方著名的藏學家，如意大利的圖齊和伯戴克（L. Petech）、法國的石泰安（R.A. Stein）、德國的霍夫曼（Helmut H.R. Hoffman）等學者，都得到了這一財團的資助，並各自邀請藏族學者前來進行合作研究。⑥

---

① George N. Roerich (tr.), *The Blue Annals*, Calcutta: Royal Asiatic Society of Bengal, 1949. 2007 年由印度德里 Motilal Banarsidass 出版社再版。

② Giuseppe Tucci, *Tibetan Painted Scrolls*, Tyoto: Rinsen Book CO., LTD., 1980, Vol.1, pp.105, 212, Vol.2, p.599.

③ Giuseppe Tucci, *Travels of Tibetan Pilgrims in the Swat Valley*, Calcutta: The Greater India Society, 1940, p.62, note 73.

④ 全稱為《灌頂略說注釋勝義集》，參見 Mario E. Carelli (ed.), "Sekoddeśaṭīkā of Naḍapāda (Nāropā)," in *Gaekwad's Oriental Series,* No. 90, Baroda: Oriental Institute, 1941。

⑤ Mario E. Carelli, "Nāropā's Sekoddeśaṭīkā," in *Proceedings and Transactions of the Tenth All-India Oriental Conference, Tirupati, March 1940*, Madras, 1941, pp. 333–338.

⑥ 櫻井龍彥、李連榮：《百年日本藏學研究概況》，《中國藏學》2006 年第 4 期，第 102—103 頁。

德裔美國藏學家霍夫曼參與了洛克菲勒藏學項目，他是20世紀50—70年代西方最有影響力的時輪學者。霍夫曼原為慕尼黑巴伐利亞科學院中亞研究委員會的創建者和首任主席，他於1969年移居美國，任印第安那大學烏拉爾和阿爾泰研究系教授。霍夫曼對時輪的關注，源於卡雷利編輯出版的《灌頂略說》的影響，他意識到這部書的價值，並於1951年以書評的形式發表了第一篇研究時輪的文章，提出了多個關於時輪的重要問題，譬如時輪在印度密教衰落之際出現的價值和意義、中亞佛教對時輪的影響、香巴拉的地理位置以及那若巴圓寂的時間等。① 霍夫曼在1956年出版的《西藏宗教》② 一書中，對時輪自香巴拉國産生，後來傳到印度和西藏的歷史做了概述，這當是西方學界第一部關於時輪歷史的撰述。他依據的主要藏文文獻是白瑪噶波和松巴堪布的著作，其所述的時輪歷史為15世紀以前的西藏，並推論時輪或受到摩尼教思想的影響，這一觀點一直貫穿在他此後的研究著作中。雖然他對時輪歷史的論述的準確性有待評估，但作為第一個吃螃蟹的人，霍夫曼的研究無疑具有重要價值。

此後，霍夫曼又發表了多篇論文，探討時輪與摩尼教和伊斯蘭教的關係問題。③ 其中最重要的一篇，當為1969年發表的《時輪研究1:〈時輪經〉中的摩尼教、基督教和伊斯蘭教》④。在此文中，霍夫曼翻譯了梵、藏文本的《時輪根本續》中描寫外道事迹的第151—153偈頌⑤，事實上這個部分也是最受學者關注和被討論最多的內容之一，因為其中明確講到伊斯蘭教創始人穆罕默德和其他幾位有爭議的人物。霍夫曼認為，除了穆罕默德外，其中“着白衣者”（Śvetavastrin, Gos dkar can）當是摩尼教的創始人摩尼（Mānī），在此後的研究中他據此認為摩尼教對時輪乃至整個密教都産生了影響。後來，紐曼對此觀點做了否定評論，認為時輪中除了伊斯蘭教，並未出現其他非印度宗教的元素。⑥ 霍夫曼的另一篇論文《佛陀在米聚塔

---

① Helmut H.R. Hoffman, “Litararhistorische Bemerkungen zur Sekoddeśaṭīkā des Naḍapāda,” in *Festschrift Walther Schubring*, Hamburg: Cram, de Gruyter & Co., 1951, pp. 140-147. 在霍夫曼發表這篇論文的同時，日本學者慢羽田野伯猷（Hadano, Hayuku）也發表了兩項關於時輪的初步研究成果，其中一篇文章討論了《時輪經》中的伊斯蘭教元素，但這似乎並未引起後來日本學界的注意，參見羽田野伯猷「時輪タタントラ立に關する基本的課題」『密教文化』(8)、1950、18—37頁；“The Influences of Hinduism on Buddhism-The Formation of Kālacakra as a Counter Measure Against Islam,” in *Journal of Indian and Buddhist Studies*（《印度學佛教學研究》）1,1953,pp.356-357；「タソトラ仏教における - カーラチャくラ（時輪）の位置」『チベット・インド學集成』第三巻、法蔵館、1987。

② Helmut Hoffman, *Die Religionen Tibets*, Freiburg: Karl Alber, 1956. 英譯本為 Edward Fitzgerald (trans.), *The Religions of Tibet*, Westport, CN: Greenwood Press reprint, 1979。

③ Helmut Hoffman, “Manichaeism and Islam in the Buddhist Kālacakra System,” in *Proceedings of the IXth International Congress for the History of Religions, Tokyo and Kyoto 1958*, Tokyo, 1960, pp. 96-99; “Das Kālacakra die letzte Phase des buddhismus in Indien,” in *Saeculum* 15, 1964, pp. 125-131.

④ Helmut Hoffman,“Kālacakra Studies I: Manichaeism, Christianity, and Islam in the Kālacakra Tantra,”in *Central Asiatic Journal*, Vol. 13, No.1, 1969, pp.298-301.

⑤ 布頓校注本中為第152—154頌，見布頓校注《最勝本初佛所現怛特羅王吉祥時輪略續》，21a2。

⑥ John Newman, *The Outer Wheel of Time: Vajrayāna Buddhist Cosmology in the Kālacakra Tantra*,pp. 590-616. 紐曼將此段內容編號為第153—155頌。

的〈時輪經〉講法》[①]，根據那若巴《時輪根本續》的梵文本，探討了《時輪經》的起源問題，他認為佛陀講《時輪經》之地——米聚塔，在大乘佛教早期當是佛教改革派的基地，而出現於印度佛教發展末期的《時輪經》正誕生於此地。此外，霍夫曼在《西藏手冊》[②]一書中，還列舉了重要的時輪文獻。綜觀霍夫曼的時輪研究，其最重要的貢獻在於對時輪的歷史尤其是時輪產生的源流和背景等問題，提出了一些極具開創性和啟發性的思考和觀點。20世紀50—70年代，霍夫曼撰寫發表了一系列時輪研究論文，並舉辦了多個以時輪研究為主題的研討會，培養了一批學生從事時輪研究，其影響一直持續到20世紀80年代，將西方的時輪研究推向了繁盛期。

作為霍夫曼的學生，畢斯瓦納·班納吉（Biswanath Banerjee）在1952年發表了《論〈時輪經〉及其注疏》[③]，在1958年發表了一篇概述性質的《論密宗佛教中的時輪乘》[④]。他於1959年在霍夫曼的指導下完成了博士學位論文，並首次對《略續》第28—127頌進行了完整的翻譯[⑤]，後於1985年出版了《〈吉祥時輪略續〉精校本：結合藏文本》[⑥]。班納吉的主要贡獻在於對劍橋大學（Cambridge University）圖書館、加爾各答亞洲學會（The Asiatic Society, Calcutta）、巴特納賈亞斯瓦爾研究所（K.P. Jayaswal Research Institute, Patna）、大不列顛及愛爾蘭皇家亞洲學會（Royal Asiatic Society of Great Britain & Ireland, London）、印度國際大學（Visva-Bharati, West Bengal）等機構所藏的多部《時輪經》梵文寫本進行編輯和研究，為時輪研究做了很多重要的基礎工作。霍夫曼的另一位學生溫弗里德·佩特里（Winfried Petri）致力於《時輪經》第一品中天文學內容的研究，是西方最早研究時輪天文學的學者。其最重要的成果當屬《印度－西藏天文學》[⑦]，但這部著作似乎一直未正式出版，作者僅將其中的主要內容和觀點分寫成幾篇小論文發表。[⑧]此外，古特·格勞布德（Güntur Grönbold）

---

① Helmut Hoffman, "Buddha's Preaching of the Kālacakra Tantra at the Stūpa of Dhānyakaṭaka," in *German Scholars on India*, Vol. 1, Varanasi: The Chowkhamba Sanskrit Series Office, 1973, pp. 136–140.

② Helmut Hoffman, *Tibet: A Handbook*, Bloomington: Indian University Publications, 1975.

③ Biswanath Banerjee, "A Note on the Kālacakra Tantra and its Commentary," in *Journal of the Asiatic Society*, letters 18, 1952, pp. 71–76.

④ Biswanath Banerjee, "A Note on the Kālacakryāna of Tantric Buddhism," in *Proceedings and Transactions of the All India Oriental Conference: Eighteenth Session, Annamalainagar December 1955*, Annamalainagar, 1958, pp. 219–221.

⑤ Biswanath Banerjee, *Über das Lokadhātu Patala: I. Kapitel des Laghu- Kālacakratantra-rāja*, München: Inaugural-Dissertation zur Erlangung der Doktorwürde der Philosophischen Fakultät der Ludwig-Maxmilians-Uiniversität zu München, 1959.

⑥ Biswanath Banerjee, *A Critical Edition of Śrī Kālacakratantra-rāja: Colleted with the Tibetan version*, Bibliotheca Indiaca, Series 311, Calcutta: The Asiatic Society, 1985.

⑦ Winfried Petri, *Indo-Tibetische Astronomie*, München: Habilitationsschrift zur Erlangung der venia legendi für das Fach Geschichte der Naturwissenschaften an der Hohen Naturwissenschaftlichen Fakultät der Ludwig Maximilians Universität zu München, 1966.

⑧ Winfried Petri, "Astronomisches im indo-Tibetischen Kālacakra," in *Mitteilungen der Astronomischen Gesellschaft*,

在霍夫曼的指導下完成了關於時輪六支瑜伽的博士學位論文。該作編輯翻譯了日吉祥智（Raviśrījñāna）對無比護（Anupamarakṣita）的六支瑜伽的梵文注疏本，並對印度教和時輪系統中的六支瑜伽、佛教六支瑜伽中的上師傳承進行了梳理和研究，最後介紹了西藏關於六支瑜伽的文獻。這部著作後來被翻譯成英文出版。①

《時輪經》誕生於印度，然而印度學者關於時輪的研究却並不多見。20 世紀 50 年代印度出現了兩位著名的佛教學者，即著名佛學家、語言學家和政治家，印度國際文化學院創始人拉古·維拉（Raghu Vira）及其子羅開什·錢德拉（Lokesh Chandra）。他們的名字在當代印度學界如雷貫耳，而他們最大的貢獻就是編輯、整理、出版了大量的梵文、藏文文獻。錢德拉自 1965 年開始，繼承父志主持編輯出版了大量梵文、藏文典籍。其中，《〈時輪經〉及其他文本》②將一系列《時輪經》梵文本和北京版《大藏經》中的藏文譯本編輯出版。在序言中，錢德拉對時輪以及相關文本進行了介紹，並列舉了西藏歷史上重要的時輪文獻目録。顯然，他對時輪並無專門性研究，其關於時輪的介紹很多源自圖齊和霍夫曼的著述。此外，他的另外一部重要的出版物當屬 1965 年編輯出版的《布頓文集》③，該書前五卷是布頓關於時輪的著作。錢德拉此後編纂的一系列佛教圖像學辭典，成為當代佛教藝術史學者必備的工具書，其中包括時輪金剛圖像以及《時輪經》所講香巴拉法王和二十五位具種王圖像④，但他並未對其源流進行深入研究。

3. 時輪速轉——20 世紀 80 年代至 21 世紀初

20 世紀 80 年代以後，西方一些較具影響力的藏學家，如霍普金斯（Jeffrey Hopkins）等陸續翻譯了一批有關時輪的藏文宗教學著作，⑤開始將西方學界的時輪研究推進到繁盛期。威斯康星大學是美國較早開展時輪研究的機構之一，畢業於該校的愛德華·托德·芬納（Edward Todd Fenner）的博士學位論文《長壽成就：佛教密宗中的醫學與煉金術》⑥，是當代最早涉及時輪醫學的研究。其後，1985 年，時任該校宗教學教授格西·倫珠索巴（dGe

---

Anhang, 1960, p.12; "Ob astronomocheskom soderzhanii pervoi knigi kalachakra-tantra (Sanskritskii i Tibetskii teksty)," in *Istoriko-astronomocheskie Issledovaniia* 9, 1966, pp. 171–178; "Tibetan Astronomy," in *Vistas in Astronomy* 9, 1967, pp.159–164; "Indische Astronomie-Ihre Problematik und Ausstrahlung," in *Rete* 1, 1971, pp.311–330.

① Güntur Grönbold (auth.), Robert L. Hütwohl (trans.), *The Yoga of Six Limbs: An Introduction to the History of Ṣaḍaṅgayoga*, Santa Fe, New Mexico: Spirit of the Sun Publications, 1996.

② Lokesh Chandra (ed.), *Kālacakra-tantra and Other Texts: Part I*, Śatapiṭaka Series, Vol. 69, New Delhi: International Academy of Indian Culture, 1966.

③ Lokesh Chandra (ed.), *The Collected Works of Bu ston*, New Delhi: International Academy of Indian Culture, 1965–1971.

④ Lokesh Chandra, *Buddhist Iconography*, Compact edition, Vol. 2, New Delhi: International Academy of Indian Culture and Aditya Prakashan, 1991.

⑤ bsTan dzin rgya mtsho (auth.), Jeffrey Hopkins (ed. & trans.), *The Kālachakra Tantra: Rite of Initiation for the Stage of Generation*, London: Wisdom Publications, 1985. 1999 年，同一出版社出版了該書的增補本。

⑥ Edward Todd Fenner, *Rasayana Siddhi: Medicine and Alchemy in the Buddhist Tantras*, 1979.

bshes lhun grub bzod pa）與其學生即後來成為著名時輪學者的約翰・紐曼和羅杰・杰克遜（Roger Jackson）合編了一部時輪研究論文集——《時間之輪：語境中的時輪》[①]。該文集收有羅杰・杰克遜的兩篇文章——《語境中的時輪》（The Kālacakra in Context）和《時輪生起次第成就》（The Kālacakra Generation–Stage Sadhana），分別對印度佛教、金剛乘和時輪的發展概況以及時輪教法在藏傳佛教中的地位、克珠杰《克珠教言》（mKhas grub zhal lung）進行了介紹；倫珠索巴的《時輪經灌頂》（The Kālacakra Tantra Initiation）和《密教中的微細身體》（The Subtle Body in Tantric Buddhism），分別對時輪灌頂和兩種次第成就進行了介紹；紐曼的《時輪簡史》（A Brief History of the Kālacakra），是他的第一篇關於時輪研究的論文。此文根據《時輪經》以及布頓、六世班禪、隆多喇嘛等人的著述，論述了時輪的産生及其在香巴拉國及印度和西藏地區的傳承發展歷史，堪稱一部全面而精煉的時輪歷史。總體來講，此論文集涉及時輪産生的佛教背景、歷史、灌頂儀軌、時輪修法的生起次第與圓滿次第等方面的內容，對於當時初學時輪者而言，是一部必讀之作。

20 世紀末以後，時輪研究的一項重要進展就是《時輪經》的大部分內容都被翻譯成了以英文為主的西方語言，為其後的研究奠定了更加堅實的基礎。畢業於美國威斯康星大學的約翰・紐曼於 20 世紀 80 年代初開始關注時輪研究，他深受霍夫曼的影響，更多地承襲了歐洲學術傳統。1987 年，紐曼完成了博士學位論文《外時輪：時輪密續中的金剛乘佛教的宇宙論》[②]。該作分兩部分：第一部分是總論，包括密續、佛教密續的獨特性、金剛乘在佛教中的地位，研究金剛乘的方法，時輪在印度的發展歷史，《時輪經》的結構，以及時輪研究回顧等內容；第二部分是主體，作者基於對不同版本梵文、藏文《時輪經》的校勘，同時利用布頓、克珠杰等人的藏文注疏本，翻譯了《略續》第一品第 1—27 頌和第 128—170 頌，以及《無垢光疏》中的相應部分，並對一些較為晦澀和具有爭議的內容進行了解釋，為後來的研究者提供了精準的現代譯本。此後，紐曼基於對多種時輪文本的精校、翻譯和分析，發表了一系列時輪研究論文。譬如，他通過對《時輪經》中有關曆算內容的文本分析，同時結合歷史背景，推論出《時輪經》當産生於 1025—1040 年間；[③] 通過對衆多印度時輪梵文文獻中有關伊斯蘭教的內容和思想進行整理、翻譯和分析，發現並指出《時輪經》的根本建構是非佛教的，它體現的是印度佛教、濕婆教、毗濕奴教和耆那教等傳統的綜合思想，並使用了印度古老的宏觀與微觀宇宙的同源論說作為基礎。他還指出，《時輪經》對伊斯蘭教信仰和教法有着完整精確的描述，但作者是在自己的宗教和文化範疇中去觀察和解釋伊斯蘭教的，並根據印度當時的宗教境況創造出這部經典，以此抵抗在他們自己的宗教領土上日益壯大的伊斯

① Geshe Lhundup Sopa & Roger Jackson & John Newman (eds.), *The Wheel of Time: The Kālacakra in Context*, Madison: Deer Park Books, 1985.

② John Newman, *The Outer Wheel of Time: Vajrayāna Buddhist Cosmology in the Kālacakra Tantra*.

③ John Newman, "The Epoch of the Kālacakra Tantra, " in *Indo-Iranian Journal*, Vol. 41, No.4, 1988, pp. 319–349.

蘭教。[①] 此外，他還分别對《時輪根本續》及其與早期時輪文獻的關係，《時輪經》中的佛教梵文、佛教論説、末世論思想、香巴拉國歷史和大瑜伽等做了專題研究。[②] 紐曼從文本研究出發，却不拘泥於對文本的校對或翻譯，而是在此基礎上發現並延伸得出很多關鍵性結論，為時輪研究增添了許多新的視角，堪為自霍夫曼以來西方時輪研究的集大成者。

美國加州大學聖塔芭芭拉分校教授威斯那·華萊絲（Vesna A. Wallace），是當代另一位重要的時輪學者。她多年來專注於《時輪經》的翻譯和研究，於 2001 年出版了第一本時輪專著《内時輪：個體的佛教密宗觀》[③]。此書首先對《時輪經》的整體内容做了綜述，然後以歷史學和哲學的方法將内時輪與外、别時輪結合起來，分析論述了内時輪的内容，討論了宇宙與社會中的個體及個體所處的位置。其後，她又於 2004 年出版《時輪經：内定品及其無垢光疏》、2011 年出版《時輪經：成就品及其無垢光疏》。[④] 在這兩部著作中，威斯那分别將《時輪經》第二品即内時輪與第四品修行品翻譯成英文，其所依據的是梵文、藏文、蒙古文版本的《時輪經》，還各附了一份精校的蒙文譯本。此外，她還根據布頓的注疏本及其他時輪文獻，對這兩品的内容進行了注釋，雖有些翻譯上的瑕疵，[⑤] 但仍為後來學者瞭解研究時輪提供了莫大的便利。威斯那在時輪研究上的成就，很大程度上得益於其丈夫艾倫·華萊絲（B. Alan Wallace）的支持。艾倫·華萊絲是加州大學聖塔芭芭拉分校意識研究中心的創始人，着重於科學與佛教關係的研究。早在 20 世紀 70 年代，艾倫·華萊絲就開始學習藏傳佛教，並協助翻譯格西·阿旺達杰（dGe bshes Ngag dbang dar rgyas）的藏文著作，1982 年，艾倫·華萊絲就受邀為時任華盛頓大學訪問教授格西·阿旺達杰的系列講座做專職翻

① John Newman, "Islam in the Kālacakra Tantra," in *Journal of the International Association of Buddhist Studies*, Vol. 21, No. 2, 1998, pp. 311–371.

② John Newman: "The Paramādibuddha (the Kālacakra mūlatantra) and Its Relation to the Early Kālacakra Literature," in *Indo-Iranian Journal*, 1987, Vol. 30, No. 2, pp. 93–102; "Buddhist Sanskrit in the Kālacakra Tantra," in *Journal of the International Association of Buddhist Studies*, Vol. 11, No. 1,1988, pp. 123–140; "Buddhist Siddānta in the Kālacakra Tantra," in *Wiener Zeitschrift für die Kunde Südasiens und Archiv für Indische Philosophie*, Vol. 36, 1992, pp. 227–234; "Eschatology in the Wheel of Time Tantra," in *Buddhism in Practice*, ed. by Donald Lopez, Princeton: Princeton University Press, 1995, pp. 284–289; "Itineraries to Sambhala," in *Tibetan Literature: Studies in Genre*, ed. by José I Cabezón & Roger R. Jackson, New York: Snow Lion Publications, 1996, pp. 485–499; "Vajrayoga in the Kālacakra Tantra," in *Tantra in Practice*, ed. by David Gordon White, Princeton: Princeton University Press, 2000, pp. 587–594.

③ Vesna Wallace, *The Inner Kalacakratantra: A Buddhist Tantric View of the Individual*, Oxford University Press, 2001.

④ Vesna Wallace, *The Kalacakratantra: The Chapter on the Individual Together with the Vimalaprabha*, American Institute of Buddhist Studies; Bilingual edition, 2004; *The Kalacakra Tantra: The Chapter on the Sadhana Together with the Vimalaprabha*, American Institute of Buddhist Studies, 2011.

⑤ David Reigle 對該譯作進行了認真的閱讀和批注，逐一列出了譯文中出現的問題，參見 David Reigle, "The Kālacakra Tantra on the Sādhana and Maṇḍala: A Review Article," in *Journal of the Royal Asiatic Society*, Third Series, Vol. 22, No. 2, 2012, pp. 439–463.

譯。[①] 從二人的著作中可以看出，神學思維仍占有一定的空間。

畢業於哥倫比亞大學的哈澤爾（James Francis Hartzell），在其篇幅頗大的博士學位論文中翻譯了《略續》第五品的部分內容及《無垢光疏》的相應部分。[②] 畢業於巴黎大學印度學專業的索菲亞・斯惴爾瑞沃（Sofia Stril–Rever）將《略續》與《無垢光疏》第二品的全部內容譯成法文。[③] 畢業於哈佛大學的珍賽・安德森（Jensine Andresen）於 1997 年完成了博士學位論文《時輪：文本和儀軌視角》[④]，以綜合的視角與研究方法討論了時輪的歷史和各種文本及其複雜的儀軌程式和在當代的實踐，並將《略續》第三品翻譯成英文。至此，《時輪經》的大部分內容已被翻譯完畢。

除經典翻譯外，有關時輪天文曆算、歷史、思想教義、修法儀軌及香巴拉神話等問題的研究也繼續得到擴展和深入。生於英國的加文・吉蒂（Gavin Kilty），將克珠諾桑嘉措（mKhas grub Nor bzang rgya mtsho，1423—1513）所作的《無垢光莊嚴:〈時輪經〉闡釋》譯成英文，並對外、內、別時輪及時輪灌頂儀軌和密宗生起次第、圓滿次第進行了闡述。[⑤] 另一位英國學者愛德華・亨寧（Edward Henning）則以研究西藏曆算和天文學而聞名，他於 2007 年出版專著《時輪與西藏曆法》[⑥]。畢業於哈佛大學遠東語言（漢語）、梵語和印度學系的亞歷山大・伯茲（Alexander Berzin）於 20 世紀 90 年代出版了《時輪灌頂概說》[⑦] 和《時輪及其他六支瑜伽文本》[⑧]。曾受過嚴格學術訓練的伯茲，在這兩部時輪研究著作中體現的却是神學式的研究路徑。瑞典斯德哥爾摩大學的厄本・哈瑪（Urban Hammar）的博士學位論文《時輪密續研究：西藏時輪的歷史和本初佛概念、佛陀四身與最上永恒研究》，以時輪為基礎，探討了西藏的本初佛和四身概念。其內容主要關注時輪在西藏流傳歷史的部分，並翻譯了布頓《時輪教法源流》中關於卓派、熱派傳承的內容。[⑨] 日本學者田中公明的《超密教時輪怛特羅》

---

① Geshe Lharampa Ngawang Dhargyey (taught), Alan Wallace (Ven. Jhampa Kelsang) (trans.), *A Commentary on the Kalacakra Tantra*, Dharamsala: Library of Tibetan Works & Archives, 1985.

② James Francis Hartzell, *Tantric Yoga: A Study of the Vedic Precursors, Historical Evolution, Literatures, Cultures, Doctrinal, and Practices of the 11th Century Kaśmirī Śaivite and Buddhist Unexcelled Tantric Yogas*, Ph. D. dissertation, Columbia University, New York, 1997. 據說哈澤爾將第五品全部譯出，但並未全文發表。

③ Sofia Stril-Rever, *Tantra de Kālacakra: Le Livre du Corps subtil*, Paris: Descl e de Brouwer, 2000.

④ Jensine Andresen, *Kālacakra: Textual and Ritual Perspectives*, Ph. D. dissertation, Harvard University, 1997.

⑤ Khedrup Norsang Gyatso (auth.), Gavin Kilty (trans.), Thupten Jinpa (Editor), *Ornament of Stainless Light: An Exposition of the Kalachakra Tantra*, Boston: Wisdom Publications, 2001.

⑥ Edward Henning, *Kālacakra and the Tibetan Calendar*, New York: American Institute of Buddhist Studies at Columbia Univesity, 2007.

⑦ Alexander Berzin, *Introduction to the Kalacakra Initiation*, Ithaca, New York: Snow Lion Publications, 1997 (repr. 2010).

⑧ Alexander Berzin, *Kalachakra and Other Six-Session Yoga Texts*, Ithaca: Snow Lion, 1998.

⑨ Urban Hammar, *Studies in the Kālacakra Tantra: A History of the Kālacakra in Tibet and a Study of the Concept of Ādibuddha, the Fourth Body of the Buddha and the Supreme Unchanging*, Stockholm: Department of History of Religions, 2005.

對時輪曼荼羅進行了專題討論。① 瑪丁・布羅恩（Martin Brauen）在 20 世紀 90 年代便利用現代計算機技術展開了 3D 時輪曼荼羅的研究和製作，② 成為當今時輪法會中幫助信徒體悟和觀修時輪法門的重要方式之一。在當今美國藏學界，哈佛大學范德康（Leonard van der Kuijp）教授是為數不多的尚秉承着歐洲學術傳統的藏學家。他對時輪於蒙元時期的傳播歷史做過專門研究，③ 目前正在進行時輪文本歷史的研究。

時輪中的香巴拉神話在西方流傳並受關注已久。美國加州大學伯克利分校的馬歇爾・柏恩邦（Edwin Marshall Bernbaum）以此為主題，先後完成了其碩士學位論文《香巴拉之路》④ 和博士學位論文《神秘旅程及其象徵：佛教中香巴拉指南的發展及其印度神話起源研究》⑤。前者綜合了歐美兩種不同的學術傳統，主要運用人類學、社會學方法，通過在尼泊爾、印度及喜馬拉雅地區進行的長期調查訪談，結合以《時輪經》為主的關於香巴拉的藏文文獻，探討了藏族心中的香巴拉神話的含義，同時詮釋了作者自己的理解。其內容淺顯易懂，可以說是一部面向大衆的作品。後者則是作者以前者為基礎，利用語文學和歷史學方法對香巴拉神話進行的深入的學術意義上的研究。全書基於西方學界的相關研究、西藏關於香巴拉的文獻，對香巴拉神話的內容（以六世班禪《香巴拉指南》為主）及其在印度的淵源、香巴拉神話在東西方世界的象徵意義等方面進行了研究。作者發現並首次確認了曼隆活佛（Man lung Guru）的《香巴拉指南》，為時輪研究提供了重要的歷史溯源。這兩部作品在當時的西方產生了很大反響，成為學界對香巴拉神話最深入的研究成果之一。此外，大衛・里格爾（David Reigle）於 20 世紀 80 年代即收集並為紐曼提供大量的時輪文獻，其曾根據梵本《時輪經》探討香巴拉具種王的名稱和數量問題。⑥ 瑞士伯爾尼大學的科爾瑪爾 – 保倫兹（Karénina Kollmar Paulenz）從精神層面剖析了香巴拉概念及其淵源。⑦ 加拿大麥吉爾大學的維多利亞・德米特里娃（Victoria

---

① 田中公明『超密教時輪タントラ』東方出版社、1994。

② Martin Brauen, *Das Mandala: Der heilger Kreis Im Tantriaschen Buddhismus*, Kölen: Du Mont, 1992;Martin Brauen & Peter Hassler, "Computer Aided 3D-Animation of the Kālacakra maṇḍala," in Helmut Krasser et al. (eds), *Tibetan Studies: Proceedings of the 7th Seminar of the International Association of Tibetan Studies*, Vol. 1, Wien: Verlag der Österreichischen Akademie der Wissenschagtern, 1997, pp. 77–81.

③ Leonard van der Kuijp, *The Kālacakra and the Patronage of Tibetan Buddhism by the Mongol Imperial Family*, Department of Central Eurasian Studies, Indiana University, 2004.

④ Edwin Marshall Bernbaum, *The Way to Shambhala*: *A Search for the Mythical Kingdom beyond the Himalayas*, New York: Anchor Books, 1980.

⑤ Edwin Marshall Bernbaum, *The Mythic Journey and Its Symbolism: A Study of the Development of Buddhist Guidebooks to Śambhala in Relation to Their Antecedents in Hindu Mythology*, 1986.

⑥ David Reigle, "The Lost Kālacakra Mūla Tantra on the Kings of Śambhala," in *Kālacakra Research Publications*, No. 1, Feb. Talent, Oregon: Eastern School, 1986, pp.1–15.

⑦ Karénina Kollmar Paulenz, "Utopian Thought on Tibetan Buddhism: A Survey of the Śambhala Concept and its Sources," in *Studies in Central & East Asian Religions*, No. 5/6, 1992–1993, pp.78–79; "Śambhala, eine tibetisch-buddhistische Utopie," in *Proceedings of the International Association of Tibetan Studies*, Vol. 1, Wien: Verlag der Österreichischen Akademie der Wissenschagtern, 1997 , pp. 535–542.

Dmitrieva）對東西方世界關於香巴拉神話的詮釋進行了綜合研究。①

需要特別提及的是，1990年以後，繼圖齊和卡雷利之後，意大利學界出現了多位致力於時輪文本研究的優秀學者。他們相繼對保存在歐洲、尼泊爾和日本等地圖書館與時輪有關的藏文和梵文典籍進行編輯、研究和出版，且逐漸以此為基礎擴展研究領域和內容，如師從圖齊的當代意大利印度學和佛學研究領軍人物拉尼埃羅・尼奧利（Raniero Gnoli），以及其後的那不勒斯大學的吉亞卡米拉・奧羅非諾（Giacomella Orofino）和弗朗切斯科・塞弗熱（Francesco Sferra）、塞蘇薩（Claudio Cicuzza）、蒙薩格拉（Stefania Merzagora）等。繼卡雷利之後，以上學者先後出版了《灌頂略說》及那若巴注疏本的梵、藏文精校本。② 在他們當中，弗朗切斯科・塞弗熱當是十餘年來最為多產的時輪學者，1995—2015年，他編輯整理了多部梵文的時輪文本，並將部分內容翻譯成英文。③ 近年來，他還與中國藏學研究中心合作進行了一些關於時輪文本的研究。

2009年，一部收録25位學者作品的時輪研究論文集出版，此書集合了當代西方有影響力的時輪學者的論文，亦可視為三十年來西方時輪研究的總結之作。近十年來，西方時輪研究的興盛漸趨減弱，僅有零星的研究成果問世，如2014年克莉絲托芬・哈奇爾（Christopher Hatchell）出版了一部關於時輪和大圓滿法修法中視覺觀想的研究著作。④ 紐曼仍在繼續時輪哲學思想的研究，並於2017年發表了《〈時輪經〉中發展的抑或啟示的救世論》一文。⑤2019年科爾瑪爾－保倫茲通過對藏於捷克布拉格國家博物館的一幅繪於19世紀的時輪香巴拉國唐卡的研究，探討了19、20世紀之交時輪香巴拉神話在蒙古的流傳。⑥ 國際時輪網站由來自美國、法國、英國、澳大利亞、意大利、波蘭、德國、荷蘭、巴西近十個國家的學者擔任顧

---

① Victoria Dmitrieva, *The Legend of Shambhala in Eastern and Western Interpretations*, MA. thesis, Canada: McGill University, 1997.

② Giacomella Orofino, *Sekoddeśa. A Critical Edition of the Tibetan Translations. With an Appendix by Raniero Gnoli, "On the Sanskrit Text"*, SOR 72, Rome: IsMEO, 1994; Raniero Gnoli, "Sekoddeśaḥ. Edition of the Sanskrit Text," *Dhīḥ(Journal of Rare Buddhist Texts)*, Vol. 28, 1999, pp.143–166; Francesco Sferra & Stefania Merzagora, *The Sekoddeśaṭīkā by Nāropā (Paramārthasaṃgraha)*, critical edition of the Sanskrit text by Francesco Sferra; critical edition of the Tibetan translation by Stefania Merzagora，Roma: Istituto Italiano per l'Africa e l'Oriente, 2006.

③ 塞弗熱的時輪研究成果目録詳見 Margherita Serena Saccone, "The Wheel of Time (Kālacakra): A Survey and Bibliography of Previous Research and Forthcoming Works," pp.546–547。其中，"Kālacakra" 作為辭條被收入 J. Silk (ed), *Encyclopedia of Buddhism,* Vol. 1, "Literature and Languages" (Leiden: Brill, 2015)。目前這套百科全書出版2卷，第1卷可在 Encyclopedia of Buddhism Online 網站上瀏覽查看。

④ Christopher Hatchell, *Naked Seeing: The Great Perfection, the Wheel of Time, and Visionary Buddhism in Renaissance Tibet*, London: Oxford University Press, 2014.

⑤ John Newman, "'Developmental' versus 'Revelatory' Soteriology in the Kālacakra Tantra," in *Journal of the International Association of Buddhist Studies*, Vol. 40, 2017, pp. 209–224.

⑥ Karénina Kollmar-Paulenz, "Visualizing the Non-Buddhist Other: A Historical Analysis of the Shambhala Myth in Mongolia at the Turn of the Twentieth Century," in *Cross-Currents: East Asian History and Culture Review*, Vol. 8, No. 2, 2019, pp. 306–338.

問，至今仍會定期發布一些時輪宗教活動的信息，但未有太多新的研究成果公布。

三 西方時輪研究的總體收獲及缺憾

20 世紀以來，隨着歐洲殖民主義逐漸擴張，西方學者在喜馬拉雅地區搜集了大量的佛教文本，其中包括數量可觀的有關時輪的寫本。對時輪密教的研究，始於以喬瑪為代表的歐洲學界。此時的學者，對於時輪的認識和研究尚處於初級探索階段。隨着對時輪梵文、藏文寫本的不斷整理和研究，時輪作為大乘佛教最後形成的最成熟的密教系統，在藏傳佛教密教中的地位以及其所宣說的神秘香巴拉世界，漸被學者認知並關注。20 世紀 50—70 年代，時輪經典的主要思想及其在密教中的地位逐漸得到揭示，以霍夫曼及其弟子為代表的學者做出了很大貢獻。20 世紀 80 年代以後，以美國學者為主的西方學界掀起了時輪研究熱潮，但他們的很多艱難的研究工作尤其是對《時輪經》的翻譯，大多是在藏族學者的協助下完成的。其中很多研究成果更似籠罩在神學思想下的宗教作品，多關注時輪修法和儀軌程式，也有些人關注時輪修法的宗教心理學及科學的研究。不論如何，迄今為止歐美學者對於時輪的研究已經趨於成熟和全面，《時輪經》大部分內容已被翻譯成以英文為主的現代西方語言。重要的翻譯成果如下。

第一品，《略續》第 1—27 頌、第 128—170 頌和《無垢光疏》對應部分，由約翰 · 紐曼翻譯成英文；班納吉則將《略續》第一品全部內容譯成德文。

第二品，《略續》和《無垢光疏》全部內容，由威斯那 · 華萊絲翻譯成英文，並由索菲亞 · 斯惴爾瑞沃譯成法文。

第三品，《略續》全部內容，由珍賽 · 安德森譯成英文。

第四品，《略續》和《無垢光疏》全部內容，由威斯那 · 華萊絲翻譯成英文。

第五品，《略續》和《無垢光疏》的部分內容，由哈澤爾譯成英文。[①]

西方學界對於時輪梵文、藏文文獻的編輯整理，以及對時輪歷史源流、宗教思想、修法儀軌等的研究，基本采用了歐洲語文學和宗教神學兩種方法，對時輪的認識已經較為清晰和全面。近十年來，人文學科在歐美的衰落趨勢已十分顯著。中國學者在藏學領域的很多研究都已立於國際前沿，但在時輪研究領域僅有個別學者有所關注。[②] 近年來，一些出版社編輯出

① 索菲亞 · 斯惴爾瑞沃也將第五品全部譯成法文，但筆者尚未找到相關出版物。

② 如羅鴻是國內少有的對時輪文本進行精校研究的學者，其於 2010 年出版了《無畏藏護 · 無畏疏》第 9—14 章的精校本和英譯本 [Abhayākaragupta's Abhayapaddhati, Chapters 9 to 14，Beijing: China Tibetology Publishing House, 2010 , Centre for Tantric Studies (AAI), 2010]；索南才讓（許得存）:《西藏密教史》，中國社會科學出版社，1998;《〈時輪根本略續〉及其宇宙和諧論》，《青海民族大學學報》2011 年第 3 期，第 13—17 頁；劉英華：《〈時輪續〉四階幻方實例研究》，《西藏研究》2015 年第 2 期，第 91—103 頁；當增扎西:《工巧明經典釋讀：〈時輪攝略經〉與〈吉祥勝樂根本續〉兩部經典關於佛像量度的理論學說及其影響》，《西藏藝術研究》2018 年第 3 期，第 36—52 頁。

版了多套時輪藏文文獻，① 但並未見有學者對其進行深入研究。迄今為止，學界對於時輪圖像仍然關注甚少，僅有對時輪壇城及唐卡的個別研究成果。全方位展開對時輪的研究，可謂任重道遠。

The Spread and Study of the *Kālacakra-Tantra* in the West since the 20th Century

Yan Xue

As the latest and the maturest Tantric system, the *Kālacakra-Tantra* plays an important role in Tibetan Buddhism. The Study on Kālacakra in the West initiated in the later 19th century and thrived after the mid–20th century. Since the later 20th century (after 1980s), the Kālacakra teaching was spread rapidly in Western countries, sparking a flurry in researching the Kālacakra practice in western academic and religions circles. This article mainly focuses on clarifying the process of the spread and the study of the Kālacakra in the West since 20th century, hoping to provide some basic information for the future studies on the Kālacakra.

① 譬如《手迹珍品集：時輪經夾注彙編》(*dus'khor'grel mchan phyogs bsgrigs*)，中國藏學出版社，2007。另有《覺囊時輪攝略》(*Dus'khor mchan'grel*) 1—3 卷，民族出版社，2008;《覺囊時輪密乘釋論》(*Dus'khor rgyud mchan*) 1 卷，民族出版社，2008；恰羅·仁青曲杰:《時輪傳承源流》(*dPal dus kyi'khor lo'i brgyud pa rin chen rtogs brdod dpag bsam snying ma*)，西藏藏文古籍出版社，2014。

On the Fragments of the Hitherto Unknown Mongolian Version of the *Bhadrakalpika-sūtra*[*]

Kirill Alekseev

The *Ārya-bhadrakalpika-nāma-mahāyāna-sūtra* (Tib. *'Phags pa bskal pa bzang po pa zhes bya ba theg pa chen po'i mdo*, Mong. *Qutuγ-tu sayin čaγ-un neretü yeke kölgen sudur*) is a lengthy treatise of the Mahāyāna doctrinal orientation.①

No complete Indic version of the *sūtra* has survived to the present day. The text was rendered into Tibetan by the Indian master Vidyākarasiṃha together with the Tibetan translator dPal dbyangs, and subsequently revised by sKa ba dPal brtsegs – all scholars of the so called early period of expansion of Buddhism in Tibet (Tib. *snga dar*).②

In the bulk of the Tibetan Kanjurs it opens the *Sūtra* section (Tib. *mDo sde*).③ In the manuscript copies of the Mongolian Kanjur ascending to the Ligdan Khan's 1629 recension its text occupies the first two volumes of the *Eldeb* section (*ka* and *kha*),④ while in the 1720 Peking xylographic edition (MK) the *Bhadrakalpika* is located in the first volume of the *Eldeb* section (*ka*).⑤

---

* The article was prepared within the frame of the academic project supported by RFBR (Russian Foundation for Basic Research, No. 18-012-00376): *"Golden" manuscript fragments from Dzungar monasteries — a unique source of information on the history of the Buddhist canon in Mongolia: a comprehensive historical-philological study.*

① The early ninth-century Tibetan *lHan kar ma* catalogue reports its length as 7800 *śloka* and 26 *bam po*. Herrmann-Pfandt 2008: No. 73. On the *Bhadrakalpika* see, for example, Csoma Kőrösi 1839: 413–16; Nattier 1991: 23–24 fn. 30; Skilling 2010; Boucher 1996: 261.

② On the translators of the *Bhadrakalpika* see Skilling 2010: 197–98.

③ For the position of the *sūtra* in the Tibetan Kanjurs see, for example, Hackett 2012: No. 111; RKTS: https://www.istb.univie.ac.at/kanjur/rktsneu/verif/verif2.php?id=94. In the Peking edition of the Tibetan Kanjur this text is in the first volume (marked *i*) of the *mDo* section bKa' 'gyur pe cin par ma 2010: Vol. *i*.

④ The complete text of the *sūtra* is present in the manuscript Kanjurs preserved in the libraries of the Academy of Social Sciences of Inner Mongolia (HHK1), St. Petersburg State University (PK), and the Institute for Mongolian, Buddhist and Tibetan Studies of the Siberian Branch of the Russian Academy of Sciences (UBK). For the location of the *Bhadrakalpika* in PK see Kas'ianenko 1993: Nos. 615, 616.

⑤ See Ligeti 1942–1944: Vol. I, No. 849.

The translation of the Tibetan colophon contained in both Mongolian recensions[①] keeps the names of the above mentioned translators and the editor. The manuscript copies of the Mongolian Kanjur have also preserved a note that, similarly to the *lHan kar ma* catalogue, defines the size of the text as 7800 *śloka* and 26 *bam po*.[②] Interestingly, similar notes are present in the colophons of the Lithang and Narthang Kanjurs, as well as in the Gondhla proto–Kanjur.[③] Both recensions name Dayičing Tayiǰi (late 16th – early 17th centuries), a notable scholar of the day, as the translator of the *sūtra* into Mongolian.[④]

Recent years have witnessed an increased academic interest in the so called Dzungar fragments – separate folios of the Buddhist canonical texts in the Tibetan and Mongolian languages brought to various Russian and European depositories from Dzungaria in the 18th century.[⑤] Of these, the fragments of the Mongolian-language Kanjur written in gold on a black and blue background (hereinafter JGF) are of special interest due to their outlook and a certain proximity to the Golden Kanjur kept at the Academy of Social Sciences of Inner Mongolia.[⑥]

The exact location of the JGF initial storage is uncertain. Most probably the fragments were discovered in one of the then abandoned Dzungar monasteries, *Ablai-yin Keyid* or *Darqan Čorǰi-yin Keyid*.[⑦] The former was built on the left bank of the River Irtysh by the Khoshut Ablai Tayiǰi (fl. 1638–1671) in the mid–1650s, and consecrated by the Oirat Zaya Paṇḍita (1599–1662) in 1657.[⑧] The monastery was deserted sometime after Ablai's defeat in 1671.[⑨] The latter monastery,

① HHK1: *kha*, 240v–242r; PK: *kha*, 71r; UUK: *kha*, *26-duγar bölög* 22v–24r. See the transcription of the PK colophon in Kas'ianenko 1993: 198, and of the MK colophon in Ligeti 1942–1944: Vol. I, 214–16.

② MK mentions 7008 *śloka*, probably missing the word *ǰayun* in the text.

③ See KPDM 2006–2008: Vol. 45, 852 (note 13 for page 787); Tauscher 2008: 24; RKTS: https://www.istb.univie.ac.at/kanjur/rktsneu/verif/verif2.php?id=94.

④ W. Heissig identifies him with the well-known Sečen Dayičing Kiya Baγsi. On him and his translations see Heissig 1954a: Nos. 5, 16; 1954b: 107–8; 1959: 45 fn. 5; 1962: 19–20.

⑤ On the Dzungar fragments see Alekseev 2015: 203; 2017: 40–41; 2020a; Alekseev and Turanskaya 2015; Alekseev, Turanskaia, and Iampol'skaia 2014; Alekseev, Turanskaya, and Yampolskaya 2015; 2016; Heissig 1979; 1998: 158–59; Helman-Ważny, Kriakina, and Zorin 2015; Iampol'skaia 2015; Knüppel 2014; Kollmar-Paulenz 2017; Yampolskaya 2015; 2017; Zorin 2015.

⑥ On the Golden Kanjur see Alekseev and Turanskaya 2013.

⑦ For the latest and detailed analysis of the acquisition of Tibetan and Mongolian manuscript fragments from the Dzungar monasteries see Zorin 2015.

⑧ Radnabkhadra 1999: 75.

⑨ The exact date and circumstances of Ablai's death are not quite clear. Most probably, after his defeat and capture in the battle with the Torghut Ayuka Qan (1642–1724) he was brought to Moscow where he died by 1674. This information is contained in the official response of the Russian authorities to the request of Očirtu Čečen Khan (fl. 1639–1676) to release his brother Ablai dated February 1674 Slesarchuk 1996: 271. Some sources claim that he died in the city of Astrakhan' or fell in action Slesarchuk 1996: 445.

better known under its Russian name Sem' Palat, "Seven Chambers" , was erected on the right bank of the Irtysh by 1654.①

By now 34 JGF folios have been discovered in Russian and European depositories. The bulk of them are preserved in the Institute of Oriental Manuscripts, Russian Academy of Sciences (20 fragments), while smaller numbers (from one to four fragments) are kept in the manuscript collections in Great Britain, Germany, and Sweden.②

The majority of JGF do not have any markers (like a work or chapter title) that would allow them to be associated with specific canonical texts. Moreover, some of the folios have lost their segments with the markers of the Kanjur sections and volume signatures. Therefore, the identification of JGF was first carried out with the use of the searchable e-texts of the Tibetan Kanjurs accessible at *The Buddhist Canons Research Database*③ *and the Resources for Kanjur & Tanjur Studies*.④ Then the corresponding fragments were located within the manuscript Kanjur preserved in the St. Petersburg State University Library (PK), the only complete Mongolian manuscript Kanjur known so far. Finally a thorough text-critical collation of JGF and PK was implemented. The research performed allows certain assumptions to be made about the repertoire and structure of the Kanjur, to which JGF belonged, and for it to be correlated with other Mongolian manuscript Kanjurs.⑤

Apart from three fragments all JGF represent the same Mongolian translations of the Kanjur texts as those included in PK. Three JGF fragments contain the text of the hitherto unknown Mongolian version of the *Bhadrakalpika-sūtra* that differs from Dayičing Tayiǰi's translation. Two of them, preserved in the Berlin State Library and Linköping City Library (folios 81 and 109? correspondingly), have already been examined and published.⑥

Quite recently, a fragment hosted in the British Library was added to the list (JGF-BL). The folio was purchased among other Mongolian fragments by the Scottish traveler John Bell (1691–1780) during his stay in the city of Tobolsk in December, 1719 – January, 1720 on the way to Beijing. His travel essays contain a record of this event and the future fate of the manuscript folios:

While I was in Tobolsky, I met with a soldier in the street with a bundle of these papers in his hand. He asked me to buy them; which I did for a small sum. I kept them till my arrival in England,

---

① Borodaev and Kontev 1999: 15–16. See the description of the monastery in Müller 1747: 432–39.

② For the list of the depositories and the JGF pressmarks see Alekseev 2020b.

③ BCRD: http://databases.aibs.columbia.edu/.

④ RKTS: https://www.istb.univie.ac.at/kanjur/rktsneu/sub/index.php.

⑤ See the results of the identification in Alekseev 2020b.

⑥ For details see Alekseev and Turanskaya 2015; Alekseev 2020a.

when I distributed them among my friends; particularly to that learned antiquarian Sir Hans Sloane, who valued them at a high rate, and gave them a place in his celebrated museum.①

A physician by trade, Sir Hans Sloane (1660–1753), mentioned in Bell's diary, was also a notable collector of objects and texts from around the world. After his death, in accordance with the terms of his will, his extensive collection was purchased by the British Parliament, thus providing the foundation of the British Museum and the British Library.② Curiously enough, the Dzungar fragments in the Tibetan and Mongolian languages are mentioned in the 1782 *Catalogue of the Manuscripts Preserved in the British Museum* under the heading *Various East-Indian Languages*.③

The folio is kept in the British Library under the pressmark *Sloane 2838 (a)*. It seems to be the same fragment mentioned by P. Aalto in his 1996 article, dedicated to Bell's journeys, as the scholar gives the transcription of the chapter title on the *recto* side of the folio. Nevertheless, Aalto indicates the folio's pressmark as 2836 and the folio's number as 23 (instead of 2838 and 24). He also, for some unobvious reason, identifies the fragment as part of the text No. 908 in the L. Ligeti's *Catalogue*, which is the Mongolian translation of the *Sāgaramati-paripṛcchā*.④

In fact, JGF-BL is the 24th folio (Mong. *qorin dörben*), belonging to the first and second chapters (Mong. *bölög*) of the *Bhadrakalpika*. On its left margin there is a note: "Two rolls of the same characters, wrote upon blew⑤ paper, from Mr. Bell," maintaining the history of the folio's acquisition. A complete text-critical collation of JGF–BL with the corresponding fragments in the Peking edition of the Tibetan Kanjur (Q),⑥ PK, and MK⑦ is provided in the *Appendix* to the article.

Certain fragments of texts in the two versions of the *sūtra* are almost identical and diverge from each other only with some minor variant readings. Nevertheless, in general, JGF represent a version that differs from Dayičing Tayiǰi's translation and reveals some interesting variations in rendering Tibetan grammatical units, common words and expressions, as well as Buddhist terms.

First of all, judging by the JGF fragments, the two Mongolian versions of the *sūtra* have different chapter markers. Tib. *le'u*, denoting the end of the first chapter, is rendered in PK and

---

① Bell 1763: Vol. I, 193.

② Scott 1904: iii.

③ Ayscough 1782: Vol Ⅱ, 903–4.

④ Aalto 1996: 4.

⑤ Sic, = blue.

⑥ bKa' 'gyur pe cin par ma 2010: Vol. i.

⑦ The corresponding fragments are located in Q, *mDo mangs*, *i*, 18r–19r; PK, *Eldeb*, *ka*, 5v; MK, *Eldeb*, *ka*, 20v–21v.

MK as *keseg* while in JGF-BL as *bölög* that allows it to be suggested that the same designation was present throughout the whole JGF text.①

The Tibetan topicalizer *ni* is persistently rendered in JGF as *kemebesü* vs *ber* in both PK and MK (e.g. Tib. *'di dag ni* > JGF: *edeger kemebesü*, PK, MK: *edeger ber*; Tib. *gang yin pa de ni* > JGF: *ali tere kemebesü*, PK, MK: *alimad tere ber*). The Tibetan plural marker *rnams* is translated in JGF as *-nuγud* vs *büküi* in PK and MK. Similarly, Tib. *thams cad* 'all, everybody' is rendered in JGF as *qamuγ* vs *büküi* in PK, MK; Tib. *bka' stsal pa* 'had thus spoken' > JGF: *ǰarliγ boluγsan* vs PK, MK: *nomlaγsan*; Tib. *grangs med pa dag* 'countless, immeasurable' > JGF: *toγ-a tomsi ügei* vs PK, MK: *toγalasi ügei*; Tib. *ji lta ba bzhin du* 'exactly as it is' > JGF: *yambar bükü metü*, *yambar bükü yosuγar* vs PK, MK: *yambarčilan bügesü*, *yambarčilan metü*; Tib. *nga ro* 'loud and deep voice, cry, roar' > JGF: *daγutu* vs more precise *kürkirel* in PK and MK; Tib. *pad+ma* 'lotus' > JGF: *linqu-a* vs PK: *badm-a linqu-a*, MK: *badm-a lingqu-a*; Tib. *rgud pa* 'decline' > JGF: *sintaraqui* vs PK, MK: *baγuraγsan*; Tib. *rnam pa thams cad* 'all types, all kinds' > JGF: *qamuγ ǰüil* vs PK, MK: *büküi ǰüil*; Tib. *rnam par smin pa'o* 'fully ripened' > JGF: *olburi ür-e bolai*, PK: *teyin büged bolbasun bolγaqui buyu*, MK: *teyin büged bolbasuraγsan buyu*; Tib. *rtsa ba* 'roots [of the plants]' > JGF: *ündüsün* vs PK, MK: *ebesün*; Tib. *yid du 'ong ba* 'beautiful, pleasant' > JGF: *sedkil-tür ǰokistu* vs PK: *sedkil-tür oroqu metü*, MK: *sedkil-dür oroqu metü*; Tib. *zlum pa* 'round' > JGF: *tögürig* vs PK, MK: *moqolcaγ* etc.

Considering translation of Buddhist terms JGF text discloses the propensity for the reverse "translation" from Tibetan into Sanskrit, while Dayičing Tayiǰi's version mostly tends to use calques from Tibetan. Thus, for example, Tib. *rgyal chen bzhi'i ris kyi lha* 'the gods in the abode of the Four Great Kings' is rendered in JGF as *čatur maqaraǰa kayika-taki tngri*, where Skr. *kāyika* 'belonging to an assemblage or multitude'② is the equivalent of Tib. *ris* 'lineage, type, clan, family'. PK gives a more conventional *dörben maqaraaǰas-un ayimaγ-un tngri*. Tib. *gtams pa bye ba sum khri* denoting an extremely large number is translated in JGF as *γurban tümen költi kanikar-a toγatan*, where *kanikar-a* < Skr. *kaṅkara* 'a particular high number'.③ PK gives *mingγan naγud költi γurban tümen*. Similarly, Tib. *'khor los bsgyur ba'i rgyal po* '*cakravartin*, universal monarch' > JGF: *čakirvad* vs PK: *kürdüni* (sic) *orčiγuluγči qaγan*; Tib. *mi 'khrugs pa* '[Buddha] Akṣobhya' > JGF: *aksobi* vs PK: *ülü qudqulaγči*; Tib. *mtshan* 'mark, *lakṣaṇa*' > JGF: *lagsan* vs PK, MK: *belge*. A similar adherence to the preservation of Sanskrit words is encountered, for example, in the 14th century Mongolian translation of the *Pañcarakṣā*. Here, Akṣobhya is also rendered as *aksobi*,

---

① See the transcription in the *Appendix* to the article, JGF-BL 24r9.

② Monier-Williams 1899: 274.

③ Monier-Williams 1899: 242. See also Rintchen 1959: Vol. I, 823: *gtams – kaM ka ra* = Mong. *kam' kar-a*.

cakravartin – as *čakiravadi* and Tib. *tshangs rigs kyi lha* 'the gods in the Abode of Brahma' – as *braqmakayig dakis tngri*.① In the late 16th century translation by Ayusi Güsi the majority of these terms were translated from Tibetan word by word.② Also Tib. *gsol ba 'debs* 'to pray' is rendered in JGF as *orčin ǰalbarin* vs PK, MK: *ǰalbariγsan*; Tib. ... *phyir mi ldog par mdzad do* 'brought [them] to the state of *anāgāmins* (non-returners back to a lesser level) > JGF: ... *nögögede ülü ničuqun bolγabai* vs PK: ... *qarin ülü ničuqui bolbai*, MK: *qarin ülü ničuqu bolbai*; Tib. *sangs rgyas kyi zhing* 'Buddha-land, *buddha-kṣetra*' > JGF: *burqan-u ulus* vs PK, MK: *burqan-u oron*; Tib. *shAkya thub pa* 'Śākyamuni' > JGF: *sigemuni burqan* vs PK: *sigemuni*, MK: *šakyamuni*; Tib. *ston pa* 'to teach' > JGF: *nomlaqui* vs PK, MK: *üǰügülküi*; Tib. *ting nge 'dzin* '*samādhi*' > JGF: *samadi* vs PK: MK: *diyan*; Tib. *rin po che'i lus mtha' yas pa* (personal name) > JGF: *erdeni-yin bey-e-tü kiǰaγalal ügegüy-e* vs PK, MK: *kiǰaγalal ügei erdeni bey-e-tü*. Interestingly, Tib. *pha rol tu phyin pa* '*pāramitā*' is rendered in JGF in two different ways as *činadu kiǰaγar-a kürügsen* and *baramid*, while in PK and MK it was standardized solely to *baramid*.

Thus, three JGF folios contain fragments of a hitherto unknown Mongolian version of the *Bhadrakalpika-sūtra*. This version differs from Dayičing Tayiǰi's translation included in the bulk of the manuscript copies ascending to the Ligdan Khan's 1629 recension as well as the 1720 Peking xylographic edition of the Mongolian Kanjur. The results of text-critical collation of the two versions allow it to be suggested that the JGF translation is more archaic. Considering some almost identical passages in the two versions it is possible to assume that later on it could be used by Dayičing Tayiǰi for his own translation of the text.

The presence amongst the JGF of the fragments of a possibly more archaic version of the *Bhadrakalpika-sūtra* correlates well with the inclusion of the 14th century Mongolian translation of the *Pañcarakṣā* into the Hohhot Golden Kanjur. Both texts differ from the later translations by Dayičing Tayiǰi and Ayusi Güsi incorporated in the rest of the Mongolian Kanjur copies. This fact allows it to be suggested that within the Ligdan Khan's recension there were at least two groups of Kanjurs – one with the more archaic translations of the above mentioned texts and another, where they were substituted for the later ones.

---

① See, for example, Aalto 1961: 31, 59, 77.

② For a description of the Buddhist terminology of the two translations of the *Pañcarakṣā* see Sárközi 2010.

Appendix①

Q, *mDo sna tshogs, i*	JGF-BL	PK, *Eldeb, ka*
[18r5] bcom ldan 'das [6] kyi 'od de las rin po che bkod pa		[5v5] ilaǰu tegüs nögčigsen-ü tere gerel-eče kiǰaγalal [6] ügei erdenis-iyer [sic] ǰokiyaγsan: tüg tümen kiǰaγasutu[1] badm-a linqu-a[2] tümen költi toγatan
mtha' yas pa'i pad+ma 'dab ma 'bum yod pa bye ba khrag khri [sic][3] byung bar gyur nas pad+ma thams cad la yang bcom ldan 'das shAkya thub pa ji lta ba bzhin du/ de bzhin gshegs pa rnams 'khor [7] de lta bu dag dang bzhugs te/	[24r1] nabčitan bolbai: qamuγ linqu-a-dača ber ilaǰu tegüs nögčigsen [2] sigemuni burqan yambar bükü metü: tegünčilen iregsen-nügüd [3] tere metü kü saγuγad bolbai:	bolǰu bür-ün: badm-a linqu-a[4] bügüde-tür[5] ber [7] ilaǰu tegüs nögčigsen sigemuni[6] yambarčilan bügesü: qamuγ tegünčilen iregsed-ün nökör tere metü ber saγubai:
mchog tu dga' ba'i rgyal po yang thams cad la gsol ba 'debs la/ sangs rgyas de dag thams cad kyis kyang ting nge 'dzin 'di bka' stsal nas/ sems can grangs med pa dag bla [8] na med pa yang dag par rdzogs pa'i byang chub las phyir mi ldog par mdzad do//	degedü bayasqulang-tu qaγan ber [4] tede bügüde-tür ber orčin ǰalbarin bülüge: tedeger [5] qamuγ burqad ber ene samadi-yi ǰarliγ bolǰu bür-ün: toγ-a [6] tomsi ügei amitan-nuγud-i deger-e ügei ünen tegüs [7] tuγuluγsan bodi qutuγ-ača nögögede ülü ničuqun bolγabai::	degedü bayasqulang-tu qaγan ber [8] bügüde-tür[7] ber basa ǰalbariγsan-tur[8]: tedeger qamuγ burqad ber ene diyan-i nomlaγsan-tur[9]: toγalasi[10] ügei amitan ber tengsel ügei üneger [9] tuγuluγsan bodi[11] qutuγ-ača qarin ülü ničuqui[12] bolbai:
'di ni byang chub sems dpa'i spyod pa la 'jug pa ston pa spyod pa yongs su dag par byed pa zhes bya ba'i le'u ste dang po'o// //	[8] ene kemebesü bodisung-nar-un yabudal-tur oroqui-yi [9] uqaγulqui: yabudal-i oγoγata arilγaγči neretü bölög [10] bolai :: : ::	ene ber bodi[13] sadu-a-nar-un[14] yabudal-tur[15] oroqu-yi üǰügülügči oγoγata arilγan [10] üileddügči[16] neretü keseg buyu: ::
[18v1] de nas bcom ldan 'das kyis byang chub sems dpa' mchog tu dga' ba'i rgyal po la bka' stsal pa/ mchog tu dga' ba'i rgyal po de lta bas na sbyin pa lhur ma byed par chos la mchod pa bya ba'i phyir ni mchod pa [2] gyis shig/	tendeče ilaǰu tegüs nögčigsen [11] degedü bayasqulang-tu qaγan bodisung-tur ǰarliγ bolur-un: [12] degedü bayasqulang-tu qaγan-a tere metü-iyer [sic] öglige-yi [13] qadaγalaǰu ülü abun nom-tur takil üiledküi-yin tulada: [14] takil üiledüdkün ta	tendeče ilaǰu tegüs nögčigsen degedü bayasqulang-tu qaγan bodisung-tur[17] tur ǰarliγ bolur-un: degedü [11] bayasqulang-tu qaγan tere metü ber: öglige-yi qadaγalan üiledün[18] nom-tur[19] takil üiledkü-yin tulada takiγdaqu:
mchog tu dga' ba'i rgyal po sngon byung [sic] ba 'das pa'i dus bskal pa grangs med pa mang po dag byung ba na de bzhin gshegs pa dgra bcom pa yang dag par rdzogs pa'i sangs rgyas gser sdug mdzes pa [3] rnam par nges pa'i 'od kyi gzi brjid kyi rgyal po zhes bya ba zhig byung ste/	degedü bayasqulang-tu qaγan-a erte [15] urida bolǰu nögčigsen čaγ-tur toγ-a tomsi ügei [16] olan galab-ud boluγsan-tur: tegünčilen iregsen dayin-i [17] daruγsan üneger tuγuluγsan burqan altan γou-a üǰeskü[18]leng-tü teyin büged maγad gerel-tü ǰibqulang-tu [19] qaγan neretü nigen bolǰu bülüge:	degedü bayasqulang-tu qaγan [12] urida bolǰu nögčigsen čaγ-tur: toγalasi[20] ügei galab boluγsan-tur[21]: tegünčilen iregsen dayin-i[22] daruγsan [16] üneger tuγuluγsan burqan: altan [13] γou-a üǰesküleng-tü teyin büged maγad gerel-ün ǰibqulang-tu qaγan kemegdekü bolbai:
sku tshe'i tshad ni dpag tu med do// sangs rgyas kyi zhing gi bkod pa ni mtha' yas so// 'khor ni grangs med do//	nasun-u činege inu [20] čaγlasi ügei buyu: burqan-u ulus-un ǰokiyal inu kiǰaγalal [21] ügei bolai: nököd inu toγolasi ügei buyu:	basa nasun-u činege anu čaγlasi ügei buyu: burqan-u [14] oron-u ǰokiyal anu kiǰaγalal ügei:: nököd anu toγalasi[23] ügei buyu:

① For clarity of collation the texts in the table are divided into fragments. The variant readings in MK are given in the footnotes. The following symbols are used to transcribe the *Galik* letters: d' – [illegible], o' – [illegible]□□□.

Appendix (*Continued*)

Q, *mDo sna tshogs, i*	JGF-BL	PK, *Eldeb, ka*
phyi ma’i dus lnga brgya pa tha ma’i [4] tshe de’i chos smra ba rin po che’i lus mtha’ yas par grags pa spyod pa’i mdzod ces bya ba zhig byung bar gyur te/	qoyitu [22] čaγ-un tabun ǰaγun-u ečüs čaγ-tur: tegün-ü nom ügülegči: [23] inu erdeni-yin bey-e-tü kiǰaγalal ügegüy-e aldarsiγči [24] yabudal-un sang neretü nigen bolǰu bülegei:	qoyitu čaγ-tur tabun ǰaγun-u ečüs-ün učir-tur: tegün-ü nom-i [15] üǰügülügči[24] kiǰaγalal ügei erdeni bey-e-tü aldarsiγsan yabudal-un sang kemegdekü ber[25] bolǰu:
de ting nge ‘dzin ‘di ston pa na dge slong gzhan dag gis bstan pa thams cad las bsnyal bar gyur to//	tere ene [25] samadi-yi nomlaqui-tur: busu ayaγ-qa tegimlig-üd [26] qotola sasin-ača bučaqun bolbai:	tere ber ene diyan üǰügülküi-tür[26]: busu ayaγ[16]-qa[27] tegimlig-üd ber üǰügülügsen bügüde-eče sintaraqu bolbai:
[5] de nas chos smra ba de zhum pa med pa’i sems kyis lus dang srog la mi blta bar ‘di ltar dur khrod du gnas bcas nas rtsa ba dang ‘bras bu za zhing ting nge ‘dzin ‘di bstan pa’i tshe/ de las chos mnyan pa’i phyir rgyal [6] chen bzhi’i ris kyi lha dag nas bzung ste/ ‘og min gyi bar gyi lha rnams lhags so//	tendeče tere nom ügülegči [27] čügel ügei sedkil-iyer bey-e kiged amin-iyan ülü [24v1] qaran ene metü ükeger-tür oron ǰasaǰu bür-ün: ündüsün [2] kiged üres-i ideǰü ene samadi-yi uqaγulumui: tegün-eče [3] nom sonosqui-yin tulada: čatur maqaraǰa kayika-taki [4] tngri-ner-eče terigülrǰü: aganista-tur kürtele-teki [5] bükü tngri-ner irebei::	tere nom-i ügülegčid berkesiyel ügei sedkil-iyer bey-e kiged amin-iyan ber [17] ülü qaran: ene metü ükeger-tür oron ǰasaγad: ebesün kiged üre-yi ideǰü ene diyan-i üǰügülbei:: tegüneče[28] nom sonosqu-yin [18] tulada: dörben maqaraaǰas-un ayimaγ-un tngri-ner-eče terigüleǰü: aganista-tur[29] kürtele aγsan tngri-ner ber irebei:
de’i tshe ‘khor los bsgyur ba’i rgyal po skye bo mang po mngon par dga’ zhing mya ngan med pa’i nga ro zhes bya ba zhig byung ste/	tere čaγ-tur olan amitan-i [6] ilete bayasqaγči γasalang ügei daγutu neretü nigen [7] čakirvad-i qaγan bolbai:	tere čaγ-tur kürdüni[30] [19] orčiγuluγči qaγan olan törölkiten-tür[31] ilete[32] bayasuγči γasalang-ügei kürkirel kemegdekü ber bolbai:
[7] des chos smra ba de las ting nge ‘dzin ‘di mnyan to// mnyan nas kyang chos smra ba de la mi ‘jigs pa byin te/	tere kü tere nom ügülegči-eče [8] ene samadi-yi sonosbai: sonosču bür-ün tere nom [9] ügülegči-tür ayul ügei-yi öggür-ün:	tere nom ügülegči-eče: ene diyan-i [20] sonosuγad: sonosču ber tere nom ügülegči-tür[33] ayul ügei-yi ögčü:
dge slong sangs rgyas kyis yang dag par bka’ stsal pa’i ting nge ‘dzin ‘di ston cig/ [8] bdag ni khyod la bsrung zhing skyob pa lags so// des bu stong yang de’i bsrung mar ... [34] la/ thogs pa med pa’i sems kyis srog chags sum khri zhig kyang bde ba’i yo byad thams cad sbyor du bcug [19r1] go//	ayaγ-qa [10] tegimlig-e burqan-u üneger ǰarliγ boluγsan ene samadi[11]-yi üǰügülügči: bi čimai-yi sakiγad manduγulsuγai: [12] kemeged tere mingγan köbegüd-iyen ber tegüni sakiγulsun-tur [13] ǰokiyaγad bügetele: dürbel ügei sedkil-iyer γurban [14] tümen amitan-nuγud-iyar ber: amuγulang-tu kereγ [sic] ǰaraγ[15]-tan bügüde-yi nayiraγulbai:	ayaγ-qa[35] tegimlig-i burqan-u üneger nomlaγsan ene diyan-i üǰegül[36]: [21] biber[37] čimayi qadaγalan sakisuγai: tegünü mingγan köbegün ber tegün-ü sakiγulsun bolγan ǰokiyabai: türidkel ügei sedkil-iyer γurban [9] tümen [22] amitan-i ber tegün-e amuγulang-un kereg-tü[38] ed bügüde-tür[39] barilduγulbai::
chos smra ba bde bar gnas par byas pa des kyang bskal pa phyed kyi bar du ting nge ‘dzin ‘di bstan te/	nom ügülegči-yi amuγulang[16]-iyar aγuluγči tedeger ber ǰarim galab-ud-tur kürtele [17] ene samadi-yi uqaγulqul-bur-un [sic, = uqaγulqui bür-ün]	nom ügülegči amuγulang-a[40] üiledüged[41]: tere ber ǰarim galab[23]-un ǰaγur-a ene diyan-i üǰegülǰü[42]:

Appendix（*Continued*）

Q, *mDo sna tshogs, i*	JGF-BL	PK, *Eldeb, ka*
dge ba'i rtsa ba de byas pas chos smra ba dang/ rgyal po bu dang bcas shing skye bo'i 'khor [2] dang bcas pa dang/ tshogs pa thams cad kyis bskal pa brgyad cur sangs rgyas gtams bye ba sum khri mnyes par byas te/ thams cad las ting nge 'dzin 'di thob po//	tere buyan-u ündüsün-i [18] egüskegsen-iyer nom ügülegči kiged qaγan-u köbegün[19]-lüge nigen-e nököd aradluγ-a nigen-e qamuγ [20] čiγuluγsad nayan galb-ud-tur [sic] γurban tümen költi [21] kanikar-a toγatan burqad-i bayasqan üiledüged: qamuγ[22]-ača ene samadi-yi olbai:	tere buyan-u ündüsün-i üiledügsen-iyer nom ügülegči kiged: qaγan-u köbegün-lüge olan törölkiten [24] nökör selte ba: olan čiγuluγsad bügüde ber nayan galab-tur mingγan nayud [43] költi γurban tümen burqad-i bayasqan üiledčü: qamuγ[25]-ača ber ene diyan-i olbai:
bsam pa ji lta ba bzhin du [3] sangs rgyas kyi zhing yang yongs su 'dzin par 'gyur to// mchog tu dga' ba'i rgyal po de'i tshe na chos smra ba de gal te khyod gzhan zhig yin pa snyam du sems na de de ltar mi blta ste/ de bzhin gshegs pa tshe [4] dpag med ni chos smra ba der gyur to//	küsel yambar bükü yosuγar [23] burqan-u ulus-i eǰelen baribai:: degedü bayasqulang-tu [24] qaγan-a tere nom ügülegči-yi ker-ber öber-e nigen [25] kemen sedkibesü ele: tegün-i teyin ülü uǰegdeküi [26] tegünčilen iregsen čaγlasi ügei nasutu ayusi tede [27] nom ügülegči bolbai:	sedkil yambarčilan metü burqan-u oron-i oγoγata bariqu bolbai:: degedü bayasqulang-tu qaγan tere čaγ-daki: [26] nom ügülegči tegün-i[44] ker-ber či busu buyu: kemen sedkibesü: teyin ülü sedkigdeküi: tegünčilen iregsen ayusi burqan anu tere nom ügülegči [27] ber bolbai:
de bzhin gshegs pa mi 'khrugs pa ni 'khor los bsgyur ba'i rgyal por gyur to//	tegünčilen iregsen agsobi [28] kemebesü čakirvad'-i qaγan bolbai:	tegünčilen iregsen ülü qudqulaγči ber kürdün-i orčiγuluγči qaγan ber bolbai:
bskal pa bzang po pa'i sangs rgyas stong ni rgyal po'i bu rnams su gyur to/	sayin galab-ud-un	sayin čaγ–un mingγan burqan anu qaγan–u mingγan [28] köbegün ber bolbai::

1. MK: *kiǰaγasu-tu*.
2. MK: *lingqu-a*.
3. Lhasa Kanjur: *khrig*.
4. MK: *lingqu-a*.
5. MK: *bügüde-dür*.
6. MK: *šakyamuni*.
7. MK: *bügüde-dür*.
8. MK: *ǰalbariγsan-dur*.
9. MK: *nomlaγsan-dur*.
10. MK: *toγolasi*.
11. MK: *bo'dhi*.
12. MK: *ničuqu*.
13. MK: *bo'dhi*.
14. MK: *saduva-nar-un*.
15. MK: *yabudal-dur*.
16. MK: *üiledügči*.
17. MK: *bo'dhi saduva-dur*.
18. MK: *üileddün*.
19. MK: *nom-dur*.
20. MK: *toγolasi*.
21. MK: *boluγsan-dur*.
22. MK: *dayini*.
23. MK: *toγolasi*.
24. MK: *ügülegči*.

25. MK: abs.
26. MK: *ügülekü̈i-dür.*
27. MK: *ayaγ-q-a.*
28. MK: *tegün-eče.*
29. MK: *aganista-dur.*
30. MK: *kürdün-i.*
31. MK: *törölkiten-dür.*
32. MK: *iledte.*
33. MK: *ügülegči-dür.*
34. A gap designated with five *tsheg*. Lhasa Kanjur: *bkod.*
35. MK: *ayaγ-q-a.*
36. MK: *üǰügül.*
37. MK: *bi ber.*
38. MK: *keregtü.*
39. MK: *bügüde-dür.*
40. MK: add. *orosin.*
41. MK: *üileddüged.*
42. MK: *öčigülǰü.*
43. MK. add. *nigen.*
44. MK: *tegüni.*

Bibliography

Aalto, Pentti, ed. 1961. *Qutuγ-tu pañcarakṣā kemekü tabun sakiyan neretü yeke kölgen sudur: nach dem stockholmer xylograph 15.1.699*. Asiatische Forschungen 10. Wiesbaden: Otto Harrassowitz.

———. 1996. "John Bell's (1691–1780) Notes From His Journeys in Siberia and Mongolia." *International Journal of Central Asian Studies* 1.

Alekseev,– Kirill. 2015. "Mongol'skiĭ Gandzhur: genezis i struktura." *Strany i narody vostoka* XXXVI: 190–228.

———. 2017. "On the Correlations between the Copies of the Mongolian Manuscript Kanjur." In *Mongol Ganzhuur: olan ulsyn sudalgaa*, edited by S. Chuluun, 37–50. Ulaanbaatar: Shinzhlėkh ukhaany akademi, Tüükh, arkheologiĭn khürėėlėn.

———. 2020a. "A Note on the So-Called Codex Renatus Lincopensis." In Print.

———. 2020b. "On the Identification of the Mongolian 'Golden' Fragments from Dzungaria." *Rocznik Orientalistyczny.* In print.

Alekseev, Kirill, and Anna Turanskaya. 2013. "An Overview of the Altan Kanjur Kept at the Library of the Academy of Social Sciences of Inner Mongolia." *Asiatische Studien* LXVⅡ (3): 755–782.

———. 2015. "A Folio from the Berlin State Library-Additional Remarks on the History of the Mongolian Kanjur." *Rocznik Orientalistyczny* LXVⅢ (2): 9–23.

Alekseev, Kirill, Anna Turanskaia, and Natalia Iampol'skaia. 2014. "Fragmenty mongol'skogo rukopisnogo Gandzhura v sobranii IVR RAN." *Pis'mennye pamiatniki Vostoka* 1 (20): 206–224.

Alekseev, Kirill, Anna Turanskaya, and Natalia Yampolskaya. 2015. "The First Mongolian Manuscript in Germany Reconsidered." *Written Monuments of the Orient* 1: 67–77.

———. 2016. "Mongolian Golden Kanjur Fragments in the Collection of the IOM, RAS." *Written Monuments of the Orient* 1: 85–105.

Ayscough, Samuel. 1782. *A Catalogue of the Manuscripts Preserved in the British Museum Hitherto Undescribed.* Vol. Ⅱ. London: Printed for the complier by J. Rivington, jun.

BCRD. *The Buddhist Canons Research Database. A Project of the American Institute of Buddhist Studies (AIBS) and the Columbia University Center for Buddhist Studies (CCBS).* Accessed September 3, 2019. http://databases.aibs.columbia.edu/.

Bell, John. 1763. *Travels from St. Petersburg in Russia to Diverse Parts of Asia.* 2 vols. Glasgow: Robert and Andrew Foulis.

bKa' 'gyur pe cin par ma. 2010. *bKa' 'gyur pe cin par ma. woodblock print preserved at national library of Mongolia, Ulaanbaatar, Mongolia. Digitally Published and Distributed by Digital Preservation Society.* Tokyo.

Borodaev, V. B., and A. V. Kontev. 1999. "Monastyr' Ablaĭ-khit kak pamiatnik sotsial'no–politicheskoĭ istorii oĭratov XVⅡ v." In *Rossiia, Sibir' i Tsentral'naia Aziia (vzaimodeĭstvie narodov i kul'tur). Materialy Ⅱ regional'noĭ konferentsii 26 oktiabria 1999 g.*, 12 – 22. Barnaul: Izdatel'stvo BGPU.

Boucher, Daniel. 1996. "Buddhist Translation Procedures in Third-Century China: A Study of Dharmarakṣa and His Translation Idiom." Ph. D. dissertation, University of Pennsylvania.

Csoma Kőrösi (de Kőrös), Alexander. 1839. "Analysis of the Ṡher-Cḣin-P'hal-Ch'hen-Dkon-Séks-Do-Dé-Nyáng-Dás-and Gyut; Being the 2nd, 3rd, 4th, 5th, 6th, and 7th Divisions of the Tibetan Work, Entitled Kah-Gyur." In *Asiatic Researches*, XX, Part Ⅱ : 393–552. Calcutta: Bishop's College Press.

Hackett, Paul G. 2012. *A Catalogue of the Comparative Kangyur (Bka'-'gyur dpe bsdur ma).* Treasury of the Buddhist Sciences Series. New York: American Institute of Buddhist Studies.

Heissig, Walther. 1954a. *Die Pekinger lamaistischen Blockdrucke in mongolischer Sprache: Materialien zur mongolischen Literaturgeschichte.* Wiesbaden: Otto Harrassowitz.

———. 1954b. "Zur geistigen Leistung der neubekehrten Mongolen des späten 16. und frühen 17. Jhdts." *Ural-Altaische Jahrbücher* XXVI (1–2): 101–16.

———. 1959. *Die Familien- und Kirchengeschichtsschreibung der Mongolen. Teil I: 16.–18.*

Jahrhundert. Asiatische Forschungen, Band 5. Wiesbaden: Otto Harrassowitz.

———. 1962. "Beiträge zur Übersetzungsgeschichte des mongolischen buddhistischen Kanons." In *Abhandlungen der Akademie der Wissenschaften in Göttingen. Philologisch-historische Klasse, Dritte Folge, Nr. 50*, 5–42. Göttingen: Vandenhoeck & Ruprecht.

———. 1979. "Die erste mongolische Handschrift in Deutschland." *Zentralasiatische Studien* 13: 191–214.

———. 1998. "Some Remarks on the Question of the First Translation of the Mongolian Kandjur." In *Essays on Mongol Studies. Commemorative Volume to the 70 Year Birthday of Academician Sh. Bira*, 155–160. Ulaanbaatar: Olon ulsyn mongol sudlalyn holboo.

Helman–Ważny, Agnieszka, Liubov Kriakina, and Alexander Zorin. 2015. "The First Tibetan Leaves Acquired by the St. Petersburg Academy of Sciences: Conservation Issues, Content and Paper Analysis." *Written Monuments of the Orient* 2: 61–67.

Herrmann–Pfandt, Adelheid, ed. 2008. *Die Lhan kar ma: ein früher Katalog der ins Tibetische übersetzten buddhistischen Texte*. Beiträge Zur Kultur-und Geistesgeschichte Asiens, Nr. 59. Wien: Verlag der österreichischen Akademie der Wissenschaften.

Iampol'skaia, Natalia. 2015. "Svodnyĭ perechen' fragmentov rukopiseĭ 'chërnykh' mongol'skikh Gandzhurov v kollektsii IVR RAN." *Mongolica*, XV: 48–58.

Kas'ianenko, Zoia K. 1993. *Katalog peterburgskogo rukopisnogo "Gandzhura."* Pamiatniki pis'mennosti Vostoka. CII. Bibliotheca Buddhica. XXXIX. Moskva: "Nauka" , Izdatel'skaia firma "Vostochnaiia lit-ra."

Knüppel, Michael. 2014. *Vom Irtysch nach Kassel: zum Problem der ersten mongolischen und tibetischen Handschriften in Deutschland.* Schriften der Universitätsbibliothek Kassel 12. Kassel: Kassel Univ. Press.

Kollmar–Paulenz, Karénina. 2017. "The Mongolian Kanjur-Some Remarks about the Current State of Research." In *Mongol Ganzhuur: olan ulsyn sudalgaa,* edited by S. Chuluun, 17 - 36. Ulaanbaatar: Shinzhlėkh ukhaany akademi tüükh, Arkheologiĭn khüreėlėn.

KPDM. 2006–2008. *Bka' 'gyur: krung go'i bod rig pa zhib "jug lte gnas kyi bka" bstan dpe sdur khang gis bsdur zhus [Comparative edition of the Tibetan canon, based on the Derge edition, with references to variants in the Chone, Lhasa, Lithang, Narthang, Peking and Urga editions].* 108 vols. Pe-cin: Krung go'i bod rig pa dpe sdur khang.

Ligeti Louis. 1942–1944. *Catalogue du Kanǰur Mongol imprimé: Catalogue*. Bibliotheca Orientalis Hungarica, Ⅲ . Budapest: Société Körösi Csoma.

Monier-Williams, Monier. 1899. *A Sanskrit-English Dictionary: Etymologically and Philologically Arranged with Special Reference to Cognate Indo-European languages, revised by*

E. Leumann, C. Cappeller, et al. Oxford: Clarendon Press.

Müller, Gerardi Friderici [Gerhard Friedrich]. 1747. "De scriptis tanguticis in Sibiria repertis commentatio." *Commentarii Academiae Scientiarum Petropolitanae* X: 420–68, tabl. I–IX.

Nattier, Jan. 1991. *Once Upon a Future Time: Studies in a Buddhist Prophecy of Decline.* Nanzan Studies in Asian Religions 1. Berkeley, California: Asian Humanities Press.

Radnabkhadra. 1999. *Lunnyĭ svet: istoriia rabdzham Zaia-pandity. Faksimile rukopisi; perevod s oĭratskogo G.N. Rumiantseva i A.G. Sazykina. Transliteratsiia teksta, predislovie, kommentariĭ, ukazateli i primechaniia A.G. Sazykina.* Pamiatniki kul'tury Vostoka: Sankt-Peterburgskaia nauchnaia seriia, VII. Sankt-Peterburg: Peterburgskoe Vostokovedenie.

Rintchen, ed. 1959. *Sumatiratna.* Corpus Scriptorum Mongolorum, VI–VII. Ulaanbaatar: Ulsyn Khėvlėl.

RKTS. Resources for Kanjur & Tanjur Studies. Accessed September 12, 2019. https://www.istb.univie.ac.at/kanjur/rktsneu/sub/index.php.

Sárközi, Alice. 2010. "Mongolian Buddhist Terminology over the Ages." *Rocznik Orientalistyczny*, Altaica et Tibetica: Anniversary Volume Dedicated to Stanisław Godziński on His Seventieth Birthday, LXIII (1): 215–223.

Scott, Edward J. L. 1904. *Index to the Sloane Manuscripts in the British Museum.* London: Order of the Trustees.

Skilling, Peter. 2010. "Notes on the Bhadrakalpika–Sūtra." *Annual Report of the International Research Institute for Advanced Buddhology at Soka University for the Academic Year 2009* XIII: 195–229.

Slesarchuk, G. I., ed. 1996. *Russko-mongol'skie otnosheniia 1654-1658: sbornik dokumentov.* Materialy po istorii russko–mongol'skikh otnosheniĭ. Moskva: Vostochnaia lit-ra RAN.

Tauscher, Helmut. 2008. *Catalogue of the Gondhla Proto-Kanjur.* Wiener Studien zur Tibetologie und Buddhismuskunde, Heft 72. Universität Wien, Arbeitskreis für Tibetische und Buddhistische Studien.

Yampolskaya, Natalia. 2015. "A Note on Foliation in Mongolian Pothi Manuscripts." *Rocznik Orientalistyczny* LXVIII (2): 258–65.

———. 2017. "Fragments of Three Mongolian Kanjur Manuscripts in Russian and European Collections." In *Mongol Ganzhuur: olan ulsyn sudalgaa*, edited by S. Chuluun, 61–72. Ulaanbaatar: Shinzhlėkh ukhaany akademi, Tүүkh, arkheologiĭn khүrėėlėn.

Zorin, Alexander. 2015. "The History of the First Tibetan Texts Acquired by the St. Petersburg Academy of Sciences in the 18th Century." 国際仏教学大学院大学研究紀要 = *Journal of the International College for Postgraduate Buddhist Studies*, 19: 184–142.

Did Zaya Paṇḍita Translate the *Aṣṭasāhasrikā* Twice?

Natalia Yampolskaya

The biography of *Zaya paṇḍita Nam mkha'i rGya mtsho* (1599–1662) titled "The Moonlight" (Oir. *sarayin gerel*) lists the *Aṣṭasāhasrikā Prajñāpāramitā* sutra① as one of the 186 texts translated by the great Oirat scholar.② His biographer and disciple *Ratnabhadra* does not specify which of these scriptures were written down in the Mongolian script, and which in the Clear Script (Oir. *todo bičiq*). There has been some controversy as to the time period when these translations took place, because the list of *Zaya paṇḍita*'s works is introduced as the texts translated "from the tiger year to the tiger year" (Oir. *baras ǰil-ēce baras ǰil kürtele*).③ As *Ratnabharda* does not indicate the elements of these tiger years, there are three possible ways to understand these dates: 1638–1650 (1638 being the year when *Zaya paṇḍita* returned from Tibet), 1650–1662 (after he created the Clear Script in 1648 and until he passed away), or 1638–1662. The latter version has been argued as the most believable one: it covers the period starting from *Zaya paṇḍita*'s return from Tibet, when he was actively travelling and teaching in the Mongolian and Dzungar lands.④

Today the literary legacy of *Zaya paṇḍita* is known to almost entirely consist of works in *todo bičiq*, although his biography suggests that he started translating Tibetan scriptures at least seven years prior to the introduction of the new alphabet in 1648. According to *Ratnabhadra*, in 1641 the Mongolian *ǰasaγtu qaγan* asked his teacher to translate the *Pha chos* (part of the highly venerated

① The *Aṣṭasāhasrikā Prajñāpāramitā*, often referred to as the "Perfection of Wisdom in Eight Thousand Lines" (Tib. *Shes rab kyi pha rol tu phyin pa brgyad stong pa*; Mong. *Bilig-ün činadu (kiǰaγar-a) kürügsen nayiman mingγa-tu*; Oir. *Biligiyin činadu kürüqsen nayiman mingγan-tu*).

② Radnabhadra, "Lunniy svet": istoriya rabdzham Dzaya-pandity. Faksimile rukopisi; perevod s oyratskogo G. N. Rumyantseva i A. G. Sazykina; transliteratsiya teksta, predisloviye, primechaniya i ukazateli A. G. Sazykina (Sankt-Peterburg, 1999), p. 166. The *Aṣṭasāhasrikā* (Oir. *naiman mingγan šülüqtü*) is the sixth on the list, but nothing suggests that the texts are mentioned in a chronological order.

③ Radnabhadra, *"Lunniy svet"*, p. 166 (f. 8v of the manuscript, lines 10–11).

④ This version was set forth by Aleksei Sazykin in: A. G. Sazykin, *"O periodizatsii perevodcheskoi deyatel'nosti oiratskogo Dzaya-pandity"* // Pis'mennnye pamyatniki i problemy istorii kul'tury narodov Vostoka. XII godichnaya nauchnaya sessiya LO IV AN SSSR (kratkie soobscheniya). Chast' 1 (Moskva, 1977). pp. 134–140.

scripture of the Tibetan *bKa' gdams* school), and in 1643 he translated another voluminous collection of texts, *Ma Ni bka' 'bum* (a corpus of teachings traditionally attributed to the king *Srong btsan sgam po* of Tibet), while staying at *Ölǰeitü keyid* on the river Irtysh with *Dalai darqan čorǰi*. The latter account is supported by the information from the colophon, as the Mongolian translation of *Ma Ni bka' 'bum* has come down to us in a Beijing blockprint.①

Few other Mongolian translations attributed to *Zaya paṇḍita* are known today. Three are kept at the Institute of Oriental Manucripts, St. Petersburg (IOM RAS). One of them is a late 17th century copy of the *Mahāmokṣa* sutra (Tib. *Thar pa chen po*) in Mongolian, preserved in fragments and attributed to *Zay-a paṇḍita* based on its colophon. The text was examined by György Kara who found that it almost literally coincides with the Oirat versions of the same sutra, suggesting that it could be initially translated into Mongolian and later re-written in the Clear Script.② Another Mongolian translation by *Zaya paṇḍita* preserved at IOM RAS is that of the *Vajracchedikā* sutra. Aleksei Sazykin compared this manuscript with two other versions of the same text in the Clear Script that have two different colophons. One of them partly reproduces the colophon of the Mongolian translation, and the text appears to be a re-write of the Mongolian one in *todo bičiq*. The other version in the Clear Script is a "genuine Oirat composition".③ In a similar way Sazykin proved that the Oirat version of the story of *Chos skyid ḍākinī* is a re-write of *Zaya paṇḍita*'s own earlier Mongolian translation.④ These cases show that it was not uncommon for *Zaya paṇḍita* to rework his early translations into Oirat after he created the Clear Script. It can be gathered from the instance of the *Vajracchedikā* sutra that at times he chose to create new translations even when a re-write in the Clear Script had already been available.

The collection of IOM RAS holds another rare manuscript (shelfmark Mong. Q1) that contains the Mongolian translation of the *Aṣṭasāhasrikā Prajñāpāramitā* sutra by *Zaya paṇḍita*.

---

① The blockprint is described by Walther Heissig in: Walther Heissig, *Die Pekinger lamaistischen Blockdrucke in mongolischer Sprache: Materialien zur mongolischen Literaturgeschichte* (Wiesbaden, 1954), No. 24. Valuable commentaries were given by György Kara in: György Kara, *Books of the Mongolian Nomads: More Than Eight Centuries of Writing Mongolian*, trans. John G. Krueger, Indiana University Uralic and Altaic Series 171 (Bloomington, 2005), pp. 140–41 and note 243. G. Kara erroneously refers to the place of translation as *Ablai-yin keyid* (also known as Ablaikit), however the monastery of *Ablai tayiǰi* was not constructed until 1657. Both the biography and the colophon of the blockprint suggest that the translation took place at another monastery in that area — *Ölǰeitü keyid*, also known as *Darqan čorǰi-yin keyid*.

② Kara, *Books of the Mongolian Nomads*, pp. 142–43.

③ Aleksei G. Sazykin, György Kara, "A Fifth, Anonymous, Mongolian Translation of the 'Diamond Sutra'" // *Mongolian Studies*, Vol. 22 (1999), pp. 71–72.

④ Istoriya Choidzhid-dagini. Faksimile rukopisi / Transliteratsiya teksta, perevod s mongol'skogo, issledovanie i kommmentariy A. G. Sazykina. Otv. red. S. Y. Neklyudov (Moskva, 1990), pp. 38–42.

His Oirat translation of the same text has come down to us in a xylographic edition and at least one manuscript, which allows to compare the Mongolian and Oirat texts. This paper proceeds to look into the differences between them in an attempt to define the kinship between the two works of *Zaya paṇḍita*.

The text sources are briefly described below. The Oirat translation is the first to be discussed, because its colophons are intact and provide helpful data to base further arguments upon. The colophon of the Mongolian manuscript is partly damaged, and an account of this source will be more advantageous when preceded by the description of the Oirat one.

The Oirat Translation

This paper refers to the Oirat blockprint and manuscript published in Inner Mongolia in 2015 and 2016 (abbr. Oir.Xyl and Oir.Ms).①

The text has several colophons. First, the translation of the Tibetan colophon of the sutra (Oir.Xyl ff. 379r–381v; Oir.Ms. ff. 379r–382v). In the Tibetan tradition the *Aṣṭasāhasrikā Prajñāpāramitā* is known in three versions referred to as *phreng ba can, gzo sbyangs* and *sde can.*② *Zaya paṇḍita* based both his translations, Mongolian and Oirat, on the most widely spread version — *phreng ba can*. Various editions of *phreng ba can* share the same basic colophon, in shorter and longer versions, which attributes the original translation of the sutra to *Śakyasena*, *Jñānasiddhi* and *Dharmatāsīla*. *Zaya paṇḍita* based his Oirat translation on a Tibetan edition that had an extended version of the colophon, very close to (but not identical with) those found in the *Phug brag* and Shey (*Shel mkhar*) manuscript Kanjurs: the colophon proper is followed by verses compiled from fragments of the *Maṅgalagāthā* and other texts. So far I have not located a Tibetan version the colophons of which would fully coincide with that translated by *Zaya paṇḍita*.

The Tibetan colophons are followed by the Oirat one (Oir.Xyl. ff. 381v–382r; Oir.Ms.

① The manuscript was published in: Ili-yin γool-un urusqal daγau oron-du qataγalaγdaǰu bayiγ-a todo üsüg-ün surbulǰi bičig-ün čiγulγan, 1 (öbör mongγool-un keblel-ün bölüglel, öbör mongγol-un soyol-un keblel-ün quriy-a, 2015). The blockprint was published in: Ili-yin γool-un urusqal daγau oron-du qataγalaγdaǰu bayiγ-a todo üsüg-ün surbulǰi bičig-ün čiγulγan 5 (tabuduγar boti) (öbör mongγool-un keblel-ün bölüglel, öbör mongγol-un soyol-un keblel-ün quriy-a, 2016). Two xylographs of the same edition are preserved at the Institute of Language and Literature, Ulaanbaatar. See: G. Gerelmaa. Brief Catalogue of Oirat Manuscripts kept by Institute of Language and Literature, Vol. Ⅲ. (Ulaanbaatar, 2005), № 455, 592[1].

② For more information on the Tibetan versions of see: Fabrizio Torricelli, "Un Libro Sacro Tibetano Nella Collezione De Filippi al Museo Nazionale d'Antropologia e Etnologia Di Firenze", *Archivo per l'Antropologia e La Etnologia* CXXIX (1999), pp. 273–285; Fabrizio Torricelli and Nikolai N. Dudka, "Manuscript LTWA No. 23476. A 'SDe Can' Sample of the BrGyad Stong Pa", *Tibet Journal*, No. 24 (2) (1999), pp. 29–44.

ff. 382v–383r) — 20 lines of alliterated verses that praise the sutra and state that it was translated by *Zaya paṇḍita* at the request of *Giškib* and *Cevang Cecen tayiǰi*, singlehandedly written down on wooden boards by *Ratnabhadra*, and then copied onto paper by the scribe *dGe 'dun Bzang po*, assisted by *dge slong Chos rgya mtsho.*[1] This reflects the practice of translation that *Zaya paṇḍita* is known to have followed: he did not write the text down, but translated orally while a disciple wrote the draft version on wooden boards covered with fat and ash. Later the draft was checked and the edited version was re-written on paper.

The blockprint edition has an additional colophon (f. 382r), according to which the text was edited (in order to correct the mistakes of the scribes who had copied *Zaya paṇḍita*'s translation over the years) and printed by the order of *dGa' ldan Tshe ring* khan (r. 1727–1745) in the water-dog year (1742).[2] The text of the manuscript is very close to that of the blockprint, but there are variant readings. It is not known which of these editions is closer to the original wording of *Zaya paṇḍita*. This is a problem researches have to face when it comes to dealing with the legacy of the creator of the Clear Script, as the absolute majority of texts attributed to him are only known through sources that date back to a much later period than his lifetime.

The Mongolian Translation

The Manuscript Q1 (abbr. Mong.Q1) from the collection of IOM RAS is the only copy of this translation widely known today.[3] In the absence of a large part of the colophon the authorship of *Zaya paṇḍita* can only be deduced based on certain stylistic characteristics of the translation, as well as its vocabulary. György Kara was the first to draw attention to these peculiarities, as well as to the fact that it was one of the oldest discovered sources to preserve a text translated by *Zaya paṇḍita* (he believes that the manuscript dates back to the 17th century).[4] Previously I have published a comprehensive account of this manuscript, as well as agruments in favour of G. Kara's

---

① Oir.Xyl. f. 382r, lines 8–18: aburidan dēdü γurban erdeni-yi takiqči giškib kigēd: anggidaxui ügei sücüqtü ĉevang cecen tayiǰi terigüüten duraduqsan-du:: toyin rab 'by^{a}m źa ya paṇḍida nayiroulun orčiulbai: todorxoi uxātu radna bhadra tong γaqcār samuradan: tonilxu-yi kereqleqči ketürkei bičīči dge 'dün bźangpo cāsun-du bičin: dousuqsan burxani kereqleqči dgeslong cos rgy^{a}mĉo demnen bičibei::

② Oir.Xyl. f. 382r, lines 23–34: ene nayiman mingγatuyin suduri: urida rab 'by^{a}m pa xutuqtuyin gegēn kürbüülüqsen-ēce: zabsar-tu bičīči terigüteni erkēr üleqsen tasuraqsan endüüreqsen bügüdeyi: šarayin šaǰini öqligöyin ezen dgā ldan ĉering vangpotani zarliγār: lamrim dge slong bźangpo rgy^{a}mĉo: tos bsam gling dge slong bkraši rgy^{a}l ĉan: dge slong lhun grub rgy^{a}mĉo: dge slong zung drung dar dgy^{a}s: nayiman mingγatuyin yeke tayilbur kigēd ariun eke bičigüüd-tu tulγan olon merged-ēce asaqči šüügēd: usun noxoi ǰildü mongγol-yēr kebtü daruulbai::

③ The manuscript is listed in the catalogue of the collection: A. G. Sazykin, Katalog mongol'skikh rukopisey i ksilografov Instituta vostokovedeniya Rossiyskoy Akademii nauk. Tom Ⅱ (Moskva, 2001), № 2639.

④ Kara, *Books of the Mongolian Nomads*, p. 142 and note 245.

hypothesis,① which are summarised below.

The last intact folio of the manuscript (f. 387) contains the main part of the Tibetan colophon of the sutra. Although only a small piece of the next folio (f. 388) has survived, its *recto* side preserves fragments of seven lines of text that show that the colophon continued. In the table below the fragments of text that can be seen on folio 388r are presented in the first column, while the second and third columns demonstrate the respective passage from this colophon in the Oirat translation, and the Tibetan text (the corresponding words are shown in bold type):

Mongolian (Q1)	Oir.Xyl.	Tib. Phug brag Kanjur Vol. 39[1]
[388r] ǰiči basa čöb čaγ–d̲aki (…) lĉçau–a đpal rinčên čo(…) hindkeg töbüd–ün olan bi(…) oγoγata arilγan ese üiled(…) –un töbüd–ün darumal bičig (…) (…) mng–a ri rabyamba đ(…) (…) ügülegči toyin (…)	[379v] **xarin basa cöb cagiyin** xamugi medeqči: yeke žalu **kelemürči coq erdeni nom** tedküqči sayini kigēd: **enedkeq töbödiyin olon sudur** neyilöülǰi: maši **sayitur arilγan üyiledüqsen** eke kigēd: enedkegiyin xoyor sudur kigēd: **töbödiyin darumal sudur**–noγoudi neyilöülǰi: āky^{a}yin gelüng **mnga gri rab 'byam pa coq** učiral ilaγuqsan belge kigēd: xoyor kelēr **ögöüleqči toyin** bükün tālaqči sayin nom xoyoula: ⋯	[436v] **slar yang gnyis dus kyi** thams cad mkhyen pa chen po// zha lu **lo tsA ba dpal rin chen chos** skyong bzang po'i zhal snga nas kyi **rgya bod kyi dpe du ma** dang bstun nas shin tu **rnam par dag par mdzad pa'i ma phyi** dang/ rgya dpe gnyis dang/ **bod dpe par ma** rnams la gtugs te/ shAkya'i dge slong **mnga' ris rab 'byams pa dpal** 'byor rgyal mtshan dang/ skad gnyis **smra ba'i btsun pa** kun dga' chos bzang gnyis kyis/

1. The colophon of the *Phug brag* Kanjur volume is quoted here, because its text is very close to the edition used by *Zaya paṇḍita* (the actual edition that he used is not known).

Not only does this comparison prove that this is indeed the continued colophon of the sutra, it also highlights one of the important differences between the Mongolian and Oirat texts in question — the way names and titles are rendered. In the Mongolian text the Tibetan words are left in their original form, while in the Oirat one most of them are translated: the term *lo tsA ba* (translator) becomes *kelemürči*, and even some of the personal names are mongolised (Tib. *dpal rin chen chos skyong* — Oir. *coq erdeni nom tedküqči*; Tib. *dpal 'byor rgyal mtshan* — Oir. *coq učiral ilaγuqsan belge*; Tib. *kun dga' chos bzang* — Oir. *bükün tālaqči sayin nom*). Translating names this way is not the most commonly used approach, and the fact that *Zaya paṇḍita* chose to follow it suggests that he strove to make the text sound natural in his native language.

The verso side of the damaged folio contains fragments of another six lines of text:

[388v] (…)uγsan:: küčün-ü erketü (…)ünide orosiqui kiged: (…) kölgen delgeregülkü-yin tula: (…)-tur sayitur bütügeǰ: (…)ge-yin egüden negebei:: bi(…) (…)güden: oyun tegüsügsen: (…)

① Natalia Yampolskaya, *Jadamba. Eight Mongolian Translations of the Aṣṭasāhasrikā Prajñāpāramitā sūtra*, Asiatische Forschungen 158 (Wiesbaden, 2018), pp. 48–52; N. V. Yampolskaya, *"'Ashtasahasrika-pradzhnyaparamita' v mongol'skom perevode oyratskogo Dzaya-pandity"* // Strany i narody Vostoka XXXV (Moskva, 2014), pp. 391–401.

I have not located corresponding passages in the other Oirat or Tibetan colophons of the *Aṣṭasāhasrikā*, which goes to show that this Mongolian translation did not contain the longer version of the Tibetan colophon that one finds in the Oirat translation by *Zaya paṇḍita*. I assume that the colophon ended at the part that describes the editing lineage (which would correspond to the words *salγan arilγan üyiledbei*, f. 380r, line 3 of the Oir.Xyl), and did not continue with the verses that one finds in the blockprint (f. 380r, line 3 — f. 381v, line 31). The fragments of text on folio 388v must belong to the original Mongolian colophon, but they are too short to reconstruct it.

The most distinct characteristic of this Mongolian translation of the *Aṣṭasāhasrikā* is its vocabulary which contains specific terms used in the other works of *Zaya paṇḍita*, and not typically encountered in classic Mongolian texts: *ilaγ-un tegüs(-ün) ülegsen* instead of *ilaǰu tegüs nögčigsen* for the Tibetan *bcom ldan 'das* (buddha), *gêlong* instead of *ayaγ-q-a tegimlig* for the Tibetan *dge slong* (monk), *dayin-i darun* instead of *dayini daruγsan* for the Tibetan *dgra bcom pa* (arhat), *batu oron*① for the Tibetan *gnas brtan* (elder), etc.

The syntactic and stylistic peculiarities of this translation also reveal *Zaya paṇḍita*'s authorship. Researchers have repeatedly described him as a translator who preferred to render the Tibetan text word by word, copying the grammatical structures and word order.② The following scheme shows a typical example of his translating technique:

	Tibetan (Peking Kanjur, Vol. 46,[1] ff. 288r–v)	**Mong.Q1, f. 364v**
1	rigs kyi bu	iǰaγur–un köbegün–e
2	sems can de dag ni	amitan tede inu
3	de ltar chos la gus par byed cing	tere metü nom–t̤ür süsül–ün üiledüged
4	chos rnams la rten pa dang/	nom–nuγud–a sitügsen kiged
5	dad pa dang ldan pas	bisirel–lüge tegüsügsen–iyer
6	dad pa dang dang ba skyed pas	bisirel kiged süsüg egüskeküi–ber
7	byang chub sems dpa' sems dpa' chen po	bodi satu–a maha–a satu–a
8	chos 'phags kyi drung du	nom–un qutuγ–un dergede
9	shes rab kyi pha rol tu phyin pa nyan to/	bilig baramid–i sonosumui:

1. Here and onward the Tibetan Beijing (Peking) Kanjur edition of 1700 (abbr. Tib.Peking) is used as an example of the Tibetan text of the *Aṣṭasāhasrikā* (the *phreng ba can* version).

① Other Mongolian translators render this term in different ways, such as *batuda ayči, ayali batu, čing oron* or *aqui sitügen*, but *batu oron* is specific to *Zaya paṇḍita*. For more information on the differences in vocabulary between eight Mongolian translation of the *Aṣṭasāhasrikā* see: Yampolskaya, *Jadamba*, pp. 95–119.

② See for example: A. D. Tsendina, "*Dva mongol'skikh perevoda tibetskogo sochineniya 'Kniga syna'* " // Mongolica V (Sankt-Peterburg, 2001), pp. 54–74; N. S. Yakhontova, "*Vliyanie tibetskogo yazyka na sintaksis oiratskikh perevodov* // Mongolica Pamyati Borisa Yakovlevicha Vladimirtsova (1884–1931) (Moskva, 1986), pp. 113–117.

The translator allows only the slightest changes in the wording of the sentence: he adds the Vocative case marker (*-e*) which is not used in Tibetan (line 1), and uses the Accusative (*-i*) to mark the object (line 9). In this example, as well as throughout the whole text, the Tibetan auxiliary verb *byed* (to do) is often rendered with the help of the Mongolian verb *üiledkü* of the same meaning (line 3), although this verb does not have the same function in the Mongolian language. This translation pattern has been described as typical for the works of *Zaya paṇḍita*.①

In general the Mongolian translation of the *Aṣṭasāhasrikā* by *Zaya paṇḍita* can be characterised by the following features: the Tibetan word order is almost never altered, the elements of original grammar (case endings, etc.) are left unchanged regardless of their functions in the grammar of the target language, terms and expressions are mechanically translated with fixed equivalents that do not change depending on the context. Altogether, this degree of devotion to the original text produces a Mongolian translation that is difficult to comprehend without addressing the Tibetan source, or at least having a command of the Tibetan language.

The Mongolian and Oirat Translations Compared

I have not performed a full collation of the two texts, but an analysis of selected fragments from different chapters of the sutra in search of reccuring patterns that would indicate to their kinship. My observations are summarised below. An Appendix is introduced at the end of the article in order to illustrate the commentaries with extensive text material, as well as to allow the reader to from an independent opinion. It is a comparative table that contains the text of Chapter 32 of the *Aṣṭasāhasrikā Prajāpāramitā* in Tibetan and the two translations by *Zaya paṇḍita* (the lines of the table are numbered to facilitate reference).②

The differences between the two translations vary in character: they include dialect differences, minor dissimilarities in content (missing words, etc.), and intentional improvements. The basic differences in grammar and vocabulary between Mongolian and Oirat will not be commented upon, as they would present themselves in both a re-write and a new translation. Below are several examples of clichés systematically used in the two translations to render the same Tibetan expressions:

① The use of *üiledkü* to render the Tibetan *byed* is not exclusive to the works of *Zaya paṇḍita*, but is one of the distinct features of his style. See: A. D. Tsendina, "*Dva mongol'skikh perevoda tibetskogo sochineniya 'Kniga syna'* ", p. 58; N. S. Yakhontova, "*Vliyanie tibetskogo yazyka na sintaksis oiratskikh perevodov*", p. 114.

② I have used Chpater 32 to illustrate comparative translation studies before, as it is short enough to be included in publications. The text of this chapter in eight different Mongolian translations can be found in: Natalia Yampolskaya, Jadamba, pp. 245–269.

Tibetan	Mongolian	Oirat
bcom ldan 'das	ilaɣ–un tegüs ülegsen burqan[1]	ilaɣun tögüsün üleqsen
yang dag par rdzogs pa	üneger tuɣuluɣsan	sayitur dousuqsan
tshe dang ldan pa	nasu tegülder	nasu tögüs
shes rab kyi pha rol tu phyin pa	bilig baramid	biligiyin činadu kürüqsen
dri za	gandari	ünür ideqči
rgyal mtshan	dhuvaja	ilaɣuqsan belget
rig par bya'o	uqaɣdaqui	uxan üyiled
bka' stsal pa	ǰarliɣ bolor–un	zarliq bolboi
dper na	adalidqabasu	üligerkülē

1. In the Mongolian text the word *burqan* (buddha) is usually added to the term *ilaɣ-un tegüs ülegsen* (translation of the Tibetan *bcom ldan 'das*, renders the Sanskrit *bhagavan* — "blessed" , a honorific used to address the Buddha) to specify that it refers to the Buddha, although the word "buddha" is absent from the Tibetan text.

There are passages in the text that are free from any other differences than these systematic ones, but these are usually simple short sentences that consist of clichés (see Appendix, lines 17–20, 24, 25, 30–32). It is likely that the same translator would render these standard passages, very common for a canonical sutra, in the same way even when translating the text anew.

Minor differences in content occur infrequently and are limited to occasional missing words or rearrangement of sequences in lists. Here is an example from Chapter 1 of the sutra where the qualities of the Buddha's listeners are listed (all of them arhats, free of contaminations, free of afflictions, empowered). In the Oirat translation the term "arhat (*dayini daruqsan*)" is repositioned in the list:

Tib.Peking [1]: thams cad kyang **dgra bcom pa/** zag pa zad pa/ nyon mongs pa med pa/ dbang du gyur pa

Mong.Q1 [2r]: tedeger ču **dayin-i darun**: čuburil baraɣsan: nisvanis ügei: erket boluɣsan:

Oir.Xyl. [2r]: xamuq cu cuburil baran nisvanis ügei erkešil üyiledüqsen **dayini daruqsan:**

Differences like this emerge from technicalities: the translator (or editor) could use a different Tibetan text, or the scribes could make a mistake while copying. Unless proven otherwise, cases like this cannot be considered to be the result of intentional editing. ①

It is important to distinguish between the changes introduced by *Zaya paṇḍita* himself and the results of later copying mistakes and editing. A deceptive example can be found in the beginning

① Likewise, in line 2 of the Appendix in the Oirat version the list of cardinal directions is confused: the East is listed twice, first as *urɣuxui züq*, then as *zöün züq*. This mistake occurs in both the blockprint and the manuscript, but the source of it is not known.

of Chapter 32, in the phrase *bodhisattva-mahāsattva Sadāprarūdita* obtained six million doors of *samādhi* (see Appendix, line 1). In the Oirat manuscript the word "doors" (Oir. *öüde*) is used, while in the blockprint it is replaced with "items" or "categories" (Oir. *züyil*). It is not clear which of the two versions is closer to the original text created by *Zaya paṇḍita*, and which is a later change.

The same phrase reveals an essentially different kind of variance — a change in word order that helps to avoid a mistake. As a result of following the Tibetan word order a mistake occurred in the Mongolian translation: the number six million (Tib. *brgya stong phrag drug cu*, i. e. "one hundred thousand times sixty") turned into one hundred thousand and sixty (Mong. *ǰaγun mingγan ǰiran*). In the Oirat version the word order is changed in such a way that the phrase retains its closeness to the original, but the meaning is not distorted: *ǰiran mingγan zoun*, i. e. "sixty thousand hundred", which equals six million. This is just one of the many examples in which the Oirat translation demonstrates a cardinally different approach to rendering the source text: it reproduces the Tibetan text as closely as possible, but does not interfere with the principles of the target language grammar. The most oft-repeated pattern is shifting noun modifiers from post-position in Tibetan to pre-position in Oirat (see Appendix, lines 3, 9).

The Mongolian translation by *Zaya paṇḍita* contains semantic errors rooted in the inflexibility of its vocabulary: Tibetan terms and expressions are rendered with fixed equivalents that do not change, regardless of the context. In the Oirat translation this mechanical approach is avoided. Let us consider two examples from Chapter 1 of the sutra. In the course of a dialogue between the Buddha's disciples on the subject of emptiness (*śūnyatā*), *Śāriputra* asks *Subhūti* the following question: "But a thought which is no thought — does that thought exist?" In his Mongolian translation *Zaya paṇḍita* meticulously reproduced every single element of the Tibetan sentence, but mistook the noun "thought" (Tib. *sems*) in its first occurrence for the verb "think", which he attached to the words *yang ci* (*yang* — but, moreover; *ci* — interrogative pronoun). This influenced the structure and meaning of the sentence:

Tib.Peking [3r]: yang ci sems gang sems med pa'i sems de yod dam

Mong.Q1 [5r]: basa yaγun sedkimüi ali sedkil ügei-yin sedkil tere bui buyu: ("And what do you think, a thought of no thought — does it exhist?")

In the Oirat translation the sentence is less faithful to the original in form: some words are left out (*sems* in its first occurrence, the Genetive case marker*'i*), the pronoun *tere* (that) is placed before the noun *sedkil* (thought). As a result it renders the meaning more clearly:

Oir.Xyl. [4r]: ali youn① sedkil ügei tere sedkil bui buyu: (Some non-thought — does that

① Oir.Ms. [4r]: ali yerü.

thought exist?)

Later in the text *Subhūti* urges *Śāriputra* to rethink his question asking: "A thought which is no thought — does that thought exist?" — is this argument of yours appropriate?. Once again the Mongolian translation follows Tibetan word by word, placing the pronouns *ali* and *tere* after the noun *sedkil*, which makes the sentence incomprehensible without a reference to Tibetan.

Tib.Peking [3v]: sems gang sems med pa'i sems de yod dam zhes smras pa'i khyod kyi brgal ba gang yin pa de ci rigs par 'gyur ram/

Mong.Q1 [5r–v]: sedkil ali sedkil ügei-yin sedkil tere bui buyu: kemen ügülekü̈i činu getülügsen ali mön tere yaγu basa bolqu buyu:

The Tibetan word *brgal ba* (objection, argument) is erroneously rendered as *getülügsen*, a form of the verb *getülkü* (cross, go beyond). The word *brgal ba* is ambiguous, it can be interpreted as a form of two different verbs: *rgal ba* (cross, go beyond) or *rgol ba* (object, disagree). Despite the clear context of the sentence the translator selected the wrong option, which characterises his choice as mechanical, with little attention paid to the meaning of the phrase. In the Oirat version this word is rendered correctly as *temecekü̈i* (argument, ccompetition). Just as in the previous example, the sentence does not reproduce every single word of the source language, which makes it shorter and more coherent:

Oir.Xyl. [4r]: sedkil ali sedkil ügei tere sedkil bui buyu: kemēn ögüüleqsen čini temecekü̈i aliba tere bolxu buyu:①

The instances described above represent a principal difference in the translation techniques used in the Mongolian and Oirat texts. The Oirat translation remains close to the original in form, but tends to deviate from its exact wording when the target language calls for it: sentences retain their general structure, but words and phrases can be re-positioned (the most common example is shifting noun modifiers from post- to pre-position); certain words can be left out. These meaningful changes could only be introduced to the text by *Zaya paṇḍita*, not by the later editors. But do they suggest that the old translation was simply re-written, or a new one was created independently?

The abovementioned tendencies manifest themselves throughout the text, but are not followed consistently. Moreover, there are examples of the opposite. See Appendix, line 5: in the Mongolian

---

① Oir.Ms. [4r]: sedkil <ali> ügei tere sedkil bui buyu: kemēn ögüüleqsen čini temecekü tere bolxu buyu. In this case the Oirat blockprint and manuscript differ in several ways. The text of the blockprint follows Tibetan more closely (the word *sedkil* Tib. *sems*) is repeated thrice, the words *aliba tere* are used to render the Tibetan *gang yin pa de* ("that which is", a phrase that defines the word "argument"). In the manuscript the word *sedkil* occurs only twice, and the word *aliba* is omitted. It is problematic to comment on the nature of these differences, as it is not known which version is closer to the original.

translation the pronouns assume their natural position before the nouns (*ene yosun, ene neres*), while in ther Oirat text they are put in post-position (*yosu ene, nere ene*), following the Tibetan model (*tshul 'di, ming , 'di*). A similar pattern can be found in line 33, the name and number of the chapter (the thirty second chapter called "Entrustment"): in the Mongolian version the number precedes the word "chapter"(*yučin qoyaduyar bölög*), while in the Oirat text the Tibetan word order is reproduced (*bölöq inu γučin xoyoduγār bui*). These instances contradict the general tendency to "mongolise" the word order, and suggest that *Zaya paṇḍita* translated the text anew, without reference to his earlier Mongolian translation.

Conclusions

The arguments considered above, combined with the extra-textual data, suggest that the Oirat text is not an improved version of the Mongolian one, but a new, independently created translation:

1. The Mongolian text had a different colophon, and the Oirat colophon describes the act of translation without references to an older one.

2. The differences between the Mongolian and Oirat texts reveal the tendency to improve the quality of translation (correct mistakes, etc.), but that is not always the case. An improved adaptation of an older translation would aim at perfecting the text at all times.

3. The similarities between the two texts can be explained by the strictness and predictability of the sutra narrative that does not allow for variety, as well as by the fact that they were translated by the same person.

A comparison of the two texts demonstrates the evolution of *Zaya paṇḍita*'s translation skills. While the earlier translation is but a verbatim reproduction of the Tibetan text with the help of Mongolian words, the Oirat one reveals a mature, thoughtful approach to rendering the scripture in one's native language. It is manifested in both the preference for translated terms over foreign words, and the adjustment of syntactic structures to the principles of Oirat grammar.

Appendix. Chapter 32 of the *Aṣṭasāhasrikā Prajāpāramitā*

	Tibetan, Peking Kanjur, Vol. 46	Mongolian, Ms. Q1	Oirat blockprint, 1742
1	[310r] rab 'byor byang chub sems dpa' sems dpa' chen po rtag tu ngus [310v] ting nge 'dzin gyi sgo brgya stong phrag drug cu thob ma thag tu/	[385v] subuti–a nasuda uyilaqai bodi satu–a maha–a satu–a diyan–u egüdes ǰaγun mingγan ǰiran toγatan–i oluγad sača	[377v] subuti nasuda uyilaqči bodhi sadw[a] mahā sadw[a]: ǰiran mingγan zoun diyāni züyili[1] olōd saca:

Appendix. Chapter 32 of the *Aṣṭasāhasrikā Prajñāpāramitā* (*Continued*)

	Tibetan, Peking Kanjur, Vol. 46	Mongolian, Ms. Q1	Oirat blockprint, 1742
2	shar phyogs dang lho phyogs dang nub phyogs dang byang phyogs dang mtshams dang 'og dang steng gi phyogs dang phyogs bcu'i 'jig rten stong gsum gyi stong chen po'i 'jig rten gyi khams gang gA'i klung gi bye ma snyed dag na/	urγuqui ǰüg kiged emüne ǰüg ba ürün-e <ǰüg> kiged umara ǰüg ba ǰobkis kiged door-a ba deger-e ǰüg kiged: arban ǰüg-ün yirtinčü γurban mingγan yeke mingγan yirtinču-yin oron <gangga mören-ü qumaki-yin tedüi-nuγud-a:	urγuxui züq kigēd baroun züq: šinggeküi züq kigēd zöün züq: zügiyin zabsar kigēd dorodutai dēdü züq: arban zügiyin yertüncü γurban mingγani yeke mingγan γangγa müreni xumakiyin tōtoi yertüncüyin oron-du:
3	sangs rgyas bcom ldan 'das gang gA'i klung gi bye ma snyed dag dge slong gi dge 'dun gyis yongs su bskor cing byang chub sems dpa'i tshogs kyis mdun du byas te tshul 'di lta bu nyid dang ming 'di nyid dang yi ge 'di nyid kyis shes rab kyi pha rol du phyin pa 'di 'chad pa mthong ngo//	ilaγun tegüs ülegsen burqan> gangga mören-ü qumaki-yin tedüi {kalab} <gelong>-un quvaraγ-ud-iyar oγoγata küriyelegül-ün bodi-satu-a-yin čiγulγan-iyar emüne-ben bayiγulǰu yosun ene metü činar kiged ner-e ene činar ba üsüg ene činar-iyar bilig baramid egün-i nomlaqui üǰebei::	γangγa müreni xumakiyin tōtoi ilaγun tögüsüqsen burxan-noγoud: gelüng-giyin xuvaraq oγōto kürēlen: bodhi sadw[a]-yin cuulγan emüne orošin: yosu ene metü kigēd nere ene kigēd üzüq öügēr biligiyin činadu kürüqsen öüni nomloxui üzebei:
4	'di lta ste dper na da ltar nga stong gsum gyi stong chen po'i 'jig rten gyi khams 'di na chos ston pa dge slong gi dge 'dun gyis yongs su bskor cing	ene metü <amu> üligerlebesü edüge bi γurban mingγan yeke mingγan yirtinčü-yin oron egün-e nom üǰügülküi gelong-ün quvaraγ-ud-iyar oγoγata küriyegül-ün	ene metü üligerlekülē ödügē γurban mingγani yeke mingγan yertüncüyin oron ende bi: nom üzüülüqči[2] gelünggiyin xuvaraq oγōto kürēlen:
5	byang chub sems dpa'i tshogs kyis mdun du byas te tshul 'di nyid dang ming 'di nyid dang yi ge 'di nyid kyis shes rab kyi pha rol du phyin pa 'di 'chad pa bzhin no//	bodi-satu-a-yin čiγulγan-iyar emüne bayiγulǰu: mön ene yosun kiged <mön> ene neres ba üsüg ene činar-iyar bilig baramid egün-i nomlaqui metü amu:	bodhi sadw[a]-yin cuulγan emüne orošiǰi: yosu ene kigēd nere ene: üzüq ödüi činēn-yēr biligiyin činadu kürüqsen öüni nomloxu metü bui:[3]
6	de mang du thos pa bsam gyis mi khyab pa dang thos pa rgya mtsho dang ldan par gyur te/	tere olan-a sonosuγsan sedkisi ügei kiged sonosuγsan dalai-luγ-a tegüs boluγad:	tere olo sonosuqsan sedkiši ügei kigēd: sonosuqsan dalai metü-lügē tögüsün üyiledǰi:
7	gar skyes pa thams cad du yang nam yang sangs rgyas dang bral bar ma gyur to//	qamiγ-a töröküi bükün-e ber keǰiy-e čü burqan-ača qaγačal ügei [386r] bolbai::	xamiγā töröqsön xamuq-tu cu kezē cü burxan-ēce xaγacal ügei:
8	skye ba thams cad du yang gang dang gang du sangs rgyas bcom ldan 'das rnams mngon sum du 'gyur ba de dang de dag tu skyes te tha na rmi lam na yang sangs rgyas bcom ldan 'das dag dang mi 'bral bar 'gyur ro//	qamuγ <töröl>-tür aliba alin-a ilaγ-un tegüs ülegsen burqan-nuγud iled boluγsan ǰara kiged teden-e töröǰu: yadabaču ǰegüdün-e ču ilaγ-un tegüs ülegsen burqan-nuγud-ača ülü qaγačaqu bolbai::	xamuq töröl töröl-dü cü xamiγā xamiγā-du: ilaγun tögüsüqsen burxan-noγoud ilerkei boluqsan tede teden-dü törön: yadaba zöüdün-dü cü ilaγun tögüsüqsen burxan-ēce ülü xaγacaxu boluyu:
9	des mi khom pa thams cad ni spangs dal ba phun sum tshogs pa ni bsgrubs so//	tere qamuγ čöle ügei-yi tebčin čöle qotala tegüsügsen-i bütügebei::	[378r] töün-yēr colo[4] ügei xamugi tebčin: xotolo tögüsüqsen coloi bütēbei:
10	de nas bcom ldan 'das kyis tshe dang ldan pa kun dga' bo la bka' stsal pa/	tendeče ilaγ-un tegüs ülegsen burqan nasu tegülder ananda-tur ǰarliγ bolur-un:	tende ilaγun tögüsün üleqsen nasu tögüs ānanda-du zarliq bolboi:

Appendix. Chapter 32 of the *Aṣṭasāhasrikā Prajāpāramitā* (*Continued*)

	Tibetan, Peking Kanjur, Vol. 46	Mongolian, Ms. Q1	Oirat blockprint, 1742
11	kun dga' bo rnam grangs 'dis kyang shes rab kyi pha rol du phyin pa 'di byang chub sems dpa' sems dpa' chen po rnams kyi thams cad mkhyen pa'i ye shes sgrub pa yin par rig par bya'o//	ananda–a düri toγ–a egün–iyer bilig baramid ene bodi satu–a mah–a satu–a–nuγud–un qamuγ–yi medegči–yin belge bilig–yi bütügegči mön kemen uqaγdaqui::	ānanda züyil öügē̄r cü: biligiyin činadu kürüqsen öüni: bodhi sadw[a] mahā sadw[a]–noγoudiyin xamugi medeqčiyin belge biliq bütē̄kü mün–dü uxan üyiled:[5]
12	kun dga' bo de lta bas na byang chub sems dpa' sems dpa' chen po thams cad mkhyen pa'i ye shes [311r] thob par 'dod pa dag gis shes rab kyi pha rol du phyin pa 'di la spyad par bya'o//	ananda–a teyimü–yin tula bodi satu–a mah–a satu–a qamuγ–yi medegči–yin belge bilig–yi olqui küsegčin–nuγud bilig baramid egün–e edlegdeküi::	ānanda tere metü–yin tula bodhi sadw[a] mahā sadw[a]: xamugi medeqči belge biliq olxui küseqčin: biligiyin činadu kürüqsen öüni edlen üyiledkü::
13	shes rab kyi pha rol du phyin pa 'di mnyan par bya gzung bar bya bcang par bya klag par bya kun chub par bya rab tu ʻdon par bya bstan par bya nye bar bstan par bya	bilig baramid egün–i sonosun üiledüged toγtaγan qadalan. negen. bükün–i oruγulun. sayitur ungsin üiled. üǰügül–ün sayitur üǰügül–ün üiled.	biligiyin činadu kürüqsen öüni sonosun üyiledün barin üyiledün: xadaγlan üyiledkü nē̄n üyiledün büküni oroulun üyiledün[6] sayitur ungšin üyiledkü: üzüülün üyiledkü sayitur üzüülün üyiledkü:
14	lung ʻbogs par bya kha ton tu bya bri bar bya de bzhin gshegs pa'i byin gyi rlabs kyis glegs bam chen po la yi ge gsal zhing rab tu gsal ba legs par bris te	esi öggün amabar ungsin bičin üiled: tegünčilen iregsen–ü adistid–iyar yeke debter–tür üsüg todorqai büged masi todorqai sayitur bičiǰü:	eši ögün üyiledün amabē̄r ungšin üyiled bičin üyiledün: tögünčilen boluqsani adistid–yē̄r: yeke debter–tü bičiq todorxoi üzüq maši todorxoi sayitur bičiji:[7]
15	me tog dang bdug pa dang dri dang phreng ba dang byug pa dang phye ma dang na bza' dang gdugs dang rgyal mtshan dang dril bu dang ba dan dang kho rakhor yug tu mar me'i phreng ba dang mchod pa rnam pa mang pos	čečeg kiged küǰi ba ünüd. erikes. sürčiküi. kemkedeg. čenggelge kiged. qubčad ba. sikür dhuvaca. qongqos bađan–nuγud ba orčin bükün–e ǰulas–un erikes kiged: olan ǰüil takil–nuγud–iyar	ceceq kigē̄d utulγa: ünür kigē̄d eriken: sürčilge kigē̄d kemkedeq: cenggelge kigē̄d xubcasun: kükür kigē̄d ilaγuqsan belgetü: xongxo kigē̄d badan: orčin tō̄rin–du zulayin eriken: olon züyil takil–yē̄r
16	bkur stir bya bla mar bya rjed par bya mchod par bya ri mor bya bsnyen bkur bya ste kun dga' bo 'di na nga'i rjes su bstan pa'o//	ergün kündülen <degedü bolγan kündülen takiǰu ǰiruγlan čiqula kündülel> üiledeküi:: ananda–a egün–i bi daγan üǰügülügsen amu:	sayin kündülel üyiledün: dē̄dü–dü üyiledün erken–dü üyiledün: takin üyiledün zuruqtu üyiledün cuxula kündülel üyiledkü: ānanda ene inu mini daxan üzüülüqsen bui:[8]
17	de ci'i phyir zhe na/ shes rab kyi pha rol du phyin pa 'di las thams cad mkhyen pa'i ye shes yongs su rdzogs par 'gyur ro/	tere yaγun–u tula kemebesü: bilig baramid egün–eče qamuγ–yi medegči–yin belge bilig oγoγata tegüskü boluyu::	tere youni tula kemebē̄sü: biligiyin činadu kürüqsen öün–ē̄ce xamugi medeqčiyin belge biliq oγō̄to tögöskü boluyu:
18	kun dga' bo 'di ji snyam du sems de bzhin gshegs pa khyod kyi ston pa yin nam/	ananda–a egün–i yaγun kemen sedkimü: tegünčilen [386v] iregsen činu baγsi mön buyu:	ānanda öün–dü you sedkikü: tögünčilen boluqsan čini baqši mün buyu:
19	kun dga' bos gsol pa/ bcom ldan 'das bdag gi ston pa lags so bde bar gshegs pa bdag gi ston pa lags so//	ananda ayilidqabai: ilaγ–un tegüs ülegsen minu baγsi bui: sayibar oduγsan minu baγsi bolui:	ānanda [378v] ayiladxabai: ilaγun tögüsüqsen mini baqši mün: sayibar oduqsan mini baqši mün:

Appendix. Chapter 32 of the *Aṣṭasāhasrikā Prajāpāramitā* (*Continued*)

	Tibetan, Peking Kanjur, Vol. 46	Mongolian, Ms. Q1	Oirat blockprint, 1742
20	de skad ces gsol pa dang bcom ldan 'das kyis tshe dang ldan pa kun dga' bo la 'di skad ces bka' stsal to//	teyin kemen ayilidqaγsan-tur: ilaγ-un tegüs ülegsen burqan nasu tegülder ananda-tur eyin kemen ǰarliγ bolur-un:	teyin kemēn ayiladxaqsan-du: ilaγun tögüsün ülüqsen nasu tögüs ānanda-du eyin kemēn zarliq bolboi:
21	kun dga' bo khyod kyi ston pa de bzhin gshegs pa la kun dga' bo khyod kyis lus kyi las byams pa yid du 'ong ba dang ngag gi las byams pa yid du 'ong ba dang yid kyi las byams pa yid du 'ong bas rim gror byas te	ananda-a činu baγsi tegünčilen iregsen-e ananda či bey-e-yin üiles asaraqui sedkil-e oroqui kiged: kelen-ü üiles asaraqui sedkil-e oroqui ba sedkil-ün üiles asaraqui sedkil-e oroqui-bar kündülel üiledeküi:	ānanda čini baqši tögünčilen boluqsan-du: ānanda či beyeyin üyile sedkil-dü tālaxui asaraxu kigēd: keleni üyile sedkil-dü tālaxu asaraxui: sedkili-yin üyile sedkil-dü tālaxu asaraxui-bēr tusalan kündülen kündülemüi:[9]
22	de lta bas na kun dga' bo da ltar nga bzhugs te 'tsho zhing gzhes pa'i sku 'di la ci ltar khyod kyis dga' ba dang dad pa dang dad pa dang ri mor byas pa kun dga' bo de ltar nga 'das nas shes rab kyi pha rol du phyin pa 'di la yang byos shig/	tere metü-yin tula ananda-a: edüge bi sayuǰu tedkün taγalaqui bey-e egün-e yamaru metü či bayasqui kiged bisireküi ba ǰiruγlan üiledügsen tere metü ananda-a bi nögčibesü bilig baramid egün-e ber bisilγaγdaqui:	tere metüyin tula ānanda ödügē bi soun an (?) tālaqči beye öün-dü yamāru či tālan sücülün zürüqtü üyiledkü: ānanda tere metü namai nöqčiqsön xoino biligiyin činadu kürüqsen öün-dü cü üyiled
23	kun dga' bo ci nas shes rab kyi pha rol du phyin pa 'di nub par mi 'gyur zhing ci nas khyod [311b] skyes bu tha mar mi 'gyur bar kun dga' bo khyod la lan gnyis lan gsum du yongs su gtad do rjes su yongs su gtad do/	ananda-a yakibasu. bilig baramid ene bi singekü ülü boluγad yakibasu či törölkiten-ü adaγ ülü bolqui ananda-a čimadur qoyar γurban-ta oγoγata qatangγuqamui: daγan oγoγata qatangγuqamui::	ānanda biligiyin činadu kürüqsen ene maγad ülü ecüdün:[10] maγad či ecüs törölkitü ülü bolxuya: ānanda čimadu xoyor-to γurban-ta oγōto xadangγadxan öqböyi: xoyišido oγōto xadangγadxan öqböyi:
24	kun dga' bo shes rab kyi pha rol du phyin pa 'di 'jig rten na ci srid du rab tu spyod pa de srid du de bzhin gshegs pa bzhugs par rig par bya'o//	ananda-a bilig baramid egün-i yirtinčü-de keǰiy-e ču sayitur edlekü tеǰiy-e-de tegünčilen iregsed saγuqu kemen uqaγdaqui::	ānanda biligiyin činadu kürüqsen öüni yertüncü-dü keǰiyē sayitur edlekü teǰiyēde: tögünčilen boluqsan souqsan -du uxan üyiledkü:
25	kun dga' bo de srid du de bzhin gshegs pa chos ston par rig par bya'o/	ananda-a teǰiy-e-de tegünčilen iregsen nom üǰügülkü kemen uqaγdaqui::	ānanda teǰiyēde tögünčilen boluqsan nom üzüülküi-dü[11] uxan üyiled:
26	kun dga' bo gang shes rab kyi pha rol du phyin pa 'di nyan pa dang 'dzin pa dang 'chang ba dang klog pa dang kun chub par byed pa dang/ rab tu 'don pa dang ston pa dang nye bar ston pa dang lung 'bogs pa dang kha ston byed pa dang yi ger 'dri ba dang/	ananda ken bilig baramid egün-i sonosuγčin kiged bariγčin ba qataγalaγčin kiged negegčin bükün-i oroγul-un üiledügčin. sayitur ungsiγčin kiged: üǰügülügčin sayitur üǰügülügčin: esi öggügčin amabar ungsin üiledügčin ba: üsüg-e bičigčin kiged	ānanda ali biligiyin činadu kürüqsen öüni sonosuqči kigēd bariqči kigēd xadaγalaqči nēqči kigēd büküni oroulun üyiledüqči kigēd sayitur ungsiqči: üzüülüqči kigēd sayitur üzüülüqči: eši ögüqči kigēd ama-bēr ungšin üyiledüqči: bičiqtü bičikü kigēd
27	me tog dang bdug pa dang dri dang phreng ba dang byug pa dang phye ma dang na bza' dang gdugs dang rgyal mtshan dang dril bu dang ba dan dag dang khor yug du mar me'i phreng ba dang mchod pa rnam pa mang po dag gis/	čečeg ba: küǰi kiged ünüd ba erikes [387r] sürčiküi kemkedeg <čuγlaγur> qubčad sikür dhuvaca qongqos badan-nuγud ba: orčin bükün-e ǰulas-un erikes kiged: olan ǰüil takil-nuγud-iyar	ceceq: utulγa kigēd ünür: eriken kigēd sürčilge: kemkedeq kigēd xubcasun: kükür kigēd ilaγuqsan belgetü: [379r] xongxo kigēd badan: orčin tōrin-du zulayin eriken kigēd: olon züyil takil-noγoud-yēr

Appendix. Chapter 32 of the *Aṣṭasāhasrikā Prajāpāramitā* (*Continued*)

	Tibetan, Peking Kanjur, Vol. 46	Mongolian, Ms. Q1	Oirat blockprint, 1742
28	bkur stir byed bla mar byed rjed par byed mchod par byed ri mor byed bsnyen bkur byed pa'i sems can de dag ni sangs rgyas mthong ba dang dam pa'i chos nyan pa dang dge 'dun la rim gro byed pa dang ma bral bar rig par bya'o//	ergün kündülen degedü bolγan: kündülen takiǰu: ǰiruγlan čiqula. kündülel üiledügči amitan teden inu: burqan-i üǰeküi kiged: degedü nom-i sonosqui ba: quvaraγ-tur kündülel üiledküi-eče ülü qaγačaqu kemen uqaγdaqui::	sayitur kündülel üyiledün dēdü-dü üyiledün: erkin-dü üyiledün takin üyileđüqči: zürüqtu üyiledün cuxula kündülel üyileđüqči amitan tede inu: burxan üzekü kigēd dēdü nom sonosxu: xuvaraq-tu kündülül üyiledküi-ēce xaγacaxu ügei-dü uxan üyiledkü:[12]
29	kun dga' bo sems can de dag ni de bzhin gshegs pa'i drung na spyod par rig par bya'o//	ananda-a amitan tede inu: tegünčilen iregsen-ü dergede yabuqu kemen uqaγdaqui::	ānanda amitan tedeni tögünčilen boluqsani kigēd-dü edleqsendü uxan üyiledkü::
30	bcom ldan 'das dgyes shing de skad ces bka' stsal pa dang/	ilaγ-un tegüs ülegsen burqan bayas-un teyin (···) ǰarliγ boluγsan-tur:	ilaγun tögüsün üleqsen bayasun teyin kemēn zarliq boluqsan-du:
31	byang chub sems dpa' sems dpa' chen po byams pa la sogs pa dang tshe dang ldan pa rab 'byor dang tshe dang ldan pa shA ri'i bu dang tshe dang ldan pa kun dga' bo dang	mayidari bodi satu-a mah-a satu-a terigüten kiged: nasu tegülder subuti ba: nasu tegülder šari-yin köbegün kiged: nasu tegülder ananda ba:	bodhi sadw[a] mahā sadw[a] mayidari terigüten kigēd: nasu tögüs subudi kigēd nasu tögüs šariyin kübüün: nasu tögüs ānanda-tai:
32	lha rnams kyi dbang po brgya byin dang lha dang mi dang lha ma yin dang dri zar bcas pa'i 'jig rten yi rangs te/ bcom ldan 'das kyis gsungs pa la mngon par bstod do//	tngris-ün erketü qormusta kiged tngri kümün ba: asuri kiged: gandari selte yirtinčüs bayasulčaǰu: ilaγ-un tegüs ülegsen burqan-u ǰarliγ-yi ilede maγtabai::	tenggeri-noγoudiyin erketü xurmusta kigēd: tenggeri kümün kigēd asuri-tai: ünür ideqči selte yertüncüner daxan bayasči: ilaγun tögüsün üleqseni zarligi ilerkei maqtabai::
33	'phags pa shes rab kyi pha rol du phyin pa brgyad stong pa las yongs su gtad pa'i le'u zhes bya ste sum cu rtsa gnyis pa'o//	qutuγ-tu bilig-ün činadu kürügsen naiman mingγan-tu-ača: oγoγata qatangγadquqi neretü γučin qoyaduγar bölög:: : ::	xutuq-tu biligiyin činadu kürüqsen nayiman mingγa-tu-ēce oγōto xadangγadxan ögüqsen kemēküi bölöq inu γučin xoyoduγār bui:: : ::

1. Oir.Ms. [377v]: diyāni ǰiran mingγan zoun öüde

2. Oir.Ms. [377v]: üzüülkü

3. Oir.Ms. [377v]: bodhi sadw[a]-yin cuulγan emüne orošiǰi: yosu ene metü kigēd: yosu ene kigēd nere ene: ene üzüq-yēr biligiyin činadu kürüqsen öüni nomloxu metü:

4. Oir.Ms. [378r]: tere colo

5. Oir.Ms. [378r]: bodhi sadw[a] mahā sadw[a]-noγoud xamugi medeqčiyin belge biliq büteqsen mün-dü uxan üyiled:

6. Oir.Ms. [378r]: biligiyin činadu kürüqsen öüni sonosun üyiled barin üyiled: xadaγlan üyiledkü nēn üyiled: büküni oroulun üyiled

7. Oir.Ms. [378r]: eši ögün üyiled ama-bēr ungšin üyiled bičin üyiled: tögünčilen boluqsani adistid-yēr: yeke debtertü bičiq todorxoi: maši todorxoi sayitur bičiǰi:

8. Oir.Ms. [378r]: ānanda öüni inu bi daxan üzüülbei:

9. Oir.Ms. [378v]: ānanda čini baqši tögünčilen boluqsan-du: ānanda či beyeyin üyile sedkil-dü oroxui asaraxui kigēd: keleni üyile sedkil-dü oroxui asaraxui: sedkiliyin üyile sedkil-dü oroxui asaraxui-bēr tusalan kündülemüi:

10. Oir.Ms. [378v]: ānanda biligiyin činadu kürüqsen ene ülü ecüdün:

11. Oir.Ms. [378v]: üzüülküi

12. Oir.Ms. [379r]: xuvaraq–tu tusalaxui üyiledün xaγacaxu ügei–dü uxan üyiledkü:

Special Signs

(…)　　text torn out or erased

< >　　text written in as correction

Additional signs in Mongolian/Oirat

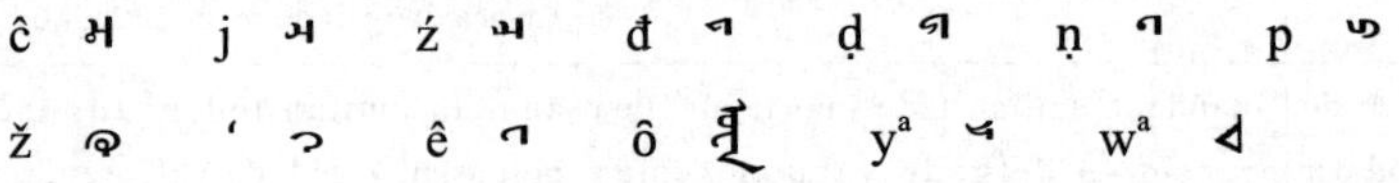

Bibliography

G. Gerelmaa. Brief Catalogue of Oirat Manuscripts kept by Institute of Language and Literature, Vol. Ⅲ. (Ulaanbaatar, 2005).

Heissig, Walther. Die Pekinger lamaistischen Blockdrucke in mongolischer Sprache: Materialien zur mongolischen Literaturgeschichte (Wiesbaden, 1954).

Ili-yin γool-un urusqal daγau oron-du qataγalaγdaǰu bayiγ-a todo üsüg-ün surbulǰi bičig-ün čiγulγan, 1 (öbör mongγool-un keblel-ün bölüglel, öbör mongγol-un soyol-un keblel-ün quriy-a, 2015).

Ili-yin γool-un urusqal daγau oron-du qataγalaγdaǰu bayiγ-a todo üsüg-ün surbulǰi bičig-ün čiγulγan 5 (tabuduγar boti) (öbör mongγool-un keblel-ün bölüglel, öbör mongγol-un soyol-un keblel-ün quriy-a, 2016).

Istoriya Choidzhid-dagini. Faksimile rukopisi / Transliteratsiya teksta, perevod s mongol'sko-go, issledovanie i kommmentariy A. G. Sazykina. Otv. red. S. Y. Neklyudov (Moskva, 1990).

Kara, György. Books of the Mongolian Nomads: More Than Eight Centuries of Writing Mongolian, trans. John G. Krueger, Indiana University Uralic and Altaic Series 171 (Bloomington, 2005).

Radnabhadra, "Lunniy svet": istoriya rabdzham Dzaya-pandity. Faksimile rukopisi; perevod s oyratskogo G. N. Rumyantseva i A. G. Sazykina; transliteratsiya teksta, predisloviye, primechaniya i ukazateli A. G. Sazykina (Sankt-Peterburg, 1999).

Sazykin, A. G. "O periodizatsii perevodcheskoi deyatel'nosti oiratskogo Dzaya-pandity" // Pis'mennnye pamyatniki i problemy istorii kul'tury narodov Vostoka. XⅡ godichnaya nauchnaya sessiya LO IV AN SSSR (kratkie sooobscheniya). Chast' 1 (Moskva, 1977). pp. 134–140.

Sazykin, Aleksei G. and György Kara, "A Fifth, Anonymous, Mongolian Translation of the 'Diamond Sutra'" // Mongolian Studies, Vol. 22 (1999). pp. 69–99.

Sazykin, A. G. Katalog mongol'skikh rukopisey i ksilografov Instituta vostokovedeniya Rossiyskoy Akademii nauk. Tom Ⅱ (Moskva, 2001).

Torricelli, Fabrizio. "Un Libro Sacro Tibetano Nella Collezione De Filippi al Museo Nazionale d'Antropologia e Etnologia Di Firenze" // Archivo per l'Antropologia e La Etnologia CXXIX (1999). pp. 273–285.

Torricelli, Fabrizio, and Nikolai N. Dudka. "Manuscript LTWA No. 23476. A 'SDe Can' Sample of the BrGyad Stong Pa" // Tibet Journal, No. 24 (2) (1999). pp. 29–44.

Tsendina, A. D. "Dva mongol'skikh perevoda tibetskogo sochineniya 'Kniga syna'" // Mongolica V (Sankt-Peterburg, 2001). pp. 54–74.

Yakhontova, N. S. "Vliyanie tibetskogo yazyka na sintaksis oiratskikh perevodov" // Mongolica Pamyati Borisa Yakovlevicha Vladimirtsova (1884–1931) (Moskva, 1986). pp. 113–117.

Yampolskaya, N. V. "Ashtasahasrika-pradzhnyaparamita' v mongol'skom perevode oyratskogo Dzaya-pandity" // Strany i narody Vostoka XXXV (2014). pp. 391–401.

Yampolskaya, Natalia. Jadamba. Eight Mongolian Translations of the Aṣṭasāhasrikā Prajñāpāramitā sūtra, Asiatische Forschungen 158 (Wiesbaden, 2018).

內蒙古自治區社會科學院圖書館所藏蒙古文金字《甘珠爾》目録*

烏·托亞　薩其楞桂

蒙古文金字《甘珠爾》目録是以內蒙古自治區社會科學院圖書館所藏蒙古文金字手寫本《甘珠爾》為內容而編纂的一部梵藏蒙漢合璧的蒙古文文獻目録。

聞名於世的蒙古文《大藏經》包括《甘珠爾》和《丹珠爾》，是世界知名的佛學經典，也是蒙古族諸多古代文獻中篇幅最大、內容最豐富的文化遺産，對蒙古族文化曾産生過深遠的影響。蒙古文《甘珠爾》是兩大蒙譯佛經叢書之一、藏文《甘珠爾》的翻譯本。元朝建立後，蒙古文人開始用畏吾體蒙古文翻譯《甘珠爾》中的一些著作，並以手抄傳播或以木刻版印刷出版。北元時期，在蒙古林丹汗的倡議下，蒙古文人用金銀泥、朱砂、墨汁等全文翻譯手寫了《甘珠爾》。到了清代，蒙古文《甘珠爾》的木刻出版工程得以實施。這樣，蒙古文《甘珠爾》以金泥手寫本、墨汁手寫本、墨汁朱砂手寫本、木刻版等多種版本流傳至今。從內容上看，蒙古文《甘珠爾》涉及宗教、語言、修辭、文學、藝術、哲學、邏輯、醫學、歷史、科技、翻譯等衆多領域。從語言上看，它既有從梵、藏等語言文字翻譯過来的譯作，又有部分原創蒙古文作品。

其中，金泥手寫本蒙古文《甘珠爾》成書年代更早，現存數量極少，其在整個蒙古文文獻史上占有重要地位。學術界對蒙古文金字《甘珠爾》等古老版本的研究取得了不少成績。但總體而言，前人研究有很多不足之處，主要表現在嚴重忽略了更為古老的手寫《甘珠爾》，甚至至今還沒有為其編製目録。因此，組織力量編纂蒙古文寫本《甘珠爾》目録，對研究《大藏經》以及蒙古佛教文獻具有重要學術意義。

此次，筆者按照佛教文獻編目標準，編纂出全面、系統、科學、明晰的內蒙古自治區社會科學院圖書館所藏蒙古文金字手寫本《甘珠爾》(20卷本)的目録，首次展現寫本《甘珠爾》中許多鮮為人知的學術信息。蒙古文金字《甘珠爾》目録有6個類别，共20卷76(1—76)個章節。本目録根據部、類别、卷次序號、章節順序號、章節經名、頁數、跋文(包括藏、蒙譯者)等內容特點進行了詳細編製。此外，本目録的編製，尊重蒙古文金字《甘珠爾》獨有的版本特徵和歸類要求，在編製過程中，客觀著録梵、藏、蒙古文經名以及跋文內

* 本文為敖特根主持的2018年度國家社科基金重大項目“俄藏蒙古文文獻目録譯介與研究”(批准號：18ZDA323)子课題“俄藏蒙古文古籍善本總目提要及其相關問題研究”(托亞主持)成果。

容，並進行拉丁文轉寫。而漢譯名基本采用了《蒙古文甘珠爾・丹珠爾目録》(遠方出版社，2002)相應條目的名稱。以下為蒙古文金字《甘珠爾》目録。

一　秘密經（Dandir-a）

秘密經 第一函（上）(Uridu Dandir-a，Ka）476 頁

№ 1(1/ka，1b–24b)

梵語書名：Enedkeg –ün keleber：mañjuśrī jñānasattvasya–paramārtha–nāma–saṃgīti

藏語書名：Töbed–ün keleber：jam dpal ye shes sems dpa'i don dam pa'i mtshan yang dag par brjod pa

蒙語書名：Mongɤolčilabasu：manzüśiri jñan–a sadva–[=Mañjuśrī– jñana– sattva]yin ünemleküi ner–e–yi üneker ögülegči

漢譯書名：一切本續中王真文殊智勇識真實名經

跋文：[24a] ilaǰu tegüs nögčigsen manǰusiri injana sadv–a–yin ünemleküi–yin nere–yi üneker ögüleküi:ilaǰu tegüs nögčigsen teünčilen iregsen sigemuni burqan–u nomlaɤsan tegüsbe:: yerü kiged yerü busu qamuɤ ǰarliɤ nom–ud–tur ungsiɤsan yeke boɤda degedü blam–a nom–un qaɤan–u sayin ači–bar čiqula asaraɤdaɤsan: daɤun–i orčiɤuluɤči ayaɤ–qa takimlig loguros rtan ba(Blo gros brtan pa)neretü kelemeči: diyan–u qui kemekü aɤlaɤ oron –tur sayitur orčiɤulǰu ariɤun–a ǰasabai: erten–ü tedeger yeke kelemečin–ber: ene dandir–a–yi orčiɤulǰu bügüde–tür aldarsiɤulǰu amui–y–a: teyin–ber bögesü ayalɤu udq–a–yin sastir yambar bükü yosuɤar: ene dandir–a–yi nögöge lortan(Blo–brtan)törbelčilen sayitur orčiɤulbai: gün narin aɤui yeke včir–tu kölgen–ü maɤad udq–a–tu[24b] bilge bilig–i kereglegči arad: nom kiged udq–a–tur sayitur sitüge üdügüy–e budgalis–un üges–ün qoyina–ča büü daɤaɤtun:: : ::subam::

№ 2(2/ka，24b–35b)

梵語書名：Enedkeg –ün keleber：sekhoddeśa

藏語書名：Töbed–ün keleber：dbang mdor bstan pa

蒙語書名：Mongɤolčilabasu: abisig–i quriyan uqaɤulqui

漢譯書名：略指戒本續

跋文：[35b] …degedü yegüdgel ügei abisig–i bütügeküi arɤ–a–yi quriyan uqaɤulqui tegüsbei:: egüni kasmiri süm–e nata bandida (Kaś mir'i Somanātha Paṇḍita) kiged töbed–ün imbro ayaɤ–qa tegimlig bilig aldarsiɤ–san(śes rab grags pa)neretü kelemeči orčiɤulǰu nayiraɤuluɤad orosi–ɤuluɤsan–ača: ǰiči basa rinčen irǰalmǰan(rin chen rgyal mtshan)kelemeči: čoɤ–tu naroba(kNāro–pa)–yin tayil–un nomlaqui–luɤ–a adali–bar orčiɤulǰu nayiraɤuluɤad ariɤun–a üiledbei :: ::

№ 3(3/ka，36a–212a)

梵語書名：Enedkeg –ün keleber ：parama–ā dibuddhoddhrita–śrī–kālacakra–nāma–tantrarājā

藏語書名：Töbed–ün keleber：mchog gi dang po'i sangs rgyas las phyung ba rgyud kyi rgyal po dpal dus kyi 'khor lo zhes bya ba

蒙語書名：Mongɤolčilabasu:angqan–u degedü burqan–ača ɤarɤaɤsan čoɤ–tu čaɤ–un kürdün ncreṯü dandiris–un qaɤan

漢譯書名：本續王吉祥時輪【從勝初佛出現吉祥時輪本續王】

跋文：[212a] degedü eng uridu burqan–ača čoqoliduɤsan dandaris–un qaɤan čoɤ–tu čaɤ–un kürdün neretü tegüsbe :: kasmiri–yin bandida süm–a nata (Kaś mir'i Somanātha Paṇḍita) luɤ–a töbed–ün kelemeči mboro sisrab grags('bro Śes rab grags pa)neretü ayaɤ–qa takimlig orčiɤulǰu nayiraɤuluɤad orosiɤuluɤsan–ača: qoyina iruɤumal boluɤsan čaɤlasi ügei erdem–iyer čimegdegsen nom–un qaɤan degedü lam–a–yin ǰarliɤ kiged: saky–a bsangbo(Sākya bzang po) neretü yeke noyan–u ǰarliɤ–iyar yeke mergen sangston dosdi dbal(Shang ston mdo sde dpal) kiged čaɤ–un kürdün–ü yosun–i dotor–a–ban oroɤuluɤsan tshulkrim(Tshul khrims)–tur ayaɤ–qa takimlig ud'qas–un qubi–yi sayitur sinǰi leǰü duradqaɤdaɤad: sangsrita(Saṅskrita)–yin ayalɤu–bar tokiyalduɤulqui sastir–i uqaɤsan songston (Śong ston) neretü ayaɤ–qa takimlig: čoɤtu saskiy–a (Sa skya)–yin yeke buqar keyid–tür enedkegčin qoyar bičig–i tokiyalduɤulǰu[212a]sayitur ǰasaɤad orčiɤulbai: ken–ü masi ariluɤsan ǰoriɤ sedkil–iyer: duradqaǰu ǰokilduqui siltaɤan–i bütügegsen kiged: minü kičiyegsen–eče boluɤsan ali tere buyan–iyar: bügüdeger egüni uqaǰu burqan–u oron–dur aqu boltuɤai:: ǰiči basa čoɤ–tu dededü lam–a nom–un eǰen qamuɤ–i medegči–lüge čoɤ–tu yeke čaɤ–un kürdün–i darm–a kirdi siri badir–a(Dharma –Kīrti śrī–bhadra) : egünü uḏqas–i sayibar sedkiǰü ǰarliɤ–iyar duradqaɤdaǰu tere ǰarliɤ–un yosuɤar :Stiramarti neretü yeke bandida (Paṇḍita) –yin sayin ači–bar sangsrida (Saṅskrita) –yin ǰarli–un yosun–i uqaɤsan Saky–a lig –ud –un ayaɤ–qa takimlig lügürün iǰiglemsan(blo gros rgyal mtshan) kelemeči kiged lügürün anabal bsangbuu(blo gros dpal bzang po) neretü kelemeči dandir–a kiged tayilbur –un enedkeg –čin olan bičig–üd–tür tokiyalduɤulǰu bür–ün :ǰüb ariɤun bičig–üd–lüge ǰokiyalduɤul–un orčiɤulǰu nayiraɤuluɤad orosiɤulbai:: …ene dandir–a–yi mongɤol–un kelen–tür kündga odser mergen manǰusiri bandida güsi (Kun dga' 'odzer mergen mañjuśrī Paṇḍita) orčiɤulba :: : ::

№ 4(4/ka，212b– 235b)

梵語書名：Enedkeg –ün keleber ：śrīkālacakra–tantrottaratantra–hṛdaya–nāma

藏語書名：Töbed–ün keleber：dpal dus kyi 'khor lo'i rgyud phyi ma rgyud kyi snying po zhes bya ba

蒙語書名：Mongɣolčilabasu:čoɣ–tu čaɣ–un kürdün–ü qoyitu dandir–a dandir–i–sun ǰirüken

漢譯書名：時輪後心藏本續【吉祥時輪本續後本續心】

跋文：[235b]: čoɣ–tu čaɣ–un kürdün–ü qoyitu dandir–a dandir–i–sun ǰirüken teüsbe :: śaky–a–lig–ud–un ayaɣ–qa takimlig darm–a graɣ (Dharma grags) orčiɣulbai: … ene dandir–a–yi mongɣol–un kelen–tür künga odzer mergen baṇḍida (Kun–dga' 'od–zer mergen Paṇḍita) güi si orčiɣulba:: : ::

№ 5(5/ka，236a– 238b)

梵語書名：Enedkeg –ün keleber：śrī–kālacakra–garbha–nāma–tantra

藏語書名：Töbed–ün keleber：dpal dus kyi 'khor lo zhes bya ba'i rgyud kyi snying po

蒙語書名：Mongɣolčilabasu:čoɣ–tu čaɣ–un kürdün neret'ü dandiris–un jürüken

漢譯書名：略本續中節要續中續心藏【吉祥時輪本續藏】

跋文：[238b] enedkeg–ün ubadini siri badr–a–yin bodi(Upadayā Śrībhadrabodhi)–yin dergede: töb–öd–ün kelemüči čiǰo bandi saran gerel–tü(Gyi jo bandhe zla ba'i'od zer)nereṯü imboru–a ayaɣ–qa tegimlig('bro dge slong)–ün tulada orčiɣulu–ɣad nayiraɣulǰu orosiɣulbai :: : ::

№ 6 (6/ka，238b– 245b)

梵語書名：Enedkeg –ün keleber：śekaprakriya

藏語書名：Töbed–ün keleber：dbang gi rab tu byed pa

蒙語書名：Mongɣolčilabasu:abisig–i sayitur üiledküi:

漢譯書名：甚分戒

跋文：[245b]…čaɣ–un kürdün–ü nigen mingɣan ɣučin toɣatan silüg–ün–eče čiɣuluɣsan abis ig–i sayitur üiledküi ner–e–tü tegüsbe: enedkeg–ün bandida (Paṇḍita) yeke mergen samanta siri(Samantaśrī)–luɣ–a: töbed–un ayaɣ–qa takimlig čui rab (Chos rab) ner–e–ṯü kelemeči orčiɣuluɣad nayiraɣulǰu orosiɣulbai: ene dandir–a–yi mongɣol–un kelen–tür künd'ega od ze'r mergen mañjusiri bandi da güi si (Kun–dga' 'od–zer mergen mañjuśrī paṇḍita guśī) orčiɣulǰu orosiɣulbai:: : ::

№ 7(7/ka，246a–316a)

梵語書名：Enedkeg –ün keleber：śrī–sarvabuddha–sama–yoga–ḍākinījāla–saṃbara–nāma–uttaratantra

藏語書名：Töbed–ün keleber：dpal sangs rgyas thams cad dang mnyam par sbyor ba mkha' 'gro ma sgyu ma bde ba'i mchog ces bya ba'i rgyud bla ma

蒙語書名：Mongɣol–un keleber : čoɣ–tu qamuɣ burqad–luɣ–a tegsi barilduɣči dagini yelvi ǰirɣalang–un manglai nereṯü degeḏü dandir–a

漢譯書名：吉祥一切正覺平等幻化空行母上樂本續王

跋文：[316a] qamuɤ burqad luɤ–a tegsi　barilduɤči dagini yili ǰirɤalang–un degedü nere–tü onol :qamuɤ onol –un kürdün–i yekede ergigülügči yeke ǰirɤalang–tu tegüsbei::

№ 8(8/ka，316b–341b)

梵語書名：Enedkeg –ün kcleber：sarvakalpa–samuccaya–nāma–sarvabuddha–samayoga–ḍākinī-jāla–saṃbara–uttarottaratantra

藏語書名：Töbed–ün keleber：rtog pa thams cad ‘dus pa zhes bya ba sangs rgyas thams cad dang mnyam par sbyor ba mkha’ ‘gro sgyu ma bde ba’i mchog gi rgyud phyi ma’i phyi ma

蒙語書名：Mongɤolčilabasu:qamuɤ onol quriyaɤsan neretü qamuɤ burqad–luɤ–a tegsi barilduɤči dagini yilvi ǰirɤalang–un degeḏü–yin qoyiṯu dandir–a

漢譯書名：吉祥一切正覺平等幻空行母上樂本續後本續

跋文：[341b] qamuɤ burqad–luɤ–a tegsi barilduɤči dagini yilvi ǰi̱rɤalang–un degedü kemegdekü:ni-gen tümen nayiman mingɤatu –ača qamuɤ onol–un qaɤan nayan doloduɤar tedüsbei::enedkeg–ün ubadini samiriti inǰan–a kirti(Upadahyā Smṛtijñākīrti)büged orčiɤulbai:: öglige–yin eǰen kemebesü töbed–ün ubadini ǰalaɤu aldarsiɤsan(gshon nu gragspa)neretü nayiraɤulǰu nomlaɤad orosiɤulbai:: : ::

№ 9(9/ka，342a–383b)

梵語書名：Enedkeg –ün keleber：he–vajra–tantrarāja–nāma

藏語書名：Töbed–ün keleber：kye’i rdo rje zhes bya ba rgyud kyi rgyal po

蒙語書名：Mongɤolčilabasu:hei včir–a neretü dandiris–un qaɤan

漢譯書名：喜金剛本續王【佛說大悲空智金剛大教王儀軌經】

跋文：[383b] dandaris–un yeke qaɤan yilvi –yi onoqui ner–e–tü ɤučin qoyar onol–tu –ača songɤoɤsan: qoyar onol–un činar –tu hei včir–a neretü dagini toor–i ǰanggiduɤči yeke qaɤan tegüsbe: enedkeg–ün ubadiiy–a gay–a dar–a bada(Upadahyā Gāyadharapāta)–yin emüne: töbed–ün kelemeči šay–a yešis (Śākya ye śes)neretü ayaɤ–qa takimlig orčiɤulǰu nayiraɤul–un orosiɤulbai:: ene dandir–a–yi mongɤol–un kelen–dür künga odser mergen manjusiri bandida güi si (Kun–dga’ ‘od zer mergen mañjuśrī Paṇḍita guśi) orčiɤulba:: : ::

№ 10(10/ka，384a–434a)

梵語書名：Enedkeg –ün keleber：ārya–ḍākinī–vajrapañjara–mahātantrarāja–kalpa–nāma

藏語書名：Töbed–ün keleber：’phags pa mkha’ ‘gro ma rdo rje gur zhes bya ba’i rgyud kyi rgyal po chen po’i brtag pa

蒙語書名：Mongɤolčilabasu:qutuɤ–tu ḍagiṇi včir darmadu kemegdekü dandiris–un qaɤan–u onol

漢譯書名：聖空行母金剛帳大本續王

跋文：[434a] qutuɤ–tu dagin–i toor–un včir ḏarm–a–tu dandaris–un qaɤan–u onol anu tegüsbe:: : ::eneddkeg–ün ubadiy–a gayadar–a(Upadahyā Gāyadhara)–luɤ–a ayaɤ–qa takimlig sak–a yesis (Śākya ye śes) neretü kelemüči orčiɤulbai:: : ::

№ 11(11/ka，434a–476a)

梵語書名：Enedkeg–ün keleber：śrī–mahāmudrā–tilakaṃ–nāma–yoginī–tantrarāja–adhipati

藏語書名：Töbed–ün keleber：dpal phyag rgya chen po'i thig le zhes bya ba rnal 'byor ma chen mo'i rgyud kyi rgyal po'i mnga' bdag

蒙語書名：Mongɤolčilabasu:čoɤ–tu yeke mudur–un dusul neretü yeke yogini–yin dandaris–un qaɤan–u auɤ–a eǰen

漢譯書名：吉祥大手印明點修習母大本續王

跋文一：[472a] čoɤ–tu maq–a mudur–yin dusul yeke yoginis–un dandir–a–yin qaɤan–u auɤ–a eǰen neretü tegüsbei ::enedkeg–ün baɤsi yogačaris–un yeke erketü siri praja guɤay–a pada(śrīprajñāguhyapāda)–yin dergede kam čoski yeses (Ka ma chos kyi ye śes) kiged: sung sam araqun nereten(Phyug' tshams dgra bcom)kelemečid süsüg bisirel–iyer orčiɤuluɤad nayiraɤulǰu orosiɤulbai:: ene dandir–a–yi mongɤol kelen–tür küvanga odčer mergen manǰusiri bandida güusi (Kun dga' 'od zer mergen mañjuśrī Paṇḍita guśi) orčiɤulba:: [472b] angq–a urida qoyar bodi(Bodhi)sedkil sayitur egüskegsen: asanggi kalab–ud–tur qoyar čiɤulɤan–i uran–a dügürgegsen: ariɤun ɤurban bey–e–yin qutuɤ–i ilete tuɤuluɤsan: amitan–u itegel sikamuni (Śākyamuni) burqan–a maɤtan mörgömü:: sayin bilig–ṯen–ü manglai uri manjusiri (gshon nu mañjuśrī /kumāra mañjuśrī): saɤaral ügei nigülesügči qonsiim bodisung: sačalal ügei küčütü včir–a bani (vajrapaṇi) terigüten: saǰin nom–i quriyaɤči boɤdas–tur sögöddümü bi:: ürgülǰi–de nomlaqui naran–iyar qubi–tan–u linqu–a–yi delgeregülügči: ögüleǰü temečeküi včir–iyar buruɤu üǰel–ṯen–ü qadas–i embüregülügči: ülemǰi ǰokiyaqui erdini–yin erikes–iyer merged–ün küǰügün–i čimegči: üǰügülel ügei uqaɤ–a–tu saskiy–a bandi–da(Sa skya Paṇḍita)–yuɤan maɤtamui bi:: erketü sigemuni burqan–u nomlaɤsan sasin nom–ud: Enedkeg–ün ulus–tur aɤuda delgeregsen–eče ulam:[473a] ene töbed–ün ulus–tur delgeregsen–ü siltaɤ–a–bar: ende oor mongɤol ulus–a– ber delgereǰüküi–e erte urida:: teyin bügetele čaɤ–un küčüber: degedü sasin üčüken čülüyidegsen–iyer: delgeregsen sasin nom–ud–un qulis–a: tegüdege bolǰu ülü üǰegden aqu tere čaɤ–tur:: asaraqui sedkil–iyer gür ulus–i manduɤul–un teǰigegči: auɤ–a küčü–ber qaritan dayisun–i gesegen ǰoloɤuduɤči: ariɤun süsüg–iyer sasin nom–i delgeregülügči: ali ba küsegdekün bügüde öbesü–ben tegüsügči:: küčütü degedü tngri–yin qubilɤan inu: kürdütü čakiravarti–tur adali yosutu: gün bilig–tü boluɤad gegegen uqaɤ–

a–tu: kümün– ü erketü lindan qutuɤ–tu dayiming sečen qaɤan töröǰü:: ündüsün ese endegüregsen včir–a dara–ača barilduɤsan: ubadis es–e endegüregsen maq–a yoga–yin bisilɤal–tu:[473b]uruɤ es–e endegüregsen sasky–a(Sa skya)–yin aqul ači anu: oɤtarɤui–daki naran metü sarba qutuɤ–tu–luɤ–a učiralduǰu:: erkin degedü sasin–i naran metü manduɤuluɤad: el ulus–iyan včir–tu kölgen–ü mör–tür uduridun: engke amuɤulang–tu kölgen–ü töröber ǰirɤaɤulǰu: esergülegči dayisud–i čoɤ–iyaran daruqui tere učir–tur:: degedü sasin–i ülemǰi delgeregülküi–yin tula–da: delger uqaɤan–iyar sayitur sinǰilen onoǰu: tegünčilen iregsen–ü ǰarliɤ ganǰur(bka'–' gyur)nom–i: degeǰilen sedkiǰü orčiɤul kemen duradun ǰarliɤ boluɤsan–tur:: masi niɤuča dandaris–un erkin–tür qariy–a–tu: manjusri(mañjuśrī)–yin ner–e–yi ögüleküi kiged čaɤ–un kürdün–ü tabun dandaris: maɤad qamuɤ burqad–un–luɤ–a tegsi barilduɤuluɤči kii[474a]včir–a ene qoyar dandir–a: maq–a mudur–a–yin dusul ner–e–ten arban dandaris–i:: üǰügülel ügei naran metü uqaɤ–a–tu: ülemǰi erdem–tü pagspa ('phagas pa)qutuɤ–tu–yi sitüǰü: üčügüken suruɤsan tel ayalɤun–u činege–ber künga odser(Kun-dga' 'od–zer): üsüg–i daɤan orčiɤulǰu orosiɤulbai:: eyin orčiɤuluɤsan buyan–u gegegen naran–iyar: erkin sasin nom–un linqus delgereged: eldeb amitan–u qarangɤus geyiǰü: erketü burqan–u bodi qutuɤ–i olqu boltuɤai:: : :: bilig–tü nom–un dalai bičibai:: : ::

跋文二：[475a]oom suvasdi siddam(oṃ svasti siddaṃ)::ɤayiqamsiɤ nigüleskü sedkil–ün egüled–eče:qanusi ügei nom–un qur–a–yi oroɤulǰu :qalaɤun nisvanis–ün čilgeri sünügegčide:qamuɤ–ača terigüber–iyen mürgüǰü bür–ün : erketü sigamuni (Śākyamuni)burqan baɤsi biden–ü:erkilen nomuqadqaɤdaqun–i da ɤusču:engke nirvan–tur orubasu–bar :erketü küčütü qaɤan bolun tegün–ü ǰarliɤ–i :erten–ü irüger–ün küčün–iyer :bodisung nar:elmig morid–i ǰiluɤadqui meṯü:eǰeleǰü öber–ün öber–ün ulus daɤan :erdini sasin–i delgeregülügsen tere–kü yosuɤar::urɤumal naran metü geyigülǰü bür–ün :ülemǰi oron ḏaki dayi on ulus–un eǰen bolǰu:uridus–[y]uɤan kigsen törö sasin–ača ülegsen–tür: uduriduɤči tere boɤda –yin aldar inu čeb bolǰuqui::er–e–yin erdem–i temečeküi čaɤ–tur:e{?}rǰü iregsen küčüten dayisud–i : esergüben es–e qanduɤuluɤsan :eres–ün arslan lindan qutuɤ–tu činggis qaɤan ::ɤayiqamsiɤ burqan–u sasin–i manduɤulǰu qarangɤui [475b] nisvanis–un čilgeri sönögen:qanusi ügei uran arɤ–a–bar:qamuɤ–a tusatu ɤurban sang nom–i delgeregülbei:: altan toɤorčaɤ–tur qamtu–bar amurlin aɤsan : asuru törö sasin–u dumda töröl oluɤsan :asaraqui nigüleskü usqal sedkiltei::adalidqasi ügei noɤuɤan dar–a mügelen günǰi neretei :: uridu sayin irügel–ün ačibar; ulus–un eǰen qaɤan–a soyorqaɤdaɤsan: umurdal ügei küčün auɤ–a tegüsügsen onča törö sasin–i bariɤsan donoi güi vang ǰirin–a::ečige eke dača törögsen ačiban duradču:ene ba qoyitus–tur aldarsiqu–iyen tulada:erkilen bütügebei noɤuɤan dar–a günǰi donoi güi vang qoyar::činar buyan–u küčün yeketei :čindamani erdeni metü sedkiltei :čing ǰoriɤ–un urɤumal sambaɤ–a–tu : činar–ača orosiɤsan teden–ü duradqal–iyar ::gegen qoɤosun čaɤalsun

–u tala– tur :gendig–ün qaɤan qurdun morin–iyar aqulun baribasu:gerel–ten odud–un kürüg urɤu ɤsan meṯü:ken–e –be üǰebesü qamuɤ–un sedkil bayasqu meṯü::[476a] tunumal altan erdeni –ber bütügebei burqan–u nom–i:tungqaɤlaɤsan eǰen qaɤan–u ǰarliɤ–un ači–bar:tobčilan erkilebei güisi nangso lori tayi güisi bekima qonǰin ::türgen–e bütügebei arban tümen–ü bičigečin;;cindamani olǰu dakibasu küsel–i qanɤaqu meṯü:čing ǰoriɤ–iyer aɤuras–iyen ergüǰü ene oron–tur :činar buyan –tu burqan –u ǰarliɤ nom–i ǰalaqun :čiqula mongɤol–un ayalɤu–tur ündüsün bolbai:: asuru ene degedü ɤurban sang nom–i : aǰu erkilen ǰakiru ɤsad–un neres –inu :ariɤun sanvar–tu quvaraɤ–ud–un erdini saɤsabad :aɤuda bingtü ǰuriqai amasai sengge tayisi kiged buyu::imaɤta čidaɤči sigamuni (Śākyamuni)burqan ; itegel ügegün –tür idegen öggögči –yin qoriyan–tur:ilangɤuy–a ɤurban sang nom–i nomlaɤsan metü:ilete ɤurban sansar–i ilaɤuɤči keyid–tür bütügebei ::čaɤalsun ba aliba üyile üyiledügčid: čing ǰoriɤ–tan tede bügüdeger :čaɤlasi ügei nasun–u ečüs–tür kürčü :čaɤ ǰergeber burqan–u qutuɤ–tur kürtügei :dalai meü ene degedü nom–i bičigülügsen sayin buyan–iyar :daki qamuɤ amitan–u nisvanis arilǰü bür–ün:tengsel ügei qoyar čiɤulɤan –i quriyaɤad:tegsi amitan–u tulada burqan bolon bütütügei::mangge lam bawandu(Maṅgalaṁ bavandu)::

秘密經 第十函（Dandir-a，Tha）328 頁

№ 12(1/tha，1b–99a)

梵語書名：Enedkeg –ün keleber：trisamaya–vyūha–rāja–nāma–tantra

藏語書名：Töbed–ün keleber：dam tshig gsum bkod pa’i rgyal po zhes bya ba’i rgyud

蒙語書名：Mongɤol–un keleber:ɤurban tanɤariɤ ǰokiyaɤ– san qaɤan neretü ündüsün

漢譯書名：嚴飾三記句王本續

跋文：[99a] ɤurban tanɤariɤ ǰokiyaɤsan qaɤan –u dandir–a onoqui –yin yeke qaɤan–ača yerü –yin ǰang üile tegüsbe :: enedkeg–ün ubadini krisna bandita(Upā dayā Kṛṣna paṇḍita) kiged kelemüči ilaɤuɤan caɤsbad (Dge–slong Tshul khrims rgyal ba) orčiɤuluɤad nayiraɤulǰu orosiɤulbai:: : ::

№ 13(2/tha，99a–328b)

梵語書名：Enedkeg –ün keleber：ārya–mañjuśrī–mūla–tantra

藏語書名：Töbed–ün keleber：‘phags pa ‘jam dpal gyi rtsa ba’i rgyud

蒙語書名：Mongɤol–un keleber:qutuɤ–tu manǰusiri–yin iǰaɤur ündüsün

漢譯書名：聖者文殊根本本續【大方廣菩薩藏文殊師利本儀軌經等】

跋文：[327b] qutuɤ–tu manǰusiri–yin iǰaɤur ündüsün dandir–a tegüsbei:: čoɤ–tu bčan bu tngri ariɤun tngri bodi gerel(dpal lha btsan po lha btsun pabyang chub’od)–ün ǰarliɤ–iyar：enedkeg–ün ubadini yeke ubasika kümar–a[328a] kalasa(Upādhyā Upāsaka Kumārakalaśa)kiged ayalɤu orčiɤuluɤči kelemürči sayin oyutu sakya ayaɤ–qa takimlig(dge slong Śākya blo gros)orčiɤulu–ɤad orosiɤulbai: manggalam(Maṅgalaṁ):: degedü nom–un mergen čakravad–un qutuɤ–tu činggis tang dayisun qaɤan–u ǰarliɤ–iyar :tegsi tabun uqaɤan–tur mergen :darqan blam–a kiged: baṇdida(paṇḍida) qoyar blam–a–yi gerlen sitügsen–iyer: tel kelen–i üčüken medegči bsinba toyin orčiɤuluɤsan–iyar: delekei–yin eǰen qaɤan qatun qamuɤ ači–tan engke esen burqan–u qutuɤ–i olqu bolumui:: manǰusiri –yin iǰaɤur dandir–a–yi: masi bisirel–iyer bayasulčan seče nangso :bilig–tü bayan činggitei edeger bičigečin bičibei :: : :: manggalam: ::

秘密經 第十九函（Dandir-a，Zha）1—83 頁

№ 14(1/zha, 1b–83b)

梵語書名：Enedkeg –ün keleber：sarvadharmama–hāśanti–bodhicittakulayarāja

藏語書名：Töbed–ün keleber：chos thams cad rdzogs pa chen po byang chub kyi sems kun byed rgyal po

蒙語書名：Mongɤol–un keleber:qamuɤ nom–i yekede tuɤuluɤsan qotola bodi sedkil–i üiledügči qaɤan

漢譯書名：諸法大圓滿菩提心普利益王經

跋文：缺

秘密經 第二十一函（Dandir-a，Dza）419 頁

№ 15 (1/dza，1b–50a)

梵語書名：Enedkeg –ün keleber：devījāli–mahāmāyā–tantra–nāma

藏語書名：Töbed–ün keleber：lha mo sgyu ‘phrul dra ba chen mo zhes bya ba’i rgyud

蒙語書名：Mongɤol–un keleber : ökin tngri yelvi qubilɤan–u yeke toor neretü dandir–a

漢譯書名：大幻化網佛母本續

跋文：[50a] ilaǰu tegüs nögčigsen mungqaɤ–i arilɤaɤči neretü yeke yelvi qubilɤan tegüsbei::

№ 16(2/dza，50a–83a)

藏語書名：Töbed–ün keleber：gsang ba’i snying po de kho na nyid nges pa’i bla ma chen po

蒙語書名：Mongɤol–un keleber :niɤuča ǰirüken mön činar maɤaduɤsan yeke lam–a bolai

漢譯書名：密心真實性幻化無上本續

跋文：[83a] uqaɤan–u qaɤan qubilɤan –u dotor[toor]–un ǰaɤun mingɤan böl ög– tü –eče yerü–yin ǰarliɤ qamuɤ burqad–un niɤuča–yin niɤuča ǰirüken mün činar maɤad yeke lam–a –yin böl ög –eče qmuɤ qočorli ügei tedeger ɤaruɤsad–i ači ür–e –yin degedü tegüsbe::

№ 17(3/dza，83a–109b)

梵語書名：Enedkeg -ün keleber ：ārya–mañǰuśrī–karma–catuś–cakraguhya–tantra

藏語書名：Töbed–ün keleber：'phags pa 'jam dpal las bzhi 'khor lo gsang ba'i rgyud

蒙語書名：Mongɤol–un keleber :qutuɤ–tu manǰusiri–yin dörben üiles–ün kürdün–ü niɤuča dandir–a

漢譯書名：聖者文殊四行密輪本續

跋文：[109b] qutuɤ–tu manǰusiri–yin dörben üiles–ün kürdün–ü niɤuča dandir–a–yin ǰerge-yi ǰokiyaɤsan tegüsbei::

ene dandir–a–yi kunga odser mergen manǰusiri bandida (Kun dga' 'od zer mergen mañǰuśrī Paṇḍita)mongɤolčilan orčiɤulbai::

№ 18(4/dza，109b–185b)

梵語書名：Enedkeg -ün keleber ：sarvatathāgata–buddhānuttara–guhyāśvottama–vīṇāsamata–tantra–nāma

藏語書名：Töbed–ün keleber：de bzhin gshegs pa thams cad kyi dgongs pa bla na med pa gsang ba rta mchog rol pa'i rgyud chen po zhes bya ba

蒙語書名：Mongɤol–un keleber :qamuɤ tegünčilen iregsed–ün tengsel ügei taɤalal niɤuča degedü mün čengegči[morin čenggegči]yeke dandir–a neretü

漢譯書名：一切如來無上秘密慈念遊戲良馬大本續

跋文：[185b] qamuɤ tegünčilen iregsed–ün tengsel ügei taɤalal :tengsel ügei niɤuča čoɤ–tu degedü morin čenggeküi–yin yeke dandir–a -yin ündüsün tegüsbei ::

№ 19(5/dza，185b–294b)

梵語書名：Enedkeg -ün keleber ：śrī–heruka–karuṇikrīḍita–tantra–guhya–gaṃbhīrauttama–nāma

藏語書名：Töbed–ün keleber：dpal he ru ka snying rje rol pa'i rgyud gsang ba zab mo'i mchog ces bya ba

蒙語書名：Mongɤol–un keleber :čoɤ–tu kiirüge nigüleskü̈i čenggegči dandir–a gün niɤuča-yin degedü neretü

漢譯書名：吉祥兮嚕葛慈悲遊戲甚深密意本續

跋文：[294b] gün narin degedü niɤuča–sun čoɤ–tu nigüleskü̈i čenggegči dandir–a tegüsbei :: enedkeg–ün kelemüči mergen–e suruɤsan balbo siri kirti(Bal po Śrīkrīti)orosiɤuluɤad: sine ayalɤu–bar orčiɤulǰu bür–ün: soɤbo degedü ǰirüken(Sog po mchog gi sñing po)kiged: ene ölǰei–tü(Ana bkra s̱is)–lüge balbočin ölǰei–tü dalai(Bal pe bzang bkra s̱is)öglige eǰen bolǰu mangyul–taki asaraqui egülen neretü süm–e–yin degedü dabqur–un üǰügür–e masi–da niɤučalaǰu: todorqai ayalɤu–bar orčiɤulbai:: ene dandir–a–yi kunga odser mergen manǰusiri bandida (Kun dga' 'od zer mergen mañjuśrī Paṇḍita)mongɤolčilan orčiɤulbai:: : ::

№ 20(6/dza，294b–296a)

梵語書名：Enedkeg –ün keleber ：sarvapañcāmṛtasārasiddhi–mahādukahṛdayānaparavit-tvanāṣṭa

藏語書名：Töbed–ün keleber：bdud rtsi chen po mchog gi lung

蒙語書名：Mongɤol–un keleber :qamuɤ tabun rasiyan––u mön činar yeke sidi čiqula bolqui degedü ǰirüken naiman yeke keseg–tü

漢譯書名：一切五甘露自性大成就最上近心藏本續

跋文：[296a] tabun yeke rasiyan–u agam–ača bodi sedkil– –ü–n mön činar–i üǰegülün uqaɤuluɤsan yeke niɤuča ubidis–un eng uridu udq–a buyu:: ǰirüken–ü dalai–yin dotor–a–ki yeke niɤuča sang–ača naiman yeke keseg–tü–yin eng uridu anu bolai::

№ 21(7/dza，296a–303a)

梵語書名：Enedkeg –ün keleber ：amṛta–rasayanatanajhayapraśastapramanaśrikanapraśasta-ya–namo

藏語書名：Töbed–ün keleber：tshangs pa la sogs pa drang srong dang lha dang klu dang mi'i byang chub sems dpa' rnams la phyag 'tshal lo

蒙語書名：Mongɤol–un keleber :esrün terigüten arsi kiged tngri luus kümün bodisung–nar-dur mörgömü

漢譯書名：敬禮大凡天仙人非天那加菩薩經

跋文：[303a]yeke rasiyan degedü agam –un ayimaɤ –ača rasiyan–a em bütügeküi tüg tümen ǰarliɤ –ača ayimaɤ–un quriyaɤsan nögöge nege keseg bolai :: ene dandir–a–yi kunga odser mergen manǰusiri bandida (Kun dga' 'od zer mergen mañjuśrī Paṇḍita)mongɤolčilan orčiɤulbai:: : ::

№ 22(8/dza，303a–305a)

梵語書名：Enedkeg –ün keleber ：prajñā–bhagavan–mahāraja–namo

藏語書名：Töbed–ün keleber：bcom ldan 'das gnyis med kyi rgyal po chen po phyag 'tshal lo

蒙語書名：Mongɤol–un keleber :ilaǰu tegüs nögčigsen qoyar ügei yeke qaɤan–a mörgömü

漢譯書名：敬禮出有壞無二王經

跋文：[304b] bodi sedkil –ün erdem amrida –i bötögeküi ǰarliɤ kiged buyu ɤutaɤar yeke keseg bolai :; : ::[305a] kunga odser mergen manǰusiri bandida (Kun dga' ʻod zer mergen mañjuśrī Paṇḍita) mongɤol–čilan orči/ɤulbai:: : ::

№ 23(9/dza，305a–310a)

梵語書名：Enedkeg –ün keleber ：satanamahādarapañca

藏語書名：Töbed–ün keleber：'bras bu chen po lnga bsgral ba

蒙語書名：Mongɤol–un keleber :tabunyeke ači üre –yi getülgeü bolai

漢譯書名：五知如來方便成就甘露本續

跋文：[310a] degedü yeke rasiyan–u agam: tüg tümen ayimaɤ büküi–yin dotor–a –ača aru yeke agam –un dengsenl ügei yabudal–i uqaɤulqui dötöger yeke keseg bolai::

№ 24(10/dza，310a–312a)

梵語書名：Enedkeg –ün keleber ：tathagata–pañcabuddha–nāma

藏語書名：Töbed–ün keleber：bde gshegs rigs lnga zhes bya ba

蒙語書名：Mongɤol–un keleber :sayibar oduɤsan tabun iǰaɤur–tan–a mörgömü:

漢譯書名：能超五大果本續

跋文：[312a] egün–eče degegside maq–a yoga–yin udqas–un agam kiged yeke rasiyan–i bütügeküi arɤ–a tüg tömen ayimaɤ –ača quriyaɤsan tabdaɤar yeke keseg bolai ::

№ 25(11/dza，312a–315b)

梵語書名：Enedkeg –ün keleber ：amta–kundalī –nāma

藏語書名：Töbed–ün keleber：bdud rtsi ʻkhyil ba la phyag ʻtshal lo

蒙語書名：Mongɤol–un keleber :rasiyan tunuɤsan–a mörgömü:

漢譯書名：敬禮露漩明王經

跋文：[315a] degedü manglai rasiyan–u agam–ača tabun yeke ači ür–e –yi getülgeküi maɤad kiged tendeče getülgeǰü tegüni em –tür nayiraɤulqui arɤ–a –yi uqaɤuluɤsan yeke –ü tüg tümen samay–a –ača ǰirɤuduɤar yeke keseg :

№ 26(12/dza, 315b–321b)

梵語書名：Enedkeg –ün keleber ：amṛta–kalaśa–siddhi

藏語書名：Töbed–ün keleber：bdud rtsi bum pa'i lung

蒙語書名：Mongɤol–un keleber :rasiyan–u qumq–a–yin uduriɤul–lu ɤsan čoɤ–tu rasiyan –u yeke ǰirɤalang–tu–da mörgömü

漢譯書名：指修甘露瓶本續

跋文：[321b]…degedü yeke rasiyan agam–ača rasiyan qumaq–a–yin ǰarliɤ–un keseg tüg tümen rasiyan–u ayimaɤ–ača ɤaruɤsan udq–a doloduɤar yeke keseg bolai::

№ 27(13/dza，321b–324b)

梵語書名：Enedkeg –ün keleber：bhagavān–mañ juśrī–tīkṣ ṇa–namas–idam

藏語書名：Töbed–ün keleber：bcom ldan ʻdas ʻjam dpal rnon po la phyag ʻtshal lo

蒙語書名：Mongɤol–un keleber :ilaǰu tegüs nögčigsen qurča ǰögelen čoɤ–tu–da mörgömü

漢譯書名：敬禮薄伽梵文殊師利

跋文：[324b] degedü yeke rasiyan agam ǰarliɤ–un yeke qaɤan–u degedü ulus–un kürdün ergigülküi dotor –ača agam–un nayimaduɤar yeke keseg yeke tayilbur –un udq–a nayimaduɤar yeke keseg tegüsbei :: yerü tüg tümen rasiyan–u ayimaɤ–ača üčüken nigen tedüi–yi bimalan mitura (Vimalamitra)nomlaɤad inǰana kümar–a(Jñā kumārara)kelemürči orčiɤulbai: včir erketü sang–un bükü tegüsbei:: töbed bičig–eče künga odser manǰusiri bandida (Kun dga' ʻod zer mergen mañjuśrī Paṇḍita)mongɤolčilan orčiɤulbai::

№ 28(14/dza，324b–327a)

藏語書名：Töbed–ün keleber：rdo–rje khros–pas she–sdang gcod

蒙語書名：Mongɤol–un keleber :kilinglegsen včir–iyar urin–i oɤta–luɤad…

漢譯書名：忿怒金剛斷猛

跋文：[327a] mongɤol–un kelen–tür künga odser mergen manǰusiri bandida (Kun dga' ʻod zer mergen mañjuśrī Paṇḍita)mongɤolčilan orčiɤulbai:: : ::

№ 29(15/dza，327a–370a)

梵語書名：Enedkeg –ün keleber：ḍākini–yagnijihvā–jvalā–tantra

藏語書名：Töbed–ün keleber：mkha' ʻgro ma me lce ʻbar ba'i rgyud

蒙語書名：Mongɤol–un keleber :oɤtarɤui–tur yabuɤči eke ɤal–un oči badarangɤui dandir–a

漢譯書名：空行母火焰熾盛本續

跋文：[370a] eyin dandir–a–yi mongɤol–un kelen–tür künga odser mergen manǰusiri bandida (Kun dga' ʻod zer mergen mañjuśrī Paṇḍita)mongɤolčilan orčiɤulbai:: : ::

№ 30(16/dza，370a–389a)

梵語書名：Enedkeg –ün keleber：vajra–mantra–bhīru–sandhi–mūlatantra–nāma

藏語書名：Töbed–ün keleber：drag sngags ʻdus pa rdo rje rtsa ba'i rgyud zhes bya ba

蒙語書名：Mongɤol-un keleber :qataɤu tarni čiɤuluɤsan včir

漢譯書名：集金剛緊行咒根本本續

跋文：[389a] qataɤu tarni čiɤuluɤsan včir ündüsün-ü dandir-a tegüsbei: enedkeg-ün yeke ubad-ini badm-a sambau-a(Upādhyā Padma ‘byung gnas/Padmasambhava)baɤsi-luɤ-a töbed-ün kelemeči viroǰan-a(Vairocana)bi orčiɤulǰu nayiraɤuluɤad orosiɤulbai:: : :: ene sudur-i mongɤol-un kelen-tür kunga odser mergen manǰusiri bandida (Kun dga’ ‘od zer mergen mañjuśrī Paṇḍita) mongɤolčilan orosiɤulbai:: : ::

№ 31(17/dza，389a-419a)

梵語書名：Enedkeg -ün keleber：loka-stotra-pūja-tantra-manobhikasantakam

藏語書名：Töbed-ün keleber：’jig rten mchod bstod sgrub pa rtsa ba’i rgyud zhes bya ba

蒙語書名：Mongɤol-un keleber :yirtinčü-yin takil maɤtaɤal bütügeküi ündüsün dandir-a neretü

漢譯書名：世間供贊修習根本續

跋文：[419a] omoɤ-tan-u küriyen-i terigülegčin yirtinčü takil maɤtaɤal -i bütügeküi ündüsün dandir-a neretü tegüsbei ::

秘密經 第二十二函（Dandir-a，Za）398 頁

№ 32(1/za，1b-398a)

藏語書名：Töbed-ün keleber：gsang sngags rgyud sde bzhi’i gzungs sngags dang snying po byin brlabs can rnams phyogs gcig tu rin po che bu ston pas bkod pa stod na bla ma rgyud pa’i mtshan ‘bum mang po dang bcas pa

蒙語書名：Mongɤol-un keleber :ündüsün blam-a nar-un neren kiged dörben ündüsün ayimaɤ-un toɤtaɤal tarni kiged niɤuča-yin ǰirüken tarni orosiba

漢譯書名：四部密咒中布敦仁欽竹所集具大攝授咒並心咒品及一億師傳名號

跋文：缺

秘密經 第二十五函（Dandir-a，Ra）358 頁

№ 33(1/ra，1b-41a)

梵語書名：Enedkeg -ün keleber：nīlāmbaradhara-vajrapāṇi-yakṣamahārudravajrānalajihvā-tantra-nāma

藏語書名：Töbed-ün keleber：phyag na rdo rje gos sngon po can gnod sbyin drag po chen po rdo rje me lce’i rgyud ces bya ba

蒙語書名：Mongɤol-un keleber :ɤar-daɤan včir-tu köke degel-tü yeke qataɤu yaks-a včir ɤal–un oči–yin dandir–a neretü

漢譯書名：青衣金剛手大暴惡藥叉金剛焰本續

跋文：[41a]ɤar–daɤan včir–tu köke debel–tü yakas včir–un yeke qataɤu včir ɤal–un oči–yin dandir–a –yin qaɤan tegüsbei::enedkeg–ün yeke ubadiy–a ratna kirti(Ratnakīrti)kiged: töbed–ün kelemeči dgecul čungraɤ čis(dge tshul khyung grags kyis)ǰarliɤ–un ači–yi abču bürün: endkeg čin bičig–i töbed–tür küreǰü iregülüged orčiɤuluɤ–san bolai:: : ::

№ 34(2/ra，41a –43a)

梵語書名：Enedkeg –ün keleber：śrī–vajrapāṇiguhyadeśa–tantra–nāma

藏語書名：Töbed–ün keleber：dpal phyag na rdo rje gsang ba bstan pa'i rgyud

蒙語書名：Mongɤol–un keleber :čoɤ–tu ɤar–taɤan včir–tu–yin niɤuča–yi uqaɤulqui dandir–a

漢譯書名：吉祥金剛手密指本續

跋文：[43a]čoɤ–tu včirabani kiling–tü–yin niɤuča–yi uqaɤuluɤsan dandi–ra tegüsbei:: enedkeg–ün bandida valan čandra(Paṇḍta Balacandra)kiged: kelemüči galačung darm–a cultim(glan chung Darma tshul khrims)orčiɤulǰu nayiraɤuluɤad orosiɤulbai:: : ::

№ 35(3/ra，43a –76b)

梵語書名：Enedkeg –ün keleber：bhagavān–vajrapāṇi–guhyā–bhideśa–tantrarāja–nāma

藏語書名：Töbed–ün keleber：bcom ldan 'das phyag na rdo rje gsang ba mngon par bstan pa'i rgyud kyi rgyal po zhes bya ba

蒙語書名：Mongɤol–un keleber :ilaǰu tegüs nögčigsen ɤar–taɤan včir–tu niɤuča–yi ilete uqaɤulqui neretü dandir–a–yin qaɤan

漢譯書名：出有壞金剛手現指密意本續王

跋文：[75a–76b]ilaǰu tegüs nögčigsen ɤar–taɤan včir–tu niɤuča–yi ilete uqaɤuluɤsan neretü dandir–a–yin qaɤan –i tegüsbe:: enedkeg–ün ubadiy–a vala candra güru chango(Upādyā balacandra guru chen po) kiged: töbed–ün kelemüči gelcung darm–a čulkrim kys(glan chung Darma tshul khrims)umar–a či eteged–ün šambala ulus–un sudur–luɤ–a tokiyalduɤulǰu orčiɤuluɤsan bülüge: ǰiči basa dumda–tu oron–u sudur–i kače oron–ača abču iregsen sudur–luɤ–a tokiyalduɤulǰu orosiɤulbai:: mongɤol–un kelen–tür manǰusir–i künga odser bandida güusi (mañjuśrī kun dga' 'od zer Paṇḍita guśi) –tur dulduyidču qonǰin ubasi orčiɤulbai: :

№ 36(4/ra，76b–80b)

梵語書名：Enedkeg –ün keleber：śrī–bhagavān–ekajaṭa–mahākalpa–tantrarāja–nāma

藏語書名：Töbed–ün keleber：dpal bcom ldan 'das ral pa gcig pa'i rgyud kyi rgyal po chen po zhes bya ba

蒙語書名：Mongɤol-un keleber :čoɤ-tu ilaǰu tegüs nögčigsen ɤaɤča üsü-tü yeke dandir-a-yin qaɤan neretü

漢譯書名：吉祥出有壞一髻大本續王

跋文：[80b] ilaǰu tegüs nögčigsen ɤaɤča üsü-tü-yin onol tengsel ügei včir-tu yeke dandir-a tegüsbe::yoga-yin yeke erketü siri jagata mitra ananda(rnal-' byor gyi dbang phyug chen po Śrīsagatamitrānanda)-yin sayin ǰarliɤ-tur sitüǰü bürün: enedkeg-ün yeke banḍita včir-a siri kalaru dra(Paṇḍita chen po Vajra śrīkhalarutra)kiged töbed-ün kelemeči ayaɤ-qa takimlig bimbai dbal(dge slong byams ba'i dpal)orčiɤuluɤsan bolai:: : ::

№ 37(5/ra，81a–114b)

梵語書名：Enedkeg -ün keleber ：mahāsāhasra–pramardana–sūtra

藏語書名：Töbed–ün keleber：stong chen po rab tu 'joms pa zhes bya ba'i mdo

蒙語書名：Mongɤolčilabasu: yeke kölgen–ü yeke mingɤan yirtinčü -yi maɤad daruqui neretü sudur

漢譯書名：大千護國仁王經【摧破大千經】

跋文：[114b]qutuɤ-tu yeke mingɤan maɤad daruqui neretü sudur tegüsbe::enedkeg–ün ɤaǰar–ača iregsen ǰinamidir–a(Jinamitra)danasela(Dānaśīla) nereten qoyar mergen bandida(Paṇḍita)luɤ–a nigen–e;töbed–eče yeke kelemüči bandi yesesdi(Ye śes sde)töbed–ün ǰasaɤsan üges–iyer orčiɤuluǰu orusiɤuluɤsan –i qoyina aɤui yeke mongɤulǰin ulus–a tus–a boltuɤai ::kemen esen temur dayoda duradqan ügülegdeǰü: sakyaliɤ–ud–un toyin sisrab singge(Śes rab seng ge)töbedǰin uyiɤurǰin bičig–üd üǰeǰü mongɤolčilan orčiɤulbai ::

№ 38(6/ra，114a – 151b)

梵語書名：Enedkeg -ün keleber ：mahāmayūrī–vidyārājñī

藏語書名：Töbed–ün keleber：rig sngags kyi rgyal mo rma bya chen mo

蒙語書名：Mongɤolčilabasu: arvis–un erketei yeke toɤus

漢譯書名：大孔雀明咒王【佛母大孔雀明王經】

跋文：[151b] arvis–un erketei maq–a mayuri–yin tarni tegüsbe ::enedkeg–ün mergen baɤsi silen indara bodi(Śīlendraboddhi) jana sidi(Jñānaśiddhi) ba sakya praba (Śākyaprabhā) luɤ–a nigen–e töbed–ün yeke kelemürči bandi yesesde(Ye śes sde)sine ǰasaɤlaɤsan ayalɤu–bar orčiɤulǰu orosiɤuluɤsan–i :: qoyina yeke mongɤolǰin ulusa tusa boltuɤai kemen esen temur dayuta duradqan ügülegdeǰü: sakyali–ɤud–un toyin sirab sengge (Śes rab seng ge) töbödǰin uyiɤurǰin bičig–üd–i üǰeǰü mongɤolčilan orčiɤuluɤad basabar Enedkeg töböd–i tel medegči buniyašri sidi

(Buṇyaśrīsidhi) luɤ–a enedkeg–ün ijaɤurun eke bičig – üd– lüge tokiyalduɤulǰu orosiɤulbai ::

№ 39(7/ra，152a – 177b)

梵語書名：Enedkeg –ün keleber ：ārya–mahāpratisāra–vidyārājñī

藏語書名：Töbed–ün keleber：phags pa rig sngags kyi rgyal mo so sor ʻbrang ba chen mo

蒙語書名：Mongɤolčilabasu: qutuγ–tu arvis–un yeke erketei öber–e öber–e daγaqui neretü tarni

漢譯書名：聖明咒大隨求佛母陀羅尼經

跋文：[177b]qutuɤ–tu arvis–un erketei maq–a bradisari neretü tarni tegüsbe:: enedkeg–ün mergen baɤsi ǰinamidari(Jinamitra)danasiy–a(Dānaśīla) qoyar–un ilete töbed–ün yeke kelemurči ye'se'sdi(Yeśes sde)sine ǰasaɤlaɤsan ayalɤun–iyar orčiɤuluǰu orusiɤuluɤsan –i qoyina aɤui yeke mongɤolǰin ulus–a tus–a boltuɤai kemen esen temur dayoda duradqan ügülegdeǰü: sakyaliɤ–ud–un toyin sisrab singgi(Śes rab seng ge)töbedǰin uyiɤurǰin bičig–üd–i üǰeǰü mongɤolčilan orčiɤuluɤad basa–bar Enedkeg töböd–i tel medegči buny–a siri sidu (Buṇyaśrīsidhi) luɤ–a Enedkeg–ün ijaɤur–un eke bičig – üd tokiyalduɤulǰu orosiɤulbai ::: ::

№ 40(8/ra，178a – 191b)

梵語書名：Enedkeg –ün keleber ：mahāśītavana–sūtra

藏語書名：Töbed–ün keleber：bsil ba'i tshal chen po'i mdo

蒙語書名：Mongɤolčilabasu: yeke serigün tün sudur

漢譯書名：大寒林佛母經【大寒林經】

跋文：[191b]maq–a sitavani neretü svdvr tegüsbe ::

№ 41(9/ra，192a – 198b)

梵語書名：Enedkeg –ün keleber ：mahāmantrā–nudhāri–sūtra

藏語書名：Töbed–ün keleber：gsang sngags chen po rjes su ʻdzin pa'i mdo

蒙語書名：Mongɤolčilabasu:yeke niɤuča tarni–yi daɤan bariɤči sudur

漢譯書名：大密咒隨持佛母經【大真言隨持經】

跋文：[198b] maq–a mantir–a anudri neretü svdvr tegüsbe::

№ 42(10/ra，192a – 279b)

梵語書名：Enedkeg –ün keleber ：ārya–suvarṇaprabhāsottama–sūtrendrarāja–nāma–mahāyā-na–sūtra

藏語書名：Töbed–ün keleber：phags pa gser ʻod dam pa mdo sde'i dbang po'i rgyal po zhes bya ba theg pa chen po'i mdo

蒙語書名：Mongɤolčilabasu:qutuɤ–tu degeṯü altan gerel–tü erketü sudur–nuɤud–un qaɤan neretü yeke kölgen sudur tegüsbe

漢譯書名：聖金光明最勝王大乘經【金光明經等】

跋文：[279b]qutuɤ–tu degedü altan gerel–tü erketü sudur–nuɤud–un qaɤan neretü yeke kölgen sudur tegüsbe::

№ 43(11/ra，280a – 295a)

梵語書名：Enedkeg –ün keleber ：ārya–bhagavān–bhaiṣajya–guru–vaiḍūrya–prabhasya–pūrva–praṇidhāna–viseṣa–vistara–nāma–mahāyāna–sūtra

藏語書名：Töbed–ün keleber：phags pa bcom ldan 'das sman gyi bla baidurya'i 'do kyi sngon gyi smon lam gyi khyad par rgyas pa zhes bya ba theg pa chen po'i mdo

蒙語書名：Mongɤol–un keleber :qutuɤ–tu ilaǰu tegüs nögčigsen otučin–u degedü vayidury–a–yin gerel neretü burqan–u uridu irüger–ün delgerenggüi ilɤal neretü yeke kölgen sudur

漢譯書名：聖出有壞藥師琉璃光往昔本願殊勝大乘經【佛說藥師如來本願經等】

跋文：[295a]qutuɤ–tu ilaǰu tegüs nögčigsen otučin–u degedü vayidur–y–a–yin gerel neretü burq–an–u uridu irüger–ün delgereng–güi ilɤal neretü yeke kölgen sudur tegüsbe::enedkeg–ün ubadiy–a jina mitra(Updhyā Jinamitra)kiged: dan–a siila(Dānaśīla): öčigeči yeke kelemürči bandi yesi sde(Ye śes sde)– terigüten orčiɤulun orosiɤulbai: mongɤolun kelen–tür kündga odser manǰusiri bandida (Kun dga' 'od zer mañjuśrī Paṇḍita)–tur dulduyiǰu mati patra sagar–a sri batra čorǰi(Matibha-drasāgaraśrībhadra btsun pa chos re)toyin orčiɤulbai:: : :

№ 44(12/ra，295b – 298a)

梵語書名：Enedkeg –ün keleber ：ārya–tathāgata–vaiḍūrya–prabha–nāma–baladhana–samādhi–dhāraṇī

藏語書名：Töbed–ün keleber：phags pa de bzhin gshegs pa'i ting nge 'dzin gyi stobs bskyed pa baidurya'i 'od ces bya ba'i gzungs

蒙語書名：Mongɤol–un keleber :qutuɤ–tu tegünčilen iregsen–ü samadi–yin küčün–i egüskegči vayidury–a–yin gerel neretü tarni

漢譯書名：增聖如來禪定力琉璃光陀羅尼

跋文：[298a]qutuɤ–tu tegünčilen iregsed–ün samadi–yin küčün–i egüskegči vayidury–a–yin ge-rel neretü tarni ::enedkeg ubadi–ni jina mitra(Upādhyā Jinamitra)kiged dana siilna dara bodoi(DānaŚīlendrabodhi)kiged: yeke öčigeči kelemürči bandi yeses sde(Ye śes sde)orči–ɤulǰu nay-iraɤulun orosiɤulbai:: mongɤolun kelen–tür mergen manǰusiri bandi–da(mergen mañjuśrī Paṇḍita) –tur dulduyidču mati badra sagar–a siri–i badra sagara toyin čorǰi(Matibhadrasāgaraśrībhadra btsun-pa chos-rj-e)orčiɤulbai:: : ::

№ 45(13/ra，298a-326b)

梵語書名：Enedkeg -ün keleber：ārya-mahāmaṇi-vipula-vimāna-viśva-supratiṣ ṭhita-guhya-parama-rahasya-kalparāja-nāma-dhāāraṇī

藏語書名：Töbed-ün keleber：phags pa nor bu chen po rgyas pa'i gzhal med khang shin tu rab tu gnas pa gsang ba dam pa'i gsang ba'i cho ga zhib mo'i rgyal po zhes bya ba'i gzungs

蒙語書名：Mongɤol-un keleber :qutuɤ-tu yeke mani delgeregsen viman qarsi masi sayitur orusiɤsan degedü niɤuča-yin niɤuča narin ǰang üile-yin qaɤan neretü

漢譯書名：聖大寶珠廣大宮殿最勝處秘密微妙道場王陀羅尼【聖大摩尼廣宮殿最勝處秘妙秘密細軌王陀羅尼】

跋文：[326a]qutuɤ-tu yeke mani delgeregsen viman qarsi masi sayitur orusiɤsan degedü niɤuča-yin narin ǰang üile-yin qaɤan neretü doloduɤar bölög::enedkeg ubadii badya garbha payabha (Upādhyā Vidyākarbaprabhā)kiged :kelemürči bandi dulagri lhunbo(dpal gyi lhun po)orčiɤulbai:: : ::ened-keg-ün ubadii bidya gar-a parabha(Upādhyā Vidyākarbaprabhā)kiged yeke öčigeči kelemürči [326b]bandi dbal brcgs(dbal brtsegs)nayiraɤulun orčiɤulbai: mongolun kelen-tür kündga odser manǰusiri bandida (kun dga' 'od zer mañjuśrī Paṇḍita)-tur dolduyiǰu: mati badra sagar-a šri-i badra toyin čorǰi(Matibhadrasāgaraśrībhadra btsun-pa chos-rj-e)orčiɤulbai:: : :mañjurī č̲:

№ 46(14/ra，326b-331a)

梵語書名：Enedkeg -ün keleber ：ārya-vaiśāī-praveśa-mahāyana-sūtra

藏語書名：Töbed-ün keleber：phags pa yangs pa'i grong khyer du 'jug pa'i mdo chen po

蒙語書名：Mongɤol-un keleber :qutuɤ-tu vayisalyi balɤasun-tur oroɤ-san neretü yeke sudur

漢譯書名：妙人廣城邑經

跋文：[331a]qutuɤ-tu vayisali balɤasun-tur oroɤsan neretü sudur tegüsbe::bandida surandra bodhi (Paṇḍita Surendrabodhi)kiged yeke öčigeči kelemürči bandi yese-sde(Ye śes sde)orčiɤulǰu nay-iraɤulun orosiɤulbai: mongolun kelen-tür kündga odser manǰusiri bandida(kun dga' 'od zer mañ-juśrī Paṇḍita)-tur dolduyiǰu mati padra sagar-a srii badra toyin čorǰi(Matibhadrasāgaraśrībhadra btsun-pa chos-rj-e)orčiɤulbai:: : ::

№ 47(15/ra，331a-351a)

梵語書名：Enedkeg -ün keleber ：ārya-mahāmegha

藏語書名：Töbed-ün keleber：phags pa sprin chen po

蒙語書名：Mongɤolčilabasu :qutuɤ-tu yeke egületü buyu

漢譯書名：聖者大雲經

跋文：[351a]qutuɤ-tu yeke egülen neretü yeke kölgen sudur-ača qur-a oroɤulqui kei mandal neretü ǰiran dörben bölög kiged ǰang üyile selte tegüsbe::enedkeg-ün ubadiy-a cina mitra(Upādhyā Jinamitra)bodi kiged silin dara bodi(śīlendrabodhi)-luɤ-a: yeke tokiyalduɤuluɤči bandi yese sde(Bande Ye śes sde)kelemürči orčiɤuluɤad nayiraɤulǰu sine ǰasaɤlaɤ-san ayalɤus-iyar -ber ǰasaǰu orosiɤulbai:: ene metü sudur töbed sudur-eče lindan qutuɤ-tu činggis qaɤan-u ǰarliɤ-iyar edüi tedüi ken ayalɤun-u yosun-i ügülegči künga odser(kun dga' 'od zer)orči-ɤuluɤad nayiraɤulǰu orosiɤulbai:: : ::

№ 48(16/ra，351a–358a)

梵語書名：Enedkeg –ün keleber ：ārya–mahāmegha–vāta–maḍṇala–parivarta–sarva–nāgahṛdaya–nāma–mahāyāna–sūtra

藏語書名：Töbed–ün keleber：phags pa sprin chen po rlung gi dkyil 'khor gyi le'u klu thams cad kyi snying po zhes bya ba theg pa chen po'i mdo

蒙語書名：Mongɤol–un keleber :qutuɤ–tu yeke egülen–ü kei–yin mandal–un bölög qamuɤ luusun ǰirüken neretü yeke kölgen sudur

漢譯書名：聖者大雲風輪品一切龍心藏大乘經

跋文：[358a]qutuɤ-tu yeke egülen-ü kei mandal qamuɤluus-un ǰirüken neretü yeke kölgen sudur-un bölög tegüsbe :: enedkeg-ün ubadini jina mitra(Upādhyā Jinamitra) kiged sirnadara bodhi(Surendrabodhi)yeke öčigeči kelemürči bandi yešes- sde(bande ye śes sde)orčiɤulǰu orosiɤulun nayiraɤulbai:: mongɤol kelen-tür odiz'er manǰusiri Paṇḍita('od zer mañjuśrī Paṇḍita) -tur dulduyidču: mati padr-a (Matidhadrasāgaraśrībhadra) sagar-a sri badra toyin orčiɤulbai:: : :: ma gha lam:: : ::Maṅgalaṁ:: : ::

二　大般若經（Yum）

大般若經 第十二函（Yum，Na）5—325頁

№ 49(1/na，5a–325b)

梵語書名：Enedkeg –ün keleber ：śatasāhasrikā–prajñāpāramitā

藏語書名：Töbed–ün keleber：shes rab kyi pha rol tu phyin pa stong phrag brgya pa

蒙語書名：Mongɤol–un keleber :bilig–ün činatu kürügsen ǰaɤun mingɤan toɤ–a–tu

漢譯書名：最聖大智慧到彼岸千百頌【十萬般若波羅密多】

跋文：缺

三 第二般若經（Qorin tabun mingɤatu）

第二般若經（Qorin tabun mingɤatu，Ga）2—333 頁

№ 50(1/ga，2a-333a)

梵語書名：Enedkeg -ün keleber：pañcaviṃśatisāhasrikā-prajñāpāramitā

藏語書名：Töbed-ün keleber：shes rab kyi pha rol tu *phyin pa stong phrag nyi shu lnga pa

蒙語書名：Mongɤol-un keleber] :qorin tabun mingɤatu:: ɤutaɤar gelmeli: eng uridu keseg

漢譯書名：最聖大智慧到彼岸二萬五千頌【二萬五千般若波羅密多】

跋文：[332b] bilig-ün činadu kijaɤar-a kürügsen qorin tabun mingɤan toɤatan-ača tabin bölög bolai:: …amurliɤsan nom-un činar-daki: aɤar-ača egüdčü bürün: asanggi sedkisi ügei olan galab-ud-tur: anggida öber-e öber-e qamuɤ nom-ud-un qaɤalɤas-i: asuru ülemǰi aɤudaɤar delgeregülügsed-de mörgömüi bi:: erten-ü sutu boɤda-yin ǰalɤamǰi-yi esilen bariɤsan: eremsin esergülegči dayisud-i emüneben sögödken gesegegči: egenegte olan üy-e čaɤ-ača ülemǰi ilɤamal boluɤsan: erketü qutuɤ-tu čakirabid-un qaɤan-u ǰarliɤ-iyar:: [333a]degedü olan merged-eče ündüsülen iregsen gün narin bilig-tü: tegüderel ügegüy-e tabun uqaɤan-i tegüs medegči: tel ayalɤus-iyar ülemǰi ilɤamal bügüd-de nomlaɤči: tengsel ügei erkin yeke kelemüči samgdan sengge bandida qoyar-i sitüged:: sayibar oduɤsad-un ǰarliɤ nom-un sang dotor-a-ča: sača bilig baramid-un qorin tabun mingɤan toɤatan sudur-i: sanaǰu edüi tedüi-ken öčögüken oyun činegen-iyer: sasin-u tuɤ gabǰu mergen dai gui si töbed-ün kelen-eče mongɤolčilan orčiɤulbai:: ene orčiɤulun bičigsen-ü sayin buyan-iyar: erdini saǰin nom arban ǰüg-tür delgereged: eldeb ǰüil emgeg-üd-eče amurlin tonilǰu: ečüs-tür qamuɤ amitan burqan-u qutuɤ-tur kürkü boltuɤai:: : ::sinba dandi bičibei::

四 華嚴經（Olangki burqan）

華嚴經（Olangki burqan）1 頁

№ 51（328a-328b）

蒙語書名：Mongɤol-un keleber: qamuɤ bügüde-nügüd bayasču bisireged daɤan bayasču:kerele emüsügsen debel-nügüd-iyen tegünčilen iregsen-ü ney-e-tü，開頭

僅存第 328 頁。

五 律師戒行經（Dulba）

律師戒行經 第一函（Dulba，Ka）541 頁

№ 52(1/ka，1a-541a)

梵語書名：Enedkeg –ün keleber ：vinaya–vastu

藏語書名：Töbed–ün keleber：dul ba gzhi

蒙語書名：Mongɤolčilabasu :nomoɤadqaqui sitügen eng uridu keseg

漢譯書名：律師戒行經【戒律事】

跋文：[540b]oom suvasti siddam:: : :: altan umai–tu öber–eče törögči kiged bralamba–yi alaɤči: asuri kiged tngris–ün eǰen teyin nomoɤadqagči–ača törögsen: anangga terigüten amitan bügüde–de kündülen takiɤdaɤsan: ene ilɤaqu yosutu ilaɤuɤsad–un manglai ede ele amitan–i sakituɤai:: egülen–eče anggiǰiraɤsan mingɤan naran–u gerel–i–ber: ečüdkegči nigülesküi čaɤan gerel–iyer tegüs gey–igülügsen: eldeb ilaɤuɤsad–un üǰegsen bilge bilig–ün yelvi qubilɤan–u büǰig–i: erkeber qubilɤaɤči saskiy–a–yin yeke lam–a–nar–a maɤtaɤdaqu yosutu:: yeke nigülesküi sang–tu ɤar–daɤan linqu–a–tu bodisung: yirtinčü–deki amitan–a tus–a ǰirgɤalang–i egüsker–ün: yerüde ene časutu ulus–tur kümün–ü düri bariɤsan: yegüdgel ügei getülgegči saskiy–a[541a]ananda garbi(Anandgharba)–tur mörgömü: tegün–ü köbegün küston ananda čovala: degedü buyan bilig–ün üǰügür–e kürügsen buniy–a agr–a(Puṇyanāka): temdegtey–e čab aldar–un tuɤ–i bariɤči kirti duvaǰa: tegülder yeke čoɤ–un mingɤan gerel–tü siri braba kiged:: qamuq sasin nom–un auɤ–a saskiy–a bandida: qaɤarqay–a onoqui oyutu buniy–a duvaǰa bada(Puṇyadhavajapāda): qamuɤ amitan–u baɤsi nom–un qaɤan bgsba(ʻphags pa) kemegdekün: qas erike metü barildun iregsen doloɤan manǰusiri–tur sögödümüi:: ariɤun ɤurban sang nom–un qotola möred čiɤuluɤsan dalai:: alimad dörben dan–daris–un nabčis delgeregsen bayasqulang–tu čečeglig: agam uqaɤan–u čibigin–iyer dügürügsen sayin qomq–a: alimad kereglegdekün–i törögülügči čindamani šarba qutuɤ–tu–da ǰalbarimui:: ilaǰu tegüs nögčigsen čidaɤčin–u erketü sakyamuni boɤda: ilangɤuy–a dörben iǰaɤur–tan tngri–nar–ače ülegsen–ü tula: ilaɤuɤ–san tngri–yin tngri burqan kemen aldarsiɤsan metü: ilete kümün–ü erketü tngri–yin tngri altan kürdü–tü čakravarti qaɤan:: amitan–u itegel degedü čidaɤči–yin ǰarliɤ–i orčiɤulqui duraduɤsan–tur: ariɤun eǰen manǰusiri–yin qubilɤan bgsba (ʻphags pa) qutuɤ–tu–yin: asuru gegeken uqaɤan–u köbegün yeke kölgen–ü nom–un qaɤan: ayalɤučin–u manglai günding güisi kemen aldarsiɤsan:: ünelesi ügei čindamani erdini metü: ündüsün degedü baɤsi–daɤan duldudču: ülü medeküi küčün oyun–u činegeber: ünüküi bilig–tü dai güisi mongɤolčilan orčiɤul–bai:: : ::lori dai güisi bicibe::

律師戒行經 第二函（Dulba，Kha）183 頁

№ 53(1/kha，2a–183b)

梵語書名：Enedkeg –ün keleber ：vinaya–vastu

藏語書名：Töbed–ün keleber：’dul ba gzhi

蒙語書名：Mongɤol-un keleber :nomoɤadqaqui sitügen

漢譯書名：律師戒行徑【式律事】

跋文：缺

律師戒行經 第十函（Dulba，Tha）367—431 頁

№ 54(1/tha，367a–431a)

梵語書名：Enedkeg –ün keleber ：vinaya–kṣudraka–vastu

藏語書名：Töbed–ün keleber：'dul ba phran tshegs kyi gzhi

蒙語書名：Mongɤol–un keleber :edüi tedüi nomoɤadqaqu–yin sitügen

漢譯書名：式律各各支因體【毗奈耶雜事】

跋文：[431a] damba dai güsi orčiɤulbai:: : ::mergen darqan bicibe::

律師戒行經 第十二函（Dulba，Na）14—15 頁

№ 55(1/na，14a–15b)

梵語書名：Enedkeg –ün keleber ：vinay–uttaragrantha

藏語書名：Töbed–ün keleber：'dul ba gzhung bla ma

蒙語書名：Mongɤol–un keleber :nomoɤadqaɤči degedü ɤool

漢譯書名：戒律各支因【無上戒律科】

存 2 頁，殘缺

律師戒行經 第十三函（Dulba，Pa）1—355 頁

№ 56(1/pa，1b–355b)

梵語書名：Enedkeg –ün keleber ：vinay–uttaragrantha

藏語書名：Töbed–ün keleber：'dul ba gzhung bla ma

蒙語書名：Mongɤol–un keleber :nomoɤadqaɤči degedü ɤool: qorin tabun keseg

漢譯書名：戒律各支因二十五品【無上戒律科】

跋文：缺

六 諸品經（Eldeb）

諸品經 第十九函（二十？）（Eldeb，Wa）1—256 頁

№ 57(1/wa，1b–169b)

梵語書名：Enedkeg –ün keleber ：ārya–ratna–megha–nāma–mahāyāna–sūtra

藏語書名：Töbed–ün keleber：’phags pa dkon mchog sprin zhes bya ba theg pa chen po’i mdo

蒙語書名：Mongɤol–un keleber :qutuɤ–tu erdini–yin egülen neretü yeke kölgen sudur

漢譯書名：聖三寶雲經【聖寶雲大乘經】

跋文：[169b] qutuɤ–du erdini–yin egülen neretü yeke kölgen sudur tegüsbe:: kelemürči bandi rinčen mčo(ren chen mtsho)kiged: mcos tnida čolkrim gyis(chos ñid tshul khrims) orčiɤulǰu: nayiraɤuluɤad orosiɤulbai:: mongɤol–un kelen–tür manǰusiri kundga odser bandi–da (mañjuśrī Kun dga’ ‘od zer Paṇḍita)–dur dulduyidču erdini qonǰin orčiɤulbai:: : :: tuɤuluɤsan Sürüm–i übedeǰigültügei::

№ 58(2/wa，169b–176b)

梵語書名：Enedkeg –ün keleber：ārya–mahāmegha–vāyu–maṇḍala–parivarta–sarva–nāga–hṛdaya–nāma–mahāyāna–sūtra

藏語書名：Töbed–ün keleber：’phags pa sprin chen po rlung gi dkyil ‘khor gyi le’u klu thams cad kyi snying po zhes bya ba theg pa chen po’i mdo

蒙語書名：Mongɤol–un keleber :qutuɤ–tu yeke egülen kei–yin mandal–un bölög: luus–un ǰirüken neretü yeke kölgen sudur

漢譯書名：聖大雲風輪品一切龍藏大乘經【聖者大雲風輪品一切龍心藏大乘經】

跋文：[176b] qutuɤ–tu yeke egülen kei–yin mandal–un bölög qamuɤ luus–un ǰirüken neretü yeke kölgen sudur tegüsbei:: enedkeg–ün ubadiy–a jin–a mitra(Upādhyā Jinamitra)kiged: surendra baddhi(Surendrsbodhi)–lüge: öčigeči yeke kelemürči banda yesis –sda(ye śes sde)nayiraɤulun orčiɤulbai: mongɤol–un kelen–tür: kundga odser manǰusiri bandida(Kun dga’ ‘od zer mañjuśrī Paṇḍita)–dur dulduyidču : erdini qonǰin orčiɤulbai:: : ::sürüm obsi–i sakin soyorq–a–tuɤai::

№ 59(3/wa，177a–196a)

梵語書名：Enedkeg –ün keleber：ārya–mahāmegha

藏語書名：Töbed–ün keleber：’phags pa sprin chen po

蒙語書名：Mongɤol–un keleber :qutuɤ–tu yeke egülen

漢譯書名：聖大雲大乘經【大方等無想經】

跋文：[196a]qutuɤ–tu yeke egülen–ü sudur–ača qur–a oroɤulqui :ǰang üyiles kei–yin mandal neretü ǰiran dörben bölög tegüsbei:enedkeg–ün ubadiny–a čina mitr–a(Upādhyā Jinamitra) kiged šele drabddui(Surendrsbodhi)–lüge yeke öčigeči kelemürči bande yesi – sde(ye śes sde)orčiɤulǰu : sine ǰasaɤalaɤsan ayalɤus–iyar–bar ǰasaǰu orčiɤulbai:: mongɤol–un kelen–tür manǰusiri kundga odser(mañjuśrī Kun dga’ ‘od zer)–tur dulduyidču erdeni qonǰin orčiɤulbai:: : ::

№ 60(4/wa，196a–231b)

梵語書名：Enedkeg –ün keleber：bhagavaduṣṇīṣamahā

藏語書名：Töbed–ün keleber：bcom ldan ‘das kyi gtsug gtor chen po de bzhin gshegs pa’i gsang ba sgrub pa’i don mngon par thob pa’i rgyu byang chub sems dpa’ thams cad kyi spyod pa dpa’ bar ‘gro ba’i mdo le’u stong phrag bcu pa las le’u bcu pa

蒙語書名：Mongɣol–un keleber :ilaju tegüs nögčigsen yeke usnir tegünčilen iregsen niɣuča –yi bütügeküi uḏq–a–yi ilete oluɣsan–u siltaɣan qamuɣ bodisung– narun yabudal–iyar baɣaturqan arban mingɣan toɣatan bölög–tü sudur–ača arbaduɣar bölög : uridu keseg:

漢譯書名：大世尊頂如來密因修登了義諸菩薩萬行首楞嚴經萬品中第十品

跋文：[231b]qutuɣ–tu tegünčilen iregsen–ü yeke usnir–un arban mingɣan bölög–tü–eče tegünčilen iregsen–ü niɣuča qamuɣ bodisung– nar–un bötögeküi uḏq–a–yi ilete olon edleküi–yin siltaɣan keseg tegüsbei::

№ 61(5/wa，231b–250a)

藏語書名：Töbed–ün keleber：gtsug tor chen po bam po dgu pa las bdud kyi le’u nyi tshe ‘byung ba

蒙語書名：Mongɣol–un keleber :yeke usnir–un yisüdüger keseg–eče edüčin nasudu boluɣsan simnu–yin bölög

漢譯書名：頂髻第九品中魔類出現日壽經品

跋文：[250a]yeke usnir–un yisüdüger keseg–eče edüčin nasun ɣarqui simnu –yin bölög tegüsbe ::mongɣol–un keleber–tür manǰusiri kundga odeser(mañjuśrī Kun dga’ ‘od zer)–tur dulduyidču erdini qonǰin orčiɣulbai:: : ::

№ 62(6/wa，250b–256b)

梵語書名：Enedkeg –ün keleber：ārya–gaganāba ṃ–agatavirujñā–nāma–mahāyāna–sūtra

藏語書名：Töbed–ün keleber：phags pa gnam sa snang brgyad ces bya ba theg pa chen po’i mdo üš

蒙語書名：Mongɣol–un keleber :qutuɣ–tu oɣtarɣui ɣajar–un naiman gegen yeke kölgen sudur

漢譯名：聖八明經

跋文：缺

諸品經 第三十一函（Eldeb，A）1—39、54頁

№ 63（1/a，1b–32a）

梵語書名：Enedkeg –ün keleber ：puṇyabalā–vadāna

藏語書名：Töbed–ün keleber：bsod nams kyi stobs kyi rtogs pa brjod pa

蒙語書名：Mongɤolčilabasu :buyan–u küčütü–yin domoɤ–i ügüleküi

漢譯書名：佛說稱悟福力經【福力譬喻】

跋文：[32a] buniy–a bala–yin domoɤ–i tegüsbe:: : ::

№ 64（2/a，32b–39b,54b）

梵語書名：Enedkeg –ün keleber ：candraprabhāvadāna

藏語書名：Töbed–ün keleber：zla 'od kyi rtogs pa brjod pa

蒙語書名：Mongɤolčilabasu :saran gerel–tü–yin domoɤ–i ügülekui

漢譯書名：稱贊月光功德經【月光譬喻】

跋文：缺

諸品經 第三十四函（Eldeb，Yi）1—355頁

№ 65（1/yi，1b–91b）

梵語書名：Enedkeg–ün keleber : 'ārya–śraddhā–balādhānāvatāra–mudrā–nāma–mahāyāna–sūtra

藏語書名：Töbed–ün keleber：'phags pa dad pa'i stobs bskyed pa la 'jug pa'i phyag rgya zhes bya ba theg pa chen po'i mdo

蒙語書名：Mongɤol–un keleber :qutuɤ–tu süsüg–ün küčün–i törögülküi–tür oroqui mudur ner–e–tü yeke kölgen sudur

漢譯書名：大聖信力增入印經【聖入信力生印大乘經】

跋文：[91b]qutuɤ–tu süsüg–ün küčün–i egüsgeküi–tür oroɤulqui–yin mudur neretü yeke kölgen sudur tegüsbei::enedkeg–ün ubadini sulindir–a bodi(Surendrabodhi)kiged: yeke–de tokiyaldu ɤuluɤči kelemürči bandi yesis di(Ye śes sde)nayiraɤu–lun orčiɤulǰu oroscciɤulbai:: töbed–ün kelen–eče mongɤol–un ayalɤu–tur daigüng dayun sikü güsi orčiɤulbai:: : ::

№ 66（2/yi，92a–159b）

梵語書名：Enedkeg –ün keleber ：ārya–mahāyānopadeśa–nāma–mahāyāna–sūtra

藏語書名：Töbed–ün keleber：'phags pa theg pa chen po'i man ngag ces bya ba theg pa chen po'i mdo

蒙語書名：Mongɤol–un keleber :qutuɤ–tu yeke kölgen–ü ubadis ner–e–tü yeke kölgen sudur

漢譯書名：聖大乘密意大乘經【聖講演大乘經】

跋文：[159b] qutuɤ–tu yeke kölgen–ü ubadis neretü yeke kölgen sudur tegüsbei :: : ::endkeg–ün ubadini cina mitr–a(Upādhyā Jinamitra)da siila (Dānaśīla) kiged: yeke tokiyalduɤuluɤči kelemüči: bandi yesis– di(Yeśes sde)terigüten orčiɤuluɤad: nayiraɤulǰu orosiɤulbai:: : :: töbed–ün kelen–eče: mongɤolun ayalɤu–tur: dai güng dayun sikü güsi orčiɤulbai:: : ::

№ 67(3/yi，159b –242b)

梵語書名：Enedkeg –ün keleber ：ārya–bodhisattva–gocra–opāya–viṣaya–vikurvāṇa–nirdeśa–nāma–mahāyāna–sūtra

藏語書名：Töbed–ün keleber：’phags pa byang chub sems dpa’i spyod yul gyi thabs kyi yul la rnam par ‘phrul ba bstan pa zhes bya ba theg pa chen po’i mdo

蒙語書名：Mongɤol–un keleber :qutuɤ–tu bodisung–nar–un yabudal–un arɤ–a–yin visayi–tur teyin büged qubilɤan–i üǰügülügsen neretü yeke kölgen sudur

漢譯書名：聖者菩薩方便修習顯示神通大乘經【聖菩薩行方便境界神變說示大乘經】

跋文：[242b] qutuɤ–tu bodisung–nar–un arɤ–a–yin yabuɤdaqu oron visayi–tur teyin böged qubilɤan–i üǰügülügsen nere–tü yeke kölgen sudur tegüsbei:: : :: enedkeg–ün ubadini dumdadu pratke (pratake) kiged: yeke–de tokiyalduɤuluɤči kelemüči bandi ye–se’s(ye śes sde) orčiɤuluɤad nayiraɤulǰu orosiɤulbai:: : ::

№ 68(4/yi，243a –304b)

梵語書名：Enedkeg –ün keleber ：ārya–mahāberī–hāraka–parivarta–nāma–mahāyāna–sūtra

藏語書名：Töbed–ün keleber：’phags pa rnga bo che chen po’i le’u zhes bya ba theg pa chen po’i mdo

蒙語書名：Mongɤol–un keleber :qutuɤ–tu yeke kegürge–yin bölög neretü yeke kölgen sudur

漢譯書名：聖大鼓音品大乘經【大法鼓經】

跋文：[304b]qutuɤ–tu yeke kenggerge–yin daɤun nere–tü sudur tegüsbe:: : ::

№ 69(5/yi，305a –310a)

梵語書名：Enedkeg –ün keleber ：āryā–nakṣarakaraṇḍaka–vairocana–garbha–nāma–mahā–yāna–sūtra

藏語書名：Töbed–ün keleber：’phags pa yi ge med pa’i za ma tog rnam par snang mdzad kyi snying po zhes bya ba theg pa chen po'i mdo

蒙語書名：Mongɤolčilabasu :qutuɤ–tu üsüg ügei qaɤurčaɤ teyin büged geyigülügči–yin ǰirüken neretü yeke kölgen sudur

漢譯書名：聖無字寶器衆明主藏大乘經【聖無字篋毗盧舍那藏大乘經】

跋文：[310a]qutuɤ–tu üsüg ügei qaɤurčaɤvirujan–a–yin ǰirüken neretü yeke kölgen sudur tegüsbei:: : ::enedkeg–ün ubadini cina mitir–a (Jinamitra) kiged: dana sila (Dānaśīla) dumda–du muni(Maṇi)–luɤ–a: yeke tokiyalduɤulju kelemürči bandi yesisdi (ye śes sde) orčiɤuluɤad nayiraɤulǰu sine ǰasaɤlaɤsan kelen–iyer– ber ǰasaǰu orosiɤulbai:: : :: dayi erketü kümün–eče delekei–takin–u qormusta–yin ǰarliɤ–iyar: samdan sengge (bsam gtan seng ge) mongɤolčilan kelen–tür orčiɤuluɤad nayiraɤulǰu orosiɤul/bai:: : ::

№ 70(6/yi，310a–313b)

梵語書名：Enedkeg–ün keleber:ārya–sandhimālā–mahātantra–bodhisattva–mahā–viniścaya–nirdeśādmahā–maṇiratna–kauśalya–nirdeśa–mahāparināma–nāmā–rāja

藏語書名：Töbed–ün keleber：'phags pa dgongs pa'i rgyud kyi phreng ba chen po byang chub sems dpa'i rnam par nges pa chen po bstan pa las nor bu chen po rin po che la mkhas pa bstan pa yongs su bsngo bo chen po'i rgyal po shes bya ba

蒙語書名：Mongɤolčilabasu :qutuɤ–tu sedkiküi ündüsün–ü yeke erike bodisung–nar–un yeke teyin böged amurlingɤui–yi uqaɤulqui–ača yeke mani erdini–yi mergen–e uqaɤulqui–tur sayitur ǰorin irügeküi yeke qaɤan neretü

漢譯書名：聖節大本續鬘菩薩大決定說中大摩尼寶賢說大回向王

跋文：[313b]qutuɤ–tu sedkiküi ündüsün–ü yeke erike bodisung–nari yeke teyin böged maɤad yeke–te uqaɤulqui–ača: yeke mani erdeni–yin mergen–e uqaɤulqui–tur sayitur irügeküi yeke qaɤan tegüsbei:: : ::dayi erketü kümün–eče delekei–tekin–ü qormusta–yin ǰarliɤ–iyar samdan sengge (bsam gtan seng ge) mongɤolǰin kelen–tür orčiɤuluɤad nayiraɤulǰu orčiɤulbai:: : ::

№ 71(7/yi，313b –316a)

梵語書名：Enedkeg –ün keleber ：ārya–nairātmya–paripṛcchā–nāma–mahāyāna–sūtra

藏語書名：Töbed–ün keleber：'phags pa bdag med pa dris pa zhes bya ba theg pa chen po'i mdo

蒙語書名：Mongɤolčilabasu :qutuɤ–tu bi ügei–yi asaɤuɤsan neretü yeke kölgen sudur

漢譯書名：聖無我所問大乘經【尼乾子問無我義經】

跋文：[316a]qutuɤ–tu bi ügei–yi asaɤuɤsan neretü yeke kölgen sudur tegüsbei:: : :: dayi erketü kümün–ü–eče delekei–dekin–ü qormusta–yin ǰarliɤ–iyar: samdan sengge(bsam gtan seng ge) mongɤolǰin ayalɤu–bar orčiɤuluɤad nayiraɤulǰu orosiɤulbai:: : ::

№ 72(8/yi，316b –331b)

梵語書名：Enedkeg –ün keleber ：ārya–sarvavaidalyasaṃgraha–nāma–mahāyāna–sūtra / ārya–sarvavidalyasaṃgraha–nāma–mahāyāna–sūtra

藏語書名：Töbed–ün keleber：'phags pa rnam par 'thag pa thams cad bsdus pa zhes bya ba theg pa chen po'i mdo

蒙語書名：Mongɣolčilabasu :qutuɣ–tu teyin böged narin–a tataɣulqui bügüde–yi quriyaɣsan neretü yeke kölgen sudur

漢譯書名：聖者精進能積聚大乘經【大乘方廣總持經】

跋文：[331b]qutuɣ–tu teyin böged narin–a tataɣulqui bügüde–yi quriyaɣsan neretü yeke kölgen sudur tegüsbei:: : ::enedkeg–ün ubadini cin–a mitir–a (Jinamitra) dumdadu mör kiged yeke tokiyalduɣuluɣči kelemüči bandi yeses–di(Ye śes sde) orčiɣulu ɣad nayiraɣulǰu sini ǰasaɣlaɣsan ayalɣus–iyar ǰasaǰu orči–ɣuluɣsan–i dai erketü kümün–ü eǰen delekei –dekin–ü qormusta–yin ǰarliɣ–iyar :samdan sengge(bsam gtan seng ge) mongɣolǰin ayalɣu–bar orčiɣuluǰu sača nayiraɣulǰu orosiɣulbai:: : ::

№ 73(9/yi，331b–355b）

梵語書名：Enedkeg –ün keleber ：ārya–mañjuśrī–vikurvāṇa–parivarta–nāma–mahāyāna–sūtra

藏語書名：Töbed–ün keleber：'phags pa 'jam dpal rnam par 'phrul pa'i le'u zhes bya ba theg pa chen po'i mdo

蒙語書名：Mongɣolčilabasu :qutuɣ–tu manǰusiri–yin teyin böged qubilɣa–qui bülüg neretü yeke kölgen sudur

漢譯書名：文殊菩薩化現品大乘經【聖文殊師利神變品大乘經】

跋文：缺

諸品經 第三十六函（Eldeb，U）2—82、174—182、240—413 頁

№ 74(1/u，2a–82b，174a–182b，240a–413a)

梵語書名：Enedkeg –ün keleber ：ārya–saddharmasmṛty–upasthāna

藏語書名：Töbed–ün keleber：'phags pa dam pa'i chos dran pa nye bar gzhag pa

蒙語書名：Mongɣol–un keleber :degedü nom–i duradqui oyir–a aɣulqui

漢譯書名：聖正法念住經【正法念處經】

跋文：缺

諸品經 第三十八函（Eldeb，Ri）189—191 頁

№ 75(1/ri，189a–191b)

蒙語書名：Mongɤol-un keleber :...kemebesü qoyina oɤoɤata gemsikü boloyu:alimad qoor qomsa boloɤad :oroqui:serekūi ügei čaɤ-un yosoɤar tebčigdeküi... 開頭，189a

僅存 3 頁。

諸品經 第四十一函（Eldeb，Ah）284 頁

№ 76(1/ah，1a- 284a)

梵語書名：Enedkeg -ün keleber ：karma-śataka]

藏語書名：Töbed-ün keleber：las brgya tham pa

蒙語書名：Mongɤol-un keleber :ǰaɤun üiletü qorin nigedüger keseg

漢譯書名：百緣經

跋文：[284a]ǰaɤun üile-tü-eče ǰanggi-yin arbaduɤar silüg tegüebei :: : :: amurliɤsan nom-un činar-taki aɤar-ača egüdčü bür-ün: asanggi sedkisi ügei neng olan toɤatan galab-ud-tur: anggida öbere öbere qamuɤ-ud-un qaɤalɤ-a: asuru ülemǰi aɤudaɤar delgeregülügči-de mörgömü bi:: erten-ü suu-tu boɤda-yin ǰalɤamǰi-yi esilen bariɤsan: eremsin esergülegči dayisud-i emüneben sögödken gesegegči: egenegte olan üy-e čaɤ-ača ülemǰi ilɤamal boluɤsan: erketü qutuɤ-tu čakirbad-un qaɤan-u ǰarliɤ-iyar:: degeḏü olan merged-eče ündüsülen iregsen gün narin bilig-tü: degüderel ügei tabun uqaɤan-i tegüs medegči sambaɤ-a-tu :tel ayalɤus-iyar ülemǰi ilɤamal bügüde-de nomlaɤči: tengsel ügei yeke kelemeči samdan sengge (bsam gtan seng ge) bandida (Paṇḍita) qoyar-i sitüged:: sayibar oduɤsad-un ǰarliɤ nom-un sang dotor-a-ača: sača üileyin ači ür-e-yi ilɤaɤči ǰaɤun üile-tü-yi: sanaǰu edüi tedüiken-i öčüken oyun-u činegen-iyer: salɤaǰu gabǰu dayi güisi töbed-ün kelen-eče mongɤolčilan orčiɤulbai:: ene orčiɤulun bičigsen sayin buyan-u küčün-iyer: erdini sasin nom arban ǰüg-üd-tür delgereged:eldeb emgeg ǰobalang-ud-ača amurlin tonilǰu: ečüs-tür qamuɤ amitan burqan-u qutuɤ-tur kürkü boltuɤai:: : ::lori tayi güisi bičibe :: : ::

The Catalogue of *the Golden Kanjur* in Inner Mongolia Academy of Social Science

W. Tuyaa　Sachurangui

The Catalogue of *the Golden Script Mongolian Kanjur* is a catalogue of the handwritten Golden Mongolian Kanjur in Inner Mongolia Academy of Social Sciences which combines Sanskrit,

Tibetan, Mongolian and Chinese languages in the compiling.

According to cataloging standard of Buddhist literature, we compiled a holistic, systematic, scientific and clear directory for the 20 volumes of the Mongolian *Golden Kanjur* in Inner Mongolia Academy of Social Sciences, and for the first time, revealed many academic information that is unknown to the public.

The catalogue has six classes, 20 volumes, and 76 chapters. It is compiled according to the sections, classes, the name of each chapter, the page number and postscript (including Tibetan and Mongolian translator) etc. Moreover, according to the unique edition feature and classification requirements of *the Mongolian Golden Kanjur,* the catalogue included the Sanskrit, Tibetan and Mongolian versions of the sutras' names and postscripts with Latin transliteration.

本輯作者名録

（按作者姓氏拼音排列）

白若思（Rostislav Berezkin）：復旦大學文史研究院副研究員

白玉冬：蘭州大學敦煌與西域文明研究院教授

楚侖（Sampildondov Chuluun）：中國人民大學新奥學者、蒙古國科學院院士

基里爾·亞歷克謝耶夫（Kirill Alekseev）：俄羅斯聖彼得堡大學東方系講師

蒙古勒呼：內蒙古大學蒙古歷史學系講師

孟瑜：中國人民大學國學院講師

米熱古麗·黑力力：中國社會科學院民族學與人類學研究所副研究員

娜塔莉亞·彦珀爾斯卡婭（Natalia Yampolskaya）：俄羅斯科學院東方文獻研究所研究員

薩其楞桂：內蒙古自治區社會科學院圖書館館員

薩如拉金：中國人民大學國學院博士研究生

烏·托亞：內蒙古自治區社會科學院圖書館研究館員、副館長

謝皓玥：中國人民大學國學院博士研究生

閆雪：上海社會科學院宗教研究所助理研究員

楊長玉：雲南民族大學民族學與歷史學學院助理研究員

澤田稔：日本富山大學教授

趙志強：北京市社會科學院滿學研究所研究員

稿 約

《西域歷史語言研究集刊》是由中國人民大學國學院西域歷史語言研究所主辦的學術刊物，半年刊，由社會科學文獻出版社出版發行。

本刊以介紹國內外學者關於中國西域（青藏高原、天山南北、蒙古高原）以及中央歐亞民族、歷史、語言、宗教、藝術、文化等方面的最新研究成果為主要宗旨。發表具有原創性的學術研究論文、書評和研究綜述等，以期推動國內學界在西域和中央歐亞歷史語言研究方面的進步。

歡迎相關研究領域專家學者自由投稿，稿件字數原則上應控制在 3.5 萬字以內，文種為漢文、英文、日文、蒙古文（僅限於基里爾文）等。來稿一經刊用，即贈送樣刊 2 本與單篇文章抽印本 20 冊。

本刊對擬采用稿件有酌情刪改權，如不同意刪改者，請在來稿中特別聲明。如兩個月內未接到用稿通知，作者可自行處理。

來稿務必參照社會科學文獻出版社學術著作出版規範的格式，並同時發來 Word 與 PDF 版兩種形式。漢文稿用繁體字，附作者姓名英文寫法、文章英文題目、英文摘要等，並附詳細的通信地址、郵編、電子郵箱、聯繫電話。

本刊投稿郵箱：xiyulishiyuyan@163.com

通信地址：北京市海淀區中國人民大學國學館 118 室

郵編：100872

聯繫電話：18811536991

《西域歷史語言研究集刊》編輯部

圖書在版編目（CIP）數據

西域歷史語言研究集刊. 二〇二〇年. 第一輯：總第十三輯 / 烏雲畢力格主編. -- 北京：社會科學文獻出版社，2020.6

ISBN 978 - 7 - 5201 - 6631 - 7

Ⅰ.①西… Ⅱ.①烏… Ⅲ.①西域 - 文化史 - 研究 - 叢刊 Ⅳ.①K294.5 - 55

中國版本圖書館 CIP 數據核字（2020）第 076987 號

西域歷史語言研究集刊　二〇二〇年　第一輯（總第十三輯）

主　　編 / 烏雲畢力格

出 版 人 / 謝壽光
責任編輯 / 趙　晨　梁　贇

出　　版 / 社會科學文獻出版社 · 歷史學分社（010）59367256
地址：北京市北三環中路甲 29 號院華龍大厦　郵編：100029
網址：www.ssap.com.cn
發　　行 / 市場營銷中心（010）59367081　59367083
印　　裝 / 三河市東方印刷有限公司

規　　格 / 開 本：787mm × 1092mm　1/16
印 張：15.5　字 數：343 千字
版　　次 / 2020 年 6 月第 1 版　2020 年 6 月第 1 次印刷
書　　號 / ISBN 978 - 7 - 5201 - 6631 - 7
定　　價 / 128.00 圓

本書如有印裝質量問題，請與讀者服務中心（010 - 59367028）聯繫